THE AMERICAN TRAJECTORY

美国轨迹

神圣还是邪恶？

DIVINE OR DEMONIC

【美】大卫·雷·格里芬（David Ray Griffin） 著

郑锦 译

北京航空航天大学出版社
BEIHANG UNIVERSITY PRESS

图书在版编目（CIP）数据

美国轨迹：神圣还是邪恶？/（美）大卫·雷·格里芬（David Ray Griffin）著；郑锦译. -- 北京：北京航空航天大学出版社，2020.6

ISBN 978-7-5124-3270-3

Ⅰ. ①美… Ⅱ. ①大… ②郑… Ⅲ. ①美国－历史－研究 Ⅳ. ① K712.07

中国版本图书馆CIP数据核字（2020）第031569号

美国轨迹：神圣还是邪恶？

出版统筹：邓永标
责任编辑：曲建文
责任印制：秦 赟
出版发行：北京航空航天大学出版社
地 址：北京市海淀区学院路 37 号（100191）
电 话：010-82317023（编辑部）010-82317024（发行部）010-82316936（邮购部）
网 址：http: //www.buaapress.com.cn
读者信箱：bhxszx@163.com
印 刷：天津画中画印刷有限公司
开 本：880mm × 1230mm 1/32
印 张：15
字 数：324 千字
版 次：2020 年 6 月第 1 版
印 次：2020 年 6 月第 1 次印刷
定 价：68.00 元

目　录
Contents

引　言　001

一、神圣美国的建立和被指引　001

二、美国例外论　006

三、美利坚帝国：良性还是恶性?　016

结　论　036

第 1 章　从美帝国主义的建立到第一次世界大战　037

一、美利坚帝国的创建　038

二、出兵海外：夏威夷、古巴和菲律宾　044

三、在美洲实施的大棒政策　066

结　论　076

第 2 章　第一次世界大战　077

一、卷入战争　080

二、卢西塔尼亚号的沉没　083

三、通往第二次世界大战的道路　097

结　论　101

第 3 章　两次世界大战期间　102

一、对共产主义的第一次进攻：从 1917 年到第二次　102

世界大战　102

二、关于修正全球无政府状态的讨论　114

三、国际联盟　130

结　论　141
第 4 章　第二次世界大战　142
一、为战后计划做准备　142
二、玩弄战时政治　146
三、美国的例外论?　155
第 5 章　珍珠港事件　158
一、日本是邪恶和军国主义的吗?　159
二、偷袭珍珠港是无端的吗?　162
三、珍珠港袭击是一个意外吗?　166
四、掩　盖　172
结　论　175
第 6 章　广岛和长崎　177
一、曼哈顿计划　179
二、广岛神话　181
三、为什么原子弹落在日本?　185
四、为什么日本最终投降了?　190
五、美国的道德　194
结　论　196
第 7 章　联合国　197
一、克服全球无政府状态的更多建议　197
二、联合国为何失败　202
结　论　209
第 8 章　制造冷战　211
一、早期的步骤　214

二、对苏赔款和德国的分裂　216
三、日本翻天覆地的变化：1945 年至 1950 年　218
四、希腊、杜鲁门主义以及豚鼠实验　221
五、NSC—68：冷战的创始文件　232
六、朝　鲜　233
七、乔治·凯南 1948 年的声明　238
第 9 章　冷战时期的美帝国主义　240
一、新殖民地菲律宾：发现第一个麦格赛赛　240
二、伊朗：制造持久的仇恨　248
三、危地马拉：威慑来自良好榜样的威胁　255
四、古巴：共产主义邻国的建立　267
五、巴西：进步联盟的核心　273
六、多米尼加共和国：约翰逊主义与言行不一　276
七、希腊：打跳蚤，搞宪法　281
八、印度尼西亚　284
九、两伊战争（1980—1988 年）　288
结　论　290
第 10 章　越南战争　291
一、参　与　295
二、艾森豪威尔政府：塑造和破坏《日内瓦协定》　298
三、肯尼迪政府　319
四、约翰逊政府：第一步　324
五、约翰逊政府让战争不断升级　335
六、国内的反战运动　345

第 11 章　伪旗行动　357

一、其他国家的伪旗行动　358

二、建立在对虚假敌人侵略指控基础上的美国战争　362

三、美国在欧洲的伪旗攻击　365

四、诺斯伍德行动　383

结　论　384

第 12 章　冷战后的干预　385

一、入侵巴拿马　386

二、1991 年进攻伊拉克　393

三、南斯拉夫的毁灭　411

结　论　425

第 13 章　驱动全球主导　426

一、军国主义学派的早期表现　427

二、后来的发展　430

三、全谱优势　441

四、启　示　444

第 14 章　结语　美国例外论　449

一、重申美国例外论　451

二、安德鲁·巴塞维奇谈美国例外论　452

后记　美国世纪　455

一、美国世纪的结束　457

二、美国与国际道德秩序　467

致　谢　474

引 言

自美国建立以来，一些政客们便宣称美国是神圣的，甚至认为美国不仅得到了特别的启示，还受到了上帝的指引。美国神圣论的实质就是“美国例外论”。

一、神圣美国的建立和被指引

美国的建立常被美国总统们描述为是遵循了天意。乔治·华盛顿在他的第一次就职演说中说道：

> 没有哪个国家比美国如此地肯定和崇拜管理人类事务的上帝了。
>
> 建立独特美国的每一步都是上天的安排。[①]

约翰·亚当斯在就职演说中说道：“美国从建立之日起就

① 《华盛顿就职演说》(*Washington's Inaugural Address*)，1789 年 4 月 30 日。

受到了上天的恩宠。”[①] 安德鲁 · 杰克逊在告别演说中对他的人民说：

> 上帝沐浴和眷顾了这片土地，并选择你们作为自由的卫士保护人类的利益。愿掌握国家命运的受持人配得上上帝的恩惠。[②]

早些时候，在成为总统之前的罗纳德 · 里根说过：

> 我一直相信，居于两大洋之间的这个伟大大陆上的人民对探索自由的持久热爱，是神的安排。如果你愿意，你可以把这称为神秘主义。[③]

直到最近，乔治 · 布什总统表示：

> 新世纪将是自由的世纪。通过促进海外自由，我们将建设一个更加安全的世界。通过鼓励国内自由，我们将建设一个更有希望的美国。正如我们的先辈们一样，我们将

---

① 《约翰 · 亚当斯的就职演说》(*Inaugural Address of John Adams*)，1797 年 3 月 4 日。

② 《安德鲁 · 杰克逊总统告别演说》(*President Andrew Jackson, Farewell Address*)，1837 年 3 月 4 日。

③ 《里根 1974 年对第一次保守派代表大会政治行动的声明》(*Reagan's statement to the first Conservative Political Action Conference Convention, 1974*)。

随时听从来自远方的自由之星的召唤。[①]

在美国的形成时期有许多这样信念，总的来说就是美国是上帝的特殊神圣代理人。其中一个信条说美国是“上帝的新以色列”(God's New Israel)。在美国革命时期，每当华盛顿的军队遇到险境时，就用此信条来布道，因为此时的军队就如同旷野中的以色列后裔。[②]

当然。在这本书里还有一个广泛讨论的信念就是“救世国”[③]。1900年，参议员阿尔伯特·贝弗里奇（Albert J. Beveridge）发表了一篇题为《团结在美利坚帝国周围》（*In Support of an American Empire*）的演讲，其中说：“被万能的上帝选中的美国人民，意味着最终将领导拯救世界。”[④] 1919年，伍德罗·威尔逊总统说，如果美国支持国际联盟（ League of

---

① 乔治·布什：《在纽约市共和党全国代表大会上接受总统提名的言论》(*Remarks Accepting the Presidential Nomination at the Republican National Convention in New York City*)，2004年9月2日。

② 康拉德·切里（Conrad Cherry）编：《上帝的新以色列：美国命运的宗教诠释》(*God's New Israel: Religious Interpretations of American Destiny, 1971*)，北卡罗来纳大学出版社（University of North Carolina Press）1998年，第269页。

③ 参见欧内斯特·李·图韦森（Ernest Lee Tuveson)：《救赎者国家：美国千禧角色的构想》(*Redeemer Nation: The Idea of America's Millennial Role*)，芝加哥大学出版社（University of Chicago Press）1968年；奥林·施瓦布（Orrin Schwab)：《救赎者的国度：技术统治时代的美国与世界——1914年至今》(*Redeemer Nation: American and the World in the Technocratic Age -1914 to the Present*)，美国大学与学院出版社（American University & Colleges Press）2004年。

④ 参议员阿尔伯特·贝弗里奇：《菲律宾问题》(*The Philippine Question*)，华盛顿特区1900年1月9日。

Nations）（具体见第七章），就将引领“世界的救赎”[①]。

贝弗里奇的演讲中还大量使用了这个描述美国的信念——因为美国是上帝“选择的国家”，所以美国人民是上帝的“选民”。[②]亚伯拉罕·林肯则谦虚地称美国“几乎是上帝选择的国家”[③]。

也许最著名的信念当属著名社会学家丹尼尔·贝尔（Daniel Bell）1975年所说的：“天定命运（manifest destiny）是19世纪美国的民间宗教。”对此，他坚信这是“与欧洲任何已知地方不同的美国人民的一种特殊美德”[④]。这个信念在1900年被人使用。例如参议员亨利·卡伯特·洛奇（Henry Cabot Lodge）在一次辩护演讲中谈到占领菲律宾群岛时说：

> 我相信美国是为了使命而建立的。我相信对这个世界而言美国肩负着一个伟大的使命——一个美好的使命，一

---

① 约翰·朱迪斯（John B. Judis）：《选择的国家：宗教对美国外交政策的影响》（*The Chosen Nation*：*The Influence of Religion on U.S. Foreign Policy*），载《卡内基国际和平基金会》（*Carnegie Endowment for International Peace*）2005年3月10日。

② 参见克利福德·朗利（Clifford Longley），《被选中的人：塑造英格兰和美国的大理念》（*Chosen People: The Big Idea that Shapes England and America*），霍德斯与托顿（Hodder & Stoughton）出版社2003年。

③ 参见约瑟夫·勒孔特（Joseph Leconte）：《我的观点：一个几乎被选中的国家》（*My Take: An Almost Chosen Nation*），2013年1月19日CNN特别报道。

④ 丹尼尔·贝尔（Daniel Bell）：《美国例外论的终结》（*The End of American Exceptionalism*），载《国家事务》（*National Affairs*）1975年秋季第5页。

个自由的使命。我会完成这个天定命运的使命。[①]

有关天定命运的信念在第一章里将有更详细的讨论。

虽然有关美国受到上帝特别关照的描述在19世纪和20世纪比今天更普遍，但这种信念至今仍然存在。事实上，最近几年的调查表明，半数以上的美国人都相信美国与上帝有着“特殊的关系”，或者在历史上上帝赋予美国扮演“特殊的角色”[②]。

2016年，脱口秀主持人迈克尔·梅德维德（Michael Medved）在其出版的《共和国崛起的神圣天意》（*Divine Providence in the Rise of the Republic*）一书中，赞赏了关于“上帝表现出对美国特别恩宠的固有信念”。迈克尔·梅德维德说，这个信念伴随着这个国家的建立被神的神迹证明是真实的，比如“美国独立日”——第五十个7月4日发生的“超自然力量干预”[③]。

梅德维德说，这个干预就是“两位在宣布美国独立时曾经

① 洛奇的演讲在朱莉娅·沃德·豪（Julia Ward Howe）编的《美国雄辩杰作》（*Masterpieces of American Eloquence*）中被转载，克辛格（Kessinger）出版社2011年。

② 《调查：大多数美国人仍然看到上帝之手在美国》（*Survey: Most Americans Still See God's Hand on America*），载《基督教新闻有线》（*Christian News Wire*）2010年11月24日；53%的美国人认为上帝与美国有着特殊的关系相关，2015年7月6日。

③ 迈克尔·梅德韦德：《美国奇迹：共和国崛起中的神圣天意》（*The American Miracle: Divine Providence in the Rise of the Republic*），皇冠论坛（Crown Forum）出版社2016年，第1页。

扮演过最重要角色”的巨头约翰·亚当斯和托马斯·杰弗逊都死于那天。[①] 上帝“为了特殊目的选择了美国”的事实还有一个有力的证明，就是这个“国家不可思议地迅速崛起并成为世界霸主”。梅德维德甚至说：“以自身强大的实力作为支撑的美国故事（与《圣经》媲美）是有史以来最伟大的故事。”[②]

再举最后一个例子。2017 年 2 月，唐纳德·特朗普当选为总统，《纽约时报》（*New York Times*）的大卫·布鲁克斯（David Brooks）将美国描述为传播民主和繁荣的“被指定”的国家，欢迎陌生人成为全人类的兄弟姐妹。[③]

二、美国例外论

今天不再用诸如美国是上帝的新以色列或者救赎者之类的信念，许多人只是简单地描述美国是一种例外，其中一种表达称美国是“不可或缺的国家”。这句话是比尔·克林顿的国务卿玛德琳·奥尔布赖特发明的。她说：“我们是不可或缺的国家。我们昂首挺胸展望未来，我们比其他任何国家看得更远，因此

---

① 迈克尔·梅德韦德：《美国奇迹：共和国崛起中的神圣天意》，第 2 页。美国从 1776 年 7 月 4 日宣布独立到 1826 年 7 月 4 日正好是第 50 个独立日，约翰·亚当斯和托马斯·杰斐逊在这一天同时去世。因此有人称这是“超自然力量干预”的结果。

② 迈克尔·梅德韦德：《美国奇迹：共和国崛起中的神圣天意》，第 16、24 页。

③ 大卫·布鲁克斯（David Brooks）：《国家的伟大复兴》（*A Return to National Greatness*），载《纽约时报》第 3 期，2017 年 2 月。

我们看到了所有人面临的威胁。”[①]

尽管美国例外论（*American Exceptionalism*）的信念通常采用一种自我陶醉的方式，但至少对美国人来说，它显然源自一个贬义词。1929年，据报道苏联领导人约瑟夫·斯大林谴责了“美国例外论的异端邪说”。这个异端邪说声称美国资本主义是马克思主义经济规律的一个例外，被认为是普遍的。之后的1930年，美国共产党指出经济大萧条的开始表明美国资本主义并非是个例外，“美国经济危机的风暴刮倒了美国例外论的纸牌屋”[②]。

姑且不谈马克思主义对例外论的蔑视，就是支持美国例外论的人也不都是赞赏。例如在《美国例外论：一把双刃剑》（*American Exceptionalism: A Double-Edged*）这本书中，社会学家西摩·马丁·李普塞特（Seymour Martin Lipset）认为，美国“创立的组织原则和政治机构与其他西方国家相比，确实是个例外并有质的不同”。但是这些原则和制度并不必然使美国成为最好的国家。

谈到美国例外论作为一把“双刃剑”，李普塞特指出：“在规范和行为方面看起来如此令人钦佩的开放民主社会，目前本质上却有许多社会负面特征，如收入不平等、高犯罪率、低选举参与度等。”事实上，美国还远远称不上是最好的国家。李

---

① 1998年2月19日NBC《今日秀》节目。

② 泰伦斯·麦考伊（Terrence McCoy）：《约瑟夫·斯大林如何发明了“美国例外主义”》（*How Joseph Stalin Invented “American Exceptionalism”*），载《大西洋》（*Atlantic*）2012年3月15日。

普塞特说："我们既是最差的也是最好的，这取决于对本质问题的解决。"①

大多数评论家在谈到美国例外论时都认为美国是世界上最好的国家。在一本名为《美国例外论神话》（*The Myth of American Exceptionalism*）的书中，戈德弗雷·霍奇森（Godfrey Hodgson）说，这意味着除了美国是世界上最富有和最强大的国家外，美国"在政治和道德上也是个例外"②。

事实上，盖洛普（Gallup）在2010年的一项调查发现，80%的美国公众都相信美国"所具有的独特特点使它成为世界上最伟大的国家"③。因为美国例外论自我陶醉的说法在这个国家非常普遍，所以美国总统们有义务必须承认这一信念。在2009年的一次北约会议上，奥巴马总统在回答是否相信例外论这个问题时证实了这一点：

> 我相信美国例外论，正像我怀疑英国人相信英国例外论和希腊人相信希腊例外论一样。④

---

① 西摩·马丁·李普塞特：《美国例外论：一把双刃剑》（*American Exceptionalism: A Double-Edged*），诺顿出版社（W. W. Norton）1996年，第13、18页

② 戈弗雷·霍奇森：《美国例外论神话》（*The Myth of American Exceptionalism*），耶鲁大学出版社（Yale University Press）2009年，第10页。

③ 杰弗里·琼斯（Jeffrey M. Jones）：《美国人看美国例外论；37%的怀疑奥巴马》（*Americans See U.S. as Exceptional; 37% Doubt Obama Does*），盖洛普2010年12月22日。

④ 迈克尔·舍勒尔（Michael Scherer）：《奥巴马也是美国例外论者》（*Obama Too Is an American Exceptionalist*），载《时代周刊》（*Time*）2009年4月。

这种回答招致了大量的批评。《国家评论》(*National Review*) 将奥巴马的回答描述为是对"美国例外论的抨击"。作者乔纳·戈德堡 (Jonah Goldberg) 说，对美国例外论的批评是"右翼沙文主义、排外主义或无知的产物"。戈德堡认为，正如阿历克西·托克维尔 (Alexis de Tocqueville) 和西摩·李普塞特等思想家所阐述的那样，事实上"美国例外论是几个世纪以来学者中形成的一个根深蒂固的概念"。然而，戈德堡忽略了托克维尔和李普塞特所定义的美国例外论，只是陈述了对"美国是世界上最伟大的国家"[①]这句话的理解。

换句话说，奥巴马被批评为"抨击"美国例外论，是因为他以一种不合适的方式不认可例外论。显然作为一种回应，奥巴马后来在 2014 年西点军校的演讲中说道："我对美国例外论深信不疑。"[②]

最近，特朗普总统与治安例外发生了冲突，而在 2017 年 2 月之前，他已经同意遵守新保守主义规则。特朗普在接受福克斯新闻采访时，比尔·奥莱利 (Bill O'Reilly) 问特朗普为什么要尊重普京这样的杀手。特朗普回答："有很多杀手。我们有很多杀手。难道你认为我们国家是清白的？"令人吃惊的是特朗普"正在美国与俄罗斯之间画道德等线"，《纽约时报》的编

---

① 乔纳·戈德堡：《对美国例外论的抨击》(*The Bashing of American Exceptionalism*)，载《国家评论》(*National Review*) 2010 年 11 月 10 日。

② 《总统在美国军事学院毕业典礼上的讲话》(*Remarks by the President at the United States Military Academy Commencement Ceremony*)，白宫 2014 年 5 月 28 日。

辑委员会说："对美国总统来说，维护美国在俄罗斯在道德和政治上的优势早已不是一个困难的策略。"[①]

在一篇名为《美国例外论神话》(*The Myth of American Exceptionalism*)的文章中，斯蒂芬·沃尔特(Stephen Walt)列出了有关这个神话的几个版本。

其中一个版本认为："美国比其他国家表现得更好。"另一个版本是："美国对世界上大多数的好事是负责任的。"[②]第三个版本则重复上一节中的观点认为："上帝站在我们一边。"[③]

人们对越南、阿富汗和伊拉克战争的灾难性结果的怀疑，会让美国少一些自吹自擂。当时灾难性的越南战争几乎让美国这个世界上最伟大的国家是个例外的言论结束。丹尼尔·贝尔(Daniel Bell)在1975年发表的一篇题为《越南战争的终结》(*The End of Vietnam*)的文章中说美国世纪"已经在越南的浅滩上沉没"：

> 今天，对美国例外论的信仰随着帝国的终结、权力的削弱以及对国家丧失信心而销声匿迹……美国世纪……已

---

① 《纽约时报》编辑委员会(Editorial Board, New York Times)：《谴责美国第一》(*Blaming America First*)，2017年2月7日。

② 斯蒂芬·沃尔特：《美国例外论神话》(*The Myth of American Exceptionalism*)，载《外交政策》(*Foreign Policy*)2011年10月11日。沃尔特补充说："观看《拯救大兵瑞恩》或《巴顿将军》的美国人可能会得出这样的结论：美国在战胜纳粹德国的过程中扮演了核心角色。"然而事实上，"大部分战斗发生在东欧，打败希特勒战争机器的主要任务是由苏联承担的"。

③ 沃尔特重复了亚伯拉罕·林肯的告诫，我们应该关心"我们是否站在上帝一边"，参见斯蒂芬·沃尔特：《美国例外论神话》。

经在越南的浅滩上沉没……不再有天定使命。我们对权力的腐败无法免疫。我们没有例外……我们是一个与所有国家一样的国家。①

然而，自我吹捧的美国例外论却没有因此永久消失。正如《新闻周刊》（*Newsweek*）在2016年发表的《我们将终结“美国例外论”吗？》（*Are We Coming to the End of “American Exceptionalism”?*）一文中所指出的，“随着罗纳德·里根的‘山巅上光辉之城’②（shining city on a hill）的出现，对美国例外论的信仰在20世纪80年代又卷土重来。”③

特雷弗·麦克里斯肯（Trevor McCrisken）在《美国例外论和越南遗产：1974年以来的美国外交政策》（*American Exceptionalism and the Legacy of Vietnam: U.S. Foreign Policy Since 1974*）一书中指出，越战后美国例外论开始复

---

① 丹尼尔·贝尔：《越南战争的终结》（*The End of Vietnam*），载《国家事务》（*National Affairs*）1975年4月4日、6月16日。

② 美国殖民早期统治者约翰·温斯罗普发表题为《督徒慈善的典范》的布道，认为波士顿与上帝之间存在着特别的契约，是“基督徒慈善的典范”，其英文表述就是“A Model of Christian Charity”，俗称“ City on a Hill”。他引用了《马太福音》第5章的一句话“你们是世上的光。城立在山上，是不能隐藏的”提醒在新英格兰建立马萨诸塞湾殖民地的清教徒殖民者，他们的新社区将成为一座“山上的城”，被整个世界所注视。这里里根作为总统认为美国是一座积聚世界目光的“山巅之城”。——译者注

③ 希尔德·埃利亚森·瑞斯坦（Hilde Eliassen Restad）：《我们将终结“美国例外论”吗？》（*Are We Coming to the End of “American Exceptionalism”?* ），载《新闻周刊》2016年6月6日。这篇文章最初发表于2016年3月4日的《伦敦经济学院》（*London School of Economics*），题为《唐纳德·特朗普呼吁“让美国再次伟大”》，表明美国例外论仍然是一个强大的信念。

苏。在书中，麦克里斯肯解释了20世纪80年代以来的美国总统——杰拉尔德·福特、吉米·卡特、罗纳德·里根、乔治·布什和比尔·克林顿——正试图恢复公众对美国例外论的信仰。[①]一篇题为《美国例外论：永不消亡的信念》(*American Exceptionalism: An Idea That Will Not Die*) 的文章使这些努力最终获得了成功，得到了支持。[②]

因此，刚刚开始的21世纪美国例外论仍未消失。“9·11”恐怖袭击的发生使美国人更加爱国，即使对阿富汗的战争也没有使这种信念受到影响。但是伊拉克战争则让这一信念受到动摇。

斯坦利·霍夫曼（Stanley Hoffman）指出造成这种信念丧失的部分原因是布什—切尼政府推行的所谓“新例外论”，认为“美国最重要的独特品质是军事上的优势”，“美国为世界所做的一切都是正当的”，“声称美国宪法允许不服从上位法，比如像国际法”。[③]

除了伊拉克战争导致许多美国人拒绝接受美国在积极意

---

① 特雷弗·麦克里斯肯：《美国例外论和越南遗产：1974年以来的美国外交政策》(*American Exceptionalism and the Legacy of Vietnam: U.S. Foreign Policy Since 1974*)，帕尔格雷夫·麦克米伦（Palgrave Macmillan）2004年。

② 戴尔·卡特（Dale Carter）：《美国例外论：永不消亡的信念》(*American Exceptionalism: An Idea That Will Not Die*)，载《斯堪的纳维亚美国研究》(*American Studies in Scandinavia*) 1997年第2期。

③ 斯坦利·霍夫曼：《高高在上：布什的国家安全战略与美国的新傲慢》(*The High and the Mighty: Bush's National- Security Strategy and the New American Hubris*)，载《美国前景》(*American Prospect*) 2003年1月13日。

义上是特殊的这一观点之外[①]，也导致世界范围内反美情绪的激增[②]。但对这个国家的一些公民来说，积极意义上的美国例外论仍像从前一样受到强烈支持。其中一位是前副总统迪克·切尼（Dick Cheney，对伊拉克战争负有主要责任[③]），在和他的女儿利兹·切尼（Liz Cheney）合著的一本名为《例外：为什么世界需要一个强大的美国》（*Exceptional: Why the World Needs a Powerful America*）的书中一开始便断言："是的，我们是个例外。"[④]出于自鸣得意的所谓信念，切尼一家说：

> 我们保证人类享有比历史上任何其他国家都充分的自由、安全与和平。美国是独一无二的……作为既有的事实和不可否认的历史，我们是世界上最伟大的行善力量。

要让我们的孩子知道，他们继续说道："他们是人类历史上最强大、最善良、最光荣的一个特殊国家的公民。"在书的

---

① 考虑到奥巴马延长了布什—切尼战争的持续时间，发动了一些新的战争，并通过无人机对不同国家的人民进行了屠杀，奥巴马政府几乎没有改变这种局面。此外，特朗普政府也使美国获得的尊重度更低。

② 参见安德鲁·科胡特（Andrew Kohut）、布鲁斯·斯托克斯（Bruce Stokes）：《美国反对世界：我们如何不同，为什么我们不受欢迎》（*America Against the World: How We Are Different and Why We Are Disliked*），时代图书（Times Books）2006 年。

③ 参见大卫·雷·格里芬：《布什和切尼：如何毁灭美国和世界》（*Bush and Cheney: How They Ruined America and the World*）第 2 章和第 4 章，互联图书（Interlink Books）2017 年。

④ 迪克·切尼和利兹·切尼：《例外：为什么世界需要一个强大的美国》（*Exceptional: Why the World Needs a Powerful America*），2015 年第 1 版第 1、5 页。

最后，他们继续赞扬美国说：

> 我们一直是地球上最后的、最好的希望，因为我们不仅是自己的而且是全世界几百万人的自由捍卫者。我们这样做是因为……没有一个国家能如此成功地将自由广泛地传播到其他国家。在人类历史上，没有哪个国家曾有过这样的一股从善的力量。①

但戈德弗雷·霍奇森认为“这种自以为是非常有害”，对“国家优越感不加批判的断言”的需求，尤其对“美国受到钦佩或者几乎是受到崇拜”②新的倾向和观点表示了厌恶。同时，霍奇森还发现，就美国例外论的构成而言，其实就是一个美国人“以强大的武力统治他人”③看似合理而又符合需求的神话。

与此密切相关，美国例外论可以成为豁免主义(exemptionalism)。所谓“例外”就是可以让一个国家相信自己可以不受适用于其他国家的规则的约束。在谈到朝鲜2013年进行的核武器试验问题时，格伦·格林沃德（Glenn Greenwald）写道：

> 朝鲜进行了核武器试验，美国——世界上最大的核武器储备国和唯一在历史上使用过核武器国家——带头进行

---

① 迪克·切尼、利兹·切尼：《例外：为什么世界需要一个强大的美国》，第257、259页。

② 戈德弗雷·霍奇森：《美国例外论神话》，第xii-xiii。

③ 戈德弗雷·霍奇森：《美国例外论神话》，第17章。

了谴责。

显然，格林沃德是在问为什么美国可以拥有核武器而朝鲜却不能。

《国家评论》的编辑查尔斯·库克（Charles Cooke）则反驳了格林沃德这样的观点。他写道（显然没有开玩笑）：

> 我从来都不明白是否拥有核武器存在道德上的对等。我们可以拥有核武器是因为我们是正确的。……我们为什么要谴责朝鲜的核试验？因为他们是一个极权主义国家而美国是历史上最伟大的国家。

对此，格林沃德不无嘲讽地说，因为我们是有史以来最伟大的国家，所以我们"有权做别人不能做的事"①。

按照俄罗斯政策专家詹姆斯·卡登（James Carden）的话说："美国例外论意识形态的傲慢本性助长了天真的错觉，妨碍了人们对美国最近以来实施的灾难性海外冒险的批判性反思……最后，美国例外论意识形态助长了美国的错觉和美国为全世界的军事干预所做的准备。"②

---

① 格伦·格林沃德：《美国例外主义的前提和目的》（*The Premises and Purposes of American Exceptionalism*），载《卫报》（*Guardian*）2013年2月18日。

② 詹姆斯·卡登：《让左派拥抱我们的"例外论"》（*Getting the Left to Embrace US "Exceptionalism"*），载《财团新闻》（*Consortium News*）2017年10月24日。

三、美利坚帝国：良性还是恶性?

美国人倾向于把自己的国家描述成优良慷慨的甚至是神圣的，而其他国家对此则不敢苟同。皮尤研究中心（Pew Research Center）的安德鲁·科胡特（Andrew Kohut）和布鲁斯·斯托克斯（Bruce Stokes）说："比美国人的信念更重要的是美国是一座山巅上的光辉之城。"①

有些国家甚至把美国描绘成恶魔。比如伊朗，1979年，阿亚图拉·霍梅尼称美国是大撒旦（同时指苏联为小撒旦）。②美国的一些批评家认为，撒旦从表面上看是被魔鬼或魔鬼附身的意思，但这里是指美国非常邪恶并具有破坏性。

尽管在伊朗的美国人在更早的时候就被视为恶魔——就像马克·吐温对美国在菲律宾的战争行径批评的一样（参见第一章）——在越战时期，强烈的反对声首先在美国人中广泛传播，再次传播开来则是因为美国对伊拉克和其他国家进行的进攻即所谓的反恐战争。

对美国是神圣的还是邪恶的、是特别好还是特别坏这个问题，现在俨然已经成为主要讨论美利坚帝国是良性的还是恶性的、是仁慈的和还是邪恶的问题。

---

① 安德鲁·科胡特、布鲁斯·斯托克斯：《美国例外论问题》（*The Problem of American Exceptionalism*），皮尤研究中心2006年5月9日。

② 马克·N.卡茨（Mark N. Katz）：《伊朗和俄罗斯》（*Iran and Russia*），参见罗宾·赖特（Robin B. Wright）：《伊朗入门：权力、政治和美国政策》（*The Iran Primer: Power, Politics, and U.S. Policy*），美国和平研究所（United States Institue of Peace）2010年，第186页。

当然，从逻辑上讲还存在第三种观点，那就是美利坚帝国既不仁慈也不邪恶而是中性的。因为有人会认为美国的政策既没有帮助他人也没有伤害他人，或者美国的有益政策抵消了有害政策。但是大多数思考过这个问题的人则认为美利坚帝国要么是好的要么是坏的，要么是善意的要么是邪恶的。本书提出的问题是，这些观点中哪一个最有可能得到历史证据的支持？当然，这个问题的前提是美国就是一个帝国。

1. 美利坚帝国

在 20 世纪的大部分时间里，谈论“美利坚帝国”特别是“美帝国主义”，几乎是个禁忌，使用这两个词的作家几乎都是批评美国政策的左翼批评家，如诺姆·乔姆斯基（Noam Chomsky）、理查德·福尔克（Richard Falk）、哈里·麦格道夫（Harry Magdoff）、迈克尔·帕伦蒂（Michael Parenti）和戈尔·维达尔（Gore Vidal）。[①] 相应的，安德鲁·巴塞维奇

① 参见诺姆·乔姆斯基：《美国强权与新官僚》（*American Power and the New Mandarins*）；纽约：经典书籍（Vintage Books）1969 年；《501 年：继续征服》（*Year 501: The Conquest Continues*），波士顿：南端出版社（South End Press）1993 年；《流氓国家：世界事务中的武力统治》（*Rogue States: The Rule of Force in World Affairs*），剑桥：南端出版社 2000 年；理查德·福尔克（Richard Falk）《危机中的帝国主义》（*Imperialism in Crisis*）曼苏尔·法尔汗（Mansour Farhang）：《美帝国主义：从美西战争到伊朗革命》（*U.S. Imperialism: From the Spanish-American War to the Iranian Revolution*），波士顿：南端出版社 1981 年，导论部分；哈里·麦格道夫：《帝国主义时代：美国外交政策的经济学》（*The Age of Imperialism: The Economics of U.S. Foreign Policy*）；迈克尔·帕伦蒂：《反对帝国》（*Against Empire*），旧金山：城市之光（City Lights）出版社 1995 年；戈尔·维达尔：《帝国：一本小说》（*Empire: A Novel*），纽约：兰登书屋，1987 年；《最后的帝国》（*The Last Empire*），纽约：经典书籍 2002 年。

（Andrew Bacevich）在他2002年的著作《美利坚帝国：美国外交的现实与后果》（*American Empire: The Realities and Consequences of U.S. Diplomacy*）中指出："关于美利坚帝国……是……一个容易起争议的词。"巴塞维奇这么说的原因是，"按照美国所珍视的传统，美利坚合众国不是帝国也不可能是帝国"①。

这种传统是如此珍贵，以至于那些违反这一传统的美国外交政策分析人士被边缘化甚至被主流媒体嘲笑或忽视。至少在公共话语中，把美国描述成一个新兴的帝国是不被允许的。

然而，正如巴塞维奇指出的那样，所有这一切早在21世纪以前就改变了。当然，美国的政客们仍然觉得有必要避免承认现实。布什总统2002年6月在西点军校演讲中说道："我们不寻求成为一个帝国。"当国防部长唐纳德·拉姆斯菲尔德（Donald Rumsfeld）被记者问及布什政府是否决心"建立一个帝国"时，他的回答是（不管有没有开玩笑）："我们没有寻求成为一个帝国。我们不是帝国主义。我们从来都不是。我想象不到你为什么要问这个问题。"②

进入21世纪，美国的外交政策评论员可以自由地（直截了当地）谈论美国霸权和帝国了。比如新保守主义专栏作家查

---

① 安德鲁·巴塞维奇：《美利坚帝国：美国外交的现实与后果》（*American Empire: The Realities and Consequences of U.S. Diplomacy*），剑桥：哈佛大学出版社（Harvard University Press）2002年，第30、218—219页。

② 2002年6月1日总统在2002年美国军事学院毕业典礼上的讲话；唐纳德·拉姆斯菲尔德：《国防部新闻发布会》2003年4月23日；拉胡尔·马哈詹（Rahul Mahajan）：《全谱优势：美国在伊拉克及其他地区的力量》（*Full Spectrum Dominance: U.S. Power in Iraq and Beyond*），纽约：七故事（Seven Stories）出版社2003年，第9页。

尔斯·克劳萨默（Charles Krauthammer）在2002年说：“人们在‘帝国’这个词上出柜了。”[①]同一年，迈克尔·伊格纳蒂夫（Michael Ignatieff）援引布什“我们不寻求成为一个帝国”的话，反问道：“然而，除了‘帝国’这个词之外，还有什么词能描述美国正在成为令人敬畏的国家呢？”[②]

人们私下里经常拿美国与罗马比较。克劳萨默写道：“美国不仅仅是国际公民，而且是世界的主导力量，是自罗马帝国以来世界上最具统治力的国家。”[③]巴塞维奇更令人注目地阐述了这一点。他援引20世纪初美国伟大的历史学家查理斯·比尔德（Charles Beard）[④]“美国不是罗马”[⑤]的话，补充说：“大多数公民仍然相信，作为唯一的超级大国，美国一点也不像罗马。”但在20世纪，巴塞维奇说：“比尔德所担心的已经成为现实：不管你喜不喜欢，今天的美国就是罗马。”[⑥]

---

① 艾米莉·埃金（Emily Eakin）引用了查尔斯·克劳萨默的话：“条条大路通向华盛顿特区。”载《纽约时报》“每周评论”专栏，2002年3月31日。

② 迈克尔·伊格纳蒂夫：《责任》（*The Burden*），载《纽约时报杂志》（*The New York Times Magazine*）2003年1月5日。这段话摘自布什2002年6月在西点军校的演讲。

③ 查尔斯·克劳萨默：《布什主义》（*The Bush Doctrine*），载《时代》2001年3月5日，引自查尔默斯·约翰逊（Chalmers Johnson）：《帝国的悲哀：军国主义、秘密以及共和国的终结》（*The Sorrows of Empire: Militarism, Secrecy, and the End of the Republic*），纽约：亨利霍尔特（Henry Holt）大都会图书（Metropolitan Books）2004年，第68页。

④ 查尔斯·比尔德（Charles Austin Beard，1874—1948），美国最著名和最重要的宪法学家和历史学家，曾被誉为“20世纪复杂社会中松了绑的伏尔泰”。由于倡导“美国宪法的经济解释”（同名著作中译本由商务印书馆于1984年出版）而被称作“进步史学运动的代表”。——译者注

⑤ 安德鲁·巴塞维奇：《美利坚帝国：美国外交的现实与后果》，第242页。摘自查尔斯·比尔德：《用轻率的头脑与外国争吵》（*Giddy Minds and Foreign Quarrels*）第87页。

⑥ 安德鲁·巴塞维奇：《美利坚帝国：美国外交的现实与后果》，第244页。

正如克劳萨默所说的，评论家们在21世纪开始使用反对美国自负的那些左翼批评家在前几十年使用过的词E-word（帝国）和I-word（帝国主义）。政治保守派和新保守派甚至进行了某种公关活动，以扭转美国不是帝国的早期自负。

例如在2000年，很快就要成为科林·鲍威尔（Colin Powell）的国务院政策规划主管的理查德·哈斯（Richard Haass）发表了一篇题为《帝国主义的美国》（*Imperial America*）的演讲，他呼吁美国人“重新构想从一个传统的民族国家到一个权力帝国的全球角色”①。克劳萨默在发表了“出柜评论”之后，对此补充说这是一件好事，因为作为世界上无可争议的世界主人，美国人需要面对这些责任。②

在这样的争论中，克劳萨默的观点与英国历史学家尼尔·弗格森（Niall Ferguson）的《帝国》（*Empire*）相似，该书受到了美国帝国主义拥护者的广泛好评。弗格森说，“美国是一个不敢说自己名字的帝国”，“一个不承认自己实力的帝国是非常危险的”。③ 在弗格森后来的一本书《巨人：美利坚帝国的

---

① 理查德·哈斯：《美帝国主义》（*Imperial America*），摘自安德鲁·巴塞维奇：《美利坚帝国：美国外交的现实与后果》，第219页。

② 参见艾米丽·埃金：《条条大路通向华盛顿特区》（*All Roads Lead to D.C.*）。

③ 英国版的名字很简单，就是《帝国：英国如何创造现代世界》（*Empire: How Britain Made the Modern World*），伦敦：艾伦莱恩（Allen Lane）出版社2002年；美国版的全称是《帝国：英国世界秩序的兴衰与全球力量的教训》（*Empire: The Rise and death of The British World Order and The lessons for Global Power*），意在指出美国的教训；纽约：基础图书（Basic Books）2003年。

代价》(*Colossus*: *The Price of America's Empire*)中，认为美利坚帝国的主要问题是它是“一个拒绝承认的帝国”，而这个帝国导致有问题的国家在政治和经济转型时在时间和资源上的分配不足。①

2. 良性的美利坚帝国

鉴于整个20世纪“帝国”和“帝国主义”被广泛地认为与美国理想背道而驰的事实，一个世纪以来，大多数美国人可能会惊讶地听到美国同胞和他们的盟友认为美国就是一个帝国，应该更全面、更公开地执行帝国的任务。但这些帝国建设的倡导者们正逐步接受流行于18世纪和19世纪的一种观点，即美国创造了一个帝国对世界来说是件好事，因为它是良性的和仁慈的。托马斯·杰斐逊称美国正在建设一个“自由的帝国”②(empire of liberty)，或者“为了自由的帝国”③(empire for liberty)。

乔治·华盛顿的门徒大卫·汉弗莱斯(David Humphreys)写了一首包含以下几句的诗：

---

① 尼尔·弗格森：《巨人：美利坚帝国的代价》(*Colossus: The Price of America's Empire*)，纽约：企鹅(Penguin)出版社2004年，第294页。

② 戈登·S. 伍德(Gordon S. Wood)：《自由帝国：共和国早期历史(1789—1815年)》(*Empire of Liberty: A History of the Early Republic, 1789-1815*)，牛津大学出版社(Oxford University Press)2009年。

③ 沃尔特·纽金特(Walter Nugent)：《帝国的习惯：美国扩张史》(*Habits of Empire: A History of American Expansion*)，克诺夫(Knopf)出版社2008年，第vii、xiii页。

矗立在自由之上的宪法，

迎接来自大地的一切拥抱；

让我们拥抱人类的无尽事业，

一个帝国的世界，一个法律的世界。[①]

换句话说，美国的事业与人类的事业是一致的，那就是自由。

事实上，在苏联解体之前，有一些思想家就表达过这种思想。例如罗纳德·斯蒂尔（Ronald Steel）在其1967年出版的《美国强权下的和平》（*Pax Americana*）一书中承认，“用任何传统的标准来看”，美国就是一个“帝国主义势力”，是一个在“世界范围内从未见过”的帝国。[②]斯蒂尔辩称，美国一直——

> 遵从的是福利帝国主义，帝国的建立是为了崇高的目的而不是为了利润和影响力等卑鄙的动机……允许其他国家享受自由、民主和自决的好处。[③]

当有关美国在越南扮演的角色的争论逐步升温时，斯蒂尔说美国的介入是出于“最高尚的动机和最慷慨的冲动”[④]。同样，

---

① 安德斯·斯蒂芬森（Anders Stephanson）：《天命：美国扩张与权利帝国》（*Manifest Destiny: American Expansion and the Empire of Right*），纽约：希尔与王（Hill and Wang）出版社1995年，第19页。

② 罗纳德·斯蒂尔：《美国强权下的和平》（*Pax Americana*），纽约：维京（Viking）出版社1967年，第14、15页。

③ 罗纳德·斯蒂尔：《美国强权下的和平》，第16—18页。

④ 罗纳德·斯蒂尔：《美国强权下的和平》，第vii页。

塞缪尔·亨廷顿（Samuel Huntington）在1982年写道：

> 美国的权力对其他社会的总体影响是促进自由、多元主义和民主……当美国的权力与美国的原则之间的冲突适用在美国对其他社会施加影响时，这种冲突几乎就消失了。[①]

后来斯蒂尔和亨廷顿对美国人的善良产生了极大怀疑[②]，但他们早先的观点成了那些在苏联解体后鼓吹帝国主义的主题。

例如，克劳萨默在1990年发表了一篇题为《单极时刻》（*The Unipolar Moment*）的文章。正如斯蒂尔在《美国强权下的和平》中谈到的，克劳萨默认为，尽管历史上——

> 一想到世界上只有一个占主导地位的大国，就会担心它的权力……但美国是个例外，因为世界上普遍认为它是良性的，而且（作为一个大国）其行事不仅是出于自身利益，也出于一种正义感。[③]

---

① 塞缪尔·亨廷顿：《美国的理想与美国的制度》（*American Ideals versus American Institutions*），载《政治科学季刊》（*Political Science Quarterly*）1982年春。

② 罗纳德·斯蒂尔：《超级大国的诱惑》（*Temptations of a Superpower*），剑桥：哈佛大学出版社1995年；塞缪尔·亨廷顿：《孤独的超级大国》（*The Lonely Superpower*），载《外交事务》（*Foreign Affairs*）1999年3/4月。

③ 查尔斯·克劳萨默：《单极时刻》（*The Unipolar Moment*），载《外交事务》1990—1991第1期。克劳萨默早些时候曾说过，从罗斯福到林登·约翰逊的每一任总统都致力于“在国外促进自由和世界秩序”，载《新共和》（*New Republic*）1986年2月。

这一观点的另一个杰出代表新保守主义者罗伯特·卡根（Robert Kagan）在1998《仁慈的帝国》（*The Benevolent Empire*）一文中写道：

> 自美国成为一个伟大的国家以来，美国的外交和国防政策最显著的特征就是对他人利益和自身利益的确认。第二次世界大战以来，美国人似乎让这种信念内在化并且让其成为习性，即自己的幸福从根本上取决于他人的幸福……美国的自由取决于自由在其他地方的生存和传播，对一个地方的侵略都会使任何一个地方存在被侵略的危险。[①]

同样，加拿大历史学家迈克尔·伊格纳蒂夫声称，美利坚帝国致力于用民主制度取代独裁：

> 美国帝国不同于过去的帝国，建立在……征服……这是一项新发明……一个精简的帝国，一个优雅的全球霸权自由市场、人权和民主……它是帝国主义的……良好愿望。[②]

2018年被特朗普总统赦免的迪内什·德索萨（Dinesh

---

① 罗伯特·卡根：《仁慈的帝国》（*The Benevolent Empire*），载《外交政策》1998年夏季。

② 迈克尔·伊格纳蒂夫：《责任》，第24、52页。

D'Souza）在 2002 年发表了最极端的声明称："美国已经变成了一个帝国"，而且令人高兴的是，这是"史上最伟大的帝国"。[①]

温和派的成员有一个共同信念，那就是美国的行为是基于理想而不是利益，或者至少像巴塞维奇所描述的那样："在一定程度上［已经］考虑到利益了……但美国利益与美国理想是一致的。"[②] 希拉里·克林顿在 2016 年总统竞选期间说得更直白："美国是伟大的。之所以伟大是因为我们优秀。"[③]

从这个角度来看，美利坚帝国会给所有人带来福气，因为只要美国获胜就意味着民主的胜利。

3. 邪恶的美利坚帝国

把美帝国主义看作大力促进自由、民主和人权的慈善家的言论受到了持不同信仰的知识分子挑战。他们反对把促进民主的美利坚帝国描绘成一种神话，认为美国与罗马和其他帝国一样，用权力充实和壮大自己，而达到这个目标就会导致抢劫、压迫、恐吓的经常发生，甚至屠杀其他民族。下面是持有这个观点的几位倡导者的讨论。

---

① 露丝·马尔库斯（Ruth Marcus）：《特朗普的赦免显示了他扭曲的仁慈》（*Trump's Pardons Show His Twisted Brand of Mercy*），载《华盛顿邮报》（*Washington Post*）2018 年 5 月 31 日；迪内什·德索萨：《赞美美利坚帝国》（*In Praise of an American Empire*），载《基督教科学箴言报》（*Christian Science Monitor*）2002 年 4 月 26 日。

② 安德鲁·巴塞维奇：《美利坚帝国：美国外交的现实与后果》，第 127 页。

③ 美国全国广播公司财经频道（CNBC）2016 年 10 月 9 日丹·曼根（Dan Mangan）报道："克林顿抨击特朗普：'我们很伟大，因为我们很棒。'"

诺姆·乔姆斯基：鉴于科林·鲍威尔宣称美国现在是“世界上自由和民主的推动力”①，诺姆·乔姆斯基将他的一本关于美国外交政策书取名为《威慑民主》。②当布什政府的领导人宣称他们干涉伊拉克是为了给那里的人民带来民主时，乔姆斯基评论道：“华盛顿突然开始关注伊拉克或其他地方的民主和人权不可信。”③他说，事实上，布什—切尼政府在2003年初已经表现出“一种对民主的蔑视。伴随着人们对人权和民主的真诚奉献，这种蔑视在我心中难以平静”④。

乔姆斯基通过其2003年出版的《霸权还是生存》(*Hegemony or Survival*) 一书的副标题《美国对全球主导地位的追求》(*America's Quest for Global Dominance*) 表达了对布什政府真实动议的观点。通过这本书毫不掩饰的主题，我们可以清楚地感受到乔姆斯基对于布什政府采取军事行动的看法。乔姆斯基认为美国在军事上的主导地位目前已对人类的生存构成了威胁，美国政府愿意承担这种风险反映了它的“价值观”，即“霸权主义比生

---

① 科林·鲍威尔：《确认听证会上的讲话》(*Remarks at Confirmation Hearing*)，参议院外交关系委员会，华盛顿特区2001年1月17日，引自安德鲁·巴塞维奇：《美利坚帝国：美国外交的现实与后果》，第216页。

② 诺姆·乔姆斯基：《威慑民主》(*Deterring Democracy*)，纽约：希尔与王1992年。

③ 诺姆·乔姆斯基：《霸权还是生存：美国对全球主导地位的追求》(*Hegemony or Survival: America's Quest for Global Dominance*)，纽约：亨利霍尔特大都会图书2003年，第140页。

④ 诺姆·乔姆斯基：《霸权还是生存：美国对全球主导地位的追求》，第4页。

存更重要”[1]。

理查德·福尔克：同样认为，布什—切尼政府的目标是全球主导，而非全球民主，明确反对“温和帝国主义学派”所提出的美利坚帝国是“仁慈的政治体制”。他认为“全球主导计划”会带来“全球法西斯主义”的威胁。

福尔克特别提到了布什—切尼政府21世纪美国外交政策在这个方面的几个特征：(1)以“9·11”事件的“超级恐怖主义”为借口，攻击与超级恐怖主义无关的国家；(2)对军事优势的渴望以及对国际法和联合国的任何限制的拒绝；(3)以牺牲公民权利和政治权利为代价加强国家权力的运转；(4)“宗教和地缘政治狂热的危险混合”[2]。

塞缪尔·亨廷顿：左翼思想家乔姆斯基和福尔克持的观点并不令人意外，他们一直以来都对美帝国主义持批评态度。然而，令人惊讶的是一些消息灵通的保守派人士也拒绝把美利坚帝国描绘成仁慈的帝国。塞缪尔·亨廷顿在1999年发表的一篇名为《孤独的超能力》(*The Lonely Superpower*)的文章表明他改变了自己的观点。在引用一些美国官员把美国描绘成“温和的霸权”的话时，亨廷顿评论说：“然而却是霸权主义眼中的

---

① 诺姆·乔姆斯基：《霸权还是生存：美国对全球主导地位的追求》，第231页。

② 理查德·福尔克：《帝国会是法西斯吗？》(*Will the Empire Be Fascist?*)，载《全球对话》(*Global Dialogues*) 2003年；《抵制全球主导计划：对理查德·福尔克教授的采访》(*Resisting the Global Domination Project: An Interview with Prof. Richard Falk*)，载《前线》(*Frontline*)，2003年4月12—25日。

良性霸权。”[①]

安德鲁·巴塞维奇：在之前提到的《美利坚帝国》一书中，巴塞维奇说，作为一个保守主义者，他惊讶地发现将美国计划描述为建立全球帝国动力的那些左翼激进分子是正确的。巴塞维奇的这个启示源自20世纪90年代美国政府在打败苏联帝国政府后却并没有大幅削减军事预算、武器计划和海外部署。如果就像官方宣称的那样，美国参与冷战纯粹是为了遏制苏联的扩张主义而进行的防御性努力，那么这时就应该大幅削减军事预算、武器计划和减少海外部署。然而相反——

> 柏林墙倒塌后的十年里，美国使用军事力量不仅仅是为了应对危机……这样做是为了……占先、恐吓、先发制人……和控制，而且是常态化和有连续性的。在全球化时代，国防部转型成为权力规划部。[②]

事态的发展使巴塞维奇相信，他对所发生一切的理解是错误的。

为了了解问题的关键，巴塞维奇求助于导师威廉·阿普曼·威廉姆斯（William Appleman Williams），而威廉姆斯的导师是查尔斯·比尔德，他也是许多历史学家的导师，这

---

① 塞缪尔·亨廷顿：《孤独的超能力》，第38、42页。

② 安德鲁·巴塞维奇：《美利坚帝国：美国外交的现实与后果》，第127页。

些历史学家把美国写成了一个帝国。[①] 威廉姆斯的作品除了于1959年第一次出版的最有影响力的《美国外交的悲剧》(*The Tragedy of American Diplomacy*)外[②]，还出版了《从殖民地到帝国》(*From Colony to Empire*)和《作为一种生活方式的帝国》(*Empire as a Way of Life*)等书。[③]

尽管威廉姆斯长期以来一直是那些拒绝接受批评美利坚帝国地位的保守派乃至自由派思想家的眼中钉，但巴塞维奇认为威廉姆斯对美国的外交政策的判断基本上是正确的——它反映了“一连串宏大的战略”，“这一战略”在过去几十年里基本上保持不变。巴塞维奇认为“这一战”略的范围是非常惊人的”，

---

① 参见沃尔特·拉菲贝尔(Walter LaFeber):《新帝国：对1860—1898年美国扩张的解读》(*The New Empire: An Interpretation of American Expansion 1860–1898*)，35周年纪念版，1963年，伊萨卡：康奈尔大学出版社(Cornell University Press)1998年；托马斯·麦考密克(Thomas J. McCormick):《中国市场：1893—1901年美国对非正式帝国的追求》(*China Market: America's Quest for Informal Empire, 1893–1901*)，芝加哥：四角图书(Quadrangle Books)出版社1967年；玛丽莲·巴拉特·杨(Marilyn Blatt Young):《帝国修辞，1895—1901》(*The Rhetoric of Empire, 1895–1901*)；卡尔·P. 帕里尼(Carl P. Parrini):《帝国继承人》(*Heir to Empire*)；欧内斯特·保里诺(Ernest A. Paolino):《美利坚帝国的基础》(*The Foundations of the American Empire*)；劳埃德·加德纳(Lloyd Gardner)、沃尔特·拉菲贝尔、托马斯·麦考密克:《美利坚帝国的建立》(*Creation of the American Empire*)，芝加哥：兰德麦克纳利(Rand McNally)出版社1973年。

② 威廉姆斯的《美国外交的悲剧》在1962年和1972年的版本中进行了大量的修正和扩充，1972年的版本在1988年的诺顿版本中重新出版，其中包括布拉德福德·帕金斯(Bradford Perkins)的回顾性文章。

③ 威廉·阿普曼·威廉姆斯:《从殖民地到帝国》(*From Colony to Empire*)，约翰威利(John Wiley)出版社1972年；《作为一种生活方式的帝国：一篇关于美国目前困境的原因和特征的文章，并对另一种选择的一些思考》(*Empire as a Way of Life: An Essay on the Causes and Character of America's Present Predicament with a Few Thoughts about an Alternative*)，牛津：牛津大学出版社1980年。

因为它的目标是建立一个全球范围的军事—政治—经济—文化帝国。[①]而且到1992年，美国经过“近一个世纪的努力”……取得了胜利，已接近实现这一目标，毫无疑问地正成为有史以来最伟大的国家。[②]

除了接受美国是全球范围内的帝国的现实，巴塞维奇否认那些认为美国是善意的核心主张。例如，他驳斥他所称的“不情愿的超级大国的神话”（“The Myth of the Reluctant Superpower”），因为“没有人追求伟大，但它确实发生了……仅仅是作为自卫或代表他人采取行动的意外后果”，驳斥了“美国是为利他目的而打仗，寻求结束战争是为世界民主的安全”[③]的说法。他嘲笑那些宣称美国是为“促进和平、民主和人权，惩罚坏人——而不是追求一己私利——定义了美国外交的本质”的说法。正如上面所说，他驳斥了那种认为“利益在多大程度上起作用……美国的利益和美国的理想是一致的”[④]的观点。

巴塞维奇驳斥了所有这些花言巧语，认为“全部的美国政策都包含着永不动摇的自我利益和雄心壮志”，讥讽美国军队的目标是“实现某种近乎全能的‘全谱优势’(Full Spectrum Dominance)”。他对这样一种说法嗤之以鼻，即尽管其他人掌握的这种权力具有威胁性，但“顾名思义，它在美国人手里是

① 安德鲁·巴塞维奇：《美利坚帝国：美国外交的现实与后果》，第ix、6、10—11、30页。

② 安德鲁·巴塞维奇：《美利坚帝国：美国外交的现实与后果》，第242页。

③ 安德鲁·巴塞维奇：《美利坚帝国：美国外交的现实与后果》，第7页。

④ 安德鲁·巴塞维奇：《美利坚帝国：美国外交的现实与后果》，第46页。

良性的”，因为美国作为自由世界的领导“不会剥削或支配他人，而是为了超越自身利益的目的行事”。[①]

最后，认为美国是善意帝国主义的信徒声称，美国干涉伊拉克等国是为了促进和平与民主。巴塞维奇对此指出，美国之前干预过的国家比如海地和多米尼加共和国，“民主并没有因此开花结果”；美国“反恐战争”的结果，不太可能是一个真正和平的世界，而是“美国强权下的和平……靠美国的武器维持”。对于美国领导的北约介入塞尔维亚在科索沃冲突的问题，克林顿总统称这是一件“正确的事情”，巴塞维奇则指出这场战争“实际上从来就没有以正确的方式做正确的事情，它的目的是维持美国的主导地位”[②]。

查尔莫斯·约翰逊：在反对先前关于美国外交政策良性本质的假设之后，巴塞维奇并不是唯一一个批评美国外交政策本质的保守派，约翰逊则是另外一位。然而，与巴塞维奇不同，约翰逊成了过时的保守派。他对美利坚帝国的范围和非良性特征的结论使他成了一名激进的批评家。

在约翰逊职业生涯的大部分时间里，他都是一个保守主义者，用他自己的话来说，他是一个“帝国的持矛者”。但在“9·11”事件发生前一年左右，他出版了《反冲：美利坚帝国的代价和后果》(*Blowback: The Costs and Consequences of American Empire*)。在这本书中，约翰逊认为“了解美国的真

① 安德鲁·巴塞维奇:《美利坚帝国：美国外交的现实与后果》，第 4、52、133 页。

② 安德鲁·巴塞维奇:《美利坚帝国：美国外交的现实与后果》，第 115 、242 、195—196 页。

实面目”——“华盛顿是全球军事经济统治的总部”是非常重要的。

约翰逊不认同统治权是良性的言论。他通过对“反冲”的定义得到了证明：在普通公民不知情的情况下，政府实施的政策将带来负面影响。[①]在解释为什么大多数美国人不知道这些政策时，他表示，因为美国人在世界各地维护自己在自由和民主方面的自我形象，他们的领导人实施了“隐形帝国主义”，即大多数公民看不到的那种帝国主义。约翰逊说：“大多数美国人或许没有意识到华盛顿是如何行使其全球霸权的，因为如此多的这类活动要么是在相对保密的情况下进行的，要么是在令人放心的条件下进行的。”[②]

约翰逊在2004年出版的《帝国的悲哀》一书中更详细地阐述和发展了自己的观点。在这本书中，约翰逊重复前一本书的中心观点，第一句话写道：“大多数美国人都没有意识到……国家通过其军事力量统治世界。”[③]但这本书主要强调的是美利坚帝国的独特性质。

约翰逊接受了帝国主义最简单的定义——“强国对弱国的

---

① 查尔莫斯·约翰逊：《反冲：美利坚帝国的代价与后果》(*Blowback: The Costs and Consequences of American Empire*)，纽约：亨利霍尔特出版社2000年，第8、9、17、223页。《帝国的持矛者》(“A Spear Carrier for Empire”)是前言的标题。约翰逊的观点是，他先是作为海军的一员，后来又以知识分子的身份工作——直到他“第一次清晰地看到了自己长期不加批判地支持的帝国的轮廓”(第12、18章)。

② 查尔莫斯·约翰逊：《反冲：美利坚帝国的代价与后果》，第65页。

③ 查尔莫斯·约翰逊：《帝国的悲哀：军国主义、秘密以及共和国的终结》，第1页。

统治和剥削”。他认为，任何一种特定的制度对一个国家来说都是必不可少的，只有一个例外，即军国主义：“帝国主义和军国主义是不可分割的。”[①]例如帝国主义并不一定有正式的殖民地，而新殖民主义是帝国主义中最强大的一种。[②]在这一点上，我们来看约翰逊的主要论点：美国创造了“一种新的帝国形式”，它不是“一个殖民地的帝国，而是一个基地的帝国”[③]。事实上也是如此。这个新的帝国不仅仅是地区性的，因为“它的触角遍及全球”，而且在美国之外有超过700个军事基地。[④]

约翰逊认为这个帝国的建立经历了几个阶段。第一阶段贯穿整个19世纪，其间美国帝国以传统方式发展。[⑤]第二阶段是创建美利坚帝国的独特性质，肇始于“一群自我意识的帝国主义者”利用1898年美西战争“在加勒比海和西太平洋建立军事和海军基地”[⑥]。第三阶段是第二次世界大战到冷战期间，基

---

① 查尔莫斯·约翰逊：《帝国的悲哀：军国主义、秘密以及共和国的终结》，第23、30页。

② 查尔莫斯·约翰逊：《帝国的悲哀：军国主义、秘密以及共和国的终结》，第30页。

③ 查尔莫斯·约翰逊：《帝国的悲哀：军国主义、秘密以及共和国的终结》，第1、23页

④ 查尔莫斯·约翰逊：《帝国的悲哀：军国主义、秘密以及共和国的终结》，第188、4页。关于“有超过700个基地”，约翰逊2001年9月首次指出，美国国防部承认有725个基地存在，然后补充说“有更多”，因为有一些基地不被承认，同时还有更多的基地在建。查尔莫斯·约翰逊：《帝国的悲哀：军国主义、秘密以及共和国的终结》，第4页。

⑤ 查尔莫斯·约翰逊：《帝国的悲哀：军国主义、秘密以及共和国的终结》，第2、23页。

⑥ 查尔莫斯·约翰逊：《帝国的悲哀：军国主义、秘密以及共和国的终结》，第2、192页。

地的数量呈指数增长。第四个阶段从冷战结束开始。[①]约翰逊关注的主要是第四个阶段，他在书的副标题中提到了这一阶段：军国主义、秘密以及共和国的终结。

对约翰逊来说，正像巴塞维奇指出的那样，冷战的结束具有启示意义：只要冷战持续下去，美国是基地帝国“就会因为遏制苏联这个理由而得不到承认”[②]。但苏联解体后，美国拒绝大幅削减军事开支，特别是减少其海外基地，揭示了这种基地系统存在的目的。

然而，对约翰逊来说，冷战结束不仅揭示了历史真相，也带来了真正的变革，开启了帝国发展的新阶段。美国不再把自己描绘成一个纯粹的防御大国，而是开始暗示“将在新世纪扮演一个开放而骄傲的帝国角色”[③]。这种改变最终成为革命性的：

> 从1989年到2002年，美国与世界的关系发生了一场革命。这一时期刚开始时，外交政策的执行在很大程度上仍是一种民事行动……但到2002年……美国不再有“外交政策”，替代它的是一个军事帝国。[④]

---

① 查尔莫斯·约翰逊:《帝国的悲哀：军国主义、秘密以及共和国的终结》，第2、23、193页。

② 查尔莫斯·约翰逊:《帝国的悲哀：军国主义、秘密以及共和国的终结》，第23页。

③ 查尔莫斯·约翰逊:《帝国的悲哀：军国主义、秘密以及共和国的终结》，第21页。

④ 查尔莫斯·约翰逊:《帝国的悲哀：军国主义、秘密以及共和国的终结》，第22页。

这场革命的一个关键因素是“9·11”事件，它导致我们的一些领导人“将我们的共和国视为一个真正的帝国，一个新的罗马……不再受国际法约束”[①]。因此对约翰逊来说，美帝国主义的现阶段是从两件事开始的：苏联解体和“9·11”袭击。

约翰逊这本书的目的是激励美国人与这个帝国作战，尤其是目前形态最恶毒的帝国。可以肯定的是，约翰逊认识到一些思想家认为我们应该庆祝这种更具侵略性的帝国主义，因为美国是一个“好的帝国”，它利用自己的力量传播民主。[②]

然而，约翰逊驳斥了这个说法，认为美国在决定建立军事同盟时，从来没有给予民主国家优惠，反而支持了许多军事独裁者，甚至“在自己不方便的时候削弱民主”[③]。

约翰逊认为美国非但没有促进自由和民主，反而是“一个意图统治世界的军事大国”[④]。正如他的书的标题所示，这种尝试非但不会产生好的效果，反而会给美国自身和世界其他地方带来痛苦。[⑤]

---

① 查尔莫斯·约翰逊:《帝国的悲哀：军国主义、秘密以及共和国的终结》，第3页。

② 查尔莫斯·约翰逊:《帝国的悲哀：军国主义、秘密以及共和国的终结》，第70页。

③ 查尔莫斯·约翰逊:《帝国的悲哀：军国主义、秘密以及共和国的终结》，第203—213、33页。

④ 查尔莫斯·约翰逊:《帝国的悲哀：军国主义、秘密以及共和国的终结》，第33、4页。

⑤ 查尔莫斯·约翰逊:《帝国的悲哀：军国主义、秘密以及共和国的终结》，第284—309页。

结 论

接下来本书的各章提供了历史论据来支持这样一种观点，即美国外交政策的轨迹比善意更多的是邪恶，比神圣更多的是恶毒。我在2017年的著作《布什和切尼：如何毁掉美国和世界》中也论证了这一观点。[①]

① 互联图书（Interlink Books），2017年。

第 1 章　从美帝国主义的建立到第一次世界大战

人们通常认为美帝国主义始于 1898 年，当时古巴和菲律宾是它的主要战利品。[①] 然而，当时的新情况就是美国控制了北美大陆以外的国家。正如曾经担任过助理国务卿的约翰·巴塞特·摩尔（John Bassett Moore）后来写的：

> 的确，1898 年的扩张……在地理位置上比以往采取的行动向前迈的步子更大，但就取得新的领土而言，我们只是在遵循整个国家已有的一种习惯而已。[②]

这一阐述至关重要，因为它指出在 1898 年帝国征服已经

① 参见菲利普·福纳（Philip S. Foner）:《西班牙—古巴—美国战争与美帝国主义的诞生》（*The Spanish-Cuban-American War and the Birth of American Imperialism*，以下简称《西班牙—古巴—美国战争》）第 2 卷。参见纽约《每月评论》（*Monthly Review*）1972 年。

② 约翰·巴塞特·摩尔:《美国发展的四个阶段：联邦主义、民主、帝国主义、扩张主义》（*Four Phases of American Development: Federalism, Democracy, Imperialism, Expansion*），巴尔的摩（Baltimore）1912 年，第 147—148 页。引自菲利普·福纳:《西班牙—古巴—美国战争》，第 x 页。

约翰·巴塞特·摩尔（1860—1947）是国际法学界的权威、海牙国际法庭的成员、第一位在国际法院（世界法院）任职的美国法官。

成为美国政策制定者的一个长期习惯。美国建立之初就开始实行扩张主义政策。

一、美利坚帝国的创建

赞同美帝国主义只是从1898年才开始的说法，是建立在人为地区别“扩张主义”与“帝国主义”之上的，有人认为只有跨越一条大洋的征服才是帝国主义。如果是这样，那么之前成吉思汗和他的儿子们所创建的巨大的蒙古帝国就不能称之为帝国了。[①]

反对这种人为区分的历史学家认为，美利坚帝国的起源要比这早得多。例如理查德·范·亚斯提尼（Richard Van Alstyne）在他的重要著作《崛起的美利坚帝国》（*The Rising American Empire*）中写道：“在18世纪中叶之前，一个将覆盖整个大陆的帝国的概念就完全形成了”，而独立战争是在“帝国主义思想的魔力下进行的……作为一种权利，北美大陆理所当然地属于13个殖民地人民”。[②]

① 成吉思汗及其子孙们在50多年的东讨西伐、南征北战中，先后灭了40多个国家，征服了720多个民族，征服各民族人口总数达6亿之多，建立了人类历史上版图最大、疆域最辽阔的国家——蒙古帝国。据有关史料记载，当时的版图相当于3000多万平方公里，东起朝鲜半岛，西抵波兰、匈牙利，北至西伯利亚俄罗斯诸公国，南达爪哇中南半岛，横跨欧亚大陆。但其征服的地方没有跨越五大洋中任何一个大洋。——译者注

② 理查德·范·亚斯提尼：《崛起的美利坚帝国》（*The Rising American Empire*），纽约：诺顿出版社1974年，第vii、78页。

这里提到的权利是一种“神圣”的权利，而表达这种神圣授权的一种方式是称美国为“新以色列”[①]。但真正通行的说法是“天命”(manifest destiny)，这是约翰·奥沙利文（John O’Sullivan）在 1845 年敦促吞并得克萨斯的时候创造的词，意即美国的使命是“为了使我们每年数以百万计增长的人口能够自由发展，让上天分配给我们的这块大陆变得更加广阔”[②]。

当然，得出神圣意志结论的麻烦来了，那就是“我们的”数百万人遭遇已经居住在那里的数百万人。专家们现在估计，在欧洲入侵的时候，美洲原住民人口大约是 1000 万。到 1890 年，这个数字已经减少到 22.8 万。[③] 这意味着在此期间，大约 95% 的美洲原住民被消灭。可以肯定的是，许多死亡是由于欧洲人带来的新疾病导致的，而美洲原住民对此毫无抵抗力。

大卫·斯坦纳德（David·E. Stannard）在他的同名著作《美国大屠杀》中写道，“美国大屠杀”是“微生物瘟疫和有目的的种族灭绝”[④] 的结果。斯坦纳德的书既谈及北美也谈及南半

---

① 参见康拉德·切里（Conrad Cherry）主编：《上帝的新以色列：美国命运的宗教解读》（*God’s New Israel: Religious Interpretations of American Destiny*）修订版和增订版，教堂山：北卡罗来纳大学出版社 1997 年。

② 安德森·史蒂芬森（Anders Stephanson）：《天命：美国的扩张与权利帝国》（*Manifest Destiny: American Expansion and the Empire of Right*），纽约：希尔与王 1995 年，第 xi 页。沃尔特·纽金特（Walter Nugent）在《帝国的习惯：美国扩张史》（*In his Habits of Empire: A History of American Expansion*）（克诺夫出版社 2008 年）一书中指出，“天定命运”为扩张思想提供了最佳术语，第 222 页。

③ 大卫·斯坦纳德：《美国大屠杀：征服新世界》（*American Holocaust: The Conquest of the New World*），纽约：牛津大学出版社 1992 年，第 267—268 页；弗朗西斯·詹宁斯（Francis Jennings）：《美国的奠基者：从最早的移民到现在》（*The Founders of America: From the Earliest Migration to the Present*），纽约诺顿（Norton）出版社 1993 年，第 395 页。

④ 大卫·斯坦纳德：《美国大屠杀：征服新世界》，第 xii 页。

球。在南半球，被灭绝的原住民更多。然而，用斯坦纳德的话来说，我们的祖先对“世界历史上最大规模的种族灭绝行为做出了巨大贡献”[①]。

这一种族灭绝的过程由于一连串的谎言和失信而变得更加不光彩。欧洲裔美国人与印第安人签订了一个又一个条约——总计约 400 个——几乎所有条约都被撕毁[②]——这一事实让“印第安给予者”一词成为历史上最大的讽刺之一。

例如战争部长路易斯·卡斯（Lewis Cass）[③]在 1825 年与肖尼和切诺基（the Shawnees and Cherokees）签订的条约中承诺，如果他们愿意搬到密西西比河以西的新地方——

> 美国将永远不会向你们要求在那里拥有土地。我以你们伟大的父亲、总统的名义向你们保证。他把那个国家分给他的红族人民，永远由他们和他们的孩子们的孩子所拥有。[④]

也许所有承诺里最著名的就是安德鲁·杰克逊总统的承诺

---

① 大卫·斯坦纳德：《美国大屠杀：征服新世界》，第 x 页。

② 弗吉尼亚美术博物馆：“美洲印第安人和美国西部扩张”；威廉·豪（William A. Howe）等：《成为多元文化教育工作者：意识的培养、技能的获得和采取的行动》（*Becoming a Multicultural Educator: Developing Awareness, Gaining Skills, and Taking Action*），塞奇（Sage）出版社 2003 年，第 70 页。

③ 路易斯·卡斯（1782—1866），美国军官和政治家，作为参议员代表密歇根州，并在安德鲁·杰克逊和詹姆斯·布坎南两任美国总统的内阁任职。1848 年为民主党总统候选人，是人民主权学说的主要发言人。人民主权学说认为，每个地区的人民都应该决定是否允许奴隶制存在。——译者注

④ 霍华德·辛恩（Howard Zinn）：《美国人民史》（*A People's History of the United States*，1980 年），纽约：哈珀长生出版社（Harper Perennial）1990 年，第 132 页。

了。他告诉他的“乔克托族孩子”(Choctaw Children) 和他的“奇克索族孩子”(Chickasaw Children)，只要他们能离开亚拉巴马州和密西西比州，就将会拥有比在亚拉巴马州和密西西比州更多的“水草丰盛的土地”。杰克逊的努力促成了 1832 年的《华盛顿条约》——该条约几天之内就被撕毁。[①]

至少在某些情况下就是这样，违背诺言是有预谋的。一位乔治亚州的州长说，与印第安人签订的条约“是一种权宜之计，通过这些权宜之计，那些无知、顽固不化和野蛮的人不用流血就能产生出文明”[②]。

这种合法的所有权意识反映了为给新帝国腾出空间而印第安人注定要被消失的观念。就连军队中一名普通年轻士兵都同意这个观念。这名士兵所在军队的任务就是代表纽约州摧毁易洛魁人的村庄，而这恰恰违反了刚刚强制易洛魁人签署的条约。“我真的感到很内疚，”他在一封家书中说，“我用火把点燃那些曾经是安乐之家的小屋之时，意味着我们这些掠夺者在到处制造荒凉。”但紧接着，他觉得自己可能在为更高的事业服务，于是说：“我们在这里的任务表面上是要摧毁，但我们这些掠夺者在不经意间播下了帝国的种子，这不正是我们希望发生的吗？”[③]

---

① 霍华德·辛恩：《美国人民史》，第 131—132、140 页。

② 安德森·史蒂芬森：《天命：美国的扩张与权利帝国》，第 26 页。

③ 诺姆·乔姆斯基：《霸权还是生存：美国对全球霸权的追求》(*Hegemony or Survival*：*America's Quest for Global Dominance*)，麦克米伦出版社 2003 年，第 102 页；马克斯·M. 明茨 (Max M. Mintz)：《帝国的种子：美国革命征服易洛魁人》(*Seeds of Empire*：*The American Revolutionary Conquest of the Iroquois*)，纽约：纽约大学 (New York University) 出版社 1999 年，第 186 页。

对欧洲裔美国人来说，他们对印第安人的种族灭绝与他们正在执行神圣计划的想法并不完全冲突：盎格鲁—撒克逊白人种族主义没有让他们意识到这一点。“天命论”的这一观点就是一个例证。一位国会议员曾说过：

> 我认为这是理所当然的，即我们……必须从海洋走向海洋……我们必须从得克萨斯州一直走到太平洋……这是白人的命运。[①]

一位来自弗吉尼亚州的参议员表达了强烈的盎格鲁—撒克逊主义的帝国主义观点：

> 在平等的基础上，我们从来就不满足与其他民族生活在同一个国家，这是我们盎格鲁—撒克逊种族所独有的特性；它总是……在消灭或奴役另一个种族。[②]

今天的问题是，这个盎格鲁—撒克逊“种族”是否愿意“在平等的基础上”与其他任何民族生活在同一个“世界”上。

然而，正如这位参议员残酷而诚实的声明那样，除了灭绝之外只有一种选择：奴役。在帝国建立期间犯下的另一项危害人类的罪行就是大规模的奴隶贸易。这种贸易除了造成无法形

---

① 霍华德·辛恩：《美国人民史》，第153页。
② 霍华德·辛恩：《美国人民史》，第27页。

容的侮辱和痛苦之外，还在抓捕和运输过程中造成了大量的死亡，其中北美部分的奴隶贸易可能要为大约 1000 万非洲人的死亡负责。[①]

同样，被神引导的信念被认为不会与军事征服的行为相冲突。在与墨西哥的战争中，一位参议员解释说，在某种意义上他支持“天命论”：

> 我相信，如果我们拒绝默认明智的天意的崇高目标，我们就会对我们的崇高使命畏缩不前。战争是有罪恶的……然而，不管我们对此有多难以理解，总有一些万能的大事件传播者使它成为实现人类崇高而又伟大目标的工具。[②]

不管方法多么残忍，美国人都是神圣目的的工具。

无论如何，向太平洋的扩张导致美国人的天命意识进一步膨胀。1850 年，一位名叫詹姆斯 · 德博（James DeBow）的编辑写道：

> 我们有一种使命要履行，这是遍及整个墨西哥、南美洲、西印度群岛和加拿大的“天命”。三明治［夏威夷］群岛对我们的东部来说是必要的，就像海湾群岛对我们的西

① 大卫 · 斯坦纳德：《美国大屠杀：征服新世界》，第 317 页。

② 霍华德 · 辛恩：《美国人民史》，第 153 页。

部商业来说是必要的一样。必须推倒中华帝国的大门……而十字架上高傲的日本流浪汉们则在共和主义的教义中得到了启发……共和国之鹰在经历了喜马拉雅山或乌拉尔山脉的峡谷之间的飞行之后，将在滑铁卢战场上站稳脚跟，而华盛顿的继任者将登上宇宙帝国的宝座！①

正如德博引人注目的描述那样，当时的美国人公开谈论美利坚帝国，把它与商业和基督教联系在一起，而且至少在某些情况下，他们已经有了一个全球帝国的愿景。实现这一愿景的第一步是在四年后。海军准将佩里用全副武装的船只迫使“傲慢的日本人”屈服，日本向美国商业开放，并宣称：“世界已经把这个责任交给我们了！”②

二、出兵海外：夏威夷、古巴和菲律宾

正像 1854 年对日本使用武力所表明的那样③，美帝国主义直到 1898 年才真正走向海外。然而，那一天确实标志着美帝

① 范·亚斯提尼：《崛起的美利坚帝国》，第 159 页。

② 范·亚斯提尼：《崛起的美利坚帝国》，第 173 页。

③ 美国海军准将马修·卡尔布雷思·佩里（Matthew Calbraith Perry）在 1853 年至 1854 年间受命于美国总统米勒德·菲尔莫尔（Millard Fillmore）前往日本八仓町进行外交和军事远征，其目的是迫使日本结束长达 220 年的孤立政策，并在必要时通过炮艇外交向美国开放日本港口。佩里远征的直接后果就是打开了日本的大门，日本与西方“大国”建立外交关系，最终导致执政的德川幕府垮台和明治维新。——译者注

国主义的一个新阶段。我们对古巴的干涉，引发了通常被称为“新殖民主义”或“新帝国主义”的现象。菲利普·福纳在其著作《西班牙—古巴—美国战争》中称之为“美国特色的帝国主义”①。

在这种特色下，帝国权力没有在形式上掌控这个国家，就像英国在印度和帝国其他地方所做的那样。相反，这个国家在形式上是独立的。然而，它的统治者必须服从美国，否则就会遭到干涉和推翻，因此不存在真正的独立。

美国历史学家通常将 1898 年至 1902 年的战争称为“美西战争”，或称为“与西班牙的战争”。但这些名字掩盖了这样一个事实，即对抗西班牙的主要战斗人员是古巴人和菲律宾起义军，而不是美国人。更重要的是，这些传统名称掩盖了这样一个事实：美国的军事行动更多是针对古巴和菲律宾人，而非西班牙军队。关于菲律宾起义军这一事实后来得到了承认。菲利普·福纳认为菲律宾的战争是“菲律宾—美国战争”。同样，菲利普·福纳也承认了古巴战争的真相，如上所述，他称这场战争为“西班牙—古巴—美国战争”。②

但是，尽管这些说法有所改进，但随着 1898 年至 1902 年

① 菲利普·福纳：《西班牙—古巴—美国战争》，第 ix 页。发明“新殖民主义”一词的人通常认为是加纳第一位后殖民主义总统科瓦米·恩克鲁玛（Kwame Nkrumah），他著有《新殖民主义：帝国主义的最后阶段》（*Neo-Colonialism: The Last Stage of Imperialism*），伦敦：托马斯尼尔逊（Thomas Nelson）出版社 1965 年。

② 菲利普·福纳：《西班牙—古巴—美国战争》，第 viii 页。正像福纳所指出的，他是遵循古巴学者的提法。

美国占领波多黎各、关岛以及古巴和菲律宾，则标志着美国发动了全面战争。这一时期美国的行动可以被称为“夺取西班牙殖民地的战争”。

1. 吞并夏威夷

当然用“吞并”这个词是远远不够的。在这次帝国主义欲望的爆发中，美国正式吞并了夏威夷。有几个原因导致这种欲望的产生，即夏威夷将是一个理想的地方、可以开始与中国进行贸易，拥有跨越太平洋远程军事力量。麦金利总统说：“我们比加州更需要夏威夷。这是天命。”[①] 吞并夏威夷的议案是由最具帝国主义思想的参议院议员亨利·卡伯特·洛奇（Henry Cabot Lodge）[②] 提交的，用斯蒂芬·金泽（Stephen Kinzer）的话说，他“希望美国统治世界”[③]。

洛奇和他的帝国主义同伴们——包括洛奇培养的西奥

---

① 大卫·贝尔·米斯兰（David Bell Mislan）:《美式敌人：身份与总统外交决策》（*Enemies of the American Way*：*Identity and Presidential Foreign Policymaking*），布卢姆斯伯里学院（Bloomsbury Academic）2014 年，第 157 页。

② 亨利·卡伯特·洛奇（1850—1924），美国政治领袖，马萨诸塞州联邦参议员，支持美国对西班牙宣战，是单边主义的发明者，其单边主义思想对美西战争以后的 30 年美国外交有深刻影响。单边主义认为国家应以个人主义方式开展外交活动，而无需向其他国家征求意见或吸收其他国家参与。洛奇的单边主义思想主旨就是要保证美国在全世界参与行动的“自由”，即一切以美国国家利益为出发点，在美洲、欧洲和亚洲地区采取灵活的政策。这是美国作为大国崛起时的真实外交思想，直到今天仍深刻地影响着美国。——译者注

③ 史蒂芬·金泽:《真正的旗帜：西奥多·罗斯福、马克·吐温与美利坚帝国的诞生》（*The True Flag*：*Theodore Roosevelt, Mark Twain, and the Birth of American Empire*），亨利霍尔特出版社 2017 年，第 19 页。

多 · 罗斯福[①]——面临着越来越多的反帝势力，其中包括许多国家的领导人。史蒂芬 · 金泽在其 2017 年出版《真正的旗帜》[②]一书中描述了这两大阵营的争论。反帝国主义的领袖之一哈佛大学教授查尔斯 · 艾略特 · 诺顿（Charles Eliot Norton）在题为《真正的爱国主义》（*True Patriotism*）的演讲中说道：

> 这一代人是在对战争一无所知的情况下长大的。我们沐浴在和平的祝福声中。我们庆幸免于战争和军队给旧世界各国带来的痛苦和负担。而现在突然间……美国迫使所有最聪明和最优秀的人违背自己的意愿，走上了一条黑暗和危险的道路，强迫他们从文明的道路倒退回野蛮的道路。[③]

吞并夏威夷也遭到内布拉斯加州参议员艾伦（Allen）的反对。他称有关吞并夏威夷的辩论是“有史以来向美国人民提出的最大挑战”。他准确地预测到，占领夏威夷只是“殖民戏剧的第一幕”[④]。

---

① 史蒂芬 · 金泽：《真正的旗帜：西奥多 · 罗斯福、马克 · 吐温与美利坚帝国的诞生》，第 21、67、214 页。

② 史蒂芬 · 金泽：《真正的旗帜：西奥多 · 罗斯福、马克 · 吐温与美利坚帝国的诞生》。

③ 史蒂芬 · 金泽：《真正的旗帜：西奥多 · 罗斯福、马克 · 吐温与美利坚帝国的诞生》，第 48 页。

④ 史蒂芬 · 金泽：《真正的旗帜：西奥多 · 罗斯福、马克 · 吐温与美利坚帝国的诞生》，第 53 页。

2. 占领古巴的战争

美国的政策制定者和商人对古巴的渴望由来已久。1823年，约翰·昆西·亚当斯解释说，有一个“政治与物理万有引力定律”，美国的政策应该是继续支持西班牙的主权，直到古巴“脱离与西班牙的非自然关系”落入美国之手，就像“被暴风雨从本土树上吹下来的苹果别无选择，只能掉到地上”一样。① 1825 年，除了古巴和波多黎各以外，西班牙在南半球的所有殖民地都取得了独立，美国——曾接受法国的帮助，开始自己的独立战争——遵循了亚当斯的“苹果政策”，阻止墨西哥和委内瑞拉帮助古巴解放自己。②

到 19 世纪末，人们对古巴的胃口变得越来越大。1881 年，美国国务卿詹姆斯·布莱恩（James Blaine）说，这个“富裕的岛屿”是美国商业体系的重要组成部分，是“墨西哥湾的关键”。因此，如果“古巴要成为西班牙人的，就必须成为美国人的”③。在 1895 年一次题为“我们应该吞并古巴吗”的讨论会上，一位华尔街的重要人物写道：“一想到古巴是我们家的一员时，我就情不自禁地流下口水。”另一位作家说，我们可以等待加拿大和墨西哥其他地区，“但我们现在想要的是古巴”④。

---

① 约翰·昆西·亚当斯（1767—1848）是美国第六任总统（1825—1829）。沃尔特·拉菲贝尔：《美国时代：1750 年以来的美国外交政策》（*The American Age: U.S. Foreign Policy Since 1750*）第 2 版，纽约：诺顿出版社 1993 年，第 83 页。

② 菲利普·福纳：《西班牙—古巴—美国战争》，第 xv-xvi 页。

③ 菲利普·福纳：《西班牙—古巴—美国战争》，第 xxviii 页。

④ 菲利普·福纳：《西班牙—古巴—美国战争》，第 xxxii 页。

在这次讨论中，古巴人民想要的不是一份愿望书，尽管他们早已表明想要独立。1868 年，起义军开始了第一次争取独立的战争，但美国没有提供帮助。美国在向西班牙出售来福枪的同时，却拒绝承认起义军，原因之一便是美国的“苹果政策”；还有一个原因是，如果给予承认，将使西班牙免除保护美国财产的义务。[①]（这只是美国政府宣称的促进自由的愿望被美国经济精英利益所取代的数百个案例之一）起义军得不到承认，就意味着不能借钱或购买步枪，于是不得不在 1878 年放弃战斗。

古巴人争取独立的第二次战争始于 1895 年。古巴人在许多古巴知识分子特别是何塞 · 马蒂（José　Martí）以及其他许多杰出军事战略家特别是马克西姆 · 戈麦斯（Máximo　Gómez）和安东尼奥 · 马西奥（Antonio　Maceo）的鼓舞和领导下，在没有外界帮助的情况下英勇作战。[②]然而到 1898 年，尽管西班牙军队的武器装备比古巴军队好得多、人数是古巴起义军的六倍，也没能打败古巴起义军。[③]

如果没有美国的干预，这场战争可能还会持续许多年，但起义军并不认为他们需要美国的干预，当然也不会要求美国进行干预（尽管当时的美国政府和此后的许多美国历史学家声称情况恰恰相反）。[④]古巴人只想得到美国的承认，这样他们就可

---

① 菲利普 · 福纳：《西班牙—古巴—美国战争》，第 183 页。沃尔特 · 拉菲贝尔：《美国时代：1750 年以来的美国外交政策》，第 185 页。

② 菲利普 · 福纳：《西班牙—古巴—美国战争》，第 21、155—159、177 页。

③ 菲利普 · 福纳：《西班牙—古巴—美国战争》，第 213、229、248 页。

④ 菲利普 · 福纳：《西班牙—古巴—美国战争》，第 139—150、247—248 页。

以借钱购买武器了。[①]安东尼奥·马西奥在回应有关美国是否应该介入以缩短战争的讨论时写道，他从一开始就警告说，任何其他国家如果想通过军事调解赢得古巴自由，必将损害古巴的自由：

> 我们不需要任何干预就能获得不小的胜利。你们真的想减少战争吗？那就给古巴 2.5 万到 3.5 万支步枪和 100 万发子弹……我们古巴人不需要任何其他帮助。[②]

同样，马克西姆·戈麦斯告诉美国总统格罗弗·克利夫兰，古巴人对自己的实力充满信心，不需要别人为他们战斗。事实上，当下一任美国总统麦金利决定干预时，仍拒绝承认古巴人的身份。一位古巴发言人表示，他们将“把这种干预视为美国对古巴革命者的宣战”[③]。这些古巴领导人的观点都反映了何塞·马蒂的雄辩和先见之明：“一旦美国进入古巴，谁将把她救出来？”[④]

此外，没有证据表明美国参战是因为它认为古巴人不能靠自己取胜。相反，美国显然是担心起义军“会赢”才参战的。福纳说，书面记录表明，麦金利政府认为“西班牙在古巴的统治岌岌可危”，“如果美国等得太久，古巴革命力量将获得胜利，

---

① 菲利普·福纳：《西班牙—古巴—美国战争》，第 179—187 页。
② 菲利普·福纳：《西班牙—古巴—美国战争》，第 145 页。
③ 菲利普·福纳：《西班牙—古巴—美国战争》，第 258 页
④ 菲利普·福纳：《西班牙—古巴—美国战争》，第 xxx 页。

取代正在崩溃的西班牙政权”。[①]

这种解释与美国的“苹果政策”和干预后的行为相吻合。这也符合麦金利的国务卿约翰·谢尔曼（John Sherman）的建议，即美国对古巴的政策“必须由商业利益所控制，而不是由对争取自由的古巴人民的同情所控制”[②]。

换句话说，总统是把古巴人当作达到我们商业目的的手段，而不是目的本身。当然，这种观点不能公开表示：如果失去一个进行干预的人道主义借口，不仅会破坏美国在这一果实成熟时抓住它的长期意图，而且还会破坏美国“利用‘古巴的和平’”的计划，使其无法实现侵占菲律宾这一双重目标。[③]

与最近的征服战争一样，夺取古巴的战争被描绘成一场解放战争。我们要把古巴人从西班牙人手中解放出来，尽管他们不需要我们的帮助。一艘名为缅因号（main）的战舰——麦金利总统未经邀请就驻扎在哈瓦那港——发生爆炸，导致船上350 人中的 266 人死亡，美军随后得以进入古巴。

尽管当时的海军部长助理西奥多·罗斯福（Theodore Roosevelt）指责西班牙的所作所为是一种“背信弃义的肮脏行为”[④]，但华盛顿政府很清楚西班牙人最不想看到的就是美国借口干预。由威廉·伦道夫·赫斯特（William Randolph Hearst）领导的美国报纸指责西班牙应对此事负责，这激怒了

① 菲利普·福纳：《西班牙—古巴—美国战争》，第 229 页。

② 菲利普·福纳：《西班牙—古巴—美国战争》，第 209 页。

③ 菲利普·福纳：《西班牙—古巴—美国战争》，第 310 页。

④ 沃尔特·拉菲贝尔：《美国时代：1750 年以来的美国外交政策》，第 11 页，引用《旧金山来电》（*San Francisco Call*）1898 年 2 月 17 日。

美国公众。全国的呐喊声变成了“别忘了缅因号，让西班牙见鬼去吧”。麦金利利用这个机会让国会为战争拨款。①

在美军赶走西班牙人之后，麦金利政府吞并古巴的计划被国会暂时否决。参议院通过了亨利·特勒（Henry Teller）参议员提出的一项修正案，其中写道：

> 古巴岛的人民理应是自由和独立的……美国在此放弃对上述岛屿行使主权、管辖权或任何的处置权或意图，除非该岛屿处于和平状态，并申明其决心一旦完成任务后，就将该岛的政府和管理权交给其人民。②

但政府绕过了特勒修正案，拒绝从古巴撤军，直到古巴领导人签署了有由参议员奥维尔·普拉特（Orville Platt）提交给参议院的法案（虽然它实际上是由参议员亨利·卡伯特·洛奇、战争部长伊莱休·鲁特［Elihu Root］和时任副总统西奥多·罗斯福共同撰写的）。③普拉特修正案赋予美国永久使用关

---

① 沃尔特·拉菲贝尔：《美国时代：1750年以来的美国外交政策》，第237、245—247页。1976年，杰弗里·佩雷特（Geoffrey Perret）说，海军的一项调查得出结论，爆炸可能是由于弹药储存在离发动机太近的地方造成的。参见杰弗里·佩雷特：《战争造就的国家：从独立革命到越南战争——美国崛起的故事》（*A Country Made by War: From the Revolution to Vietnam—the Story of America's Rise to Power*），兰登书屋1989年，第280页。然而，古巴人却说美国人炸毁了自己的船，以此作为开战的借口（USS Maine [acs -1]，维基百科，2017年2月访问）。

② 史蒂芬·金泽：《真正的旗帜：西奥多·罗斯福、马克·吐温与美利坚帝国的诞生》，第38页。

③ 史蒂芬·金泽：《真正的旗帜：西奥多·罗斯福、马克·吐温与美利坚帝国的诞生》，第191页。

塔那摩湾（Guantánamo Bay）以及在任何需要的时候进行干预的权利。正如一位愤怒的古巴政客所说，根据这项修正案：

> 唯一能活下来的古巴政府……比起为古巴的利益服务和保卫古巴，他们更关心得到美国的祝福。[①]

也许这是从来没有过的准确预测。

无论如何，美国领导人完全理解普拉特修正案赋予他们的完全控制权。当时担任驻古巴军事长官的伦纳德·伍德将军（Leonard Wood）说：

> 根据普拉特修正案，古巴几乎没有获得真正的独立……完全掌握在我们手中……我们控制了古巴……我们不久将实际控制世界食糖市场。[②]

除了表明新殖民主义与殖民主义几乎没有什么不同之外[③]，

---

① 菲利普·福纳：《西班牙—古巴—美国战争》，第 605 页。

② 索尔·兰道（Saul Landau）：《危险主义：国家安全与美国外交政策》（*The Dangerous Doctrine*: *National Security and U.S .Foreign Policy*），西观出版社（Westview Press）1979 年；引自彼得·伯恩（Peter Bourne）：《菲德尔：菲德尔·卡斯特罗传记》（*Fidel*: *A Biography of Fidel Castro*），多德—米德（Dodd-Mead）出版社 1986 年，第 8—9 页。

③ 正如拉尔夫·帕克（Ralph H. Parker）在《帝国主义与古巴解放》（*Imperialism and the Liberation of Cuba*）中所言：根据普拉特修正案，古巴成为"新美利坚帝国的一部分……"新帝国主义取代了旧帝国主义。坚持 17 世纪旧的殖民帝国主义的西班牙让位给一个新的国家，它的帝国主义梦想是经济和金融。引自菲利普·福纳：《西班牙—古巴—美国战争》，第 631 页。

伍德在私下发表的谈话还表明，所有那些关于将古巴人从暴政下解放出来的公开讲话不过是掩人耳目的宣传而已。

并不是所有的美国人都被愚弄了。一位国会议员称普拉特修正案是“帝国主义和商业精神”的体现。此外，当时的一些美国报纸一直在报道美国外交政策的真相，其中一家报纸的标题为《帝国主义如今已成事实》(*Imperialism Now An Accomplished Fact*)。[①] 当美国商业利益迅速控制了古巴的自然资源时，一位历史学家写道：

> 我们在古巴执行博爱和人道使命的想法，已成为另一个错误、荒谬和虚伪的借口，而这种借口已经被历史抛弃……扔进月球旁的地狱。[②]

3. 占领菲律宾的战争

尽管对古巴的干预，尤其是在普拉特修正案生效后，引起了强烈的反对，但美国对菲律宾的战争，使美国公众对其政府的帝国主义性质有了更多的了解。此外，按照美国的设想，菲律宾群岛实际上应该比古巴更重要。洛奇参议员所称的“大政策”是利用古巴危机获得一系列基地（包括夏威夷、菲律宾、关岛和威克岛，所有这些岛屿都在 1898 年被美国吞并），将美

① 菲利普·福纳：《西班牙—古巴—美国战争》，第 581—582、585—589 页。

② 菲利普·福纳：《西班牙—古巴—美国战争》，第 466—483 页。

国与传说中的中国市场连接起来。[①]

夺取西班牙殖民地作为美国第一次建立军事基地的战争，正像本书引言里查尔莫斯·约翰逊所说的，是建立美利坚帝国独特形式——军事基地帝国——的开端。

而轻率的帝国主义者、参议员阿尔伯特·贝弗里奇（Albert Beveridge）表达了干预的根本动机：

> 无论是美国工厂生产的产品还是其土地上的农产品产量都远远供大于求。命运为我们制定了政策；世界贸易必须也必将是我们的贸易……我们将建立一支与我们的伟大相匹配的海军……从逻辑上讲，菲律宾是我们的第一个目标。[②]

当然，美国人民会被告知干预是出于人道主义目的。

总之，海军准将杜威（Dewey）在古巴对西班牙宣战时，就被派往马尼拉港。在那里，他那高傲的舰队迅速摧毁了西班牙海军中队，因此他们没时间到古巴助力西班牙的战争。然而，当杜威和他的手下在等待陆军部队的时候，由埃米利奥·阿奎那多（Emilio Aguinaldo）领导的菲律宾叛乱分子几

① 菲利普·福纳：《西班牙—古巴—美国战争》，第 304、309 页；范·亚斯提尼：《崛起的美利坚帝国》，第 132、188 页；还可参见托马斯·麦考密克：《中国市场：1893—1901 年美国对非正式帝国的追求》（*China Market: America's Quest for Informal Empire, 1893–1901*），四方图书 1967 年。

② 范·亚斯提尼：《崛起的美利坚帝国》，第 184 页。

乎占领了马尼拉。当美国军队终于到达时，军官们为了能参与到这场征服中来，不得不与阿奎那多进行谈判。阿奎那多同意进行谈判，希望通过谈判让美国承认菲律宾共和国，并就此宣布共和国独立。[①]

美国不仅不予承认，还拒绝让菲律宾人参加巴黎和谈，尽管指定的代表亲自向麦金利恳求，然后前往巴黎，并警告说任何没有菲律宾参与的协议都是无效的。[②]

然而，麦金利决定不允许菲律宾独立，因为菲律宾人民“不适合自治”。史蒂芬·金泽评论说，麦金利认为美国应该占领菲律宾，当时他正在祈祷，祈求“万能的上帝赐予光明和指引”，而这个上帝“听起来活脱脱就像西奥多·罗斯福和亨利·卡伯特·洛奇”[③]。

参议员乔治·弗里斯比·霍尔（George Frisbie Hoar）显然不相信总统真的从上帝那里得到了光明和指引。他说：“如果我们根据和平条约拿下菲律宾，美利坚共和国的垮台将从威廉·麦金利政府开始。”[④]

总之，尽管美国军队只占领了马尼拉的一部分——吕宋岛和其他岛屿都被菲律宾人占领了——但令西班牙吃惊的是，美

① 杰弗里·佩雷特：《战争造就的国家：从独立革命到越南战争——美国崛起的故事》，第288—289页；菲利普·福纳：《西班牙—古巴—美国战争》，第409页。

② 菲利普·福纳：《西班牙—古巴—美国战争》，第409—410页。

③ 史蒂芬·金泽：《真正的旗帜：西奥多·罗斯福、马克·吐温与美利坚帝国的诞生》，第87—88页。

④ 史蒂芬·金泽：《真正的旗帜：西奥多·罗斯福、马克·吐温与美利坚帝国的诞生》，第94页。

国要求西班牙放弃所有岛屿。对于整个菲律宾群岛，包括 3141 个岛屿，美国在祝贺自己没有从事盗窃活动的同时象征性地支付了 2000 万美元。[①]

在菲律宾国内，当菲律宾人听到《巴黎条约》[②]（*Paris Treaty*）将他们的岛屿割让给美国时，就发誓要“为自己的权利和自由战斗到底”[③]。在墨西哥战争中，美国总统声称是另一方通过流血挑起了这场残酷的战争，但正如后来负责此事的军官阿瑟·麦克阿瑟（Arthur MacArthur，道格拉斯·麦克阿瑟之父）将军后来承认的，是美国士兵挑起的事端。[④]

这是美国在亚洲发动的第一次全面战争。预料到以后亚洲战争将是野蛮的，这在一定程度上肯定与种族主义有关，费城一家报纸的记者报道：

> 我们的男人冷酷无情，为了消灭这里的男人、女人、孩子、囚犯和俘虏、活跃的起义军和十几岁的年轻人中可疑的人而杀人，而且都认为菲律宾人不如狗……我们的士兵……那些被俘虏的人举手投降，一个小时后，没有任何

---

① 查尔莫斯·约翰逊：《帝国的悲哀》，第 42 页。

② 《巴黎条约》是 1898 年达成的一项协议，其中包括西班牙放弃几乎所有剩余的西班牙殖民地，特别是古巴，并将波多黎各、关岛和菲律宾割让给美国。美国向西班牙支付 2000 万美元割让菲律宾的费用。该条约于 1898 年 12 月 10 日签署，就此结束了美西战争。《巴黎条约》于 1899 年 4 月 11 日正式生效。——译者注

③ 菲利普·福纳：《西班牙—古巴—美国战争》，第 431 页。

④ 霍华德·辛恩：《美国人民史》，第 307 页；史蒂芬·金泽：《真正的旗帜：西奥多·罗斯福、马克·吐温与美利坚帝国的诞生》，第 118—119 页。

证据表明这些人是起义者，他们就站在桥上向这些人射击。①

美国官员否认了这些报道。在这种情况下，国务秘书伊莱休·鲁特（Elihu Root）宣布：

> 在菲律宾的战争中，美国军队小心翼翼地执行文明战争的规则……对自我进行约束也从未违背人性。②

相比之下，一名美国士兵在一封家书中写道："卡卢坎（Caloocan）原本应该有1.7万居民。而当第20堪萨斯民兵步兵团横扫而过之后，现在卡卢坎连一个活着的原住民也没有了。"

一些战争支持者并没有否认发生过这种暴行，而是一味地为他们辩护。参议员贝弗里奇在为"我们的战争行为是残酷的"指控辩护时，对参议员同僚们表示："必须记住，我们不是在与美国人或欧洲人打交道。我们是在与东方人打交道。"③

屠杀平民的理由是起义军得到了平民的支持，毕竟普通老百姓支持他们的事业。麦克阿瑟将军承认了这种支持，此前他曾认为阿奎那多的军队只是一个小帮派。他说，"我不愿意相信吕宋岛的全体居民都反对我们"，但他"不情愿地被迫"相信事实确实如此，因为菲律宾军队的战术"依赖于全体土著居民

---

① 霍华德·辛恩：《美国人民史》，第308页。
② 霍华德·辛恩：《美国人民史》，第308页。
③ 霍华德·辛恩：《美国人民史》，第306页。

几乎完全一致的行动”。[①]

事实上，美国军队是在和菲律宾人民作战，而不仅仅与一群不具代表性的武装激进分子作战。这就解释了为什么平民死亡人数如此之高，以及为什么美国军队采取了将平民赶到集中营的政策。在那里，许多平民死于饥饿和疾病。(这项政策在国内引起了极大的愤慨，因为西班牙在古巴的集中营为美国出于人道主义理由必须对那里进行干涉提供了主要依据）[②]

两国死亡人数的差异巨大——美国大约 4000 人与菲律宾 25 万人——这不仅是因为美国杀戮手无寸铁的平民政策，还因为美国压倒优势的军事力量。一位英国目击者说：“这不是战争，简直就是大屠杀和血腥屠杀。”[③]

然而，麦金利总统向美国人民保证，“美国的使命是善意的同化，用公正和权利的温和影响取代专制统治”[④]。麦金利早已预见国防部长唐纳德·拉姆斯菲尔德会宣布“我们不搞帝国主义”，所以他说的是帝国主义“与这个自由和慷慨的民族的脾气和天赋格格不入”。[⑤]

---

① 霍华德·辛恩:《美国人民史》，第 309 页。

② 菲利普·福纳:《西班牙—古巴—美国战争》，第 110—118、663—664 页。

③ 霍华德·辛恩:《美国人民史》，第 309 页。

④ 1898 年 12 月 21 日公告，引自斯图亚特·克莱顿·米勒（Stuart Creighton Miller）:《仁慈的同化：1899—1903 年美国对菲律宾的征服》（*Benevolent Assimilation: The American Conquest of the Philippines, 1899–1903*），耶鲁大学出版社 1982 年。

⑤ 安德森·史蒂芬森:《天命：美国的扩张与权利帝国》，第 90 页。

> （麦金利澄清）美国人想要的不是领土的扩张而是文明的扩张。我们想要的不是为我们自己获得菲律宾，而是给菲律宾提供免费的学校、自由的教堂、开放的法庭、没有种姓的平等权利。这就是我们的兴趣所在。[①]

换句话说，美国唯一的兴趣就是对人人享有自由的兴趣。如果我们要建立一个帝国，用杰斐逊的话说，就是要建“一个自由的帝国”[②]。

4. 反帝国主义联盟[③]

一些著名的美国人不相信这种宣传，组成了一个反帝国主义联盟。尽管该联盟反对美国在古巴、波多黎各以及菲律宾的帝国主义，但它主要关注的是后者。[④]其中一名成员，一向擅长冷嘲热讽的威廉·詹姆斯（William James）惊呼道：“上帝谴责美国在菲律宾群岛的恶劣行为。”[⑤]他说：

---

① 安德森·史蒂芬森：《天命：美国的扩张与权利帝国》，第 88 页。

② 安德森·史蒂芬森：《天命：美国的扩张与权利帝国》，第 22 页。

③ 美国反帝国主义联盟是 1898 年 6 月 15 日成立的一个组织，目的是反对美国吞并菲律宾，把菲律宾作为一个岛国。反帝国主义者反对扩张，认为帝国主义违反了共和政府的产生必须获得“被统治者的同意”的根本原则。联盟认为，这样的活动将使美国放弃自治和不干涉的理想成为必要，这些理想在美国独立宣言、乔治·华盛顿的告别演说和亚伯拉罕·林肯的葛底斯堡演说中都有表达。——译者注

④ 菲利普·福纳：《西班牙—古巴—美国战争》，第 419 页。

⑤ 罗伯特·贝斯纳（Robert Beisner）：《十二个反对帝国的人：1898—1902 年的反帝国主义者》（*Twelve Against Empire*：*The Anti-Imperialists, 1898–1902*），麦格劳—希尔（（McGraw-Hill）出版公司 1968 年。

> （美国）现在公开致力于摧毁这个伟大的人类世界上最神圣的东西——一个长期被奴役的民族试图获取自己的财产、拥有自己的法律和政府、遵循自己的理想自由地追随自己的命运……我们却冷酷无情、恣意妄为、令人深恶痛绝地摧毁了这个从未对我们造成丝毫伤害的民族的灵魂。[①]

联盟的另一名成员前总统格罗弗·克利夫兰（Grover Cleveland）发表了一份声明，表达了美国例外主义的最初含义。他宣称：

> 我国政府成立的明确目的是在一个新世界中建立一个新的国家，它的基础是人类的自治，其安全和繁荣应该在摆脱旧世界的弊病和放弃一切外国征服计划的绝对自由中得到保障。[②]

联盟的成员之一、美国最富有的人安德鲁·卡内基写道：

> 共和国可能处在压制菲律宾争取独立斗争的地位

① 史蒂芬·金泽：《真正的旗帜：西奥多·罗斯福、马克·吐温与美利坚帝国的诞生》，第 133 页。

② 史蒂芬·金泽：《真正的旗帜：西奥多·罗斯福、马克·吐温与美利坚帝国的诞生》，第 61 页。

> 吗？这当然不可能。菲律宾的学校里挂着我们自己的《独立宣言》，却又拒绝给予他们独立，我们该以什么面目示人呢？①

该联盟的成员还包括马克·吐温。他说为菲律宾制作国旗很容易："我们可以只挂一面普通的国旗，白条涂成黑色，星星换成骷髅和交叉骨。"马克·吐温还重写了《共和国战歌》，第一行写着："我的眼睛看见刀剑发出的狂欢"；最后一行写着："他的欲望正在前进。"可想而知，吐温的所写和所讲"使他成为反帝国主义运动最耀眼的明星"②。

菲律宾人开始反击后，包括前总统格罗弗·克利夫兰和哈佛大学校长查尔斯·威廉·艾略特（Charles William Eliot）在内的24位美国知名人士向参议院发表了以下声明："根据我们共和国建立的原则，我们有义务承认（菲律宾人）独立和自治的权利。"③

然而，帝国主义者说菲律宾人（和古巴人一样）没有这样的权利。用参议员贝弗里奇的话来说：

---

① 史蒂芬·金泽：《真正的旗帜：西奥多·罗斯福、马克·吐温与美利坚帝国的诞生》，第68—69页。

② 史蒂芬·金泽：《真正的旗帜：西奥多·罗斯福、马克·吐温与美利坚帝国的诞生》，第182、184、186页；关于吐温的著作，见吉姆·兹威克（Jim Zwick）编：《马克·吐温的讽刺武器：关于菲美战争反帝国主义的著作》（*Mark Twain's Weapons of Satire: Anti-Imperialist Writings on the Philippine- American War*），雪城大学（Syracuse University）出版社1992年。

③ 菲利普·福纳：《西班牙—古巴—美国战争》，第415页。

> 自由原则——所有公正的政府的权力都来自被治理者同意——只适用于那些有能力自治的人。我们未经印第安人同意就管理他们……我们未经孩子们同意就管他们。[①]

关于对菲律宾人的战争，卡内基向《巴黎条约》的签署者之一表示“祝贺”：

> 你们似乎已经完成了对菲律宾人的教化工作。据估计，到目前为止，大约有 8000 人已经完全开化，被送到了天堂。[②]

虽然反帝国主义联盟未能阻止对菲律宾的接管，但它成功地教育了许多美国人。该联盟在 30 个州举行了会议，到 1899 年中期，“成员人数达到数十万人”[③]。由于反帝国主义联盟的活动，夺取古巴和菲律宾的战争给许多美国人带来的真相和启示就是，美国对古巴和菲律宾（以及波多黎各和关岛）的政策是与美国独立和自治的理想完全对立的。

事实上，我们可以把夺取西班牙殖民地的战争看作是向美国人民首次揭示出这种对立（越南战争和美国后冷战帝国主义

---

① 史蒂芬·金泽：《真正的旗帜：西奥多·罗斯福、马克·吐温与美利坚帝国的诞生》，第 81 页。

② 史蒂芬·金泽：《真正的旗帜：西奥多·罗斯福、马克·吐温与美利坚帝国的诞生》，第 156 页。

③ 史蒂芬·金泽：《真正的旗帜：西奥多·罗斯福、马克·吐温与美利坚帝国的诞生》第 142 页。

构成了后来的启示）。

当然，这一天被那些把战争和随后吞并菲律宾视为美国天命的那些人所占据。[①]正如欧内斯特·梅（Ernest May）在《帝国主义民主》（*Imperial Democracy*）中所言，帝国主义运动的“领导人已经意识到，公众舆论可以被帝国主义事业所俘获，只要这个事业能披上虔诚的外衣”[②]。因此，尽管这些领导人之一贝弗里奇参议员表示，“坦率”要求我们承认美国经济利益必须优先于战争可能会引发一些道德不安，那么这场战争也因为是“我们的种族、上帝之下的受托人、世界文明的使命”[③]而被证明是正义的。

但是我们在“什么样的上帝”之下呢？反帝国主义联盟的另一名成员、美国劳工联合会（American Federation of Labor）主席塞缪尔·冈珀斯（Samuel Gompers）对古巴战争提出了一种最好的神学批评：

> 有一些美国人——我们的货币制造者——他们唯一的上帝是万能的美元，唯一的人类或神圣三位一体是股息、利息和利润。他们得出的结论是，如果贫穷、受苦的古巴可以交给他们温柔的慈悲，那么他们就可能完全能控制他们的神性和恶行。对于这些先生们，当自由与利益发生冲

① 迈克尔·亨特（Michael H. Hunt）：《意识形态与美国外交政策》（*Ideology and US Foreign Policy*），耶鲁大学出版社 1988 年，第 41—42 页。

② 欧内斯特·梅：《帝国主义民主：美国作为一个大国的崛起》（*Imperial Democracy: The Emergence of America as a Great Power*），哈珀·柯林斯（Harper Collins）出版社 1961 年，第 281 页。

③ 霍华德·辛恩：《美国人民史》，第 306 页。

突时……自由便被喂狗去了。[①]

冈珀斯在阐述美国理想与美国利益之间的基本矛盾时认为这一矛盾从一开始就成了美国的特征。在 18 世纪反抗帝国主义领导力量的起义中诞生的美国创造了一种自由、自决和民主的意识形态。而事实上，美国相信自己在传播自由方面扮演着神圣的角色。但当商人和他们的政策制定者不得不在自由与利润之间做出选择时，自由总是被舍弃。

尽管詹姆斯、吐温和冈珀斯等美国人对此持反对意见，但那些认为美国注定要成为全球帝国领袖的人却兴高采烈。约翰·昆西·亚当斯的孙子、亨利·亚当斯的兄弟布鲁克斯·亚当斯（Brooks Adams）把 1898—1902 年的战争称为“我们历史上的转折点”，为美国“主宰世界”提供了基础。[②] 华尔街银行家出身的美国参议员昌西·迪普（Chauncey Depew）表示，感谢麦金利总统、罗斯福总统和上帝——

我们的市场在古巴，在波多黎各，在菲律宾，我们站在 8 亿人面前，太平洋是美国的一个湖……世界是我们的。[③]

对于这些精英阶层的成员来说，占领西班牙殖民地的战争揭示的不是美国理想与其行为之间的差距，而是美国在实践中

① 菲利普·福纳：《西班牙—古巴—美国战争》，第 418 页。

② 沃尔特·拉菲贝尔：《不可避免的革命：中美洲的美国》（*Inevitable Revolutions: The United States in Central America*），诺顿出版社 1984 年，第 39 页。

③ 菲利普·福纳：《西班牙—古巴—美国战争》，第 672 页。

放弃了这些理想。因为如果在口头上利用这些理想来宣传自己的价值，可以创造出一个多么伟大的帝国。

三、在美洲实施的大棒政策

美国领导人相信这个世界是他们的，他们开始准备接受这个世界。西奥多·罗斯福——在1901年麦金利遇刺后成为美国总统——以一句名言而闻名，那就是美国应该“手持大棒口如蜜”。罗斯福的顾问布鲁克斯·亚当斯曾指出，美国“不能白白拥有地球”。因此他说，如果美国不愿意“为它所得到的付出代价”（它显然不是），它就必须“为之奋斗”。[①] 要做到这一点，它需要更强大的力量。于是罗斯福着手建立了一支现代化的海军。

1. 门户开放和门罗主义

建立这支海军的一个主要目的是说服其他国家，从亚洲国家开始，采纳美国领导人希望世界大多数国家采纳的经济政策，即后来被称为“门户开放”（open door）[②] 政策。这个政策的基本含义是，每个国家即所有其他国家都能够在平等条件下

---

① 劳埃德·加德纳、沃尔特·拉菲贝尔、托马斯·麦考密克：《美利坚帝国的建立》，265页。

② “门户开放”政策一词最初用于外交事务，指的是美国在19世纪末和20世纪初制定的允许中国内地或沿海地区对所有国家平等开放的贸易体制。它主要用于调解在中国的不同殖民国家之间的利益冲突，实质就是利益均沾，机会平等。——译者注

进行经济竞争。这一政策尽管有个好听的名字，但不过是美国称霸的一个秘密。美国领导人很清楚，随着经济实力的不断增强，这项禁止关税、不给其他国家或盟友任何特权的政策，将使美国的商业利益主导市场。

这种坚持在东方打开大门的做法与美国在西半球实施的政策截然相反。门罗主义（Monroe Doctrine）概括了这一政策。该政策表达了美国人实际上从一开始就持有的一种信条，即美国拥有控制西半球的自然（也许是上帝赋予的）权利。1823年，约翰·昆西·亚当斯首次提出了这一信条（同年，他阐明了苹果落入美国之手的政策），并在19世纪40年代得到广泛采用，尤其是在占领墨西哥领土的问题上。这一信条明确宣布欧洲列强不得对西半球进行殖民或以其他方式进行干预。①

但范·亚斯提尼认为这一信条暗指"美国将是北美和南美唯一的殖民国和唯一的指导国"②。也就是说，美国在西半球实施了一项绝对"封闭"的政策，而同时坚持认为像中国这样的大国在本地区没有任何此类政策。美国的这种双重标准，再加上美国愿意利用其经济和军事实力来实施这种标准，将成为指责美国虚伪的主要依据。然而，这里的焦点是美国在自己的半

---

① 关于门罗主义的起源及其后来的应用，请参阅德克斯特·帕金斯的《门罗主义史》（*A History of the Monroe Doctrine*），小布朗（Brown）出版社1963年。该书是1941年出版的《放手：门罗主义史》（*Hands Off: A History of the Monroe Doctrine*）的修订本。

② 范·亚斯提尼：《崛起的美国帝国》，第99页。1867年成立的加拿大联邦收购了哈德逊湾公司并吞并了不列颠哥伦比亚省。此后，美国想通过吞并加拿大以解除大英帝国在北美的统治的早期计划变得越来越不切实际，但许多美帝国主义者继续培养这种思想。同上书，第176页。

球使用大棒政策。

2. 哥伦比亚和巴拿马

罗斯福的顾问告诉他，在占领了夏威夷和菲律宾之后，为了进入亚洲，我们需要一条穿过中美洲的运河。所以他只是从哥伦比亚偷走了巴拿马。① 罗斯福的行动在拉丁美洲和美国部分地区引发了愤怒，就连一向好斗的赫斯特（Hearst）② 新闻也称其为“在国际法破碎的废墟上对另一个共和国的粗暴攻击”③。

强加给巴拿马的条约④，使巴拿马在法律上虽然还是主权国家，但实际上已被视为殖民地。通过该国中部的 10 英里宽的运河区域尤其如此，该区域受到正式和直接的殖民政策的影响。⑤ 该条约赋予美国在该地区一切权力，并有权在巴拿马任何它认为合适的地方进行干预，“仿佛美国是这个领土上的

---

① 沃尔特·拉菲贝尔：《巴拿马运河：历史视角下的危机》（*The Panama Canal: The Crisis in Historical Perspective*），牛津大学出版社 1978 年，第 29—33 页。

② 赫斯特是赫斯特通信公司的简称。这是一家总部位于纽约市的美国大众传媒和商业信息集团。该集团拥有多种报纸、杂志、电视频道和电视台，包括《旧金山纪事报》、《休斯敦纪事报》、《世界主义者》和《时尚先生》等，并且拥有美国广播公司 50% 的股份，以及体育广播公司 20% 的股份。——译者注

③ 沃尔特·拉菲贝尔：《巴拿马运河：历史视角下的危机》，第 39 页。

④ 该巴拿马条约是指 1903 年 11 月 18 日由美国和巴拿马签署的《海—布—瓦里拉条约》，该条约确立了巴拿马运河区，并随后建造了巴拿马运河。它以两名主要谈判代表的名字命名，一个是法国驻巴拿马外交代表菲利普 - 让·布努 - 瓦里拉（Philippe-Jean Bunau-Varilla）和美国国务卿约翰·海（John Hay）。条约规定美国保证巴拿马共和国的自由，巴拿马共和国准许美国使用上述运河所在的土地以及周围用于建筑目的的土地和该区域范围内的所有岛屿，并授予美国上述区域内的所有权利、权力和权威等。——译者注

⑤ 沃尔特·拉菲贝尔：《巴拿马运河：历史视角下的危机》，第 X、37—39、66—67 页。

君主”[①]。

该条约允许美国完全控制巴拿马的外交政策以及通信和金融系统。[②]通过条约中几乎不受限制的权力，美国开始主导巴拿马的政治和经济生活——解散军队、决定谁赢得选举。总之，就是当“不合作”的人上台时就会通过政变被推翻。[③]

巴拿马人抱怨说，条约赋予他们的“独立”是有名无实。结果，“耻辱接踵而至”，巴拿马人的权利没有得到考虑，而巴拿马在 20 世纪余下的时间里成为世界上麻烦最多的地方之一。[④]

3. 多米尼加共和国和罗斯福的推论

那是在 1903 年。1904 年，罗斯福让他的海军确保多米尼加共和国（当时称为圣多明各）政变的成功。政变是由一个承诺将该国海关和海军基地移交给美国的派系发动的。罗斯福通过颁布后来被称为门罗主义的罗斯福推论来证明这种干预是正当的，其宣称：

> 这个国家心愿就是让这块大陆上的其他共和国都将获得幸福和繁荣；但除非他们在自己的疆域内维持秩序，并公正地履行对外界的义务，否则他们不可能获得幸福和繁荣。[⑤]

---

① 沃尔特·拉菲贝尔：《巴拿马运河：历史视角下的危机》，第 42 页。

② 沃尔特·拉菲贝尔：《巴拿马运河：历史视角下的危机》，第 74—77 页。

③ 沃尔特·拉菲贝尔：《巴拿马运河：历史视角下的危机》，第 49、68—73、81—82、97—98 页。

④ 沃尔特·拉菲贝尔：《巴拿马运河：历史视角下的危机》，第 73—74 页。

⑤ 沃尔特·拉菲贝尔：《不可避免的革命：中美洲的美国》，第 38 页。

美国声称，它有权帮助其他国家变得“稳定、有序和繁荣”。但这种干预取得了相反的效果。多米尼加共和国 1911 年开始发生骚乱，美国在 1914 年进行政治干预之后，实行了 1916 年至 1925 年的军事占领。[①]

4. 海地：从富裕到贫穷

美国“人道主义干预”的另一个受害者是海地。海地在 18 世纪末曾是西半球最富有的国家之一[②]，但后来变成了世界上最贫穷的国家。造成这种情况的部分责任在法国，因为法国从海地攫取了大量财富。但大部分责任在美国。

从 1804 年海地据称赢得独立到 1913 年，美国入侵海地 24 次。[③] 1914 年，在伍德罗·威尔逊总统的领导下，美国要求签订一项条约，将海地的关键利益移交给美国银行家。被海地拒绝后，威尔逊派出了海军陆战队，从海地财政部偷走了 50 万美元，导致海地政府垮台。当海地人拒绝美国要求他们举行选举时，威尔逊派出了更多的海军陆战队。据一位海地历史学家称，美国军队在这场入侵中“像猪一样追捕卡科斯人(Cacos)”(用后来一位军官的话说)，夺走了大约 1.5 万海地

---

① 参见布鲁斯·卡尔德（Bruce Calder):《干预产生的影响》(*The Impact of Intervention*)，得克萨斯大学 1984 年；简·尼博斯·布兰克（Jan Knippers Black):《多米尼加共和国》(*The Domincican Republic*)，艾伦与昂温（Allen & Unwin）出版社 1986 年。

② 诺姆·乔姆斯基:《501 年：征服继续》，第 199 页。

③ 诺姆·乔姆斯基:《501 年：征服继续》，第 199—200 页。

人的生命，“就像一场大屠杀”。[①] 美国政府除了解散国民议会和颁布宪法，使美国不但控制了海地的财政和外交事务，还有权随意干预海地内政，并开始了从 1914 年至 1934 年的占领。

5. 尼加拉瓜和中美洲法院

另一个经常受到美国干预的目标是尼加拉瓜。从 1840 年至 1906 年间，美国对尼加拉瓜进行了十几次干预。在那之后，美国对尼加拉瓜的干涉变得更加致命。

后来采取的这些干预行动的原因是，1893 年支持美国利益的保守派政府被何塞 · 桑托斯 · 塞拉亚（Jose Santos Zelaya）所取代。塞拉亚随后试图帮助自己的国家发展，削弱美国的影响力，并在五个中美洲国家之间建立一个联盟。罗斯福对此不满，便于 1906 年进行了军事干预，随后又在 1907 年组织了一次会议，促成了中美洲法院的成立。[②] 该法院被认为是未来解决所有争端的仲裁机构。但问题的关键是，是否允许它在中美洲国家与美国之间发生争端时进行仲裁。

第一个尝试性的仲裁案例是针对 1909 年美国对尼加拉瓜内政的干预。当时华盛顿帮助由美国企业支持的叛军掌权，成

---

① 诺姆 · 乔姆斯基：《501 年：征服继续》，第 202 页。

② 中美洲法院：1907 年 11 月 14 日至 12 月 20 日期间，在墨西哥和美国的提议下，哥斯达黎加、萨尔瓦多、危地马拉、洪都拉斯和尼加拉瓜五个中美洲国家参加了由美国国务卿埃利胡 · 鲁特（Elihu Root）在华盛顿特区主办的中美洲和平会议。与会者在会议结束时达成协议，设立中美洲法院。法院在最后批准后的十年内有效，并将通过哥斯达黎加政府提交诉文。法院由五名法官组成，来自会员国。法院审理了十个案件，其中五个是由个人提起（并宣布不予受理），三个由法院审理。法院于 1918 年解散。——译者注

立了新政府。1912 年尼加拉瓜因为对新政府不满爆发了一场革命。[①] 新政府允许纽约的银行控制了尼加拉瓜的大部分地区。当这场革命被美军镇压时，这种干涉受到中美洲法院的谴责。尽管罗斯福帮助建立了这个法院，但“华盛顿却完全无视这个裁决”[②]。

另一个考验出现在 1916 年，当时中美洲法院再次谴责美国的干涉。那时，伍德罗 · 威尔逊担任总统。他和他的国务卿威廉 · 詹宁斯 · 布莱恩都以反帝国主义的言辞著称，但他们拒绝承认法院的决定。

这些在 1912 年和 1916 年做出的否决摧毁了法院，用沃尔特 · 拉菲贝尔的话说，这说明“当该地区的主导力量把自己的国家利益置于国际法律机构之上时，对法律补救的进步信念会变得毫无价值”[③]。这些事件还表明，只要最终实施者是利害关系人之一，法律补救办法就永远不会起作用，因为这一方总是采用双重标准，而违反自己试图保有的其他标准。

于是 1912 年美国干预的结果就是对尼加拉瓜长达 20 年的

---

① 塞拉亚执政后，在镇压政敌的同时，实行了某些社会改革，尤其是对美国资本采取限制政策。于是美国策动保守党发动政变，迫使塞拉亚于 1909 年辞职，政权为保守党所控制。1912 年尼加拉瓜爆发了反对保守党 A. 迪亚斯政府的斗争，美国派出海军陆战队进行干涉。1914 年 8 月，美国同尼加拉瓜保守党政府签订《布里安—查莫罗条约》，取得对尼加拉瓜事务的监督权和在尼加拉瓜开凿运河的权利，并以 99 年为期租占丰塞卡湾和加勒比海的科恩群岛作为海军基地。入侵的美国军队留驻到 1925 年，尼加拉瓜实际上变成了美国的保护国。——译者注

② 沃尔特 · 拉菲贝尔：《不可避免的革命：中美洲的美国》，第 48 页。

③ 沃尔特 · 拉菲贝尔：《不可避免的革命：中美洲的美国》，第 41 页。

占领。最后，来自公众的压力——一位咖啡种植商指出，美国人之所以受到鄙视，是因为海军陆战队会“在尼加拉瓜本土追杀尼加拉瓜人”——这迫使胡佛总统在1933年将他们撤出，这引致后来将会报道的事态发展。

布鲁克斯·亚当斯曾预言，由于1898年的战争，美国“可能会主宰世界”。后来他说，1900年至1914年的岁月将“被视为一个伟大的时代”①。然而，这当然取决于我们从哪个视角看这个问题。

6. 理想和利益

拉菲贝尔认为门罗主义的罗斯福推论“引发了美国历史上最不光彩的篇章——与拉美的关系”，部分原因是因为在20年内，美国“通过金融控制或军事力量——在某些情况下，通过金融控制和军事双重力量——统治了20个拉美国家中的至少14个”。② 与此同时，美国政府尤其是在伍德罗·威尔逊总统任期内，主张将“自决”作为国际关系的普遍原则。

美国的双重标准有时被无意识地采用，拉菲贝尔报道的一件事就说明了这一点：

> 1916年6月，威尔逊向美国国务卿罗伯特·兰辛（Robert Lansing）递交了一份给国会的意见书草稿，以供审阅。总统写道：“美国人民不应该对另一个民族发号施

① 沃尔特·拉菲贝尔：《不可避免的革命：中美洲的美国》，第39页。
② 沃尔特·拉菲贝尔：《巴拿马运河：历史视角下的危机》，第52页。

令，规定他们的政府应该是什么样子，或者他们应该利用什么人来鼓励或支持他们。”兰辛在页边空白处写道：“海地、圣多明戈、尼加拉瓜、巴拿马。”但威尔逊绝没有传达过这个信息。①

顺便说一句，兰辛在发表这个边缘评论时并没有批评美国的政策，只是指出了它与威尔逊的理想主义言论之间的区别。兰辛说：

> 在倡导门罗主义的过程中，美国考虑到了自己的利益。其他美洲国家的完整只是一个插曲，而不是结束。虽然这似乎只是基于自私，但发表理想主义言论的作者在其宣言中并没有更崇高的动机。

虽然威尔逊认为这种公开解释是“不明智的”，但据报道，他认为这种解释“无可辩驳”。②

7. 理想与政策之间的矛盾

---

① 沃尔特·拉菲贝尔：《不可避免的革命：中美洲的美国》，第 54 页。几年后，例外的国家还包括哥斯达黎加、危地马拉和萨尔瓦多。最后一个例子涉及 1932 年那场可能造成 3 万人死亡的屠杀。美国领导人非但没有干预以阻止这场屠杀，反而以赞许的目光注视着，然后对萨尔瓦多政府的所作所为给予奖励，参见上书，第 54—58、74—77 页；诺姆·乔姆斯基：《权力与意识形态：马那瓜讲座》(*On Power and Ideology*：*The Managua Lectures*)，南端出版社 1987 年，第 75—76 页。

② 诺姆·乔姆斯基：《501 年：继续征服》，第 158 页。

威尔逊的实际政策和他宣称的理想之间的矛盾说明了贯穿美国与南方邻国关系的历史的基本矛盾。用拉菲贝尔在《不可避免的革命》一书中的话说，这是“自决原则与国家权力扩张之间的矛盾”的一个长篇例证，“自决原则的价值在美国人的心目中是不言而喻的，而国家权力扩张的价值也是不言而喻的”[①]。

一方面，美国视自己为自由的灯塔，不仅将自己的革命作为其他国家的榜样，而且积极帮助他们实现自决。这种自我理解在亚瑟·施莱辛格（Arthur Schlesinger）的一篇题为《美国给文明的 10 件礼物》（*America's 10 gift to Civilization*）的文章中得到了表达，其中第一个礼物是“革命的权利”[②]。

美国认为，为了自身的政治和经济优势，它有权统治西半球。在此之前，《独立宣言》的起草者之一托马斯·杰斐逊在十年内“认识到（《独立宣言》的）原则不再适用于美国”。用杰斐逊的话来说他们相信“美国有自己的半球”。

门罗主义成为这种信念的“公开宣言”[③]，美国成为伟大的反革命力量，而不是民主革命的捍卫者。因此，拉菲贝尔说：

> 除了一个例外，所有的外国革命领袖，如施莱辛格所说，在 1850 年以前都以美国为榜样。[④]

---

① 沃尔特·拉菲贝尔：《不可避免的革命：中美洲的美国》，第 22 页。
② 沃尔特·拉菲贝尔：《不可避免的革命：中美洲的美国》，第 22—23 页。
③ 沃尔特·拉菲贝尔：《不可避免的革命：中美洲的美国》，第 22—23 页。
④ 沃尔特·拉菲贝尔：《不可避免的革命：中美洲的美国》，第 22—23 页。

结　论

美国以奴隶制和种族灭绝开始了帝国的发展轨迹，然后又以无休止的扩张主义和帝国主义继续发展。但从整个发展轨迹来看，美国从未在对美国例外论的赞歌中表现出美德。

第 2 章　第一次世界大战

尽管美国只有少数人能接触到美国在所在半球所作所为的肮脏细节，但美国参与两次世界大战已经成为无数书籍、电影和电视节目的主题。事实上，正是通过这些主题描述给美国人的心灵留下了深刻的印象，即美国是其他民族自由和民主的无私捍卫者。然而，这幅图像背后的真相却大相径庭。美国领导人利用战争，实现了使美国获得普世性全球帝国权力的两大飞跃。

第一次世界大战——在第二次世界大战之前仅仅是一场伟大的战争——被称为“开启美国世纪的战争”[①]。人们常说，伍德罗·威尔逊之所以把美国拖入这场欧洲战争，就是为了“让世界因民主而安全”。他确实希望通过建立国际联盟来结束战争（见第七章）。

但他的这一口号的部分含义意味着建立一个在“开放”原则基础上的全球体系，尽管这一原则的名称听起来很好听，但其实质是建立在美国自身利益的基础上的。1912 年，威尔逊参

① 《开启美国世纪的战争》（*The War that Launched the American Century*），《每日电讯报》（*Telegraph*）2014 年 5 月 3 日。引自霍华德·辛恩：《美国人民历史》，第 362 页。

加总统竞选时说："我们的国内市场已经饱和，我们需要国外市场。"[①]

在坚持国际联盟必须体现自决和开放市场的"美国原则"之后，威尔逊坚持认为，这些原则不应被理解为破坏门罗主义的一种方式。门罗主义现在应被理解为——罗斯福推论，即禁止欧洲对西半球进行的干预从军事和政治领域扩大到金融领域。[②]事实证明，"美国原则"意味着关闭对美国无利的大门，打开对美国有利的大门。

开放的大门使美国在那些还没有被扼制的国家受益，因为在那些国家开放的大门意味着经济可能会被最强大的经济强国接管，而在20世纪初，美国就是这样崛起的。美国在第一次世界大战中一直保持中立的那些年里，为交战双方提供贷款，结果使美国从世界上最大的债务国之一变成了最大的债权国——这一逆转"帮助美国变成20世纪的超级经济大国"[③]。迈耶（G.J. Meyer）在他2016年出版的《重塑世界：一战中的美国》（*The World Remade*：*America in World War I*）一书中说，所有参与"一战"的国家都变穷了，但"美国却变得异常富有"[④]。

因为美国大量向别国贷款，这也是使美国最终站在英国及

---

① 霍华德·辛恩：《美国人民历史》，第362页。

② 沃尔特·拉菲贝尔：《不可避免的革命：中美洲的美国》，第51、58页；《美国时代：1750年以来的美国外交政策》，第284、303页。

③ 拉菲贝尔：《美国时代：1750年以来的美国外交政策》，第273页。

④ 参见G.J. 迈耶：《重塑世界：一战中的美国》（*The World Remade*：*America in World War I*），矮脚鸡图书（Bantam Books）2016年。

其盟国一边参战的主要原因之一，因为大部分贷款都流向英国及其盟国，这让美国因盟军的胜利而获得了巨大的利益。[①]

胜利后，随着美国具有的世界经济超级大国的新地位，美国将能够在世界上强行推行其开放政策。威尔逊对此早就做好了准备。他早些时候曾说过："即使那些不情愿的国家的主权在这个过程中受到伤害，也在所不惜……那些国家关闭的大门必须被推倒。"[②]英国和法国意识到，在一个开放的体系中，美国将能够战胜其他所有国家，于是这两个国家便着手制定保护市场的计划。威尔逊知道后并未表示什么不满。因为他说，战争结束后，"我们可以迫使（英国和法国）接受我们的思维方式，因为到那时，它们的经济将掌握在我们手中"[③]。

盟军胜利的幕后黑幕也有军事方面的因素。威尔逊意识到当时世界上最强大的英国海军将对美国的行动自由构成威胁，于是在战争期间说："让我们建设一支（比英国）更强大的海军，做我们自己想做的事。"[④]

---

① G.J. 迈耶：《重塑世界：一战中的美国》，第 272—273 页；霍华德·辛恩：《美国人民历史》，第 353 页。

② G.J. 迈耶：《重塑世界：一战中的美国》，第 353 页。

③ 沃尔特·拉菲贝尔：《美国时代：1750 年以来的美国外交政策》，第 275、297 页。

④ 沃尔特·拉菲贝尔：《美国时代：1750 年以来的美国外交政策》，第 276 页。这段历史的意义并不在于华盛顿政府被邪恶的人甚或被右翼极端分子所控制。伍德罗·威尔逊是自由民主党人。关键是民族主义的逻辑要求领导人要促进本国公民的利益，特别是那些他们对其负有义务的公民的利益，而对其他国家公民的利益甚至人权则漠不关心。尽管我们有国际法框架，但没有为执行国际法而存在的权力。因此在国际舞台上只要最强大的行动者想实施时才得以执行，但是却无法对这个最强大的行动者本身实施。正如第 7 章所讨论的，联合国的创立也没有改变这一点。

一、卷入战争

为了发动“美国世纪”的大战，美国有必要参战。这是因为威尔逊总统和温斯顿·丘吉尔——当时的英国海军司令——都非常需要它。

1. 丘吉尔的愿望

在美国参战之前，战争是在由俄罗斯、法国和英国组成的三国协约国与德国和奥匈帝国联盟之间进行的——这是一场争夺土地和自然资源的战争。此外，大英帝国感受到来自德国日益崛起的金融和技术力量的威胁。尽管英国仍然统治着海洋，但德国不断增强的技术实力包括飞机和潜艇，正日益构成严重威胁。丘吉尔希望美国参战，以确保英国及其盟国的胜利。

2. 威尔逊的愿望

正如被刘易斯·拉帕姆（Lewis Lapham）描述为“最好的历史学家”沃尔特·卡普（Walter Karp）所解释的那样，威尔逊希望美国参战是出于自身的原因。拉帕姆说，卡普的书《战争政治》（*The Politics of War*）最精彩的部分是“伍德罗·威尔逊的无底洞骗局”[①]。据卡普说，威尔逊的主要欺骗手段是声称要让美国置身于战争之外，但同时又在尽一切可能把

---

① 刘易斯·拉帕姆为沃尔特·卡普的《战争政治：两个永远改变了美利坚共和国政治生活的战争故事（1890—1920）》写的介绍（见下一注），第 xiii 页。

美国拖入战争。

了解威尔逊的人对他个人进行了严厉的批评。他的一名内阁成员形容威尔逊是“一个有崇高理想但没有原则的人”。前总统克利夫兰谈到威尔逊时，说他是一个缺乏“诚信的知识分子”。卡普则给出了一个更糟糕的评价。他写道：

> 威尔逊政治性格的决定性特征是自负：对荣誉的渴望是如此的自私，如此的冷漠，这将导致他背叛……饱受战争摧残的世界的希望。①

例如，尽管威尔逊是一位民主党人，但他赞扬共和党人在美西战争期间提出的“大政策”。威尔逊说，他喜欢这一点，因为通过这个政策“大大增加了总统作为建设性政治家的权力和机会”。卡普说：

> 美国人不习惯以总统的个人利益来判断一个国家的政策。他们也没有把自己和国家仅仅看作总统追求荣誉的工具的习惯。②

---

① 沃尔特·卡普：《战争政治：两个永远改变了美利坚共和国政治生活的战争故事（1890—1920）》（*The Politics of War*：*The Story of Two Wars Which Altere Forever the Political Life of the American Republic*，1890-1920），富兰克林广场（Franklin Square）出版社 2010 年，第 151 页。

② 沃尔特·卡普：《战争政治：两个永远改变了美利坚共和国政治生活的战争故事（1890—1920）》，第 150 页。

我们之所以知道威尔逊的秘密思想，是源自他的主要顾问爱德华·“上校”·豪斯（Edward “Colonel” House）的一本详细的日记。卡普形容豪斯是一个“富有的、衣冠楚楚的小得克萨斯人，热衷于幕后操纵”。例如，威尔逊的内阁成员实际上是由众议院选出来的。[①]

威尔逊当选后，公开宣称他希望他的政府不必再“主要处理外交事务”。豪斯对此再清楚不过了。当战争在欧洲爆发时，威尔逊认为这是一生中难得的机会——豪斯在日记里写道：“也许这是有史以来最伟大的机会。”[②]

然后，豪斯开始与英国大使讨论威尔逊是否有可能在战争结束后举行的会议上发挥重要作用。当时的计划是，通过主持一场伟大的战后会议，威尔逊将成为历史上实现永久和平的第一人。豪斯对威尔逊说：“我认为，这是你注定要在这出世界悲剧中扮演的角色，也是人类迄今为止最高尚的角色。”[③]当然，要想有机会主持战后会议，威尔逊就需要参战以帮助盟国赢得战争。[④]因此，卡普说：

---

① 沃尔特·卡普：《战争政治：两个永远改变了美利坚共和国政治生活的战争故事（1890—1920）》，第175—176页。

② 沃尔特·卡普：《战争政治：两个永远改变了美利坚共和国政治生活的战争故事（1890—1920）》，第160、172页。

③ 沃尔特·卡普：《战争政治：两个永远改变了美利坚共和国政治生活的战争故事（1890—1920）》，第179页。引自《豪斯上校的私人文件》见后注第2卷，第92页。

④ 沃尔特·卡普：《战争政治：两个永远改变了美利坚共和国政治生活的战争故事（1890—1920）》，第180页。

> 从1914年秋起，美国的外交将听从威尔逊和豪斯，而不是听从美国的利益……这并非为了避免一场可怕的战争，而仅仅是为了以任何可能的方式确保威尔逊有机会扮演“人类迄今为止最高尚的角色”。[①]

卢西塔尼亚号沉没可能是其中一种手段吗?

二、卢西塔尼亚号的沉没

1906年，一艘名为卢西塔尼亚号（Lusitania）的英国豪华客轮下线。它是由英国的丘纳德（Cunard Line）航运公司建造的号称世界上最大最美丽的客轮（“它比所罗门王的圣殿还美丽，而且大得足以容纳他所有的妻子”）。[②]1915年5月7日，这艘载有几个重要的人物（包括阿尔弗雷德·范德比尔特[Alfred Vanderbilt]）的客轮正从纽约返回英格兰。就在航行接近尾声时，这艘举世瞩目的客轮被德国U－型潜水艇发射的鱼雷击中，并很快在爱尔兰海域沉没。卢西塔尼亚号是在18分钟内沉没的，导致船上1924人中的1198人遇难，其中包括128名美国人。

---

① 沃尔特·卡普:《战争政治：两个永远改变了美利坚共和国政治生活的战争故事（1890—1920）》，第179页。

② 戴安娜·普雷斯顿（Diana Preston）:《蓄意谋杀：卢西塔尼亚号沉没》（*Wilful Murder*：*The Sinking of the Lusitania*），双日出版社（Doubleday）2002年，第44页。

这艘巨轮为什么下沉得如此之快？卢西塔尼亚号船长威廉·特纳（William Turner）说，鱼雷击中这艘船后不久，又发生了一次比鱼雷大得多的爆炸。[①] 许多幸存的船员和乘客都报告了同样的情况。[②] 但潜艇指挥官说，他只发射了一枚鱼雷，而且这一说法在他的日志里得到印证。[③] 由温斯顿·丘吉尔领导的英国海军部虽然知道这个真相，但不愿承认。[④] 如果当时只有一枚鱼雷击中游轮，那么客轮应该在两个小时后才会沉没，这样船上的每个人都可以获救。[⑤]

这些人本来可以被朱诺号（Juno）巡洋舰搭救，因为这艘巡洋舰距离他们只有一个小时的航程，船上也有足够的空间容纳所有的乘客。但在客轮发出营救信号后，朱诺号巡洋舰却被召回了港口。[⑥]

另一个谜是这艘船为什么会被击中。英国知道德国的密码，所以很清楚德国 U－型潜水艇所在的位置。当卢西塔尼亚

---

① 戴安娜·普雷斯顿：《蓄意谋杀：卢西塔尼亚号沉没》，第 444 页；科林·辛普森（Colin Simpson）：《卢西塔尼亚号》（*The Lusitania*），小布朗出版社 1972 年版，第 155 页。

② 戴安娜·普雷斯顿：《蓄意谋杀：卢西塔尼亚号沉没》，第 191—195 页。

③ 帕特里克·奥沙利文（Patrick O' Sullivan）：《卢西塔尼亚号沉没：揭开谜团》（*The Sinking of the Lusitania*：*Unravelling the Mysteries*），柯林斯出版社 2004 年，第 168 页；"卢西塔尼亚在线：卢西塔尼亚皇家邮轮的母港，鱼雷"（"Lusitania Online：The Home Port of RMS Lusitania, Torpedo"）。

④ 戴安娜·普雷斯顿：《蓄意谋杀：卢西塔尼亚号沉没》，第 304 页。

⑤ 《丘吉尔和摩根大通击沉了卢西塔尼亚号》（*Churchill and J.P. Morgan Sank Lusitania*），载《你的老师告诉过你的谎言》（*Lies Your Teacher Taught You*）2012 年 3 月 16 日。

⑥ G. J. 迈耶：《重塑世界：一战中的美国》，第 124 页。

号进入一个可能被击中的战区时，应该由鱼雷驱逐舰护送。那么，为什么卢西塔尼亚号被击中呢？相当多的证据表明丘吉尔扮演了主要角色。

1. 丘吉尔的角色

丘吉尔当时急于让美国参战，这从他（对英国贸易委员会主席）的声明中可以看出：“最重要的是吸引中立的航运到我们的海岸，尤其希望把美国和德国牵扯进来。”[①]

此外，丘吉尔圈子里的人曾讨论过，对卢西塔尼亚号的袭击可能会把美国拖入战争。就在 5 月 7 日当天，豪斯上校在伦敦会见了英国外交大臣爱德华 · 格雷（Edward Grey）。按照豪斯的说法，格雷问道：“如果德国人击沉一艘载有美国乘客的远洋客轮，美国该怎么办？”豪斯回答说：“我相信，义愤填膺的火焰将席卷美国，它本身就足以把我们卷入战争。”[②]

就在同一天，豪斯和格雷与乔治国王会面，豪斯继续说：“奇怪的是，我们开始谈论德国有可能击沉一艘跨大西洋的客轮。他（国王）说：‘假设他们击沉卢西塔尼亚号，船上有美国乘客怎么办？’”[③]

---

① 唐纳德 · 施密德（Donald E. Schmid）：《愚蠢的战争：1898—2005 年美国外交政策》（*The Folly of War: American Foreign Policy, 1898—2005*），纳戈拉（Nalgora）出版社 2005 年，第 72 页。

② 查尔斯 · 西摩（Charles Seymour）编：《豪斯上校的私人文件》（*The Intimate Papers of Colonel House*）第 1 卷，霍顿米夫林出版社（Houghton Mifflin）1926 年，第 432 页。

③ 查尔斯 · 西摩编：《豪斯上校的私人文件》，第 432 页。

有几个理由相信丘吉尔和他的海军部策划了卢西塔尼亚号沉没的可能性：

- 有人听到丘吉尔把卢西塔尼亚号称为“活诱饵”[①]。
- 由于知道了德国的密码，丘吉尔很清楚U－型潜水艇驶向卢西塔尼亚号所在的爱尔兰海域，但他没有向特纳船长发出警告。[②]
- 卢西塔尼亚号可以被派往爱尔兰北部，但丘吉尔知道那里没有U－型潜水艇出现。事实上，据报道，特纳船长曾要求允许走这条路线。如果是这样，看来这个提议被否决了。[③]
- 卢西塔尼亚号在前几次航行时是由两艘驱逐舰护送的，特纳船长已经得到保证，这次航行也会如此。但这次却没有提供护航，尽管有四艘驱逐舰闲置在附近的一个港口。（在他的船被击沉后，特纳船长愤怒地抱怨没有得到应有的保护航。）[④]
- 灾难发生后，英国海军部发出指示：“要确保为验尸挑选的尸体不是被杀害或肢解的，而且我们不希望公开这些尸体。”[⑤]

---

① 科林·辛普森：《卢西塔尼亚号》，第30页。

② 科林·辛普森：《卢西塔尼亚号》，第131页。

③ 科林·辛普森：《卢西塔尼亚号》，第216—217页。

④ 戴安娜·普雷斯顿：《蓄意谋杀：卢西塔尼亚号沉没》，第399页；帕特里克·比斯利（Patrick Beesly）：《第40号房间：1914—1918年英国海军情报》（*Room 40：British Naval Intelligence 1914–1918*），哈科特·布雷斯·乔瓦诺维奇（Harcourt Brace Jovanovich）出版社1982年，第105页。

⑤ 科林·辛普森：《卢西塔尼亚号》，第180页。

- 海事贸易部门的主管写了一张便条给主持调查的默西勋爵（Lord Mersey），上面写道："我奉海军部指示通知你，在政治上，显然把这场灾难归咎于卢西塔尼亚号特纳船长是有利的。"①
- 多年后，随着"二战"的爆发，丘吉尔写道："尽管有那么多恐怖事件，但我们必须把卢西塔尼亚号的沉没看作对盟国最重要、最有利的事件……那些死在海里的可怜的孩子们对德国力量的打击远远超过牺牲 10 万名战士。"②

英国海军情报史上最重要的权威帕特里克·比斯利在 1982 年出版的《第 40 号房间》（*Room 40*）一书中写道：

> 没有，绝对没有做任何事情来确保客轮的安全到达……我不情愿地得出结论，有人蓄意将卢西塔尼亚号置于危险之中，希望即使对它的袭击失败，也会把美国拖入战争。没有温斯顿·丘吉尔的明确许可和批准，这样的阴谋是不可能实施的。③

G.J. 迈耶确实引用了比斯利在一次采访中表达的观点，即阴谋论"应该受到最坚决的怀疑"。比斯利在一次采访中说：

---

① 科林·辛普森：《卢西塔尼亚号》，第 190 页。

② 戴安娜·普雷斯顿：《蓄意谋杀：卢西塔尼亚号沉没》，第 5 页。

③ 帕特里克·比斯利：《第 40 号房间 1914—1918 年英国海军情报》，第 40、122 页。

> 根据目前所掌握的大量资料，我不得不说，总体上最可能的解释是，为了使美国卷入战争，确实存在一个危害卢西塔尼亚号的阴谋，尽管这个阴谋并不完美。如果不能接受这个解释，有人能告诉我对这些极为奇怪情况的另一种解释吗？①

迈耶在引用这段话时，似乎同意很难找到另一种解释。②

此外，其他专家也有同样的想法。科林·辛普森（Colin Simpson）表示，未能警告卢西塔尼亚号，可能是"丘吉尔用中立国的力量把 U－型潜水艇引入其中的最高战略"。同样，帕特里克·奥沙利文说，未能传递重要信息可能是"丘吉尔的另一个策略，即让卢西塔尼亚号毁于一艘德国潜艇，从而把美国拖入战争"③。

至于丘吉尔的海军部是如何安排了第二次威力极大的爆炸，导致卢西塔尼亚号沉没的，科林·辛普森认为，爆炸可能是由一种绵火药引起的。英国驻华盛顿海军武官盖伊·冈特上尉（Captain Guy Gaunt）从一位名叫里特·冯·雷特的化学博士那里得知了绵火药。里特·冯·雷特博士在一份宣誓书中说：

---

① 埃里克·拉森（Erik Larson）：《亡灵复活：卢西塔尼亚号的最后一次穿越》（*Dead Wake: The Last Crossing of the Lusitania*），百老汇（Broadway）图书 2016 年，第 324 页。

② G.J. 迈耶：《重塑世界：一战中的美国》，第 126—127 页。

③ 科林·辛普森：《卢西塔尼亚号》，第 130 页；帕特里克·奥沙利文：《卢西塔尼亚号沉没》，第 152 页。

> 如果海水与绵火药接触，会立即发生化学变化。后者中的游离硫酸受到溴盐、碘盐以及海水中常见普通盐的化学侵蚀后，温度升高，会引起突然爆炸。

冈特问冯·雷特是否认为是绵火药导致最近两艘英国船只的迅速沉没，他说这是可能的。冈特在与冯·雷特博士谈话的第二天，便订购了 600 吨的绵火药，并送到了卢西塔尼亚号停靠的码头。[①]

2. 威尔逊的角色

如果丘吉尔和他的海军部真的密谋增加卢西塔尼亚号沉没的几率，并造成大量人员伤亡，那么我们有理由相信，威尔逊总统和豪斯上校是阴谋的一部分。

- 如上所述，威尔逊热切希望美国参战，并愿意使用"任何可能的手段"来实现这一目标。
- 在卢西塔尼亚号沉没前五天，威尔逊非常亲英的驻英大使沃尔特·海恩斯·佩奇（Walter Hines Page）写信给他的儿子："如果一艘满载美国乘客的英国班船被炸毁，山姆大叔会怎么办？然而这就是将要发生的。"[②]

---

① 科林·辛普森：《卢西塔尼亚号》，第 95—97 页。

② 伯顿·J. 亨德里克（Burton J. Hendrick）：《沃尔特·H. 佩奇的生平与书信》（*The Life and Letters of Walter H. Page*）第 1 卷，双日出版社 1923 年，第 436 页。

- 在卢西塔尼亚号起航前一周，德国政府发出了一个警告，提醒人们德国和英国正处于战争状态，所以“乘坐英国或其盟国的船只在战区航行，风险自负”[①]。然而，美国国务院并未发出这一警告。当时的美国国务卿布莱恩在被一位德国出版商问及为什么不下令发出这一警告时，布莱恩随后敦促威尔逊警告美国人不要乘坐卢西塔尼亚号。然而，“总统没有发出这样的警告”[②]。一定程度上，正是由于总统不发警告，导致159名美国人登上了卢西塔尼亚号，其中只有35人幸存。
- 针对这个问题向国会提出了一项法案。根据这项法案，要对乘坐所有交战国船只进行旅行的美国人提出危险警告。但威尔逊强烈地反对这项法案，以至于该法案被撤回。[③]

因此，威尔逊和丘吉尔似乎都希望卢西塔尼亚号沉没，让许多美国人送死。如果这确实是他们的计划，那么它是完美的。

尽管英国和美国的领导人都认为卢西塔尼亚号的沉没将意味着立即宣战，但威尔逊发现大多数美国人还没有为他们的国家参战做好准备。[④]沉船事件发生后，98%的美国人仍然反对参战。西奥多·罗斯福遗憾地估计，“我们仍然反对参战”[⑤]。然而，

---

① 戴安娜·普雷斯顿：《蓄意谋杀：卢西塔尼亚号沉没》，第2页。

② 科林·辛普森：《卢西塔尼亚号》，第97页。

③ G.J. 迈耶：《重塑世界：一战中的美国》，第130页。

④ G.J. 迈耶：《重塑世界：一战中的美国》，178页；戴安娜·普雷斯顿：《蓄意谋杀：卢西塔尼亚号沉没》，第272、360、366页。

⑤ 沃尔特·卡普：《战争政治：两个永远改变了美利坚共和国政治生活的战争故事（1890—1920）》，第177、207页。

威尔逊发现了卢西塔尼亚号沉没的另一种借口。卡普写道：

> 在德国潜艇与敌方船只作战中，威尔逊抓住了他的机会——一个微弱的机会，但也是他唯一的机会——迫使美国宣战。[①]

这个机会取决于威尔逊是否忽视了与卢西塔尼亚号有关的潜艇战的细节。

首先，当德国开始使用 U－型潜水艇封锁英国港口时，这是一种报复——

> 从一开始，英国人就希望用他们无与伦比的海军封锁德国，拒绝提供原材料和食品，从而扼杀它的工业经济。正如温斯顿·丘吉尔坦率地说的那样，“让所有人——男人、女人和孩子、老人和年轻人、受伤的人和健全的人——挨饿——最终屈服”[②]。

据报道，英国的封锁非常有效，导致近 80 万德国人死于饥饿。[③]

---

① 沃尔特·卡普：《战争政治：两个永远改变了美利坚共和国政治生活的战争故事（1890—1920）》，第 93 页。

② 沃尔特·卡普：《战争政治：两个永远改变了美利坚共和国政治生活的战争故事（1890—1920）》，第 180 页。

③ 参见保罗·文森特（C. Paul Vincent）：《饥饿政治：1915—1919 年盟军对德国的封锁》（*The Politics of Hunger*：*The Allied Blockade of Germany, 1915–1919*），俄亥俄大学出版社（Ohio University Press）1986 年。

然而，威尔逊在这个问题上却采用了双重标准：他在接受英国的饥饿政策的同时，谴责德国人使用U－型潜水艇是不道德的，拒绝承认这是由英国的饥饿封锁所造成的，尽管德国的U－型潜水艇杀死的人比英国的少得多。[①]事实上，美国国务卿布莱恩指出了威尔逊立场的非理性。他问道："如果一个国家不反对挨饿，那为什么要对少数人溺水感到震惊呢？"[②]

要充分了解威尔逊立场的虚伪性，就需要了解丘吉尔如何改变了公认的潜艇战与商船之间的关系。根据"巡洋舰规则"，潜艇舰长将登上商船搜查是否有弹药或其他违禁品。如果发现有违禁品，潜艇船长在击沉这艘商船之前，将允许船上所有人登上救生艇。

然而，丘吉尔的海军部单方面改变了规则，为商船配备了武器，并命令它们撞击任何浮出水面的潜艇，将潜艇撕成两半或者向其开火。迈耶指出，丘吉尔的新规则"让德国遵守巡洋舰规则不仅危险，而且不可能"[③]。

作为对英国开火和冲撞政策的回应，德国宣布它将立即袭

---

① 保罗·文森特：《饥饿政治：1915—1919年盟军对德国的封锁》，第198页；乔治·德沃斯基（George Dvorsky）：《英国第一次世界大战的封锁是20世纪的第一次暴行吗？》（*Was Britain's WWI Blockade the First Atrocity of the 20th Century?*），载io9小发明（io9 Gizmodo）2014年12月1日。

② 迈耶：《重塑世界：一战中的美国》，第76页。

③ 沃尔特·卡普：《战争政治：两个永远改变了美利坚共和国政治生活的战争故事（1890—1920）》，第202页；G.J.迈耶：《重塑世界：一战中的美国》，第63页。

击不列颠群岛附近战区的英国商船。[①] 鉴于英国不再遵循传统规则，美国没有理由坚持让德国遵循这些规则。威尔逊正是这样做的。

威尔逊采用“严格问责制”，意味着如果一艘德国潜艇未能遵守访问和搜索规则，摧毁了一艘美国船只或危机美国公民的生命——

> 美国政府将被迫要求德意志帝国政府对这些行为承担严格的责任……并采取任何可能必要的措施……以确保美国公民在公海上充分享有其公认的权利。[②]

然而，这种“公认的权利”现在有，过去却没有。尽管威尔逊说美国有“神圣的义务”来保护公民随时随地旅行的权利，“法律上是存在的，”但迈耶说，“如果一个人选择乘坐一个处于战争状态的国家的船只旅行，他就没有获得安全保障的权利”。[③]

然而，威尔逊坚持认为美国政府有责任保护所谓的美国人乘坐英国船只的权利，即使这些船只可能携带弹药。威尔逊这是在冒战争危险。卡普说，“那些宁愿乘坐丘纳德公司的客轮也不愿乘坐安全的荷兰或挪威船只的几百名所谓的美国人”，在

① 沃尔特·卡普：《战争政治：两个永远改变了美利坚共和国政治生活的战争故事（1890—1920）》，第 187 页。

② 沃尔特·卡普：《战争政治：两个永远改变了美利坚共和国政治生活的战争故事（1890—1920）》，第 191 页。

③ G.J. 迈耶：《重塑世界：一战中的美国》，第 101 页。

布莱恩看来，“简直就是疯了”[①]。

然而，威尔逊知道自己在做什么。1915 年，他告诉豪斯上校，他的“严格问责制”政策是为了向战争迈进一步。鉴于几乎所有美国人完全反对参战，威尔逊很清楚，只有当美国人相信他想要维持和平，但德国却迫使美国参战时，他才能发挥作用。[②]

尽管如此，为了防止美国参战，德国还是同意恢复巡洋航规则。在做出了这一巨大让步之后，德国期望双方的合作——美国将利用其影响力说服英国放弃或至少改变其封锁政策。但是威尔逊不会做这样的事。[③]

作为回应，德国不顾一切地想要阻止本国人民的饥饿状况，又开始了无限制的潜艇战。就这样，在 U－型潜水艇击沉了几艘美国军舰之后，威尔逊成功说服了国会对德国宣战。[④]

3. 作为宣战借口的卢西塔尼亚号

虽然卢西塔尼亚号的沉没并没有导致美国立即参战，但它最终发挥了重要作用。美国对德宣战后，“记住卢西塔尼亚号”

---

① 沃尔特·卡普：《战争政治：两个永远改变了美利坚共和国政治生活的战争故事（1890—1920）》，第 204 页。

② 沃尔特·卡普：《战争政治：两个永远改变了美利坚共和国政治生活的战争故事（1890—1920）》，第 192—193、194 页。

③ 沃尔特·卡普：《战争政治：两个永远改变了美利坚共和国政治生活的战争故事（1890—1920）》，第 135—137 页。

④ 沃尔特·卡普：《战争政治：两个永远改变了美利坚共和国政治生活的战争故事（1890—1920）》，第 249、277 页；戴安娜·普雷斯顿：《蓄意谋杀：卢西塔尼亚号沉没》，第 366 页。

成了招聘海报上的标语。另一张海报上写着："征募并为卢西塔尼亚号复仇。"戴安娜·普雷斯顿说：

> 美国人很快就忘记了沉船事件与他们宣战之间已经过去了近两年。美国因为卢西塔尼亚号沉没的直接后果而参战的神话不断滋长，直到今天仍然存在。①

尽管如此，卢西塔尼亚号的沉没并没有形成威尔逊强烈渴望的全民一致意见。与珍珠港事件不同（见第五章），卢西塔尼亚号的沉没从来没有让大多数美国人相信第一次世界大战是一场"好战争"。很多年轻人并不急于参军。霍华德·辛恩分析说，在宣战之后，"只有 7.3 万人自愿参军"，而当时需要 100 万人。②

4. 政府的征兵政策

辛恩说，因为美国人对这场战争不感兴趣，所以"政府必须努力达成共识"③。那么政府需要从四个方面采取措施。

首先，政府进行了一场声势浩大的宣传活动，其中一些宣传活动基于"记住卢西塔尼亚"的口号。此外，7.5 万名演

---

① 帕特里克·奥沙利文：《卢西塔尼亚号沉没》，第 186 页；戴安娜·普雷斯顿：《蓄意谋杀：卢西塔尼亚号沉没》，第 445、366、367 页。

② 霍华德·辛恩：《20 世纪人民史》（*The Twentieth Century: A People's History*），哈珀长生出版社 1998 年修订版，第 83 页。

③ 霍华德·辛恩：《20 世纪人民史》，第 85 页。

讲者被派往大约 5000 个城镇。然而，这些爱国主义言论遭到社会主义演讲者的攻击，他们谴责宣战是“危害美国人民的罪行”，这些演讲者更受欢迎。[①]

第二，政府着手征兵草案的起草，但许多人呼吁对草案提出异议，声称有例外或以其他方式规避草案。[②]

第三，由于前两项措施的失败，政府决定惩罚那些不配合的人：通过了间谍和煽动叛乱等法案，这些法案被用来监禁那些反对战争的人。换句话说，异议是重罪。被逮捕的最著名的人是尤金·德布斯（Eugene Debs），他被判了 10 年监禁（尽管他被下一任总统释放）。[③]

第四，政府赞助了义务警员团体，他们要报告任何煽动叛乱的证据，邮政部门剥夺了印刷反战文章的出版物的邮寄特权。[④]

这些行为严重违反了第一修正案。艾玛·戈德曼（Emma Goldman）问道：“既然我们是民主国家，我们怎么能把它奉献给世界呢？”[⑤]

---

① 霍华德·辛恩：《20 世纪人民史》，第 83 页。

② 霍华德·辛恩：《20 世纪人民史》，第 83—84、90 页。

③ 霍华德·辛恩：《20 世纪人民史》，第 88 页；哈利·谢伯（Harry N. Scheiber）：《1917—1921 年的威尔逊政府与公民自由》（*The Wilson Administration and Civil Liberties, 1917–1921*），奎德普罗图书有限责任公司（Quid）1960 年版、2013 年版。

④ 霍华德·辛恩：《20 世纪人民史》，第 88—89 页。

⑤ 霍华德·辛恩：《20 世纪人民史》，第 93 页。

三、通往第二次世界大战的道路

虽然威尔逊参加第一次世界大战在经济上给美国带来了好处，但他所表达的结束所有战争的愿望却没有实现。事实上，仅仅 20 年后又爆发了第二次世界大战。第二次世界大战爆发有两个原因。

1. 德国的待遇

第二次世界大战爆发的部分原因是同盟国对战后德国的残酷。如上所述，英国和美国采用了双重标准，将德国的潜艇战视为犯罪，而忽视了英国更为致命的饥饿战争。

英国的饥饿封锁非常残酷，杀死了近百万德国公民——男人、女人和儿童。就好像这还不够不道德，英国在停战后将封锁持续了七个半月——这一行为被称为“‘一战’中最严重的暴行”。威尔逊不仅支持这一政策，还宣称“由盟国和相关国家设立的现有封锁条件将保持不变”[①]。

在导致第二次世界大战的过程中，更重要的因素是《凡尔赛和约》所要求的惩罚。它要求德国支付一大笔赔款，并且还让德国失去了 10% 的人口和 13% 的领土，也因此失去了大量的食物来源。德国外交部长说：“签署这个条款的人将为数百万德国男女老少签署死刑判决。”[②]

---

① G.J. 迈耶：《重塑世界：一战中的美国》，第 530、474 页。

② G.J. 迈耶：《重塑世界：一战中的美国》，第 520—521 页。

除了这些物质上的惩罚外，《凡尔赛和约》还提出了一个让德国人在心理上难以接受的要求（因为它离事实太远）——必须承担战争的全部责任。[①]就连豪斯上校也在凡尔赛会议上批评了对德国的做法，称这种做法“让敌人尽可能蒙羞”[②]。

2. 未获批准的国际联盟

第二次世界大战爆发的第二个主要原因是国际联盟组建的失败（将在第七章中讨论）。失败的部分原因是美国参议院没有批准《凡尔赛和约》，因此没有加入联盟——尽管这一事件的研究者们说这次失败主要归咎于威尔逊本人。例如沃尔特·卡普说，在凡尔赛会议结束后，威尔逊“精神错乱”地回到美国，无法接受和约的任何修改：

> 除非他同意一些共和党人提出的修订和增加解释性条款的要求，否则《凡尔赛和约》(包括联盟）在参议院将面临失败……威尔逊态度强硬，不接受任何改变。[③]

迈耶同意卡普在这个问题上的看法。他说，如果威尔逊愿意妥协，参议院将“以压倒性的优势批准这项条约”[④]。

尽管如此，参议院未能批准该条约，意味着国际联盟不得

---

① G.J. 迈耶：《重塑世界：一战中的美国》，第 520—521 页。

② G.J. 迈耶：《重塑世界：一战中的美国》，第 529 页。

③ 沃尔特·卡普：《战争政治：两个永远改变了美利坚共和国政治生活的战争故事（1890—1920）》，第 324 页。

④ G.J. 迈耶：《重塑世界：一战中的美国》，第 557 页。

不在没有世界最大经济和军事强国的情况下，努力维护世界和平。因此，联盟没有权力阻止德国试图扭转《凡尔赛和约》给它造成的损失。

3. 后果

第二次世界大战的迅速爆发使许多人猜想，如果美国不参加这场大战，世界会变得更好。迈克尔·卡津（Michael Kazin）在 2017 年出版了《反对战争：1914—1918 年美国为和平而战》（*War Against War*：*The American Fight for Peace*，*1914-1918*）一书，他给出了这样的解释：

> （美国的）加入最有可能使交战各方丧失了通过谈判达成和平的可能性，这些国家多年来一直陷于堑壕战的泥潭中，已经精疲力竭……（如果没有美国，）屠杀可能还会持续一两年，直到那些已经在抗议无休止牺牲的交战国家公民迫使他们的领导人达成和解。如果以法国和英国为首的盟国没有赢得全面胜利，就不会有像《凡尔赛和约》那样的惩罚性和平条约，不会有心怀不满的德国人暗中指使，也因此不会有希特勒和纳粹的崛起，更不用说胜利了，造成 5000 万人丧生的第二次世界大战很可能不会发生。[①]

---

① 迈克尔·卡津：《反对战争：1914—1918 年美国为和平而战》（*War Against War*：*The American Fight for Peace, 1914–1918*），西蒙舒斯特（Simon & Schuster）出版社 2017 年，第 xv—xvi 页。

从这个角度看，美国远非赢得战争的国家，而是战争的主要贡献者。

在谈到国际联盟的成立时，参议员菲兰德·诺克斯（Philander Knox）说："上帝阻止的'以战争方式结束所有的战争'，但也可能以和平方式终结所有的和平。"[①] 而事实就是这样。《凡尔赛和约》和国际联盟赋予获胜国家重组中东的权力，因为奥斯曼帝国战败了。奥斯曼帝国加入战争，站在德国和奥匈帝国一边

中东由大卫·劳合·乔治（David Lloyd George，英国首相）、乔治·克莱蒙梭（Georges Clemenceau，法国首相）和威尔逊总统进行了重组。曾任首相的英国外交大臣鲍尔弗勋爵（Lord Balfour）将他们描述为"三个无所不能、无知无识的人坐在那里瓜分各大洲"[②]。威尔逊的新国务卿罗伯特·兰辛（Robert Lansing）说：

> 我认为国际联盟目前是完全无用的。大国只是走在前面，把世界安排得适合他们自己。特别是英国和法国，他们从条约中得到了他们想要的一切。[③]

大国的自我中心导致成文的《巴黎和约》与威尔逊的《谋求和平十四要点》之间的巨大差距，而《巴黎和约》本应以此

---

① G.J. 迈耶：《重塑世界：一战中的美国》，第 525 页。

② G.J. 迈耶：《重塑世界：一战中的美国》，第 523 页。

③ G.J. 迈耶：《重塑世界：一战中的美国》，第 548 页。

为基础。迈耶说，这个《巴黎和约》“引发了该地区至今仍在遭受的悲剧”[①]。戴维 · 弗洛金（David Fromkin）在一本书中讲述了该条约导致的中东历史悲剧，书的标题是《以和平方式结束所有和平：1914—1922 年建立现代中东》（*A Peace to End All Peace*：*Creating the Modern Middle East*，*1914–1922*），这让人想起参议员诺克斯的担心：“上帝阻止的‘以战争方式结束所有的战争’，却可能以和平方式终结所有的和平。”[②]

结　论

迈克尔 · 卡津的观点可以进一步阐述为：如果美国没有加入这场伟大的战争，就不会有全面的胜利，因此“无所不能、无知无识”的政客们就不可能按照自己的意愿分裂世界，从而创造出一种以和平结束所有和平的方式；如果美国没有参加第一次世界大战，也许就不会有第二次世界大战。

① G.J. 迈耶：《重塑世界：一战中的美国》，第 522 页。

② 戴维 · 弗洛金：《以和平方式结束所有和平：1914—1922 年建立现代中东》（*A Peace to End All Peace*：*Creating the Modern Middle East, 1914-1922*），亨利霍尔特出版社 1989 年；G.J. 迈耶：《重塑世界：一战中的美国》，第 525 页。

第 3 章 两次世界大战期间

如果说第一次世界大战的一个重大后果是美国金融和军事实力的增长，那么另一个后果就是共产主义作为一种全球性运动的崛起。[①]

一、对共产主义的第一次进攻：从 1917 年到第二次世界大战

由于苏联的出现，美国对西半球以外地区的干预大大增加。其中大部分干预都是建立在美国在 1917 年后对“共产主义”或“布尔什维克主义”的关注和遏制上。尽管这种关注在沃伦·哈定（Warren Harding）、卡尔文·柯立芝（Calvin Coolidge）和赫伯特·胡佛（Herbert Hoover）等共和党人从 1921 年到 1933 年执政期间最为明显，但使威尔逊政府对美国政策进行了决定性的重新定位，其中对俄罗斯和匈牙利的干预

① 彼得·埃文斯（Peter Evans）：《第一次世界大战一百周年：布尔什维克主义与共产主义》（*World War I Centenary: Bolshevism & Communism*），载《华尔街日报》（*Wall Street Journal*）2017 年 12 月 17 日，摘自维基百科“共产主义的历史”。

就是明证。

1. 俄罗斯和匈牙利

布尔什维克在俄罗斯夺取政权后不久，便开始向农民分配土地，将银行国有化，工厂交给工人管理。[①] 虽然威尔逊一直提倡民族自决，但他本意并非如此。事实上，他的政府认为俄罗斯布尔什维克政权不是真正意义上的民族自决，因为“俄罗斯目前的统治者不是按照相当一部分俄罗斯人民的意愿或征得同意来统治的”[②]。威尔逊认为布尔什维克主义在本质上比其他形式的独裁统治更糟糕，称之为“恐怖主义政府”。

威尔逊有一段时间拒绝进行军事干预，是因为这种干预将违反他著名的“十四点”和平计划的要点之一——俄罗斯享有不受阻碍地“自主决定自己政治发展”[③] 的权利。然而 1918 年，威尔逊派遣数千名士兵进入俄罗斯北部和东部，直到 1920 年才撤出。[④]

---

① 沃尔特·拉菲贝尔:《美国时代：1750 年以来的美国外交政策》第 2 版，纽约：诺顿出版社 1993 年，第 290 页。

② 戴维·施密茨（David F. Schmitz）:《感谢上帝，他们站在我们这边：1921—1965 年的美国和右翼独裁政权》（*Thank God They're On Our Side: The United States and Right-wing Dictatorships, 1921–1965*），教堂山：北卡罗来纳大学 1999 年，第 14 页。

③ 沃尔特·拉菲贝尔:《美国时代：1750 年以来的美国外交政策》，第 291 页。

④ 关于这种干预，参见大卫·福格尔松（David S. Foglesong）:《美国对布尔什维克主义的秘密战争：1917—1920 年美国对俄国内战的干预》（*America's Secret War against Bolshevism: U. S. Intervention in the Russian Civil War, 1917–1920*），教堂山：北卡罗来纳大学出版社 1995 年。

上述行为违反了威尔逊自己的原则，标志着他在1917年后把重点从促进民主转向遏制共产主义。虽然威尔逊反对试图推翻俄罗斯新政府的想法，但他说当务之急必须“把布尔什维克主义赶出欧洲其他地区”[①]。

1919年，贝拉·库恩（Bela Kun）在匈牙利建立了布尔什维克政权。但威尔逊允许粮食部长赫伯特·胡佛利用粮食封锁帮助推翻了这个苏维埃政府。尽管华盛顿对布尔什维克已经证实美国利用其权力重建一个“反动政府”感到有些不自在，但华盛顿还是立即支持了这个新掌权的国家（反动政府）。[②]

威尔逊重心的转变在国内也得到了反映。他指责“列宁的门徒在我们中间”散布“混乱的毒药，叛乱的毒药”[③]，从而帮助煽动了1919—1920年的红色恐慌。这种红色恐慌的重要性是无法估量的，因为它帮助我们迎来了12年的哈定—柯立芝—胡佛时期。在这一时期，“对革命和激进思想的恐惧成为美国的固有思想”[④]。

通过这种可怕的思想，美国领导人为支持右翼独裁者找到

---

① 戴维·施密茨：《感谢上帝，他们站在我们这边：1921—1965年的美国和右翼独裁政权》，第14页。

② 参见弗兰克·柯斯提格里奥（Frank Costigliola）：《尴尬的统治：1919—1933年美国与欧洲的政治、经济和文化关系》（*Awkward Dominion: American Political, Economic, and Cultural Relations with Europe, 1919–1933*），伊撒卡：康奈尔大学出版社1984年，第52—53页；戴维·施密茨：《感谢上帝，他们站在我们这边：1921—1965年的美国和右翼独裁政权》，第19页。

③ 沃尔特·拉菲贝尔：《美国时代：1750年以来的美国外交政策》，第310页。

④ 戴维·施密茨：《感谢上帝，他们站在我们这边：1921—1965年的美国和右翼独裁政权》，第15页。

了理由。戴维·施密茨指出，这个理由首先会与意大利法西斯主义联系起来。[①]

2. 意大利

1922 年，当贝尼托·墨索里尼以暴力方式推翻了意大利民选政府时，美国的回应主要是由新任共和党总统沃伦·哈定、国务卿查尔斯·埃文·休斯（Charles Even Hughes）和商务部长赫伯特·胡佛做出的。用哈定的话来说，如果西方社会想要生存下去，他相信“布尔什维克主义是一种必须被摧毁的威胁”。共和党的三巨头——哈定、休斯和胡佛——认为，美国的外交政策不应专注于促进威尔逊式的“民族自决”，而应专注于防止革命，尤其是布尔什维克革命。

这种关注的基础是这三个人都有同样的信念：所有的发展都建立在秩序或稳定之上，即使这意味着一个“可恶的独裁统治”，而自由市场最终会通向民主制度——因此，一个国家是否拥有自由市场比其目前的政府形式是否民主更为重要。[②]当然，这三个人也都认同这样一个更普遍的假设，即美国外交政策应该会促进这些政府与美国企业的合作。

基于这些信念，哈定政府对法西斯分子在墨索里尼统治下夺取政权做出了积极的回应。在哈定、休斯、胡佛看来，意大

---

① 戴维·施密茨：《感谢上帝，他们站在我们这边：1921—1965 年的美国和右翼独裁政权》，第 11 页。

② 戴维·施密茨：《感谢上帝，他们站在我们这边：1921—1965 年的美国和右翼独裁政权》，第 17—20 页。

利的主要问题是大范围的劳工骚乱可能会导致布尔什维克接管政府，而这将给美国的贸易和投资环境造成不利的影响。墨索里尼通过阻止劳工示威，更确切地说，通过阻止自由集会和封锁反对派报纸在内的所有社会动荡因素，解决了这个问题。

美国的政治和商业领袖尽情享受着这个政权带来的好处，而对它给意大利宪政民主带来的破坏置若罔闻。他们要么无视该政权的暴力行径，要么将其归咎于法西斯运动中的“极端分子”，同时认为墨索里尼本人是“温和派”。所有反对墨索里尼的人都被认为是“共产主义者、社会主义者和无政府主义者”①。

美国在意大利的政府和私人投资飙升。“稳定、经济复苏以及为美国贸易商和投资者扩大投资机会，”施密特写道，“这是美国的优势。政策制定者不愿为捍卫意大利的政治民主做出牺牲。”②此外，墨索里尼在美国政客圈子里被广泛认为是“风云人物”，是把意大利从布尔什维克主义中拯救出来的强者。③

美国政治领导人将在20世纪余下的大部分时间里，在其他国家寻找类似的人。基于对右翼独裁者的辩护，他们首先得出与墨索里尼有关的结论。这个结论的中心思想是：

---

① 1926年，弗兰克·凯洛格（Frank Kellogg）提出了这一指控。1925年，凯洛格在哈定的继任者卡尔文·柯立芝的领导下出任美国国务卿。参见戴维·施密茨：《感谢上帝，他们站在我们这边：1921—1965年的美国和右翼独裁政权》，第43页。

② 戴维·施密茨：《感谢上帝，他们站在我们这边：1921—1965年的美国和右翼独裁政权》，第43页。

③ 戴维·施密茨：《感谢上帝，他们站在我们这边：1921—1965年的美国和右翼独裁政权》，第37、41、54页。

- 虽然严格意义上的“共产主义”政府是建立在马克思列宁主义思想基础上的与苏联（或后来的共产主义中国）有关的政府，但任何宣扬左翼思想或经济民族主义的政府，本质上都是共产主义政府。
- 只要有可能，就应该阻止甚至推翻共产主义政府，因为它们是最大的罪恶，包括“极权主义”，其性质比（右翼）“威权主义”更糟。
- 共产主义政府从来不代表人民的意志，因为它们要么是由少数极端主义分子强加的，要么反映了不成熟之人的混乱思想，因为他们还不了解自己的真正利益。
- 尽管这些右翼独裁者的政府可能不得不使用独裁手段来阻止共产主义渗透，但他们仍然可以被认为是“自由世界”的一部分，因为（a）这些政府是美国领导的自由世界反对国际共产主义联盟的一部分；（b）这些政府正在保护他们的人民不受共产主义暴政的伤害，直到他们足够成熟，能够被赋予自治的权力；（c）市场自由是获得其他自由的基础，因此一个属于资本主义世界的政府本质上是一个自由、民主的政府，即使它还不具备民主的一些通常特征。①

这个为右翼独裁者辩护的理由，即不用派遣海军陆战队就能保护美国利益的方式，很快就会应用到西半球。这种做法暴露出三重问题：代价高昂；越来越引起人们对“美帝国主义”

① 这是基于施密茨对《感谢上帝，他们站在我们这边：1921—1965 年的美国和右翼独裁政权》的总结，尤其是引言和第 1 章。

的抱怨；到 1933 年，它揭露了美国抱怨日本帝国主义打着保护其国民的旗号在中国使用军队的虚伪性。

3. 尼加拉瓜、多米尼加共和国、海地和古巴的独裁者

这种墨索里尼式的理由最致命的四种情形将出现在尼加拉瓜、多米尼加共和国、海地和古巴。

尼加拉瓜：对尼加拉瓜“风云人物”的搜寻源于一场内战。这场内战爆发于美国海军陆战队几乎连续 20 年占领尼加拉瓜期间。1925 年，在 1924 年总统大选失利的埃米利亚诺·查莫罗（Emiliano Chamorro）强行推翻了民选政府。根据美国最新制定的不承认非民选政府以促进稳定的政策，卡尔文·柯立芝（哈定死后成为总统）在 1926 年用另一个保守党人阿道夫·迪亚兹（Adolfo Diaz）取代了查莫罗。

但随后，胡安·撒卡萨（Juan Sacasa）声称，作为被罢免的副总统，总统职位理应属于他，并获得墨西哥革命政府的帮助。在华盛顿眼中，墨西哥革命政府正处于苏联的影响之下。1925 年，美国海军陆战队曾短暂撤离尼加拉瓜，这时柯立芝派遣海军陆战队重返尼加拉瓜，以保护迪亚兹对尼加拉瓜的控制，并声称尼加拉瓜即将被“俄罗斯布尔什维克主义”接管，因为这种可能性会危及“美国的投资和商业利益”[①]。

然而，由于受到广泛的批评，亨利·斯迪姆森（Henry stimson）——早些时候曾担任战争部长，后来成为胡佛政府的

① 戴维·施密茨：《感谢上帝，他们站在我们这边：1921—1965 年的美国和右翼独裁政权》，第 50—51 页。

国务卿——被派往尼加拉瓜寻找一种解决方案，在撤出海军陆战队的同时维持秩序。斯迪姆森的解决方案是：迪亚兹继续担任总统，直到 1928 年举行大选；海军陆战队继续驻防，直到美国训练的尼加拉瓜国民警卫队能够维持秩序；撒卡萨的部队将放下武器。

虽然撒卡萨的大多数将军都同意这个方案，但被华盛顿视为共产主义者的奥古斯托 · 桑蒂诺（Augusto Sandino）——尽管他实际上只是一个反殖民主义者，此前美国对尼加拉瓜和墨西哥的干预激怒了他——发誓要继续战斗，直到美军撤离尼加拉瓜。创建国民警卫队的任务交给了弗兰克 · 麦考伊（Frank McCoy）将军，他被告知这是“（美国）计划最重要的特点”。尽管有一家报纸称麦考伊为“尼加拉瓜的墨索里尼”，但这个头衔更适合负责警卫的前厕所检查员阿纳斯塔西奥 · 索莫扎（Anastasio Somoza）。[①]

1933 年，斯迪姆森和胡佛在尼加拉瓜国民警卫队拥有了训练有素并配备了合适强壮排头兵的情况下，撤回了最后一批美国海军陆战队士兵，他们相信尼加拉瓜自己能对付桑蒂诺。他们是对的。桑迪诺遵守了海军陆战队离开后放下武器的承诺，撒卡萨（1928 年赢得大选）赦免了他，并邀请他参加谈判。在

① 参见弗雷德里克 · 加罗（Frederick Gareau）:《国家恐怖主义与美国》（*State Terrorism and the United State*），亚特兰大：透明（Clarity）出版社 2004 年，第 165 页；参见凯文 · 卡托维奇（Kevin A.Katovich）:《人权与政策的错误》（***Human Rights and Policy Wrongs***），伊利诺伊州卫斯理大学 1993 年。https：//digitalcommons.iwu.edu/cgi/viewcontent.cgi?referer=&httpsredir1&article=1024&context=history_honproj

1934 年的一次会谈之后，桑蒂诺和他的助手被索莫扎的手下逮捕并处决。[①]

富兰克林·德拉诺·罗斯福在 1933 年的就职演说中宣布了他的睦邻政策。根据该政策，其他国家的权利将得到尊重——这意味着：不再进行单边干预。这项政策的一个含义在 1936 年变得很清楚。当查莫罗、撒卡萨和迪亚兹对索莫扎警卫队日益残暴的行为极为不满时，便呼吁罗斯福政府，需要对尼加拉瓜平民予以保护，以免受这个美国训练出来的怪物的伤害，但"美国国务院非常冷漠地答复道，干涉尼加拉瓜事务违反美国的政策"[②]。

在得到华盛顿不会干预的保证后，索莫扎非法接任总统，开始了长达 43 年的索莫扎王朝独裁统治。美国纳税人就该慷慨支持这些野蛮行径。[③]据报道，罗斯福驳斥了对他支持索莫扎的批评。他说："他可能是个狗娘养的，但他是我们的狗娘养的。"[④]拉菲贝尔总结道，华盛顿"在国民警卫队中找到了一个如何在不需要不断派遣海军陆战队员的情况下，维持一个有序、有利可图的体系这一复杂问题的方案"[⑤]。这一解决方案将很快在整个西半球得到应用。

---

① 弗雷德里克·加罗：《国家恐怖主义与美国》，第 54—55 页；沃尔特·拉菲贝尔：《不可避免的革命》，第 64—69、54—55 页。

② 沃尔特·拉菲贝尔：《不可避免的革命》，第 69 页。

③ 沃尔特·拉菲贝尔：《美国时代：1750 年以来的美国外交政策》，第 344 页。

④ 戴维·施密茨：《感谢上帝，他们站在我们这边：1921—1965 年的美国和右翼独裁政权》，第 4 页。

⑤ 沃尔特·拉菲贝尔：《不可避免的革命》，第 69 页。

多米尼加共和国：美国在 1916 年至 1925 年的军事占领之后，出现了一系列顺从的独裁者，其中最臭名昭著的是拉斐尔·特鲁希略（Rafael Trujillo），他在 1930 年的政变中掌权。尽管特鲁希略腐败野蛮，但用罗斯福推论来说，他的行为“只是出于他对外界义务的公正考虑”，所以他被允许继续掌权，直到 1961 年被暗杀。因此，对多米尼加共和国的干预表明了在美国统治下的每一个国家的真实情况，即尽管有各种理想主义的说辞，但美国的对外政策将严格按照美国的经济和地缘政治利益来决定。

海地：美国在 1914 年至 1934 年长达 20 年的军事占领之后，海地的控制权移交给了美国训练的国民警卫队。[①] 在这个残酷的时期之后，紧接着的是弗朗索瓦·爸爸医生杜瓦利埃（François “Papa Doc” Duvalier）和宝宝医生（“Baby Doc”）杜瓦利埃从 20 世纪 50 年代到 70 年代更残酷的统治。这些政权“由一支私人军队执掌，可能导致多达 10 万人丧生”[②]。与其他国家和地区一样，美国企业变得富裕起来，而海地人民的权利却被忽视，变得日益贫困。

古巴：美国对古巴也采用了同样的解决办法。由于 1898—1902 年的帝国主义政策，美国实际上控制了古巴的贸易和它唯一的出口作物——糖。到 1929 年，古巴已成为美国第四大

---

① 沃尔特·拉菲贝尔：《美国时代：1750 年以来的美国外交政策》，第 267 页。

② 诺姆·乔姆斯基：《权力与意识形态：马那瓜讲座》（*On Power and Ideology: The Managua Lectures*），波士顿：南端出版社 1987 年，第 67 页。

最佳客户。然而到 1933 年，大萧条对糖价的影响导致古巴经济崩溃，而一直由华盛顿支持的古巴独裁者杰拉尔多·马查多（Gerardo Machado）的政权由此倒台。

尽管美国领导人此前曾利用普拉特修正案 (Platt Amendment) 四次派遣海军陆战队员，但鉴于邻国的友好政策，罗斯福政府不愿再以入侵方式支持马查多政权。在这一点上，一些古巴军官非常清楚美国想要一个新政府，于是接管了政权。但他们把权力交给了拉蒙·格劳·圣马丁（Ramon Grau San Martin），后者承诺“清理在古巴独立后幸存下来的殖民组织”，废除了普拉特修正案，打破了美国对古巴市场的垄断，让工人接管了糖厂，所有这些都是以“古巴人的古巴”的名义进行的——在美国人看来，这表明他是一个共产主义者。

美国国务院称格劳的统治是“毫无保留的共产主义”，而且只得到“无知群众”的支持[①]，因此拒绝承认，并承诺富尔根尼西奥·巴蒂斯塔（Fulgenicio Batista）上校——将格劳送上法庭的军官之一——如果下一个政权由更容易接受的人领导，将会获得巨大的经济利益。[②]巴蒂斯塔于 1934 年上台，并在幕后受到控制，也确实得到了回报。作为回报，他的政策对美国

---

① 戴维·施密茨：《感谢上帝，他们站在我们这边：1921—1965 年的美国和右翼独裁政权》，第 78、80 页。

② 沃尔特·拉菲贝尔：《美国时代：1750 年以来的美国外交政策》，第 358 页；戴维·施密茨：《感谢上帝，他们站在我们这边：1921—1965 年的美国和右翼独裁政权》，第 78 页；布莱斯·伍德（Bryce Wood）：《睦邻政策的制定》（*The Making of the Good Neighbor Policy*），纽约：哥伦比亚大学出版社 1962 年，第 109 页；戴维·格林（David Green）：《对拉丁美洲的遏制》（*The Containment of Latin America*），四方出版社 1971 年，第 13—18 页。

的商业利益极为有利。美国商界和政界普遍认为，巴蒂斯塔不仅将古巴从共产主义的魔爪下拯救出来，而且作为古巴的铁腕人物，他是不可或缺的。

罗斯福政府新近接受的原则是，任何国家“都无权干涉他国的内政或外交事务”，但这一原则遭到了批评。由于“秘密政治压力和美国的经济杠杆似乎足以让古巴人有所作为”，罗斯福政府决定不再需要普拉特修正案。① 这 25 年来都是如此，表现良好的巴蒂斯塔统治古巴（无论是直接还是间接），取悦了美国的商业利益，却让自己的人民持续贫困，直到 1959 年他被另一位领导人推翻。这位取代者认为古巴应该是古巴人自己的国家，但这一想法华盛顿仍然无法接受。

4. 支持欧洲和亚洲的法西斯分子

事实上，美国对墨索里尼的右翼法西斯政权的支持并不见怪常，这不仅表现在美国把他作为西半球傀儡领导人的榜样。事实还表明，罗斯福政府并未阻止佛朗哥法西斯分子推翻西班牙共和国。这届政府在了解了集中营的情况后，也拒绝与纳粹德国断绝贸易关系，在知道“最终解决方案”后，又几乎没有采取任何行动拯救犹太人。② 这届政府也没有要求日本法西斯政

---

① 沃尔特·拉菲贝尔：《美国时代：1750 年以来的美国外交政策》，第 359 页。

② 沃尔特·拉菲贝尔：《美国时代：1750 年以来的美国外交政策》，第 367 页；参见亨利·L. 法因戈尔德（Henry L. Feingold）：《拯救政治：罗斯福政府与大屠杀》（*The Politics of Rescue: The Roosevelt Administration and the Holocaust*），罗格斯大学出版社（Rutgers University Press）1970 年。

权停止屠杀数以百万计的中国人。为了美国在中国的计划，它支持蒋介石这个完全腐败的右翼政权。[①]

5. 唯一的帝国

正如美国在这些国家和其他许多国家的政策所表明的那样，第一次世界大战结束后，为了美国的商业利益，美国决心利用其经济和军事实力，将自己的意志强加于世界上其他国家。尽管这一政策不仅违背了美国公开宣称的民主、自决和人权的信念，而且也像威尔逊所承认的那样，这也会“冒犯那些不情愿的国家的主权”。随着美国欲成为唯一帝国的野心日益增长，使它同许多其他国家的民族主义发生冲突，包括那些本身也有帝国主义野心的国家，从而促使美国参加第二次世界大战。

二、关于修正全球无政府状态的讨论

由于国际秩序处于无政府状态，由此所产生的主要问题是，能否尽快结束和防止无休止的战争，或者通过改造国际领域以克服无政府状态。把国际秩序称为无政府主义，简单地说

---

① 加布里埃尔·柯尔克（Gabriel Kolko）：《战争政治：1943—1945 年世界与美国外交政策》（*The Politics of War*：*The World and United States Foreign Policy 1943–1945*），纽约：万神殿（Pantheon）出版社 1990 年，第 209—241 页。

就是没有凌驾于国家之上的优越权力，而这种权力可以规范国家之间的行为。这一节主要讨论认为只有克服全球无政府状态才能消除战争永久威胁的前几个世纪的思想家。

1. 但丁 · 阿利基耶里

中世纪就已经有人提出世界需要一种能够防止战争的拱形结构（over-arching structure）的理念。[①] 在 14 世纪提出的建议中，最著名的是但丁 · 阿利基耶里（Dante Alighieri）的《君主论》（*De Monarchia*）。但丁主张，君主不能因为是竞争对手而被同等级的其他君主评判，主张在一个全能的皇帝统治下建立一个世界国家。没有什么能激发这样一个皇帝的欲望，但丁说，“但在他身上可能具有比其他任何人更强烈的审判和正义的欲望”。这位皇帝将公正地执行一项普遍的法律。[②]

我们知道阿克顿勋爵（Lord Acton）的格言——“权力导致腐败，绝对权力导致绝对腐败”[③]——可能对但丁的无政府主义解决方案持怀疑态度，但他肯定认识到了公平仲裁两个统治者之间争端的条件之一：仲裁必须由公正的人做出，而不是由

---

① 这种对思想和发展的调查仅限于西方，这个惯例是国际联盟和后来的联合国创立的。

② 引自小科尼利厄斯 ·F. 墨菲（Cornelius F. Murphy, Jr.）:《世界治理理论：思想史研究》（*Theories of World Governance*：*A Study in the History of Ideas*），华盛顿天主教大学出版社（Washington, D.C. Catholic University of America Press）1999 年，第 203 页。

③ 阿克顿（Lord Acton）勋爵：《随笔》（*Essays*）第 2 卷，鲁弗斯 ·F. 菲尔斯（Rufus F. Fears）编，自由经典（Liberty Classics）出版社 1985 年，第 383 页。

争端的任何一方甚至可能由该仲裁中受益的第三方做出。

2. 埃默里克·克吕瑟

1623年，一位名叫埃默里克·克吕瑟（Eméric Crucé）的僧侣发表了一篇关于“建立普遍和平的方法”的论文。他主张我们需要一种适合人类的生活方式，呼吁君主们创建一个世界政府。通过这个政府，世界可以被理性和正义所统治，“而不是只适合野兽的暴力”。统治者之间的争端将由代表所有统治者的大使大会来解决。①

3. 托马斯·霍布斯

然而，更有影响力的是两位并未致力于结束战争的17世纪的作家。霍布斯（Thomas Hobbes）就是其中之一。他最著名的著作是《利维坦》（*Leviathan*）。霍布斯主要用“自然状态”来描述一个没有最高统治者的无政府主义领域，用国际领域来说明自然状态。虽然霍布斯认为这是一个完全无法无天的永恒战争的国度——在某种意义上说，任何国家都可能在任何时候受到其他国家的攻击——但他没有提出任何克服这种无法无天的建议。他认为，个人必须通过臣服于一个领土国家的主权统治者（“利维坦”）来摆脱自然状态。但是他认为，国际

---

① 西尔维斯特·约翰·黑姆莱本（Sylvester John Hemleben）:《世界和平600年计划》(*Plans for World Peace through Six Centuries*)，芝加哥：芝加哥大学出版社（University of Chicago Press）1943年，第25—30页。

领域的无法无天所造成的危险还没有到令人无法容忍的程度，因此没有必要建立一个各国都愿意服从的普遍主权。[①]

4. 胡果・格劳秀斯

另一位影响深远的是 17 世纪作家胡果・格劳秀斯（Hugo Grotius），他于 1625 年出版了《战争与和平法》（*The Right of War and Peace*）。他在描述自己的动机时说：

> 我在基督教世界的每一个地方都看到战争的无法无天，即使是野蛮的国家也会为之感到羞耻。各个国家都会以最微不足道的借口甚至毫无理由地冲向战争。一旦拿起武器，无论是人类还是神，对法律的一切尊重都将不复存在，仿佛一股怒火随着各种各样罪行的普遍放纵被释放出来。[②]

然而，格劳秀斯并没有想要阻止战争，只想把它人性化。但只能说他的有争议的原则甚至连这一点也没有做到。

让・雅克・卢梭后来抱怨，格劳秀斯被大大地“捧上了天”，

---

① 托马斯・霍布斯：《利维坦》（*Leviathan*），纽约：人文出版社（Liberal Arts Press）1958 年，第 108、169 页。

② 胡果・格劳秀斯：《战争与和平法》（*The Rights of War and Peace*），见《十七世纪和平计划》（*Peace Projects of the Seventeenth Century*），纽约：加兰出版社（Garland）1972 年，第 35 页。

而"霍布斯则遭到了诅咒"。[①]他说，实际上"他们的原则完全一样"，只不过格劳秀斯提出的是一种"对暴君更有利"的哲学。卢梭作出这个判断的一个原因是，格劳秀斯相信大多数统治者可以公平地执行国内法和自然法（道德法），并呼吁统治者惩罚那些违反它们的人。[②]

5. 约翰·洛克

约翰·洛克（John Locke）在17世纪末写道，就如他之前的但丁，在有冲突的情况下，不能相信个人能够公正地应用道德法则，因为他们都将站在自己的利益角度去解释法律。虽然洛克没有明确地将这一原则应用于国际领域，但他确实将主权之间的关系称为一种自然状态。[③]因此，正如小科尼利厄斯·墨菲在《世界治理理论》中所言，洛克的洞见暗示了"不受偏见地执行基本法是不可能的，而基本法是整个格劳秀斯

---

① 卢梭:《爱弥儿》(*Emile*)，芭芭拉·福克斯利译，纽约：普通人图书馆（Everyman's Library,）1974年，第458页;《社会契约论》(*The Social Contract*)，第47页。最近的评论家B.V.A.勒林（B.V.A. Röling）说："当我们认识到格劳秀斯的学说在理论上可以满足高尚的人时，它的广泛流行就变得可以理解了……在实践中，它并没有以任何方式限制将非欧洲人民置于欧洲权威之下的努力。"《格劳秀斯的思想在一个扩张的世界里是否过时了》(*Are Grotius' Ideas Obsolete in an Expanded World*)，载赫德利·布尔（Hedley Bull）、本尼迪克特·金斯伯里、亚当·罗伯茨（Adam Roberts）(Benedict Kingsbury)编:《胡果·格劳修斯与国际关系》(*Hugo Grotius and International Relations*)，牛津：克莱伦登（Clarendon）出版社1992年，第281—299、295、297页。

② 小科尼利厄斯·墨菲:《世界治理理论：思想史研究》，第15、30页。

③ 约翰·洛克:《政府论》(*Two Treatises of Government*)，剑桥与纽约：剑桥大学出版社1963年。

体系不可或缺的一部分”[①]。

6. 威廉 · 佩恩

也许第一个真正可行的避免战争的计划是威廉 · 佩恩（William Pen）于 1693 年发表的一篇关于欧洲现在和未来和平的文章。与他之前的几个人一样，佩恩认为只有学会和平解决争端，基督教世界的声誉才能恢复。他建议欧洲的君主组成一个议会，制定公正的规则，然后定期开会解决争端。投票应通过无记名方式进行（以避免贿赂——这是国际联盟和联合国应该体现的原则）。虽然佩恩是贵格会教徒，但他认为必要时可以对任何拒绝加入或向议会提出异议、或遵守议会裁决的君主使用武力。

佩恩说，虽然议会不会破坏任何国家的主权，但它会让“大鱼不再吞噬小鱼”。他指出，这项计划还将防止对生命、城市和国家造成不必要的破坏。由于它将允许解除武装，因此还将节省大量的金钱。[②]

7. 让 · 雅克 · 卢梭

1761 年，卢梭出版了《永久和平计划》（*A Project of Perpetual Peace*），重写了 1713 年由圣皮埃尔神甫（Abbé de

---

① 小科尼利厄斯 · 墨菲：《世界治理理论：思想史研究》，第 31 页。

② 参见威廉 · 佩恩：《欧洲现在和未来的和平》（*Essay Towards the Present and Future Peace of Europe*。引自沃尔夫冈 · 米德尔（Wolfgang Mieder）：《箴言：一本手册》（*Proverbs：A Handbook*），格林伍（Greenwood）出版社 2004 年，第 40 页。

Saint–Pierre）出版的《在欧洲建立永久和平计划》（*A Project for Settling an Everlasting Peace in Europe*）。卢梭的《对圣皮埃尔永久和平计划的评价》（*Judgment on Saint-Pierre's Project for Perpetual Peace*）在他死后于 1782 年发表。从以上两本书和卢梭的其他著作尤其是《战争状态》（*The State of War*）中，我们可以总结出卢梭的以下几点观点：①

（1）战争造成的痛苦是如此之大，必须找到一项确保持久和平的计划。

（2）只要国家拥有绝对主权，经常性的战争是可以避免的。

（3）只有在联邦的基础上才有可能实现永久和平，联邦要有（a）促进共同利益的法律，（b）可以解决争端的法院和议会，以及（c）有足够的武装力量来执行这些裁决。

（4）这种制度的好处将远远超过它的缺点，即使从君主的角度来看——例如他们将能够结束不断增加的军事预算局面——如果他们能够区分真实利益和表面利益，他们将接受它。②

然而，卢梭知道君主们可能无法做出这种区分，因此会拒

---

① 这些观点的来源见约翰·黑姆莱本：《世界和平 600 年计划》，第 75—77 页。

② 显然卢梭相信这样的计划最终会被采纳。格雷斯·罗斯福（Grace Roosevelt）认为，包括斯坦利·霍夫曼（Stanley Hoffman）和 F. H. 辛斯利（F. H. Hinsley）在内的卢梭著作的前几位翻译，由于《战争状态》（*State of War*）一书的几页内容混乱，错误地认为卢梭对结束战争的可能性持悲观态度；格雷斯·罗斯福：《阅读核时代的卢梭》（*Reading Rousseau in the Nuclear Age*），邓普顿大学出版社（Templeton University Press）1990 年，第 10、66 页。

绝他所提议的联邦，因为这不仅将剥夺他们“在高兴时不公正的宝贵权利”，而且也会夺去“他们用来吓唬世界的权力和恐怖的工具”以及在“征服的荣耀”中获得的荣誉。[①]

8. 伊曼努尔·康德

如果说卢梭是第一个倡导克服战争的计划的主要哲学家，那么伊曼努尔·康德（Immanuel Kant）——他非常崇拜卢梭——则是第二个。虽然大多数研究康德的学者并没有关注康德的这一思想维度，但这实际上是康德晚年著述的主要关注点。[②] 就我们的目的而言，最重要的是要了解康德关于这一主题的著名论述《论永久和平》（*Perpetual Peace*）和《道德形而上学》（*The Metaphysics of Morals*）与他几年前阐明的观点之间的矛盾。这两篇论文分别发表于 1796 年和 1797 年。[③]

在《论永久和平》中，他主张建立一个“太平洋联邦”，并逐步将其扩大到所有国家。“该联邦不会拥有任何像一个国家那样的权力”，因此，联邦各国“既不需要服从公法，也不需要服从强制执行这些法律的强制权力”。[④] 在《道德形而上学》

---

① 格雷斯·罗斯福：《阅读核时代的卢梭》，第 104 页。

② 事实上，康德在他最后的一本书中说：“建立普遍持久和平的任务不仅是纯粹理性范围内的权利理论的一部分，而且是其全部最终目的。”参见《道德形而上学》（*The Metaphysics of Morals*），载于汉斯·瑞斯（Hans Reiss）编:《康德政治著述》（*Kant*：*Political Writings*）第 2 版，剑桥：剑桥大学出版社 1991 年，第 131—175、174 页。

③ 康德：《永久和平：哲学素描》（*Perpetual Peace*：*A Philosophical Sketch*），发表于 1796 年，是 1795 年版本的扩充版。

④ 康德：《论永久和平》，载汉斯·瑞斯编：《康德政治著述》，第 93—130、104 页。

一书中，他进一步明确了这一点。他说："这种联邦不拥有公民宪法中的主权权力，而只能是一个伙伴关系或一种同盟。因此，它必须是一个随时可以终止的联邦。"①

然而，康德早期著作中的观点却与之相反。1784年，即在《纯粹理性批判》（*The Critique of Pure Reason*）发表三年之后，他发表了《世界公民观点下的普遍历史观念》（*The Idea for a Universal History with a Cosmopolitan Purpose*）。他在书中说，通过战争，人们将被迫放弃无法无天的野蛮状态而进入——

> 每个国家的人民组成的联邦……可以期待的是，它的安全和权利不是来自自己的力量……仅仅来自……统一的权力和由统一意志支配的法治决定。不管这个想法显得多么疯狂和离奇——当皮埃尔神甫和卢梭提出这个想法时，却遭到这样的嘲笑……尽管如此，这仍然是人们陷入困境的必然结果。因为这种困境必须迫使各国做出完全相同的决定……就像人类被迫在野蛮的状态下做出的同样不情愿的决定——放弃野蛮的自由，在法治的宪法中寻求平静和安全。②

正如这段话所表明的，康德希望通过一个具有宪法、"统

---

① 康德：《道德形而上学》，第165页。

② 康德：《世界公民观点下的普遍历史观念》（*The Idea for a Universal History with a Cosmopolitan Purpose*），载汉斯·瑞斯编：《康德政治著述》，第41—53、48—49页。

一权力”和“统一意志”的联邦来消除战争。霍布斯认为这种措施没有必要——在这种措施中，国家与个人类似，通过服从于更高的权威，从而放弃一些已经得到的安全自由，以至离开无法无天的自然状态——而康德认为这是必要的。

康德在后来的一篇文章中指出，“通过所谓的欧洲权力均衡实现永久性的普遍和平纯粹是一种幻觉”。他认为，战争造成的痛苦最终必然导致各国“甚至违背自己的意愿，达成一个世界性的宪法”。[①]但是康德警告说，不能有一个普遍的君主。他补充道：

> 或者，如果这种普遍和平的状态可能导致可怕的专制，因而反过来对自由的威胁更大……苦难迫使人们组成一个国家，这不是一个由单一统治者统治的世界性联邦，而是一个根据普遍接受的国际权利组成的合法联邦。[②]

无论康德的确切意思是什么，他仍然希望这样的联邦将“建立在每个国家必须服从的可执行的公法基础上（与个人的公民权利或政治权利类似）”[③]。康德因此仍然赞同所谓的“国内

① 康德：《常言道：这在理论上可能是正确的，但在实践中并不适用》，载汉斯·瑞斯编：《康德政治著述》，第 61—92、90 页。

② 康德：《常言道：这在理论上可能是正确的，但在实践中并不适用》，载瑞汉斯·斯编：《康德政治著述》，第 90 页。

③ 康德：《常言道：这在理论上可能是正确的，但在实践中并不适用》，载汉斯·瑞斯编：《康德政治著述》，第 91—92 页。

类比”，即一个类似于国内（国家）政府的世界政府。[①]

在这一背景下，我们现在可以更仔细地看看康德后来在《论永久和平》中的论述。根据这一论述，联邦将没有权力胁迫单个国家。虽然这一愿景通常被认为是康德的首选立场，但他实际上只是提供了一个“消极的替代品”，来代替他对世界共和国的积极愿景，而这将是最好的选择。在讨论这个最佳选择时，他说：

> 只有一种合理的方式可以使国家与他国家之间共存，从而摆脱无法无天的纯粹战争状态。就像个人一样，他必须放弃野蛮和无法无天的自由，使自己适应公共强制性的法律，从而形成一个国际国家。[②]

康德明确指出，这种涉及国内类比的方法，是摆脱无法无天的自然状态的唯一理性途径。但康德随后做出了一个决定性的让步，说：

> 既然这不是各国的意志……因此建立世界共和国的积极思想是不能实现的。如果不想失去一切，充其量只能找到一个消极的替代办法，即建立一个可能防止战争的持久和逐渐扩大的联邦。后者可以抑制人们藐视法律和与他人

① 参见菅波秀正（Hidemi Suganami）：《国内比较与世界秩序建议》（*The Domestic Analogy and World Order Proposals*），剑桥：剑桥大学出版社 1989 年。

② 康德：《论永久和平》，载汉斯·瑞斯编：《康德政治著述》，第 105 页。

对抗的倾向，尽管这种倾向有重新爆发的危险。[①]

正如这句话所表明的，康德之所以提出他的“消极替代品”，只是因为真正需要的是“世界共和国”而不是“各国的意志”。他所说的“国家”并不是指人民——这是在民主时代之前——而是指“伟大的政治家”和“国家元首”。他在 1792 年的文章中抱怨道，他们总是嘲笑圣皮埃尔神甫和卢梭所提出的那种建议。[②]

那些对全球政府持敌对态度的作家常常认为，康德说过这样的政府会堕落成“没有灵魂的专制”。然而事实上，康德在谈到有必要建立一个“防止敌对行动爆发的联邦”之后，又说，即使是延续目前的制度，也比“将各个独立的国家合并到一个凌驾于其他国家之上、建立了一个普遍君主制的单一政权”要好。[③] 这一类型的政府——通过征服实现的——将是一种“没有灵魂的专制”。

康德很清楚这种没有强制力的消极替代品，并不能保证战争的结束，至多“有可能”阻止战争。他甚至知道“可能”这个词有点夸张。他也知道即使有了这样一个联邦，也“总会有（战争）爆发的风险”。康德因此达成了一个不能保证永久和平的妥协。他会有很多追随者。

---

① 康德:《论永久和平》，载汉斯·瑞斯编:《康德政治著述》，第 105 页。

② 康德:《常言道：这在理论上可能是正确的，但在实践中并不适用》，载汉斯·瑞斯编:《康德政治著述》，第 92 页。

③ 康德;《道德形而上学》，第 113 页。

9. 威廉·拉德

尽管欧洲的政治家们没有表现出采纳佩恩、卢梭或康德（甚至是他那被水浇灭的版本）的方案的倾向，但思想家们看到了为克服持续不断的战争提出建议的必要性。威廉·拉德（William Ladd）就是其中之一。他于1828年创立了美国和平协会。1840年，他发表了《关于在不诉诸武力的情况下调整国际争端的国际会议的论文》（*An Essay on a Congress of Nations for the Adjustment of International Disputes without Resort to Arms*），这篇论文在美国和英国都产生了很大的影响。

拉德拒绝相信霍布斯的格言，即“没有剑的盟约只是文字”，而认为之前的和平联盟之所以失败是因为太依赖剑的力量。因此，尽管他提议要求国会和司法机构参与联盟，但他认为执行委员会应该是“世界女王”，是公众舆论的焦点，一旦公众舆论得到启发，其道德压力将导致政客们用理性而不是暴力来解决争端。[①]

10. 詹姆斯·洛里默

19世纪末，苏格兰法律哲学家詹姆斯·洛里默（James Lorimer）在国际法学会（Institutes of the Law of Nations）[②]提出了一个更为现实的建议。他深信如果没有裁军，19世纪国

① 约翰·黑姆莱本：《世界和平600年计划》，第106—108页。

② 詹姆斯·洛里默：《国际法要义》（*The Institutes of the Law of Nations*）第2卷，爱丁堡：E. 布莱克伍德（E. Blackwood）出版社1883—1884年。

际关系相对和平的特征将不会继续下去。他还认为，如果没有事先建立一个具有提供安全所需军事力量的国际政府，裁军就不会发生。[①] 因此，国家社会就不会受到破坏。事实上，国际政府将是“所有国家政府自由的保护者”[②]。

这个国际政府将有自己的立法机构（由参议院和众议院组成）、自己的司法机构（有民事和刑事部门）和自己的行政机构。为了有能力保护各国的自由，它还将拥有自己的征税权和自己的常备军。[③] 因此，洛里默的建议在很大程度上融入了国内的类比。

然而，正像小科尼利厄斯 · 墨菲所说，洛里默和那些志同道合的思想家们提出的建议没有得到认真对待：“19 世纪末的主流观点是，不需要在自治国家之上建立任何永久性的权威就可以实现国际秩序。”[④]

11. 尼古拉斯 · 穆雷 · 巴特勒和拉萨 · 奥本海姆

尼古拉斯 · 穆雷 · 巴特勒（Nicolas Murray Butler）在其著作《国际思维》（*The International Mind*）中提供了一个英语世界乐观主义的例子。他在书中写道：

> 文明世界是和平的，没有统治者，没有一个政党决心

---

① 小科尼利厄斯·墨菲：《世界治理理论：思想史研究》，第 71—72、139 页。
② 詹姆斯 · 洛里默：《国际法学会》第 2 卷，第 273 页。
③ 詹姆斯 · 洛里默：《国际法学会》第 2 卷，第 273、279 页。
④ 小科尼利厄斯 · 墨菲：《世界治理理论：思想史研究》，第 73、76 页。

> 破坏和平。更强大的国家是由那些面朝光明的政府或君主统治的……我敢断言，这位有时遭到批评的德国皇帝是和平政策的坚定信徒。①

这本书的第二版出版于 1913 年，即第一次世界大战爆发前一年。

在讲德语的世界里，这种乐观主义的一个例子是拉萨 · 奥本海姆（Lassa Oppenheim），他是一位受人尊敬的国际律师，1911 年出版了一本书，后来被翻译为《国际法的未来》（*The Future of international Law*）。②奥本海姆认为，世界政府是不必要的，因为世界已经是一个国家社会。在这个社会中，成员的独立性可以同整个人类社会的共同利益相协调。当平等原则得到更充分的承认、“一国一票”原则得以实施时，国际法就会繁荣起来。奥本海姆认为，这一切已经发生了，所以少数强国的传统优势将很快被取代。③

奥本海姆认为，这种令人愉快的构想是会产生的，因为国家比个人更讲道德，因为无限的进步是宇宙的法则。因此，各国间的国际利益很快就会超过其国家利益。然而，墨菲指出，

---

① 《尼古拉斯 · 默里 · 巴特勒的国际思维：国际争端的司法解决之争》（*Nicholas Murray Butler's The International Mind: An Argument for the Judicial Settlement of International Disputes*），斯布克里布纳（Charles Scribner's Sons）出版社 1913 年。

② 参见拉萨 · 奥本海姆：《国际法的未来》（*The Future of International Law*），伦敦：克拉伦登（Clarendon）出版社 1921 年。

③ 小科尼利厄斯 · 墨菲：《世界治理理论：思想史研究》，第 78 页。

虽然奥本海姆从海牙和平会议中汲取了灵感，但他忽视了在这些会议上得到有力辩护的国家政治理论：

> 外交官们强调的是国家至上，而不是和平与裁军的普遍利益……对和平的想法只说了些空话。尽管各国通过其代表摆出道德实体的姿态，但它们却在加强各自的军事力量并增加其采取单方面行动的能力……在奥本海姆做出乐观预测的时候，对欧洲主要的最高统治者来说，无论是裁军还是和平调节，分歧都不是最重要的。①

12. 欧洲协会

正如这些“欧洲列强”在 19 世纪末忽视了洛里默的主张一样，他们在 20 世纪末也忽视了卢梭和康德的主张。自 1815 年拿破仑在滑铁卢战败后，有关战争与和平的问题在很大程度上由一个非正式的大国联盟决定（最初是英国、俄罗斯、普鲁士和奥地利，后来又加上了法国和意大利）。

在某种程度上，这种联盟——实际上“只是断断续续地存在着”②——被称为“欧洲协会”③。这个协会必须完全依靠权力，

---

① 小科尼利厄斯·墨菲：《世界治理理论：思想史研究》，第 79 页。

② 卡斯滕·霍尔布拉德（Carsten Holbraad）：《欧洲协会：1815—1914 年德国与英国国际理论研究》（*The Concert of Europe: A Study in German and British International Theory, 1815–1914*），伦敦：朗曼（Longman）出版社 1970 年，第 2、3 页。

③ 约翰·黑姆莱本：《世界和平 600 年计划》，第 186 页。

因为它“没有限制国家利益至上的条款”[1]。

如上所述，与前几个世纪相比，19世纪相对和平。尽管如此，还是发生了重大的战争。其中之一就是1870—1871年的普法战争，导致德意志帝国的出现（取代了普鲁士）。从那时起，欧洲协会要解决的基本问题——如何调和国家利益与避免武装冲突愿望之间的矛盾——变得越来越困难。[2] 会议次数减少。上一次会议是在1913年，第一次世界大战爆发的那一年——1914年则没有会议。

三、国际联盟

F. S. 诺西（Northedge）在一本有关国际联盟（League of Nations）历史的书中写道：“1914年8月在欧洲爆发的战争简直就是晴天霹雳。”[3] 英国政治理论家大卫·米特兰尼（David Mitrany）写道，在经历了“长期的稳定和自由主义的乐观主义”之后，我们的子孙后代“几乎无法意识到（第一次世界大

---

① 雷内·阿尔布雷希特－嘉莉（René Albrecht-Carrié）编：《欧洲协会》（*The Concert of Europe*），纽约：沃克（Walker）出版公司1968年，第11页。

② 雷内·阿尔布雷希特－嘉莉编：《欧洲协会》，第22、241页；卡斯滕·霍尔布拉德：《欧洲同盟》，第2页。

③ F. S. 诺西：《国际联盟：1920—1946年的生命与时代》（*The League of Nations: Its Life and Times 1920–1946*），纽约：霍姆斯与迈耶（Holmes and Meier）出版社1986年，第3页。

战）是一次多么大的冲击”[①]，这场冲击真正到来时，才使许多人产生了新的想法。

1. 伴随第一次世界大战产生的新思考

1923 年，英国法学教授乔治 · 基顿（George Keeton）在《国家主权与国际秩序》（*National Sovereignty and International Order*）一书中写道：

> 然而就在几年前，许多国际法学家认为海牙和平会议开创了国际关系的新时代……他们一致认为，虽然对国际法的尊重牢固地建立在公众舆论的基础上，公众舆论的谴责也足以阻止潜在的违法者，但战争使人们有必要放弃这些信念了。[②]

甚至连久经历练的拉萨 · 奥本海姆也在 1920 年《国际法》的第三版中写道，世界需要一个“多数人拥有立法权的国际议会”、一个具有强制性管辖权的常设国际法院，以及“一支充当警察的国际陆军和海军”。[③]

① 大卫 · 米特兰尼（David Mitrany）：《政治功能理论》（*The Functional Theory of Politics*），剑桥：剑桥大学出版社 1975 年，第 4—5 页，载菅波秀正：《国内比较与世界秩序建议》，第 79 页。

② 乔治 · 基顿：《国家主权与国际秩序》（*National Sovereignty and International Order*），伦敦：和平图书公司（Peace Book Company）1939 年，第 68 页。

③ 拉萨 · 奥本海姆：《国际法》（*International Law*）第 3 版，R.F. 罗克斯堡编，伦敦：朗曼斯 \ 格林（Longmans, Green）1920 年，第 2 卷，第 291—294 页。

一些显赫的美国人对此表示赞同。1916 年，伍德罗·威尔逊总统在联盟第一次执行和平大会上宣布：

> 现在世界正处在一个伟大的圆满前夜……强制不应是为了政治野心或自私的敌对，而应是为了共同的秩序、共同的正义和共同的和平。

他后来说："必须存在的不是权力的平衡，而是权力的共同体，不是有组织的对抗，而是有组织的共同和平。"参议员亨利·卡伯特·洛奇说："既然我们已经到了自愿仲裁争端的极限，下一步就是……"以武力维护国际和平。美国前总统西奥多·罗斯福在 1915 年出版的《美国与世界大战》（*America and the World War*）一书中，花了大量篇幅提出建立和平联盟的建议，他说："如果这是一个乌托邦，那它就是一个非常实际的乌托邦。"[①]

2. 国际联盟的启动

这种新思考为 1920 年《凡尔赛条约》（Treaty of Versailles）所确定的建立国际联盟铺平了道路。正如诺西所说：

> 该联盟是在强烈的反对浪潮中启动的，这种反对浪潮

① 威尔逊、洛奇和罗斯福的这些言论引自被艾伦·克兰斯顿（Alan Cranston）：《和平的毁灭》（*The Killing of the Peace*），纽约：维京出版社 1945 年，第 1—3、9、15 页。

> 不仅反对刚刚结束的战争，而且反对 1918 年 11 月战争停止时席卷世界的一切战争。[①]

问题是，这种反对是否足以说服大国放弃卢梭曾嘲讽地称之为他们“在高兴时不公正的宝贵权利”[②]，英国和美国这两个最强大国的事态发展基本上预先回答了这个问题。这两个国家应对联盟的失败负有最大的责任。

3. 联盟的失败：英国的贡献

对英国官方思想影响最大的书是《国际政府》(*International Government*)，这本书是伦纳德·伍尔夫（Leonard Woolf，弗吉尼亚的丈夫）1915 年根据费边社（Fabian Society）的建议写成的。在引言中，另一位费边主义者乔治·萧伯纳（George Bernard Shaw）表示，结束国际无政府状态以及战争，将有赖于一位“超级国家治安官”来“调整国家间的争端”。萧伯纳认为，现在需要的是“一个超国家立法机构、一个超国家法庭和一个超国家调解委员会”[③]。

然而在这本书中，伍尔夫从一开始就明确表示，他并没有提议对国际结构进行任何根本性的改变。伍尔夫宣称：“如果我们要[构想]一个会让政治家和其他‘实干家’醒悟过来的明

---

① F. S. 诺西：《国际联盟：1920—1946 年的生命与时代》，第 1 页。

② F. S. 诺西：《国际联盟：1920—1946 年的生命与时代》，第 1 页。

③ 萧伯纳：《引言》（“Introduction”），伦纳德·伍尔夫：《国际政府：两份报告》（*International Government: Two Reports*），纽约：布伦塔诺（Brentano's）出版社 1916 年，第 xvi、xvii 页。

确的国际组织”——

> 我们就不能在自己想象的空中云阁中建立乌托邦，而必须在现有制度基础上建立一个逻辑上更沉稳和厚重的机构。

他认为我们无法改变这一制度，是因为“独立主权国家的独立性和主权性在理论上是神圣不可侵犯的”。而他的计划“与世界体系或世界国家相去甚远”，则是因为“每个国家都必须绝对掌握自己的命运”。[①]

伍尔夫认为，世界并非被迫在乌托邦与混乱之间做出选择，他提出要把这个国际权威作为“一个联邦变成一个世界国家与现有的辉煌孤独国家之间的缓冲机构”[②]。他指出，要使这一国际权威发挥作用，组成它的国家必须达成一致——

> 使每一个独立国家都有义务在诉诸武力之前将争端或分歧提交该机构，并在其权力范围内以一切手段切实履行这一义务。[③]

对于这种制度并不能确保不发生战争的批评，伍尔夫回答说，正因为“不能确保不发生战争”，所以我们必须制定一个“远见卓识”的计划……使战争变得极为不可能。但他承认，

① 伦纳德·伍尔夫：《国际政府：两份报告》，第4—5、111、125页。
② 伦纳德·伍尔夫：《国际政府：两份报告》，第105页。
③ 伦纳德·伍尔夫：《国际政府：两份报告》，第118页。

每个国家仍将“在最后关头有足够的自由诉诸战争”。这种回答使伍尔夫有关裁军的声明显得极不切实际：

> 国家裁军……就像人们面对侵略的恐惧而在法治面前消失时，携带武器的个人就会无声无息地进入死亡状态。①

这是不现实的，因为伍尔夫提出的“国际政府”与英国这样的国家政府完全不同，后者确实让英国公民感到安全。

尽管如此，伍尔夫这个实际上提前承认了失败的提议主要特点——本质上与康德的“消极替代品”是一样的——被纳入英国外交部起草的备忘录中，然后成为英美在凡尔赛会议之前最后谈判时英国立场的基础。②在第一次世界大战中失去了近100万公民的大英帝国，甚至不会提议建立一个有权阻止未来战争爆发的组织。

4. 联盟的失败：美国的贡献

美国在两方面促成了国际联盟的失败。首先，法国人认为“没有剑的盟约”是徒劳的，他们希望联盟拥有一支国际军事力量，而美国人和英国人一样，不会支持这一想法。威尔逊总统认为，以威胁经济制裁作为后盾的爱好和平的世界舆论就足

---

① 伦纳德·伍尔夫：《国际政府：两份报告》，第372页。

② 斯蒂芬·J. 斯特恩斯（Stephen J. Stearns）：《引言》（*Introduction*），伦纳德·伍尔夫：《国际政府：两份报告》，纽约：加兰（Garland）出版社1971年再版，第19页。

以防止战争。[①]

因此，在联盟理事会成立时，它“基本上是一个协商机构”，而不是一个维持和平或恢复和平的机构。联盟的决定“只是建议，没有约束力”。因此，后来联盟的宪章几乎不可避免地谴责它为“日内瓦清谈俱乐部”（“the Geneva talking shop”）[②]。此外，为了避免美国参议院的否决，威尔逊坚持认为——尽管承认这种要求是荒谬的——《盟约》规定它不会影响“区域协定，比如门罗主义……的有效性”[③]。这一规定意味着，美国可以在拉丁美洲为所欲为，而不受该联盟的谴责。

美国对联盟失败的另一个主要贡献是，尽管威尔逊将美国参议院的各种要求纳入联盟的盟约，但参议院随后拒绝批准。美国参议院拒绝批准的部分原因是政治因素。[④]参议院外交关系委员会（Senate Foreign Relations Committee）主席、共和党人亨利·卡伯特·洛奇想要破坏他所厌恶的民主党人威尔逊所钟爱的计划。[⑤]但是，参议院拒绝批准《盟约》也是基于其他许多帝国主义成员的愿望，如艾伯特·贝弗里奇和洛奇，不允许对美国的行动自由有任何限制。

另一方面，民主党参议员约翰·夏普·威廉姆斯（John Sharp Williams）则表明反对这种观点，谴责那些参议员说：

---

① F. S. 诺西：《国际联盟：1920—1946 年的生命与时代》，第 30、44 页。

② F. S. 诺西：《国际联盟：1920—1946 年的生命与时代》，第 49、53、44 页。

③ F. S. 诺西：《国际联盟：1920—1946 年的生命与时代》，第 53 页。

④ 艾伦·克兰斯顿：《和平的毁灭》，第 43、47、91、94—95 页。

⑤ 艾伦·克兰斯顿：《和平的毁灭》，第 22、43、47 页。

“我希望我的国家自由自在、无拘无束。”但威廉姆斯接着问：

> 一个建立在这种基础上的由个人组成的公民（市政）社会会变成什么样？假设来自犹他州的参议员……走出去说：“我不愿被人践踏。我拒绝达成一项遵守携带手枪法、杀人法或偷窃法的协议……我自己会做正确的事。我是我自己的君主，只对上帝负责。”……你能从有这种信仰的公民身上获得一个州的文明吗？假设美国的每个州都对其他的州这么说，你能从中得到美国的文明吗？为什么到目前为止你们还没有在国际上获得任何文明？就是因为一个接一个的国家，盲目的沙文主义，表达了那种恶毒的、愚蠢的自私。[①]

虽然威廉姆斯的论点无可辩驳，但批准的动议还是被否决了。结果，国际联盟不得不在没有这个已经成为世界上最大的经济和军事强国支持的情况下，努力维持世界和平。

参议员约瑟夫·兰德尔（Joseph Randsdall）预测：“如果国际联盟不被采纳……不出几年——最多十年或二十年——另一场比最近的战争大得多的战争将会发生。”[②] 当时是1919年，正好是第二次世界大战爆发的前20年。

---

① 艾伦·克兰斯顿：《和平的毁灭》，第145页。
② 艾伦·克兰斯顿：《和平的毁灭》，第149页。

5. 导致国际联盟失败的原因

正如许多评论人士所说的那样，没有美国的加入肯定会导致联盟无法实现维持和平和全面裁军的主要目标。但是，即使美国加入了这个联盟，由于《盟约》本身的缺陷，这个联盟也可能无法阻止战争的发生。

其中一个缺陷是第 5 条的有关规定。该条规定："在大会或理事会的任何会议上做出的决定，应得到出席会议的联盟所有成员的同意。"该条款意味着每个国家——不仅仅是大国——都有否决权。结果，决议通常被大打折扣，直到它们无伤大雅。[①]

更重要的是，因为联盟没有超国家立法机构、行政机构或军队，"联盟不会直接从上而强行施加命令——世界上没有人这样做；命令只能来自下面"[②]。具体来说，应由联盟的个别成员决定另一名成员是否违反了《盟约》。如果答案是肯定的，那么就由各个国家提供资金和军队来阻止该行动。因此，尽管国际联盟有比欧洲协会时期更多的规则，但"这要取决于各国是否会做出或多或少的新安排"[③]。否则这些规则就会被藐视。

联盟软弱的一个后果是"人们热切相信联盟会带来的多边裁军"——因为裁军将以"万无一失的集体安全"为前提，甚至都没有开始。几十年前詹姆斯·洛里默强调的这个显而易见

① F. S. 诺西：《国际联盟：1920—1946 年的生命与时代》，第 53、59—60 页。

② F. S. 诺西：《国际联盟：1920—1946 年的生命与时代》，第 69 页。

③ F. S. 诺西：《国际联盟：1920—1946 年的生命与时代》，第 57、69 页。

的事实，终于在 1922 年通过的一项决议中得到承认。该决议宣布：

> 在目前的世界形势下，许多国家的政府将无法承担大幅度裁减军备的责任，除非它们得到国家安全的令人满意的保证。

这是联盟无法提供的。因此，尽管联盟在这个问题上花费的时间和精力没有裁军多，但它的努力都白费了。[①]

这些努力的最终失败发生在一次世界裁军谈判会议上，该会议在拖延了很久之后终于在 1932 年开始。全世界对会议的兴趣非常浓厚：

> 桌子上摆满了来自世界各地渴望和平的人们的数以百万计的请愿书。教堂为期待已久的会谈鸣钟祈祷。[②]

但是在这个会议上，每个国家都专注于最大限度地发挥自己的优势，导致在 1934 年以失败告终。这次失败“开启了欧洲列强重整军备的道路，标志着第二次世界大战的来临”[③]。

这次裁军的惨败与另一次重大失败同时发生。1931 年，日本开始侵略满洲，最终导致数百万中国人死亡。经过长时间的

---

① F. S. 诺西：《国际联盟：1920—1946 年的生命与时代》，第 113 页。
② F. S. 诺西：《国际联盟：1920—1946 年的生命与时代》，第 122 页。
③ F. S. 诺西：《国际联盟：1920—1946 年的生命与时代》，第 114 页。

拖延，联盟理事会终于发表了报告，对中国的立场表示赞同。但就到此为止了。

> 没有一个大国提出关于驱逐日本人的经济或军事措施的建议……尽管日本在满洲的战略暗含着对整个国际秩序的挑战，但日本已准备好采取这种激烈的行动。[①]

未能阻止日本的侵略几乎是对联盟的“致命一击”。真正致命的打击发生在1935年，墨索里尼的意大利入侵了埃塞俄比亚——当时被称为阿比西尼亚——这是一个联盟的成员。除了联盟拒绝使用武力，甚至拒绝对意大利实施重大的经济制裁外，联盟里最强大的两个成员国——英国和法国——提出了臭名昭著的沙尔勒瓦计划（Hoare-Laval plan）。根据该计划，将阿比西尼亚的一半以上赏予意大利。在公众的强烈抗议下迫使该计划收回后，墨索里尼干脆占领了整个国家。

> 阿比西尼亚进入墨索里尼的帝国，联盟在执行国际法方面的第一次也是最后一次尝试也宣告结束。[②]

在这些灾难之后，1938年至1939年，希特勒开始侵略捷

---

① F. S. 诺西：《国际联盟：1920—1946年的生命与时代》，第160页。

② F. S. 诺西：《国际联盟：1920—1946年的生命与时代》，第221—224、243—245页。

克斯洛伐克、奥地利和波兰，从而引发了第二次世界大战。[①]

结　论

尽管美国向世界甚至本国人民表明自己是自由和民主的主要推动者，但几乎从一开始就以帝国主义的方式行事，干涉认为不方便实施其政策的国家。在早期攻击俄罗斯和其他共产主义政府的同时，美国还以“共产主义威胁”为借口，推翻了一些政府。这些政府虽然不是共产主义政府，却不足以支持美国的目标。第一次世界大战使包括美国在内的世界各国人民看到了防止未来战争的必要性，为此建立了国际联盟。尽管这一努力失败的原因有很多，但主要原因之一是美国参议院拒绝让美国加入该联盟，从而从一开始就注定了它失败的命运。

① F. S. 诺西：《国际联盟：1920—1946 年的生命与时代》，第 221、267 页。

第 4 章　第二次世界大战

美国人喜欢称第二次世界大战为“正义战争”，认为它是正义的说法不仅基于美国赢得了这场战争的事实（根据美国自己的揣测），而且基于美国参与这场战争是为了把其他民族从暴政中解放出来。然而，对历史的考察表明，美国的政策继续遵循着，用巴塞维奇的话来说，“不倦的利己主义和雄心壮志”[①]。这种对美国政策的描述，用在“二战”初期最为贴切。

一、为战后计划做准备

1939 年战争在欧洲爆发后的几周内，外交关系委员会与美国国务院合作，成立了一个委员会，为战争和随后的和平制定计划。劳伦斯·舒普（Laurence Shoup）和威廉·明特（William Minter）报道称，这个“帝国智囊团”（“imperial brain trust”）“提出了帝国主义的国家利益和战争目标理念，

① 安德鲁·巴塞维奇：《美利坚帝国：美国外交的现实与后果》（*American Empire*：*The Realities and Consequences of U.S. Diplomacy*），剑桥：哈佛大学出版社 2002 年，第 4 页。

包括有意识地试图组织和控制全球的一个帝国”[①]。

其基本想法是，即使有美国所在的西半球其他地区作为美国的市场和原材料的来源，但也不能完全满足美国的国内市场。因此为了防止另一次经济萧条，美国需要一个由世界大部分地区组成的“大区域”（“Grand Area”）。

该委员会宣布，美国政策制定者在私下制定这些战争目标的同时，需要为公众消费制定不同的战争目标。智囊团表示：“为了宣传目的而做出的战争声明，与定义真正国家利益的声明大不相同。”[②]智囊团特别指出：

> 如果宣称战争的目的仅仅与英美帝国主义有关，那么这些目标对世界其他地方的人民来说将是微不足道的，而且很容易受到纳粹的反承诺……不仅要强调欧洲各国人民的利益，而且要强调亚洲、非洲和拉丁美洲各国人民的利益。这样会有更好的宣传效果。[③]

由此产生的宣传声明被称为《大西洋宪章》（*Atlantic Charter*），由罗斯福和丘吉尔起草。该宪章声称战争是为了让

---

① 劳伦斯·舒普、威廉·明特：《帝国智囊团：外交关系与美国外交政策委员会》（*Imperial Brain Trust: The Council on Foreign Relations and United States Foreign Policy*），纽约：月刊评论出版社（Monthly Review Press）1977 年，第 135 页。

② 劳伦斯·舒普、威廉·明特：《帝国智囊团：外交关系与美国外交政策委员会》，第 145 页。

③ 劳伦斯·舒普、威廉·明特：《帝国智囊团：外交关系与美国外交政策委员会》，第 146 页。

“各国人民有权选择他们生活的政体”——罗斯福当然无意允许此事在拉丁美洲、丘吉尔也无意此事在英国殖民地发生——“所有国家，不论大小”均享有“在平等条件下获得世界贸易和原材料的机会”——正如我们已经看到的，美国正在努力阻止这种情况的发生。[①]

有着敏感灵魂的诗人阿奇博尔德·麦克莱希（Archibald Macleish）——当时担任国务卿助理——对此非常清楚。他说道：

> 我们缔造的和平……将是石油的和平、黄金的和平、航运的和平……是没有道德目的的和平。[②]

正如帝国智囊团所知，这将是一场“只与英美帝国主义有关”的和平。

事实上，智囊团所关心的是严格意义上的美帝国主义，因为它的目标之一是让美帝国在控制世界的过程中取代英帝国(控制“大区域”只是一个暂时措施)。[③]用舒普和明特的话说：“美国的首要目标是建立由美国主导的世界经济”以及将设立“由美国领导下的国际政治和经济机构”，“整合所有地球上的

---

① 沃尔特·拉菲贝尔：《美国世纪：1941 年以来的美国历史》(*The American Century: A History of the United States Since 1941*)，波士顿：麦格劳—希尔出版社 1998 年，第 289 页。

② 霍华德·辛恩：《美国人民史》，第 405 页。

③ 劳伦斯·舒普、威廉·明特：《帝国智囊团：外交关系与美国外交政策委员会》，第 146 页。

国家”。[①]

计划设立的机构是后来的世界银行（World Bank）、国际货币基金组织（International Monetary Fund 缩写 IMF）和关税及贸易总协定（General Agreement on Tariffs and Trade，缩写 GATT）这三个机构，其中第三个后来成为世界贸易组织（World Trade Organization，缩写 WTO）。建立一个完全全球化帝国的想法，不是美国政策制定者新近才有的想法。巴塞维奇发现，这是长期以来主导美国外交政策的“巨大计划”。

总之，美国要通过切断日本的石油供应，迫使日本政府袭击美国的珍珠港（见第五章），使美国卷入战争。虽然美国的主要担忧是卷入欧洲战争，但它确实反对日本竭力创建的“大东亚共荣圈”，因为这个“大东亚共荣圈”其实是日本要建立亚洲帝国的委婉说法。

正如约瑟夫·格鲁（Joseph Grew）大使所解释的，美国反对日本的计划是因为日本所要建立的“一个封闭的经济体系”，将会“剥夺美国人在中国长期确立的权利”[②]。正如《大西洋宪章》所表明的，只要日本人仅仅是在杀害数百万中国人，美国就不会反对日本的帝国主义行为。只有美国的商业和银行利益的“权利”受到威胁时这种行为才会遭到反对。

总之，在珍珠港事件之前的最后谈判中，日本同意美国

---

① 劳伦斯·舒普、威廉·明特：《帝国智囊团：外交关系与美国外交政策委员会》，第 140、142 页。

② 诺姆·乔姆斯基：《501 年：继续征服》，第 329 页。

坚持在中国实行的门户开放政策——但前提是这个政策必须“适用于全世界”，这将意味着日本人不会在拉美遭到经济歧视。当然，从美国的角度来看，这是不可能的，因为门罗主义长期以来被认为是神圣的。因此，美国国务卿科德尔·赫尔（Cordell Hull）当即驳回了这一要求，并对日本人头脑过于简单表示遗憾，因为日本人“不明白为什么美国一方面要用门罗主义来维护西半球的领导地位，另一方面又想干预日本在亚洲的领导地位”[①]。不管赫尔在这里说的是不是玩笑话，美国领导人都十分清楚，他们只是在利用自己所具有的优势执行双重标准。除了“强权即公理”，没有其他原则能幸免。

二、玩弄战时政治

正如加布里埃尔·柯尔克（Gabriel Kolko）在《战争政治》（*Politics of War*）一书中所揭示的那样，美国领导人在1943年就已经开始关注战后的政治目标，似乎那时胜利已成定局。[②] 正如我们所看到的，美国的总体经济目标是让世界各地的

---

① 《科德尔·赫尔回忆录》（*Memoirs of Cordell Hull*）第2卷第1032页；转引自诺姆·乔姆斯基：《美国权力与新官吏：历史与政治论文集》（*American Power and the New Mandarins*：*Historical and Political Essays*），纽约：威特奇（Vintagde）出版社1969年，第205页。

② 加布里埃尔·柯尔克：《战争政治：1943—1945年的世界与美国外交政策》（*The Politics of War*：*The World and United States Foreign Policy 1943–1945*，1968年），纽约：万神殿（Pantheon）出版社1990年，第14页。

政府制定符合美国利益的经济政策。尽管这一目标显然包括防止任何可能与苏联一起加入共产主义经济集团的政府的崛起，但它同样也包括防止任何形式的左翼或社会主义政府的出现。美国的总体目标还意味着需要用自己的新殖民帝国取代大英帝国。

这种目标的结合意味着，在美国领导人与英国和苏联领导人合作打击轴心国的同时，他们也在寻求建立战后对英国和苏联的主导地位。这些企图关乎美国一再坚持的双重标准。本节的其余部分将介绍美国试图在亚洲和欧洲以双重标准实现这些目标的一些例子。

1. 菲律宾

之前描述的美国对菲律宾的接管使其正式成为殖民地之后，美国继续掌管着曾经服务于西班牙的财阀统治权。[①] 在美国宣称要为菲律宾人民带来民主的同时，这个殖民地的美国统治者却只允许少数富裕的只关心如何维护自己特权的少数人投票。[②] 尽管美国领导人经常谈到有必要通过扩大政治基础来克服这种"不民主的寡头政治"，但他们从未坚持过，结果导致绝大多数人生活在赤贫之中。[③] 虽然这种情况引发了农民的周期性

---

① 斯坦利·卡诺（Stanley Karnow）:《我们的想象：美国在菲律宾的帝国》（*In Our Image: America's Empire in the Philippines*），纽约：百龄坛（Ballantine）出版社1989年，第238页。

② 斯坦利·卡诺:《我们的想象：美国在菲律宾的帝国》，第231—232页。

③ 斯坦利·卡诺:《我们的想象：美国在菲律宾的帝国》，第243、250—251、272页。

反抗，但华盛顿从未批驳富裕阶层拒绝减轻农民贫困的立场。[①]

华盛顿对菲律宾人民的幸福漠不关心的事实还表现在，尽管美国意识到自己无法在日本进攻的情况下保卫这些岛屿，但华盛顿方面既拒绝花钱为这些岛屿设防，也拒绝让菲律宾人民独立，以便他们能够宣布中立，从而避免受到攻击。[②]结果，菲律宾人民遭受了巨大的痛苦，其中不仅有来自日本的征服和占领，[③]更有来自美国1944年至1945年的重新征服，因为麦克阿瑟将军履行了当初“我会回来”的诺言。[④]

日本的占领引发了游击运动的兴起，特别是胡克巴拉哈普(Hukbong Bayan Laban sa Hapon，又称人民抗日军［the People's Anti-Japanese Army］)，简称“胡克”。胡克的领袖路易斯·塔鲁克（Luis Taruc）——热爱华盛顿、杰斐逊、林肯以及葛底斯堡演说——希望与美国军队合作，打败日本人。然而，尽管绝大多数的胡克是单纯的农民和佃户，没有意识形态上的障碍，但因为这个组织最初是由菲律宾共产党成立的，所以美国领导人认为胡克是敌人。

---

① 斯坦利·卡诺：《我们的想象：美国在菲律宾的帝国》，第274页。

② 斯坦利·卡诺：《我们的想象：美国在菲律宾的帝国》，第244、247、263—264、272、275—277、296页。

③ 日本能够轻易接管岛屿，要感谢麦克阿瑟。事实上，麦克阿瑟将军在得知袭击珍珠港事件后，将他的飞机——美国最大的飞机群——留在地面上长达9个小时，从而让日本人摧毁了大部分飞机。他后来说，华盛顿命令他允许日本先发动进攻。参见斯坦利·卡诺：《我们的想象：美国在菲律宾的帝国》，第280—290页。

④ 加布里埃尔·柯尔克：《战争政治：1943—1945年的世界与美国外交政策》，第605—606页。

因此，除了无视塔鲁克的援助提议，麦克阿瑟还命令美国支持的游击队组织反对他们。胡克不但帮助了美国军队，还再次对日本人发动进攻，占领了许多城镇，建立了地方管理委员会。但当美国军队进入这些地区时，迅速将那些由胡克任命的领导人赶下台，代之以与日本合作的菲律宾人。美国军队还解除了胡克的武装，并对他们进行逮捕或者屠杀。[①]

尽管麦克阿瑟在建立新政府时承诺“消灭所有不忠诚的菲律宾人”，但在华盛顿的支持下，很快决定，更重要的是建立一个政府，让菲律宾在经济上依赖美国，支持其军事基地的继续存在，并向胡克施压。麦克阿瑟因此赦免了他的朋友、最杰出的合作者之一马努德·罗哈斯（Manual Roxas）的罪责。[②]罗哈斯被其他寡头视为“他们自己政治复兴的楔子”。他当选总统后，赦免了所有（约5000名）通敌者，让过去的富豪在政治上重新获得完全控制权。[③]

---

① 加布里埃尔·柯尔克：《战争政治：1943—1945年的世界与美国外交政策》，第361—363页；斯坦利·卡诺：《我们的想象：美国在菲律宾的帝国》，第311、340页；威廉·布鲁姆（William Blum）：《扼杀希望：美国军方和中情局第二次世界大战以来的干预》（*Killing Hope: U.S. Military and C.I.A. Interventions Since World War II*），共同勇气（Common Courage）出版社2008年，第39页；丹尼尔·希默（Daniel B. Schirmee）、斯蒂芬·沙洛姆（Stephen Shalom）：《菲律宾读本：殖民主义、新殖民主义、独裁与反抗史》（*The Philippines Reader: A History of Colonialism, Neocolonialism, Dictatorship, and Resistance*），波士顿：南端出版社1987年，第76—77页。

② 迈克尔·谢弗（Michael Shafer）：《致命范例：美国反叛乱政策的失败》（*Deadly Paradigms: The Failure of U.S. Counterinsurgency Policy*），普林斯顿大学出版社1989年，第212页。

③ 丹尼尔·希默、斯蒂芬·沙洛姆：《菲律宾读本：殖民主义、新殖民主义、独裁与反抗史》，第78—83页；斯坦利·卡诺：《我们的想象：美国在菲律宾的帝国》，第325—328页。

2. 中国

正如我们所见，自 19 世纪以来，美国的许多政策都着眼于“中国市场”，因为那里似乎有着无限的潜力。美国对蒋介石民族主义势力的援助，主要是为了美国的战后目标，包括地缘政治和经济目标。从地缘政治上讲，华盛顿希望中国在很大程度上依赖美国的援助，为美国成为远东地区占主导地位的经济和军事力量提供基础——这一目标让美国领导人阻止英国在中国和东南亚恢复影响力。①

华盛顿还希望中国作为联合国安理会成员国②，在所有国际问题上支持华盛顿。③这样的中国，除了是一个“统一的、软弱的、依附的中国”④之外，当然也是一个反共的中国。这最后一条反共的约定推动了美国在战前和战后的主要对华政策。

如果没有这一约定，就没有理由支持蒋介石同毛泽东和周恩来领导的共产党的内战。蒋介石政府除了不顾美国政府为此提供的数亿美元而拒绝与日本人作战之外，也许是这个世纪最腐败的政府（这是有道理的），因为该政府在把大部分的资

---

① 加布里埃尔·柯尔克：《战争政治：1943—1945 年的世界与美国外交政策》，第 246 页。

② 美国坚持这一成员资格，包括将中国定义为“大国”之一，肯定不是 1945 年的情况，由此引发英国坚持法国也应如此定义，希望法国会投赞成票。参见加布里埃尔·柯尔克：《战争政治：1943—1945 年的世界与美国外交政策》，第 73、218—219、268 页。

③ 加布里埃尔·柯尔克：《战争政治：1943—1945 年的世界与美国外交政策》，第 218—220、267—268 页。

④ 加布里埃尔·柯尔克：《战争政治：1943—1945 年的世界与美国外交政策》，第 226 页。

金中饱私囊后，又向华盛顿要求更多的援助。[①] 此外，美国政府也充分意识到蒋介石的无能和贪赃枉法，美国人民告诉美国政府，蒋介石是“中国统一的主要障碍，也是中国与美国合作对抗日本的主要障碍”，而他和他的同伙只不过是“一群骗子”。[②]

相比之下，所有关于共产主义叛乱领导人的报道都非常正面。除了对毛泽东和周恩来的诚实和高效印象深刻之外，美国人还报道了他们的民族主义、实用主义以及他们的温和，把他们视为爱国者，而不是共产主义理论家，甚至称他们是“中国唯一真正的民主主义者”。此外，毛泽东和周恩来还明确表示，他们愿意与美国合作，甚至欢迎美国的投资和私营企业。[③]

然而，所有这些信息都毫无意义，因为美国领导人下决心“不允许一种与美国基本战争目的相悖的经济意识形态主导中国”，根本不会考虑共产主义中国的想法。[④] 由于美国顽固地支持蒋介石，从而产生了一个除了是共产主义之外还强烈反美的中国。[⑤]

尽管以这种方式“失去中国”是由于华盛顿过于努力地阻

---

① 加布里埃尔·柯尔克:《战争政治：1943—1945 年的世界与美国外交政策》，第 203、212、229 页。

② 加布里埃尔·柯尔克:《战争政治：1943—1945 年的世界与美国外交政策》，第 214、209 页。

③ 加布里埃尔·柯尔克:《战争政治：1943—1945 年的世界与美国外交政策》，第 215—217、222—224、234、239、525—526 页。

④ 加布里埃尔·柯尔克:《战争政治：1943—1945 年的世界与美国外交政策》，第 226 页。

⑤ 加布里埃尔·柯尔克:《战争政治：1943—1945 年的世界与美国外交政策》，第 228—231、526 页。

止共产主义的胜利，但美国政治领导人会得出结论，认为这是努力不够的结果。这一“教训”——加上美国在菲律宾的行动得出的另一个教训——将成为美国政策的一个驱动因素。

3. 意大利

在欧洲，双重标准的问题首先出现在意大利，这是第一次盟军行动的发生地。如前所述，《大西洋宪章》承诺人人享有平等权利。然而，“在入侵那个国家之后”，“美国人和英国人拒绝让苏联人对重建意大利政府有任何干预”，尽管事实上苏联是站在他们这一边的，损失的军队比美国和英国的总和还要多。这种拒绝的主要原因是，人们担心斯大林的影响将导致意大利庞大的共产党取得政治胜利，这可能使意大利脱离美国主导的经济体系。①

罗斯福和丘吉尔违反了自己的《大西洋宪章》，该宪章承诺所有人都能平等地享有权利，这被斯大林反复用来为苏联控制东欧国家辩护。斯大林会满足于不同的势力范围，满足于“一个地区的社会主义”。② 但问题是，美国人是愿意接受欧洲政治领域的分裂，还是试图两全其美：将苏联排除在意大利之外，但坚持认为美国在东欧有发言权。③

答案是，美国人将再次坚持两全其美。鉴于美国人认为他们需要“在一个不可分割的世界上为他们不可避免的战后盈余

① 沃尔特·拉菲贝尔：《美国世纪：1941 年以来的美国历史》，第 293 页。
② 沃尔特·拉菲贝尔：《美国世纪：1941 年以来的美国历史》，第 303 页。
③ 沃尔特·拉菲贝尔：《美国世纪：1941 年以来的美国历史》，第 293 页。

建立市场”，因此认为，尽管东欧市场对他们来说并不重要——

> 但苏联的控制将作为一个先例带来巨大的危险。因为如果斯大林在那里成功了，他可能会利用其作为杠杆在欧洲其他地区获得影响力。此外，如果他真的打造了一个私人领域，他的成功可能会鼓励英国人抛弃《大西洋宪章》，重建自己的势力范围。与 20 世纪 30 年代一样，世界不再是一个世界，而是一个经济和政治上分裂的世界。①

这是美国的观点，认为这是不可谈判的。

然而，在斯大林看来，苏联需要东欧来保障其经济安全，就像美国需要拉丁美洲一样。斯大林还坚持认为，苏联需要东欧来保障其政治安全。由于东欧屡遭入侵，最后一次失去了 1200 万公民，苏联觉得有必要建立一个缓冲区。但美国人不认同这种观点。

美苏关系的另一个创伤是，尽管“俄罗斯人经意大利人之手遭到了可怕的摧残”，但华盛顿“一丝也不会考虑意大利对苏联的赔偿”。华盛顿担心，这些赔款除了帮助苏联重建外，还会让意大利陷入贫困，从而增加共产主义的吸引力。② 美国的经济计划也使意大利恢复了旧的政治秩序。意大利的统治精英不但与国王维克托·伊曼纽尔（Victor Emmanuel）合作，还

① 沃尔特·拉菲贝尔：《美国世纪：1941 年以来的美国历史》，第 290 页。

② 加布里埃尔·柯尔克：《战争政治：1943—1945 年的世界与美国外交政策》，第 582 页。

与墨索里尼的法西斯政府和纳粹分子合作。但当这群人意识到墨索里尼已经成为失败的一方时，他们逮捕了他，然后要求同盟国让国王重新掌权。

这些财阀精英遭到反法西斯—纳粹联盟抵抗运动游击队的反对。虽然这是一场单一的没有意识形态主导的运动，但共产主义者是这场运动最大的参与群体。[①]因此，视游击队为“猖獗的布尔什维克分子”的英美两国领导人，支持国王和“团结在他周围的爱国者”。罗斯福认为这种支持是合理的，并同意艾森豪威尔的判断，即君主主义者并非真正的法西斯主义者。总之，这一决定不仅使盟国解除了游击队的武装，并进行恐吓和监禁，而且游击队还遭到纳粹的任意屠杀。[②]

在与英国人合作的同时，美国也逐渐将英国人赶出了意大利。通过排除英国和苏联，恢复右翼政府，消除其国内的反对势力，“美国将第一个被击败的轴心国重新纳入其新的世界经济计划”[③]。当然，美国政府的御用历史学家稍后会描述美国如何打败墨索里尼的法西斯主义，帮助意大利人回归民主。

4. 法国

在法国，美国领导人也在争取类似的结果。美国和英国领导人一致认为，在与纳粹德国合作的维希政府被推翻后，主要

---

① 加布里埃尔·柯尔克：《战争政治：1943—1945 年的世界与美国外交政策》，第 45、47—49、53 页。

② 加布里埃尔·柯尔克：《战争政治：1943—1945 年的世界与美国外交政策》，第 45、46—47、61、62 页。

③ 加布里埃尔·柯尔克：《战争政治：1943—1945 年的世界与美国外交政策》，第 60 页。

任务是防止共产党掌权，因为共产党在法国相当强大。[①]

然而，英国想让戴高乐担任领导人，而美国却把戴高乐视为英国的工具，因此美国选择了一位反犹主义者、新法西斯主义者、反共和保皇派亨利·吉拉德（Henri Giraud）。该政权曾经迫害了许多法国抵抗运动的成员。尽管这一任命令法国和其他欧洲国家的抵抗运动成员感到震惊，但却令法国的精英阶层感到高兴，因为共产党是抵抗运动最大的抵抗力量。[②]美国政府支持这一精英阶层，只是要保证美法经济关系像以往一样不受干扰。美国政府曾允许美国企业与维希政府进行贸易往来，尽管维希政府与纳粹德国有合作关系。[③]

但后来，美国认为戴高乐是左派唯一可行的选择，最终让他掌权。[④]通过戴高乐，让法国总体上支持美国的政治和经济目标。这种对法国旧政权的支持，最终将把美国引向越南。

三、美国的例外论?

美国从成立共和国到第二次世界大战期间的扩张主义和

---

① 加布里埃尔·柯尔克：《战争政治：1943—1945 年的世界与美国外交政策》，第 439—441 页。

② 加布里埃尔·柯尔克：《战争政治：1943—1945 年的世界与美国外交政策》，第 67、79 页。

③ 加布里埃尔·柯尔克：《战争政治：1943—1945 年的世界与美国外交政策》，第 64 页。

④ 加布里埃尔·柯尔克：《战争政治：1943—1945 年的世界与美国外交政策》，第 75、82—84、87、92 页。

帝国主义历史，并没有为沾沾自喜的美国例外论提供依据。如引言所述，美国例外论认为，与其他国家不同，美国一直致力于不以牺牲他国利益作为代价来促进自身利益，并帮助其他国实现自由、民主和富裕。幸运的是，对于美国人的自我形象来说，大多数美国人对自己国家行为的真实历史知之甚少。但是那些愿意阅读真实历史的美国人可以学到威廉·布鲁姆、诺姆·乔姆斯基、加布里埃尔·柯尔克、沃尔特·拉菲贝尔、戴维·施密茨、斯坦利·卡诺和霍华德·辛恩——我在这一章中引用了他们的作品——所学到的东西，可以学到安德鲁·巴塞维奇和查尔莫斯·约翰逊最近学到的东西。换句话说，他们可以学习以下内容：

- 美国有一项持续了一个多世纪的政策；
- 这一政策旨在建立一个世界性的美利坚帝国；
- 在经济上，这一政策意味着迫使其他国家的经济向美国的经济和金融利益开放；
- 由于这一政策需要为美国的精英利益而非这些国家的人民开发这些国家的资源，因此美国经常需要动用军事力量来维持这些国家统治者的统治，从而牺牲本国人民的福祉，以服务于美国的利益；
- 为了防止暴动，美国不仅依靠军事和经济上的力量，而且还依靠宣传，通过宣传把自己的目标和政策描绘成高尚的，并以一种让大多数美国公民信服的方式，说服他们继续为美国的军事和经济战争提供资金。

美国的美好形象，也可以称为推动民主的美国神话，很大程度是建立在美国在第二次世界大战中所扮演角色的标准基础上的。根据这一标准，美国首先捍卫了自由世界不受法西斯暴政的统治。按照这种说法，美国无私地献身于捍卫世界各地许多人民的自由事业，使他们免遭野蛮法西斯政权的威胁。

然而，这并不是“二战”期间美国政策的准确写照。可以肯定的是，同盟国的胜利使许多民族摆脱了可怕的暴政。但事实是，这些人民从中受益是美国政策的偶然结果，而不是美国政策的目的。正如巴塞维奇所发现的，这些政策是建立在“不屈不挠的利己主义”[①]基础上的。

尽管如此，根据官方的说法，美国参战并无过错。下一章将讨论美国卷入第二次世界大战的具体事件。

① 安德鲁·巴塞维奇：《美利坚帝国：美国外交的现实与后果》，第 4 页。

第 5 章　珍珠港事件

第二次世界大战是一场“正义战争”的核心观点是，美国参战是对日本无故偷袭珍珠港（造成 2000 多名军人死亡、18 艘军舰沉没或严重受损、188 架飞机被毁）的回击。“根据这种观点，”历史学家斯蒂芬·斯尼科斯基（Stephen Sniegoski）说，“战争的起因源于在侵略性军国主义者统治下的日本征服远东和西太平洋的邪恶努力。”[①]

袭击事件发生后的第二天，罗斯福总统在向国会发表讲话时，把 1941 年 12 月 7 日称为“这将是一个耻辱的日子”。他说，这一天之所以如此重要，是因为袭击珍珠港是一场“无端”的“突袭”，而且发生在“美国与那个国家和平相处之时”。[②]

通过这个声明，总统告诉美国人民，它的政府是完全没有责任的；美国没有发起进攻，是因为日本攻击来得很突然，政府没有办法阻止它。如果说美国有错，那就是美国驻夏威夷的

---

① 斯蒂芬·斯尼科斯基：《珍珠港修正主义的案例》(*The Case for Pearl Harbor Revisionism*)，《西方季刊》(*Occidental Quarterly*) 2001 年冬季。

② 《“这将是一个耻辱的日子”：罗斯福请求宣战》(*“A Date Which Will Live in Infamy”: FDR Asks for a Declaration of War*)，《历史事件》(*History Matters*)。

军事指挥官们有错，他们被指控玩忽职守没有做好准备。因此，尽管第二次世界大战把美国变成了这个星球上的超级帝国，但美国参战并没有违背美国例外论的理念。

然而，对于珍珠港袭击事件，长期以来一直存在一种修正主义观点。[①] 根据这种修正主义标准观点提出的三种主要主张都是错误的，或者至少具有误导性。(1) 有关日本政府是邪恶的和军国主义的说法，是有误导性的。(2) 声称这次袭击是无缘无故的，纯粹是一派胡言。(3) 声称这次袭击是一次意外，同样是错误的——这意味着夏威夷的军事指挥官不应受到指责。这一章根据这三种说法一一进行分析，然后讨论 (4) 掩盖真相的各种方法。

一、日本是邪恶和军国主义的吗？

美国人的标准观点是，日本一心要征服美国，这将威胁到美国的重要利益（如夏威夷和菲律宾）。然而，斯尼科斯基说，日本并没有下决心征服远东和西太平洋，“日本的行动从根本上是防御性的，目的是保护日本的重要利益”[②]。

事实上，日本的自然资源非常少，所以它比大多数国家更

---

① 弗兰克·保罗·明茨：《修正主义与珍珠港的起源》（*in Revisionism and the Origins of Pearl Harbor*），美国大学出版社（University Press of America）1985 年。该书阐述了各种各样的珍珠港修正主义观点。

② 斯蒂芬·斯尼科斯基：《珍珠港修正主义的案例》。

依赖外国市场。日本的大部分自然资源都来自中国，尤其是满洲。相比之下，美国对中国的需求要小得多，而且一直在积极地从各个国家攫取自然资源，因此1941年8月日本与中国的资源战争，很难将日本定性为独一无二的邪恶国家。因为这场战争并不意味着要占领整个亚洲和西太平洋。根据斯尼科斯基的说法，在美国采取行动切断日本的资源之前（如下所述）——

> 日本基本上对在中国的现状感到满意……修正主义者把日本在中国的利益描绘成类似于美国在拉美的利益……日本在中国的利益并不预示着进一步侵略东南亚，也不会威胁到美国的重要利益。[①]

同样，布鲁斯·拉塞特（Bruce Russett）在《没有明确而现实的危险：对美国加入二战持怀疑态度》（*No Clear and Present Danger*：*A Doubt View of the U.S. Entry into World War II*）一书中写道：

> 日本对珍珠港以及东南亚的袭击，并不能证明日本政府有任何无限制的扩张主义政策或能力。这只是一个不那么雄心勃勃的目标的结果，其核心是不愿放弃日本多年来在中国竭力确立的地位。

① 斯蒂芬·斯尼科斯基：《珍珠港修正主义的案例》。

拉塞特说，只有当这种不情愿“符合美国的平等意愿，即日本放弃在中国取得的许多利益”[①]时，战争才会爆发。

拉塞特补充道，当然，“日本的政治和军事领导人虽然有更大的野心，但他们在决策中并不占主导地位”[②]，只有当以首相近卫文麿公爵为首的温和政府因无法与美国达成和平协议而倒台时，军国主义者才走上前台。在最早也是最好的修正主义书籍中，记者乔治·摩根斯特（George Morgenstern）写道：

> 美国驻东京的外交代表指出，几乎直到最后一刻，近卫文麿和温和派都愿意尽一切努力促成（与罗斯福的）会晤，避免战争。[③]

罗斯福拒绝会面。结果日本政府被以东条英机将军为首的日本军国主义势力所接管。[④]

---

① 布鲁斯·拉塞特：《没有明确而现实的危险：对美国加入二战持怀疑态度》（*No Clear and Present Danger*：*A Skeptical View of the U.S. Entry into World War II*），纽约：哈珀与罗（Harper & Row）出版社 1972 年，第 57 页。

② 布鲁斯·拉塞特：《没有明确而现实的危险：对美国加入二战持怀疑态度》，第 57 页。

③ 乔治·摩根斯特：《珍珠港：秘密战争的故事》（*Pearl Harbor*：*The Story of the Secret War*），纽约：戴文—阿代尔公司（Devin-Adair Company）1947 年，第 140 页。

④ 乔治·摩根斯特：《珍珠港：秘密战争的故事》，第 150—152 页。

二、偷袭珍珠港是无端的吗？

欧洲战争开始于 1939 年。大多数美国人，至少 80% 的人[①]不希望自己的国家卷入这场欧洲战争。因此，罗斯福在 1940 年的连任竞选中似乎也承诺不让美国卷入战争。他说："我以前说过，但是我要再次重申：你的孩子们不会被派去参加任何外国的战争。"后来，他为自己看似违背承诺的行为辩解说："如果我们受到攻击，这就不再是一场外国战争了。"[②]

罗斯福通常以这样的话来描述他的承诺："除非我们受到攻击。"所以，他试图引诱德国攻击美国：虽然美国应该是中立的，但罗斯福却让美国军舰在战区护送英国军舰；跟踪德国潜艇，然后向英国报告；他还向英国提供了武器装备。[③]尽管这些行动构成了战争，但罗斯福担心国会不会授予他宣战权，除非美国军队遭到攻击，所以他保持着"不宣而战"，同时也不

---

① 斯蒂芬·斯尼科斯基：《珍珠港修正主义的案例》。1939 年，一项盖洛普民意测验显示，88% 的美国人希望美国远离战争，参见詹姆斯·佩洛夫（James Perloff）：《珍珠港：夏威夷之战》（*Pearl Harbor: Hawaii Was Surprised*），载《新美国人》（*New American*）2016 年 12 月 7 日。后来的民意调查显示，反对派占总人口的 80%，参见《美国与第二次世界大战》（*America and the Second World War*），载《美国世界新闻简报》（*America in the World Briefings*）。

② 戴维·格林伯格（David Greenberg）：《疾驰的共和国：美国总统的内幕史》（*Republic of Spin: An Inside History of the American Presidency*），纽约：诺顿出版社 2016 年，第 233 页。

③ 雅各布·霍恩伯格（Jacob Hornberger）：《罗斯福的珍珠港诱饵》（*FDR's Pearl Harbor Bait*），霍恩伯格博客，《未来自由基金会》（*The Future of Freedom Foundation*）2016 年 12 月 7 日。

让美国公众知情。[①] 无论如何，德国人不想再次与美国作战，他们绝不会上钩。

因此，罗斯福决定，只有通过“后门”——诱使日本攻击美国——他才能参战。战争部长亨利·史汀生（Henry Stimson）在日记中写道：“我们面临着一个微妙的问题，那就是要采取什么样的外交防御措施，以确保日本被置于错误的境地，并采取第一个糟糕的行动——公开行动。”[②]

海军情报局远东部门负责人、海军中校阿瑟·麦科勒姆（Arthur McCollum）定期向罗斯福提供有关日本的报告。罗伯特·B. 斯廷尼特（Robert B. Stinnett）在 2001 年出版的《欺骗的日子：罗斯福与珍珠港的真相》（*Day of Deceit*：*The Truth About FDR and Pearl Harbor*）[③] 一书中写道，1940 年 10 月，麦科勒姆向罗斯福提供了一个诱使日本迈出第一步的计划。麦科勒姆向罗斯福总统提交了一份八项行动的备忘录，提要如下：

---

① 沃尔特·拉菲贝尔：《美国时代：1750 年以来的美国外交政策》第 2 版，纽约：诺顿出版社 1993 年，第 376—377、382 页；参见威廉·I. 兰格、S. 埃弗雷特·格里森（William L. Langer and S. Everett Gleason）：《1940—1941 年的未宣之战：世界危机与美国外交政策》（*The Undeclared War, 1940-1941*：*The World Crisis and American Foreign Policy*），纽约：哈伯兄弟出版社 1953 年；F. R. 费伦巴赫（F. R. Fehrenbach）：《1939—1941 年罗斯福的未宣之战》（*FDR's Undeclared War, 1939–1941*）纽约：麦凯（D. McKay）出版社 1967 年。

② 詹姆斯·佩洛夫：《珍珠港：夏威夷感到惊讶；罗斯福并没有》（*Pearl Harbor*：*Hawaii Was Surprised*；*FDR Was Not*），载《新美国人》2017 年 12 月 7 日。

③ 罗伯特·斯廷尼特：《欺骗的日子：关于罗斯福和珍珠港的真相》（*Day of Deceit*：*The Truth About FDR and Pearl Harbor*），纽约：试金石（Touchstone）出版社 2001 年。虽然这本书最初是在 2000 年出版的，但试金石出版社的平装版后记中有更多的信息。

- 美国参战至关重要。这主要是因为如果轴心国打败英国，从而控制英国海军舰队，则在实际上就可以统治世界。
- 目前美国公众舆论不会允许美国政府不费吹灰之力地对日宣战。
- 最近德国、意大利和日本签署的三方协议达成协议，如果新交战国对三国中任何一个国家进行攻击，便视为对所有三个国家的攻击。这个协议立即为美国提供了机会。因为如果日本被挑起对美国发动战争，那么德国就会加入，但同时也就为美国提供一个“后门”进入欧洲的战争。

在提出的八项行动中，其中一项是将大部分美国舰队留在夏威夷作为诱饵（而不是在春季训练结束时，将大部分舰队送回圣地亚哥这个正常的地方）。

麦科勒姆名单上的另一项重要计划是向蒋介石政府提供更多援助，以支持抗日战争。斯尼科斯基总结道：

> 直到 1940 年，美国才开始大力支持自 1937 年以来一直与日本处于战争状态的中国。在这一年里，美国向中国贷款 1.25 亿美元。1941 年，美国延长了对中国的租借，使中国能够在不支付任何费用的情况下接收美国的战争物资。[①]

① 斯蒂芬·斯尼科斯基：《珍珠港修正主义的案例》一书引用了韦恩·S. 科尔（Wayne S. Cole）的《美国对外关系解读史》（*An Interpretive History of American Foreign Relations*）中的原话，参见伊利诺伊州荷姆伍德：多尔西（Dorsey）出版社 1974 年，第 377 页。

另外，斯尼科斯基说：

> 美国政府暗中为陈纳德将军的美国志愿军飞虎队提供美国空军的支持。虽然官方称他们是“志愿者”，但实际上他们与美国军方关系密切。[①]

对中国的援助至关重要，因为它增强了中国的抵抗力量，使中国没有必要同意与日本进行和谈。斯尼科斯基说：“日本没有能力顺利地结束与中国的战争，这推动了它向其他地方的军事扩张。”[②]

麦科勒姆备忘录的第三个主要部分内容是在经济上挤压日本。美国禁止日本船只通过巴拿马运河，从而大幅减少了日本的进口，导致日本经济和食品供应呈螺旋式下降。最具杀伤力的是，罗斯福冻结了日本在美国的所有资产——与荷兰和英国合作——对包括石油在内的所有日本贸易实行全面禁运。这意味着日本将无法继续与中国的战争，“因为日本和日本控制的中国领土都不生产石油”。《纽约时报》称这一行动是“除了战争之外最致命的打击”[③]。

---

① 斯蒂芬·斯尼科斯基：《珍珠港修正主义的案例》，转引自罗伯特·史密斯·汤普森：《战争时期：富兰克林·D. 罗斯福与珍珠港之路》（*A Time for War: Franklin D. Roosevelt and the Path to Pearl Harbor*），纽约：普伦蒂斯霍尔（Prentice Hall）出版社 1991 年，第 322—323 页。

② 斯蒂芬·斯尼科斯基：《珍珠港修正主义的案例》。

③ 斯蒂芬·斯尼科斯基：《珍珠港修正主义的案例》。

麦科勒姆说，通过这些行动，可能会把日本“引向公开的战争”[①]。斯廷内特说，事实上，所有这些建议的行动都是在日本最终决定袭击珍珠港之前进行的。[②]日本对这些行动几乎别无选择。根据罗伯特·史密斯·汤普森（Robert Smith Thompson）的说法，“日本必须进行打击——而且必须先进行打击……日本唯一的救星就是干掉美国太平洋舰队”[③]。

在罗斯福收到麦科勒姆的备忘录的第二天，便向太平洋舰队司令詹姆斯·理查森（James Richardson）上将解释了他的计划。当理查森拒绝接受在夏威夷保留舰队的想法时，没有被告知该计划的海军上将赫斯本德·基梅尔（Husband Kimmel）便被任命负责太平洋舰队。[④]被赋予保卫夏威夷职责的沃尔特·C. 肖特（Walter C. Short）上将，同样也没有被告知该计划。[⑤]

三、珍珠港袭击是一个意外吗？

日本的袭击对华盛顿的国家领导人来说绝对不是什么意

① 罗伯特·史密斯·汤普森：《战争时期：富兰克林·D. 罗斯福与珍珠港之路》；斯廷尼特：《欺骗的日子：关于罗斯福和珍珠港的真相》，第 275 页。

② 斯蒂芬·斯尼科斯基：《珍珠港修正主义的案例》，第 321—322 页。

③ 罗伯特·史密斯·汤普森：《战争时期：富兰克林·D. 罗斯福与珍珠港之路》。

④ 理查森离职的原因是当时建立了两洋海军（太平洋舰队和大西洋舰队），基梅尔负责太平洋舰队。参见罗伯特·史密斯·汤普森：《战争时期：富兰克林·D. 罗斯福与珍珠港之路》，第 11 页。

⑤ 詹姆斯·佩洛夫：《珍珠港：夏威夷感到惊讶；罗斯福并没有》。

外。美国通过几种途径得知了日本人的计划。

1."紫色"密码

华盛顿方面得知此次袭击的方式之一，涉及日本的秘密外交密码："紫色"(Purple)。

> 这段代码非常复杂，需要用密码机反复进行破译。1940 年，一群才华横溢的美国密码学家破解了这个密码，并设计出了日本制作密码的密码机复制品……破译的文本被戏称为"魔术"。[①]

尽管"魔术"没有透露珍珠港是袭击目标，但它确实让华盛顿知道了日本领导人的想法。

"魔术"的副本被迅速送到罗斯福、国务卿、战争和海军部长、陆军参谋长（乔治 · 马歇尔 [George Marshall] 将军）和海军作战司令（哈罗德 · 斯塔克 [Harold Stark] 上将）手中。尽管基梅尔和肖特要求获得一台密码破译机，但是这一要求被拒绝了。[②]

2. 信号"风"

日本建立了一个"风系统"传递情报。通过这个系统，没

---

① 詹姆斯 · 佩洛夫：《珍珠港：夏威夷感到惊讶；罗斯福并没有》。

② 詹姆斯 · 佩洛夫：《珍珠港：夏威夷感到惊讶；罗斯福并没有》；斯蒂芬 · 斯尼科斯基：《珍珠港修正主义的案例》。

有密码或没有密码破译机的领事馆可以从天气报告中了解东京的意图。情报如果是“东风，雨”，则“东风”表示美国，“雨”表示断绝外交关系。如果外交关系破裂，战争即将爆发，这条情报将在天气预报中重复三次。这条情报于 12 月 4 日传出，并被华盛顿情报机构接收到。[①]

3. 海军密码

与斯廷尼特发现麦科勒姆备忘录同样重要的是，他发现美国情报机构并没有像人们几乎普遍认为的那样，在日本突击队接近夏威夷时失去了对它的追踪。这一说法——这是官方说法之一。根据官方的说法，华盛顿不可能对夏威夷即将发生的袭击发出警告，因为它事先没有确切的消息——似乎已被广泛接受。例如历史学家斯蒂芬·E. 安布罗斯（Stephen E. Ambrose）在 1995 年重复了关于“日本航空母舰舰队情报‘丢失’”的故事，指责美国的情报机关是“可怕的”。[②]

这个故事的两个关键因素之一是，尽管美国密码学家破译了外交密码（紫色），但直到珍珠港事件后，密码学家才能够读取截获的任何军事（海军）情报。例如，沃尔特·拉菲贝尔在 1997 年出版的《冲突：美日关系通史》（*The Clash：U.S.-Japanese Relations Throughout History*）一书中说：“这些被

---

① 詹姆斯·佩洛夫：《珍珠港：夏威夷感到惊讶；罗斯福并没有》。

② 史蒂芬·安布罗斯：《重返珍珠港》（*Pearl Harbor Revisited*），纽约：圣马丁（St. Martin）出版社 1995 年，第 99—100 页。1999 年 5 月 27 日，安布罗斯在《华尔街日报》的一篇评论文章中重申了这一指责。

代号‘魔术’拦截的情报，得以让美国官员监听到日本的许多秘密外交活动，以及珍珠港事件后的军事信息。”[①]然而，斯廷尼特发现，到 1940 年秋，日本的海军密码已部分破译；1941 年秋，用于远征夏威夷的四种密码全部破译。[②]

4. 无线电联络

官方记录中的另一个关键因素是，在突击队接近夏威夷的过程中，日本人一直让无线电保持沉默。例如，拉菲贝尔说，“美国情报人员不知道舰队的位置”，因为日机航行时“没有进行无线电联络”。[③]然而，斯廷尼特写道，日本人非但没有保持沉默，反而“以较低的海军频率进行疯狂发送”，平均每天发送六条以上的情报。[④]对这些情报的拦截，使美国情报部门得以追踪到突击队的动向，先是向东，然后向南到达千岛群岛(Kurile Islands)。[⑤]从 11 月 20 日开始，罗斯福收到的几次拦截的情报显示[⑥]，袭击目标是“夏威夷”或“珍珠港”;12 月 2 日和

---

① 沃尔特・拉菲贝尔:《冲突：美日关系通史》，诺顿出版社 1997 年，第 197 页。

② 罗伯特・斯廷尼特:《欺骗的日子：关于罗斯福和珍珠港的真相》，第 23、71 页。

③ 沃尔特・拉菲贝尔:《冲突：美日关系通史》，第 211 页。

④ 罗伯特・斯廷尼特:《欺骗的日子：关于罗斯福和珍珠港的真相》，第 196 页。

⑤ 罗伯特・斯廷尼特:《欺骗的日子：关于罗斯福和珍珠港的真相》，第 47、72、154、164、269 页。

⑥ 11 月，罗斯福要求获得拦截的全部原始资料，而不仅仅是以前提供的摘要。罗伯特・斯廷尼特:《欺骗的日子：关于罗斯福和珍珠港的真相》，第 47、169 页。

3日的拦截的情报显示，“袭击夏威夷”将发生在12月7日。[①]

5. 来自间谍的消息

此外，在檀香山截获的日本间谍发来的情报进一步强化了所有这些信息。日本间谍应东京方面的要求，发送了珍珠港平面直角坐标，东京可以按坐标编制轰炸地图。[②]12月6日，该间谍截获情报后告知日本：“发动突然袭击的机会相当大。”[③]

6. “飞行员”的消息

12月6日凌晨，美国情报部门截获了日方回应美方要求的所谓“飞行员”情报。这个情报分为14个部分，其中前13个部分在当天被接收和解密。罗斯福认为这个情报“意味着战争”。12月7日上午，第14部分被接收并解密。该条情报表明日本驻美国大使将于（东区时间）下午1时向美国国务卿科德尔·赫尔传达有关中断两国外交关系的消息，也就是袭击开始的时间。因此，对华盛顿来说，珍珠港遭袭击并不意外，因为华盛顿知道袭击将在何时何地发生，而且时间几乎精确到了几

---

① 罗伯特·斯廷尼特：《欺骗的日子：关于罗斯福和珍珠港的真相》，第45、72、210、219、269页。

② 罗伯特·斯廷尼特：《欺骗的日子：关于罗斯福和珍珠港的真相》，第98—104页。

③ 罗伯特·斯廷尼特：《欺骗的日子：关于罗斯福和珍珠港的真相》，第85页。

时几分。[①]但这对夏威夷来说是一个突袭。

7. 对基梅尔和肖特的突袭

破解紫色密码的密码专家威廉·弗里德曼（William Friedman）的妻子说，袭击发生后，他踱来踱去，喃喃自语："但他们知道，他们知道，他们知道。"[②]尽管他们——罗斯福、马歇尔将军和其他一些人——知道，但马歇尔和罗斯福却煞费苦心地确保不让基梅尔上将和肖特将军知道。除了上述被拦截的日本情报没有提供给这两个人的事实之外，政府的情报官员还公然对他们撒谎，比如在袭击前一天，他们被告知日本的"航空母舰已经失踪"[③]。

在基梅尔被命令把他的一部分舰队带到夏威夷北部的海域进行监视后，他们也没有被告知任何消息。基梅尔又被命令把这些舰队带回瓦胡岛（Oahu）。这些命令显然反映了为确保日

---

① 与这些事实相一致的是关于罗斯福在袭击当天精神状态的报告——在收到报告时，他看起来并不惊慌，他最关心的似乎是公众对袭击的反应：它是否会让美国人团结起来，支持宣战。参见罗伯特·斯廷尼特：《欺骗的日子：关于罗斯福和珍珠港的真相》，第 3、233 页。反映类似情况的还有罗斯福的战争部长亨利·史汀生。他在日记中写道，罗斯福听到这一消息后的"第一感觉"是："犹豫不决的状态已经结束，一场危机以某种方式来临，将团结我们所有的人民，这让他松了一口气。"参见《亨利·史汀生的日记》（*The Diary of Henry Stimson*），1941 年 12 月 7 日。该日记可以在耶鲁大学斯特林图书馆找到，转引自沃尔特·拉菲贝尔：《冲突：美日关系通史》，第 212 页。

② 约翰·托兰（John Toland）：《耻辱：珍珠港及其后果》（*Infamy Pearl Harbor and Its Aftermath*），双日出版社 1982 年，第 15 页。引自罗纳德·克拉克（Ronald Clark）：《破解"紫色"的人》（*The Man Who Broke Purple*），波士顿：小布朗出版社（Little Brown）1977 年，第 170 页。

③ 罗伯特·斯廷尼特：《欺骗的日子：关于罗斯福和珍珠港的真相》，第 207 页。

本突击队不会遭遇任何美国舰队而实施的“空海”政策。[①]

11 月 27 日，基梅尔和肖特的确收到了战争警告，但这是为了防止他们做准备：他们被告知，袭击可能是“针对菲律宾或克拉半岛，或者可能是婆罗洲”；如果敌对行动无法避免，“美国希望日本最先采取公开行动”，而且任何防御措施都应在“不惊动平民或泄露意图”的情况下实施——这意味着他们实际上什么也做不了。[②]

当肖特回复说，他把这警告解读为他应该警惕“防止破坏”时，没有人纠正他。[③]最后，在华盛顿于 12 月 7 日提前数小时收到有关袭击确切时刻的情报后，马歇尔将军将这一情报以只有在袭击开始后才会到达的方式发送到夏威夷。[④]

四、掩　盖

当局竭尽全力阻止公众知道珍珠港袭击的真相。这种掩盖是通过各种手段实现的，而且在很大程度上仍在继续。

---

① 罗伯特·斯廷尼特：《欺骗的日子：关于罗斯福和珍珠港的真相》，第 144—145、150—151 页。

② 罗伯特·斯廷尼特：《欺骗的日子：关于罗斯福和珍珠港的真相》，第 171—172 页。1940 年 11 月 25 日，亨利·史汀生在日记中写道，罗斯福和他的“战时内阁”讨论了“我们如何在不给我们造成太大危险的情况下，使他们（日本人）处于先开火的一方”的问题。引自沃尔特·拉菲贝尔：《冲突：美日关系通史》，第 209 页。

③ 罗伯特·斯廷尼特：《欺骗的日子：关于罗斯福和珍珠港的真相》，第 174—176。

④ 罗伯特·斯廷尼特：《欺骗的日子：关于罗斯福和珍珠港的真相》，第 234—235。

第一次调查发生在 1942 年，调查的结论是，缺乏对袭击的防备是基梅尔和肖特的错。这并不奇怪，因为调查是由最高法院法官欧文 · 罗伯茨（Owen Roberts）牵头的。他是罗斯福亲自挑选的，罗伯茨委员会由“罗斯福和马歇尔的亲信”[①]组成。只有一个例外，即委员会里的一名非裙带关系的成员是威廉 · 史坦利（William Standley）海军上将。在华盛顿的听证会上，迟到的史坦利——

> 被调查中亲密的气氛所震惊。海军上将哈罗德 · 斯塔克和马歇尔将军没有被问到任何困难或尴尬的问题。此外，所有的证词都没有宣誓，也没有记录在案——在史坦利的敦促下，这种不正常的情况得到了纠正。[②]
>
> 委员会随后迁往夏威夷。
>
> 当海军上将基梅尔被传唤时，他带了一名同事作为顾问。罗伯茨法官不允许这样做，理由是调查不是审判，海军上将也不是被告。虽然基梅尔和肖特将军并没有正式“受审”，但他们也被剥夺了被告所有应该拥有的权利：询问问题和盘问证人。基梅尔还震惊于诉讼过程中的速记员——一个只有十几岁，另一个几乎没有法庭经验——遗漏了他的大部分证词，其他部分严重混乱。纠正错误的权

① 詹姆斯 · 佩洛夫：《珍珠港：夏威夷感到惊讶；罗斯福并没有》。

② 詹姆斯 · 佩洛夫：《珍珠港：替罪羊基梅尔和肖特》(*Pearl Harbor: Scapegoating Kimmel and Short*)，载《新美国人》2001 年 6 月 4 日。

利……被拒绝了。[①]

史坦利说，罗伯茨对调查的处理“像蛇一样扭曲”，但他没有提交报告的关键部分，因为他被告知，这“可能会降低国家对领导人的信心，从而危及战争努力”。被基梅尔取代的理查森上将称这份报告是“政府印刷所印发过的最不公平、最不公正、最具欺骗性的不诚实文件”[②]。

基梅尔和肖特被仇恨的邮件所淹没，他们被称为叛徒，应该被枪毙。有人呼吁送他们上军事法庭，尽管基梅尔和肖特想上军事法庭，因为这是挽救自己名誉的唯一途径，但政府不想让他们上军事法庭，因为精明的辩护律师可能会揭露秘密。于是，华盛顿宣布军事法庭在安全许可之前不会开庭。[③]

到 1944 年，盟军显然正在取得胜利，因此国家安全不再是借口，军事法庭开庭便提上了日程。在为海军法庭的调查做准备时，一名辩护律师被神奇地窃听了 43 次。

> 法庭上的海军上将们带着恐惧和难以置信的表情听着宣读……罗伯茨委员会的裁决被推翻。基梅尔上将被免除了所有指控。

报告称，这些截获的情报还泄露给了美国陆军珍珠港委员会，显然珍珠港事件的过失不在肖特将军，而在马歇尔将

---

① 詹姆斯·佩洛夫：《珍珠港：替罪羊基梅尔和肖特》。
② 詹姆斯·佩洛夫：《珍珠港：替罪羊基梅尔和肖特》。
③ 詹姆斯·佩洛夫：《珍珠港：替罪羊基梅尔和肖特》。

军（诉讼程序不允许指控总统）。[①]

然而，法院宣布，军事法庭的判决要到战争结束后才会公布，这给了罗斯福政府时间来推翻这些判决。法庭宣布将会有一些额外的调查，而且这些调查并不会严格按照军事法庭的要求进行，而是“以一种非正式的方式进行，不考虑法律或正式要求”。结果，大多数对罗斯福政府不利的证人改变了早先的证词，因为他们担心说真话会毁掉晋升的机会。一名海军军官打算重复他的证词，但“被扔进了贝塞斯达海军医院（Bethesda Naval Hospital）的精神科病房”，并被告知“他的证词最好改改，否则他将在病房里度过余生”。[②]

在推翻了所有有问题的证词后，华盛顿政府公布了军事法庭的修订版本——军事法庭的裁决结果，而公众从来不知道军事法庭的裁决结果是什么。[③]

肖特和基梅尔分别于 1949 年和 1968 年去世，但他们的家人一直在努力为他们洗脱罪名。1999 年，参议院根据新信息通过了一项决议，称这两名军官“胜任且专业地”履行了职责，因此珍珠港事件的损失“不是玩忽职守的结果”[④]。

结　论

尽管参议院修复了基梅尔和肖特的名誉（在他们死后很

① 詹姆斯·佩洛夫：《珍珠港：替罪羊基梅尔和肖特》。
② 詹姆斯·佩洛夫：《珍珠港：替罪羊基梅尔和肖特》。
③ 詹姆斯·佩洛夫：《珍珠港：替罪羊基梅尔和肖特》。
④ 詹姆斯·佩洛夫：《珍珠港：替罪羊基梅尔和肖特》。

久)，但并没有就此解释，如果不是这两个人，是谁应该对珍珠港事件的损失负责。因此，在公众的心目中，标准的故事仍然是关于珍珠港袭击的真相。然而，对于那些知道事实的人来说，官方的说法显然是一个谎言。

这一事件进一步证明了美国例外论的自以为是，因为它表明美国政府和其他政府一样在撒谎。此外，尽管日本被指控背信弃义，但美国政府在这一事件中的行为比日本政府的行为更能说明这一点。然而，尽管罗斯福政府背信弃义，而且大多数美国人在得知珍珠港袭击事件的真相后会立即感到愤怒，但仍有一个问题：罗斯福的欺骗行为是否正当？斯廷尼特书中的陈述表明了两种观点。一方面，他写道："作为一名太平洋战争的老兵，当我发现了美国人隐瞒了 50 多年的秘密时，我感到愤怒。"此外，斯廷尼特那种愤怒的感觉在他的书中也有所体现。

另一方面，斯廷尼特说，"罗斯福总统面临痛苦的困境"，"他被迫找到迂回的方法，说服奉行孤立主义的美国加入争取自由的斗争中来"。这场斗争让"盟军战胜了威胁我们所有人珍视的自由的轴心国"。斯廷尼特还在《一个相当小的代价》("A Pretty Cheap Price")一章中表达了他的这一观点。在这一章中，他引用了参与阴谋的一名军人的话说："为了国家统一，这个代价不算什么。"①

---

① 罗伯特·斯廷尼特：《欺骗的日子：关于罗斯福和珍珠港的真相》，第 xiii、xiv、203 页。

第 6 章　广岛和长崎

在诱骗日本偷袭珍珠港之后，美国政府又用常规炸弹和两颗原子弹对日本进行了无情的攻击。尽管大多数讨论都是关于在广岛和长崎投放原子弹的——这是无可非议的，因为使用核武器是一种新型战争，每一颗原子弹的破坏力都比任何常规武器大得多——但对日本的常规轰炸确实令人毛骨悚然。康奈尔大学东亚项目的历史学家马克 · 塞尔登（Mark Selden）写道：

> 在战争的最后 6 个月，美国将其全部空中力量投入将整个日本城市夷为平地、实施恐怖主义、使其居民丧失行动能力并屠杀那些手无寸铁的居民的战役中，以迫使日本投降……
>
> 1945 年 3 月 9 日至 10 日晚，火力轰炸和凝固汽油弹四处爆炸。当时第 21 轰炸机司令部司令柯蒂斯 · 勒梅（Curtis LeMay）少将派 334 架 B-29 轰炸机飞至东京上空，投下了猛烈的燃烧弹和凝固汽油弹。他们的任务是把这座城市夷为平地，杀死市民，用凝固汽油弹将城市炸成一片火海，使幸存者心存恐惧……（一名警察摄影师）把东京的街道描述成火海。

> 燃烧的家具在高温下爆炸，而人们则像火柴棍一样燃烧着，他们的木头房子在火焰中爆炸。在风和火焰的巨大气息下，许多地方升起了巨大的白炽漩涡，旋转着，变平了，然后把整栋房子都吸进了大火的漩涡里……此前以及随后的常规轰炸袭击都未能造成在3月9日至10日的"东京大袭击"（great Tokyo raid）中如此惨重的死亡和破坏……
>
> 在对东京突袭之后……燃烧弹在全国范围内蔓延……1945年1月至7月，美国对日本进行了燃烧弹轰炸，摧毁了除5座城市外的所有城市，蓄意放过了古代帝国首都京都和另外4座城市（被"拯救"锁定为原子弹的目标）。[①]

广岛和长崎的原子弹爆炸立即造成约13万人死亡，到1945年年底又造成13万人死亡。据2016年统计，死于爆炸的人数大约是这一数字的两倍。[②]

人们普遍认为，美国政府在看到广岛和长崎原子弹爆炸的可怕后果后，决定不再使用它们。然而，实际上，爆炸发生后

---

① 马克·塞尔登：《被遗忘的大屠杀：美国的轰炸战略、对日本城市的破坏以及美国从第二次世界大战到伊拉克的战争方式》（*A Forgotten Holocaust: US Bombing Strategy, the Destruction of Japanese Cities and the American Way of War from World War II to Iraq*），载《亚太期刊》（*Asia-Pacific Journal*）2007年5月2日。

② 丹·里斯特瓦（Dan Listwa）：《广岛和长崎：长期的健康影响》（*Hiroshima and Nagasaki: The Long Term Health Effects*），载《哥伦比亚核研究中心》（*Columbia Center for Nuclear Studies*）2012年8月9日；瑟琳娜·桑德胡（Serina Sandhu）：《广岛：原子弹爆炸的遗毒》（*Hiroshima: The Legacy of the Atomic Bombing in Numbers*），载《i新闻》（*inews*）2016年5月27日。

的一个月，五角大楼表示，它想要 204 枚原子弹，以摧毁苏联 66 个具有“战略重要性”的城市。[①]1948 年，参谋长联席会议制定了先发制人的核打击计划，例如“特洛伊计划”[②]，该计划将焚毁苏联的 30 座城市。1950 年朝鲜战争爆发后，麦克阿瑟将军想用 30—50 颗原子弹对付满洲的中国人。[③]在越南战争期间，美国领导人差一点向这个国家投放核武器。[④]总之，美国总统至少 25 次威胁要使用核武器。[⑤]

一、曼哈顿计划

在了解到纳粹德国试图制造原子弹之后，富兰克林·罗斯福总统制定了曼哈顿计划，[⑥]目的是赶在德国人之前制造出原子弹。由于担心希特勒会使用原子弹来奴役世界，“美国和英国科

① 保罗·哈姆（Paul Ham）:《广岛长崎：原子弹爆炸及其后果的真实故事》（*Hiroshima Nagasaki: The Real Stories of the Atomic Bombings and their Aftermath*），圣马丁（St. Martin）出版社 2011 年，第 488—89 页。

② 保罗·哈姆:《广岛长崎：原子弹爆炸及其后果的真实故事》，第 498—500 页。

③ 保罗·哈姆:《广岛长崎：原子弹爆炸及其后果的真实故事》，第 503—504 页。

④ 马乔里·科恩（Marjorie Cohn）:《丹尼尔·埃尔斯伯格：美国在越南战争期间差点使用了核武器》（*Daniel Ellsberg: United States Nearly Used Nukes During Vietnam War*），载《真相大白》（*Truthout*）2014 年 6 月 9 日。

⑤ 弗雷德·卡普兰（Fred Kaplan）:《奇爱博士是一部纪录片》（*Dr. Strangelove Was a Documentary*），载《斯莱特》（*Slate*）2017 年。

⑥ 威廉·布罗德（William J. Broad）:《为什么他们叫它曼哈顿计划》（*Why They Called It the Manhattan Project*），载《纽约时报》2007 年 10 月 30 日。

学家认为，他们与德国科学家正在进行一场赢者通吃的绝望竞赛。那些来到曼哈顿计划的移民科学家尤其如此”，因为他们亲身经历了纳粹主义，“对希特勒的恐惧和厌恶非常强烈”。[①]

然而，在1943年和1944年期间，美国政府越来越确信德国科学家已经放弃了制造原子弹的尝试。[②]事实上，到1943年5月，美国政府已经决定将原子弹用于日本。[③]但是负责曼哈顿计划的莱斯利·格罗夫斯（Leslie Groves）将军并没有告诉科学家们改变了投放目标。相反，他利用“对德国炸弹的恐惧推动他的团队前进”，显然也是为了防止他们辞职。[④]

当然，有人可能会问，为什么美国政府在意识到不需要原子弹就能打败德国后，没有简单地取消曼哈顿计划，是因为政府认为需要核弹才能打败日本吗？当然不是。政治和军事领导人知道他们能够在没有任何核武器的情况下打败日本。

有人可能会说，政府不可能提前这么长时间知道如何利用原子弹，所以他们理所当然地完成了曼哈顿计划，以防止日本

---

① 阿尔琼·梅基耶尼（Arjun Makhijani）：《“永远”的目标：当美国的原子弹科学家与德国展开竞赛时，军事规划者们正把目光投向太平洋》（*“Always” the Target?：While U.S. Bomb Scientists Were Racing against Germany, Military Planners Were Looking toward the Pacific*），载《原子科学家公报》（*Bulletin of the Atomic Scientists*）第3期1995年5月/6月。

② 亚历克斯·韦勒斯坦（Alex Wellerstein）：《盟军是什么时候知道德国没有核弹的？》（*When Did the Allies Know There Wasn't a German Bomb?*），载核秘密博客（The Nuclear Secrecy Blog）2015年11月13日。

③ 阿尔琼·梅基耶尼：《“永远”的目标：当美国的原子弹科学家与德国展开竞赛时，军事规划者们正把目光投向太平洋》。

④ 阿尔琼·梅基耶尼：《“永远”的目标：当美国的原子弹科学家与德国展开竞赛时，军事规划者们正把目光投向太平洋》。

军队比先前证实的更强大。但是，即使情况是这样，我们仍然有一个疑惑的问题：为什么在意识到没有必要用原子弹来击败日本军队之后，美国却把原子弹投在日本平民身上?

二、广岛神话

诚然，美国人被告知原子弹是必要的。对此最有效的主张反应在 1947 年战争部长亨利 · 史汀生（Henry Stimson）发表的一篇题为《使用原子弹的决定》（*The Decision to Use The Atomic Bomb*）的文章里。在这篇文章中，史汀生声称，如果没有这些炸弹，战争将一直持续到“1946 年下半年”，“仅美军就会损失 100 多万人”。[①] 然而，史汀生的说法与几位高级军事官员的说法相冲突。例如：

- 盟军最高指挥官德怀特 ·D. 艾森豪威尔在波茨坦会议上（轰炸发生前）说：“毫无疑问，日本已经被彻底打败了。”艾森豪威尔后来还说：“日本人准备投降，没必要用那可怕的东西打他们。”[②]
- 美国第三舰队司令海军上将小威廉 ·“公牛”· 哈尔西

① 亨利 · 史汀生:《使用原子弹的决定》(“The Decision to Use the Atomic Bomb”), 载《哈珀杂志》(*Harper's Magazine*) 1947 年 2 月。

② 约翰 · 拉法格 (John LaForge):《没有人会通过向城市投掷炸弹来拯救生命》(*No One Saves Lives by Dropping Bombs on Cities*), 载《德鲁斯读者》(*Deluth Reader*) 2015 年 8 月 5 日; 载《艾克对艾克》(*Ike on Ike*), 以及《新闻周刊》1963 年 11 月 11 日。

> (William “Bull” Halsey Jr.，“公牛”是昵称）公开表示：“第一颗原子弹是一项不必要的实验……空投它是个错误。”①

事实上，史汀生写这篇文章是为了消弭一些军人和其他人的声音，因为这些人认为用原子弹打败日本是没有必要的。文章的观点来自詹姆斯·B. 康纳特（**James B. Conant**），一位杰出的科学家（曾在第一次世界大战期间研究毒气），后来担任哈佛大学的校长。第二次世界大战期间，康纳特是国防研究委员会（National Defense Research Committee）主席，也是曼哈顿计划的主要负责人之一。②

根据约翰·丹森（John Denson）一篇名为《广岛神话》（*The Hiroshima Myth*）的文章所指出的，康纳特“开始担心自己未来的学术生涯，以及他在私营企业的职位，因为许多人开始公开谈论为什么要投炸弹”③。这里的许多人不仅包括艾森豪威尔和哈尔西等军人，还包括爱因斯坦。爱因斯坦说，投下原子弹是一个政治外交决定，而不是军事或科学决定。《周六文学评论》（*Saturday Review of Literature*）的编辑诺曼·卡辛斯

---

① 休·斯特洛恩（Hew Strachan）、西比勒·塞帕斯（Sibylle Scheipers）：《战争性质的变化》（*The Changing Character of War*），牛津大学出版社 2011 年，第 99 页。

② 参见詹姆斯·G. 赫什伯格（James G. Hershberg）、詹姆斯·B. 康纳特：《从哈佛到广岛与核时代的形成》（*Harvard to Hiroshima and the Making of the Nuclear Age*），斯坦福大学出版社（Stanford University Press）1995 年。

③ 约翰·丹森：《广岛神话》，载《米塞斯研究所》（*MISES Institute*）2006 年 8 月 2 日。

(Norman Cousins) 提到了“广岛和长崎的罪行”，也提到了哈尔西的声明，并问道：“挽救了成千上万美国人生命的论据到底是什么？”[①] 鉴于这种情况——

> 康纳特得出的结论是：政府中的一些重要人物必须公开表明，投放原子弹是一种军事需要，从而挽救了数十万美国士兵的生命。[②]

康纳特找到哈维·邦迪（Harvey Bundy）和他的儿子麦克乔治·邦迪（McGeorge Bundy），三个人一致表示史汀生的文章是他自己写的，但经麦克乔治·邦迪修改。

关于声称原子弹避免了100多万美国人伤亡的说法的起源，杜鲁门后来重申了对这个数字的估计，声称这是他从乔治·马歇尔将军那里得到的。然而，马歇尔估计入侵日本将造成3.1万人伤亡。[③] 至于这一说法的真正来源，据凯·伯德（Kai Bird）和马丁·舍温（Martin Sherwin）报道：“最先让‘100多万人伤亡’的数字流传开来的麦克乔治·邦迪后来承认，他凭空捏造的这个数字，是为了证明轰炸是正当的。”[④]

除了这种捏造之外，史汀生的文章还有三个问题：它忽略

---

① 诺曼·卡辛斯：《生存的能力》（“The Literacy of Survival”），载《星期六文学评论》1946年9月14日。

② 参见约翰·丹森：《广岛神话》。

③ 保罗·哈姆：《广岛长崎：原子弹爆炸及其后果的真实故事》，第477页。

④ 凯·伯德、马丁·舍温：《广岛神话》（*The Myths of Hiroshima*），载《洛杉矶时报》（*Los Angeles Times*）2005年8月2日。

了一个事实——(a) 美国军方长期以来拒绝入侵日本的想法；[①] (b) 史汀生认为，如果杜鲁门澄清了“无条件投降”的含义，日本人就会在没有任何炸弹的情况下投降；[②] (c) 他曾相信苏联参战会促使日本投降，这会引起极大的震动。[③] 换句话说，史汀生的整篇文章都是谎言。此外，这篇文章还遭到除了艾森豪威尔和哈尔西以外更多人的反驳。例如：

- 美国陆军航空兵司令亨利·“哈皮”·阿诺德（Henry “Hap” Arnold，“哈皮”是昵称）在爆炸发生后表示：“即使在第一颗原子弹落下之前，日本的阵地就已经没有希望了。”[④]
- 美国第 21 轰炸机司令部鹰派指挥官柯蒂斯·勒梅少将告诉媒体：“原子弹与战争的结束一点关系都没有。”[⑤]
- 太平洋舰队司令、海军上将切斯特·尼米兹（Chester Nimitz）表示：“从纯粹的军事角度来看，原子弹在日

---

① 保罗·哈姆：《广岛长崎：原子弹爆炸及其后果的真实故事》，第 472、476 页。

② 加尔·阿尔佩罗维茨（Gar Alperovitz）：《使用原子弹的决定》（*The Decision to Use the Atomic Bomb*），古董书籍 1995 年，第 235 页。

③ 加尔·阿尔佩罗维茨：《使用原子弹的决定》，第 465 页。保罗·哈姆：《长崎、广岛：原子弹爆炸及其后果的真实故事》，第 476 页。

④ 加尔·阿尔佩罗维茨：《广岛之前赢得的战争——投下原子弹的将军们知道这一点》（*The War Was Won Before Hiroshima—and the Generals Who Dropped the Bomb Knew It*），载《国家》（*The Nation*）2015 年 8 月 6 日。

⑤ 《柯蒂斯·勒梅少将》（*Major General Curtis E. LeMay*），载《纽约先驱论坛报》（*New York Herald Tribune*）1945 年 9 月 20 日。

本战败的过程中没有起到决定性的作用。”[①]

- 杜鲁门总统的参谋长海军上将威廉 ·D. 莱希（William Leahy）说：“在广岛和长崎使用这种野蛮的武器，在我们对日本的战争中没有任何实质性帮助。因为日本人已经被打败了，并准备投降。”[②]

就连洛斯 · 阿拉莫斯（Los Alamos）实验室的科学项目（正是这个项目促使原子弹的诞生）负责人罗伯特 · 奥本海默（Robert Oppenheimer）后来也说，原子弹是投在“一个基本上被击败的敌人”身上了。[③]

三、为什么原子弹落在日本？

在这种情况下，美国政府为什么要向日本投放原子弹？据阿尔琼 · 梅基耶尼（上面广泛引用他的话）说：“美国全力以赴地创造了自己的势头。”这一势头的很大一部分原因是“大量与战争相关的工业和智力资源计划竞争激烈”，所以“与（曼哈顿计划）有关的官员被迫证明，它将对战争的结果产生决定

① 丹尼尔 · 露丝（Daniel Russ）：《切斯特 · 尼米兹坚持认为原子弹不是日本投降的原因》（*Chester Nimitz Also Thought the Atom Bomb Was Not Why Japan Surrendered*），载《民间军事情报组织》（*Civilian Military Intelligence Group*）2017 年 2 月 28 日。

② 威廉 · 莱西：《我在那里》（*I Was There*），艾耶（Ayer）出版有限公司 1979 年。

③ 罗伯特 · 奥本海默：《致美国哲学学会》（*Address to the American Philosophical Society*）1945 年 11 月 16 日。

性影响”。[①]

罗斯福的战争动员办公室主任詹姆斯·F.（“吉米”）伯恩斯（James F.[“Jimmy”] Byrnes，“吉米”是昵称）“敏锐地意识到，如果不制造并在战争中使用原子弹，就可能出现严重的政治问题”。伯恩斯告诉罗斯福，如果不制造和使用这些炸弹，曼哈顿计划将“受到无情的调查和批评”[②]。1945年4月12日，罗斯福去世，伯恩斯成为杜鲁门总统的国务卿。伯恩斯说，他希望尽快使用原子弹，以“显示成果”[③]。

这个答案本身就表明，美国选择向日本投放原子弹是出于政治和官僚主义的目的，而不是军事目的。然而，美国政府轰炸日本是出于军事原因，而不是为了打败日本。1944年，格罗夫斯将军透露，制造核弹的真正军事目的是征服苏联。[④]

这一事实在关于日本为什么拒绝投降的问题上变得非常清楚，即使在日本已然已被打败之后。除了在广岛原子弹爆炸前拒绝投降外，日本在广岛原子弹爆炸后也不投降。在长崎遭到轰炸后，日本甚至准备拒绝投降。

---

① 参见阿尔琼·梅基耶尼：《“永远”的目标：当美国的原子弹科学家与德国展开竞赛时，军事规划者们正把目光投向太平洋》。

② 阿尔琼·梅基耶尼：《“永远”的目标：当美国的原子弹科学家与德国展开竞赛时，军事规划者们正把目光投向太平洋》。

③ 阿尔琼·梅基耶尼：《“永远”的目标：当美国的原子弹科学家与德国展开竞赛时，军事规划者们正把目光投向太平洋》。

④ 约瑟夫·罗特莱特（Joseph Rotblat）：《离开核弹计划》（*Leaving the Bomb Project*），载《原子科学家公报》（*Bulletin of Atomic Scientists*）1985年8月。

1. 无条件投降和天皇

杜鲁门政府坚持要求日本无条件投降，日本拒绝了。这一条件被日本领导人理解为日本天皇裕仁将被废黜，并因战争罪受到起诉。对日本人来说，这是完全不能接受的。因为日本人相信他们的天皇是神，是太阳女神天照（Amaterasu）的直系后裔。①

在罗伯特·布托（Robert J.C. Butow）的经典著作《日本投降决定》（*Japan's Decision to Surrender*）里，罗伯特·布托写道："（日本人）不能做的一件事就是给天皇签署死刑令"，如果有迹象表明同盟国将采取反对天皇的措施，"那么，即使是最热心的和平倡导者也会紧随（支持战争的）狂热分子的脚步"。②约翰·丹森在《广岛神话》中写道：

> 严峻的事实是，包括天皇在内的日本军事和文职领导人都愿意在 1945 年 5 月投降，但前提是战后继续保留天皇，并且不受战争罪的审判。而早在 1945 年 5 月，杜鲁门总统就知道了这一事实。③

有人多次建议杜鲁门，应该澄清他所要求的"无条件投

---

① 约瑟夫·罗特莱特：《离开核弹计划》。

② 罗伯特·布托：《日本投降决定》(*Japan's Decision to Surrender*)，斯坦福大学出版社 1954 年，第 141 页。

③ 约翰·丹森：《广岛神话》。

降”的含义——这并不意味着失去皇位。他从民主党人、共和党人、报纸、广播节目和宗教领袖（如雷茵霍尔德·尼布尔[Reinhold Niebuhr]）那里得到了这些建议。[①]

此外，为准备波茨坦会议（7月17日至8月2日）——杜鲁门、丘吉尔和斯大林在战后就各种问题达成一致的最后一次会议——史汀生和助理战争部长约翰·麦克洛伊（John McCloy）为杜鲁门的宣言起草了草案，其中包括对天皇地位的明确保证。[②]

然而，当杜鲁门和伯恩斯撰写的《波茨坦公告》公布于众时——公开要求“日本军队无条件投降”——却没有提及保留天皇的地位。此外，公告中的主张似乎对天皇构成了威胁。[③]

考虑到伯恩斯和杜鲁门在原子弹爆炸后立即明确表示不希望天皇退位，评论家们不禁要问，为什么他们不早点这么说，从而在不使用核弹的情况下结束战争。[④]但这些评论家并不理解

---

① 加尔·阿尔佩罗维茨：《使用原子弹的决定》，第228—232、235、243、300—301页。

② 加尔·阿尔佩罗维茨：《使用原子弹的决定》，第235页。

③ 太平洋战争研究会（Pacific War Research Society）、约翰·托兰（John Toland）：《失去的日子：广岛》，（*The Day Man Lost: Hiroshima, 6 August 1945*），美国讲谈社1981年，第212—214页；《波茨坦公告》宣布：“必须永远消除那些欺骗和误导日本人民走向征服世界的人的权威和影响。所有的战犯都应受到严厉的惩罚。”

④ 参见詹姆斯·莱斯顿（James Reston）：《最后期限：回忆录》（*Deadline: A Memoir*），兰登书屋1991年；汉森·W.鲍德温（Hanson W. Baldwin）：《战争中的重大错误》（*Great Mistakes of the War*），哈珀兄弟出版社1950年）；亨利·史汀生、麦克乔治·邦迪：《积极参与和平与战争》（*On Active Services in Peace and War*），哈珀兄弟出版社1947年，第629页。

伯恩斯和杜鲁门的目的。关于这个问题有两本书的作者分析了这一目的。

马里兰大学政治经济学家加尔·阿尔佩罗维茨在《使用原子弹的决定》一书中说：

> 当美国官员决定删去有关天皇的建议措辞时，他们明白，对日本的警告（《波茨坦公告》）几乎可以肯定，是不能接受的——因此将使用原子弹。[①]

加州大学圣巴巴拉分校（University of California at Santa Barbara）历史学家长谷川刚（Tsuyoshi Hasegawa）在《与敌人赛跑》（*Racing the Enemy*）一书中更直白地阐述了这一点：

> 杜鲁门知道，无条件投降的要求，没有任何保留君主立宪制的承诺，将被日本人拒绝。他需要日本的拒绝为使用原子弹辩护。[②]

2. 杜鲁门和伯恩斯为什么要找借口？

为什么杜鲁门和伯恩斯要找借口使用原子弹呢？他们拒绝

① 加尔·阿尔佩罗维茨：《使用原子弹的决定》，第 302 页。

② 长谷川刚：《与敌人赛跑：斯大林、杜鲁门和日本投降》（*Racing the Enemy: Stalin, Truman, and the Surrender of Japan*），哈佛大学出版社 2005 年，第 292 页。

修改无条件投降的要求，丹森认为："这样就可以投放原子弹，从而向俄罗斯表明美国有了一个新的强有力的领导人。"[①] 事实上，伯恩斯告诉杜鲁门，原子弹可能会让美国在战争结束时对苏联"发号施令"。[②]

这种观点——原子弹是为了苏联人投下的——现在被广泛接受。例如，《美国的普罗米修斯》(*American Prometheus*)[③] 的作者凯·伯德和马丁·舍温说："显然，杜鲁门和他最亲密的顾问、国务卿詹姆斯·伯恩斯主要是为了阻止苏联参与对日本的占领。"[④]

四、为什么日本最终投降了?

然而，在投下原子弹之后，美国人仍然面临着如何让日本投降的问题。这本来不应该成为一个问题，因为日本人极度渴望向美国投降。为什么？因为美国人从一开始就被告知，第二颗原子弹——袭击长崎的那颗——会促使日本投降。这种观点

---

① 参见约翰·丹森:《广岛神话》。

② 加尔·阿尔佩罗维茨:《使用原子弹的决定》，第 213 页。

③ 参见凯·伯德、马丁·舍温:《美国的普罗米修斯：J. 罗伯特·奥本海默的胜利与悲剧》(*American Prometheus*: *The Triumph and Tragedy of J. Robert Oppenheimer*)，阿尔弗雷德·A. 克诺夫 (Alfred A. Knopf) 出版社 2005 年。

④ 参见凯·伯德、马丁·舍温:《广岛神话》。

在报纸、杂志和互联网上的文章中再三提到。[①] 但是学者们的观点发生了改变。

第一个阐明新观点的是新闻传奇人物穆雷·塞勒（Murray Sayle）。塞勒1995年在《纽约客》（*New Yorker*）发表的文章《原子弹结束了战争吗？》（*Did the Bomb End the War?*）中写道：

> 我曾经像其他人一样，以为是原子弹导致了投降。然而现在我知道并不是这样……苏联对满洲的入侵，才最终导致在广岛和长崎被炸之后的几天里，日本出人意料地向美国投降。[②]

这是目前学者们的主流观点。例如：

- 长谷川刚写道："如果没有苏联的加入，长崎原子弹不太可能改变局势。"[③] 长谷川刚的论点如此具有说服力，以至于说服了普利策奖获奖作品《原子弹的制造》（*The*

---

① 参见例如格兰斯（G. V. Glines）：《结束战争的炸弹》（*The Bomb that Ended the War*），载《历史网》（History Net）2006年6月12日（"实际上，长崎任务已结束了战争"）；大卫·凯泽（David Kaiser）：《美国为什么在1945年投下原子弹》（*Why the United States Dropped Atomic Bombs in 1945*），载Time.com2016年5月25日（"当时，美国投下炸弹结束了战争"）《时间表：通往广岛的道路》，美国国家公共电台2005年8月5日（"三天后，美军在日本长崎引爆了第二颗原子弹，迫使第二次世界大战结束"）；《曼哈顿计划和原子弹》（*The Manhattan Project and The Atomic Bomb*）；卡恩学会（Khan Academy）（"1945年，美国向日本投下两颗原子弹，结束了第二次世界大战"）。

② 穆雷·塞勒：《原子弹结束了战争吗？》（*Did the Bomb End the War?*），《纽约客》1995年7月31日。

③ 长谷川刚：《与敌人赛跑：斯大林、杜鲁门和日本投降》，第296—297页。

Making of the Atomic Bomb）的作者理查德·罗兹（Richard Rhodes）。罗兹说："长谷川刚改变了我的想法：日本投降的决定不是由这两起爆炸事件推动的。"[①]

- 加尔·阿尔佩罗维茨说，"直到苏联红军参战，日本才最终投降。"[②]

苏联的参战使日本人急于向美国人投降。澳大利亚作家保罗·哈姆在《广岛长崎》中写道：

> 比核武器威胁更大的——在东京看来——促使日本最终接受投降：该政权对俄罗斯令人窒息地恐惧。8月8日苏联入侵，在几天之内就摧毁了关东军的前线部队……入侵唤起了日本共产主义的幽灵。[③]

苏联的入侵的确令人恐惧，因为它的规模巨大。特里斯廷·霍珀（Tristin Hopper）解释道：

> 8月9日，广岛原子弹爆炸仅仅三天后，多达160万的苏联军队对日本在满洲的阵地发动了突然袭击……当日本帝国主义来到美国商讨投降时，他们面对的不仅仅是核

---

① 引自加雷斯·库克（Gareth Cook）：《日本为什么投降？》（*Why Did Japan Surrender?*），载Boston.com 2011年8月7日。

② 加尔·阿尔佩罗维茨：《广岛之前赢得的战争——投下原子弹的将军们知道这一点》（*The War Was Won Before Hiroshima—and the Generals Who Dropped the Bomb Knew It*），《国家》（*The Nation*）2015年8月6日。

③ 保罗·哈姆：《广岛长崎：原子弹爆炸及其后果的真实故事》，第474页。

弹，还有势不可挡的共产主义势力。[1]

然而，日本人最终投降还有第二个原因。尽管他们急于向美国投降，但无条件投降的要求却成了障碍。日本在提交投降建议时，坚持了一个条件。该条件称日本“准备接受”《波茨坦公告》的“条款”，但有一项谅解，即该公告“不包含任何有损天皇陛下特权的要求”[2]。

然而，杜鲁门政府不接受“有条件”的投降，即使它只有一个条件。美国人如何才能避免这种僵局呢？达成的解决方案是建议（用哈姆的话说）“有条件的无条件投降”。伯恩斯的任务便是写一份“作为最后通牒的妥协声明”。在假定保留天皇的前提下，伯恩斯发表的声明宣称：“天皇的权力应服从盟军最高统帅。”因此，美国人含蓄地接受了日本的条件，同时仍然称投降是无条件的。[3]

正如这段插曲所显示的：“在使用了原子弹之后，杜鲁门毫不犹豫地（阿尔佩罗维茨注意到）修改了‘无条件投降’的政策。”[4] 换句话说，坚持无条件投降只是杜鲁门和伯恩斯使用

---

① 特里斯廷·霍珀：《广岛和长崎的原子弹轰炸真的结束了战争吗？》（*Did the Atomic Bombings of Hiroshima and Nagasaki Really End the War?*），载《国家邮报》（*The National Post*）2017 年 8 月 4 日。

② 奥利弗·斯通（Oliver Stone）、彼得·库兹尼克（Peter Kuznick）：《美国不为人知的历史》（*The Untold History of the United States*），画廊图书（Gallery Books）2012 年，第 173 页。

③ 保罗·哈姆：《长崎广岛：原子弹爆炸及其后果的真实故事》，第 386、480 页。

④ 加尔·阿尔佩罗维茨：《使用原子弹的决定》，第 39 页。

原子弹的借口。事实上，据《历史频道》（*History Channel*）报道："（波茨坦会议的）领导人发表声明，要求日本'无条件投降'，掩盖了他们私下同意让日本保留天皇的事实。"[①]

五、美国的道德

杜鲁门政府有理由制造和使用核武器，但这些理由甚至都不足以证明美国的决定是合理的。这些决定不仅造成了大量日本平民的痛苦和不必要的死亡，而且还使美国丧失了声誉，世界面临巨大的风险。

关于美国的声誉：

- 希利上将说："未来核战争的致命可能性令人恐惧。我个人的感觉是，作为第一个使用它的人，我们采用了黑暗时代（the Dark Ages）野蛮人共有的道德标准。"[②]
- 据《基督教世纪报》（*Christian Century*）一篇名为《美国的原子暴行》（*America's Atomic*）的文章称，爆炸事件让美国处于"站不住脚的道德立场"[③]。
- 美国广播公司（ABC）颇受欢迎的播音员雷蒙德·斯温（Raymond Swing）说："在使用原子弹的过程中，我

---

① 《历史频道》"波茨坦会议"，载 www.history.com。
② 莱西：《我在那里》（*I Was There*），第 441 页。
③ 保罗·哈姆：《长崎广岛：原子弹爆炸及其后果的真实故事》，第 461 页。

们成了地球上战争中最无情的国家。”[①]

关于风险：

- 曼哈顿计划发起者之一的利奥·西拉德（Leo Szilard）说：“通过展示核弹，并在对日战争中使用它，我们可能会在美俄之间启动一场核军备竞赛，并最终导致两国的毁灭。”[②]
- 当时六名“智者”之一[③]的乔治·凯南（George Kennan）写道：“随时准备对其他人类使用核武器……这样做，将危及所有文明赖以生存的自然结构……这简直就是一种放肆、一种亵渎、一种侮辱——一种骇人听闻的侮辱。[④]

此外，还有最后一个可怕的行动：美国陆军航空兵司令亨利·“哈皮”·阿诺德（Henry “Hap” Arnold）希望上演一场大结局。因此，他请求并得到发动大规模空袭的许可。这次突袭发生在日本“通过全世界每个国家广播他们的投降提议”之后，但是“在消息通过官方渠道传到华盛顿之前”。阿诺德派 1014 架飞机在日本最大的岛屿本州岛空投了 6000 吨常规

---

① 保罗·哈姆：《长崎广岛：原子弹爆炸及其后果的真实故事》，第 473 页。

② 保罗·哈姆：《长崎广岛：原子弹爆炸及其后果的真实故事》，第 186 页。

③ 参见沃尔特·艾萨克森（Walter Isaacson）、埃文·托马斯（Evan Thomas）：《智者：六个朋友和他们创造的世界》（*The Wise Men*：*Six Friends and the World They Made*），西蒙和舒斯特出版社 1986 年。

④ 加尔·阿尔佩罗维茨：《使用原子弹的决定》，第 627 页。

炸药。①

结 论

美国发展轨迹中的这段历史进一步证明，人们并不认为这个国家是神圣的，甚至在任何积极意义上都是道德例外的。与事实恰恰相反：美国是极其不道德的。如果美国人意识到，尽管明知原子弹对结束战争没有必要，但还是选择让 50 万日本平民痛苦地死去，他们还能声称他们的国家受到上帝的特别指引吗？如果美国人意识到，他们的政府明知日本人已经宣布投降，却允许陆军航空兵向日本再投下数千枚炸弹，他们的国家还能宣称道德高尚吗？

---

① 加尔·阿尔佩罗维茨：《使用原子弹的决定》，第 419 页；巴顿·J. 伯恩斯坦（Barton J. Bernstein）：《投降的危险和政治：结束对日战争和避免第三颗原子弹》（*The Perils and Politics of Surrender: Ending the War with Japan and Avoiding the Third Atomic Bomb*），《太平洋历史评论》（*Pacific Historical Review*）1977 年 2 月；W. F. 克雷文（W. F. Craven）、J. L. 凯特（J. L. Cate）：《第二次世界大战陆军航空兵·第 5 卷·太平洋：1944 年 6 月至 1945 年 8 月从马特洪峰到长崎》（*The Army Air Forces in World War II: Volume Five: The Pacific: Matterhorn to Nagasaki June 1944 to August 1945*），芝加哥 1953 年，第 732—733 页。

第 7 章　联合国

按照诺奇的说法，虽然人类的弱点肯定在国际联盟的失败中发挥了作用，但主要问题是“联盟制度本身的致命缺陷”——“集体安全理论与无政府国际制度中采取行动的必要性之间的矛盾”①。

一、克服全球无政府状态的更多建议

这一认识促使许多思想家提出创建一个能够真正克服这个制度缺陷的组织。

1. G. 洛斯 · 狄金森

也许这类论著中最著名的是 G. 洛斯 · 狄金森（G. Lowes Dickinson）1926 年的著作《1904—1914 年国际无政府状态》，

① F. S. 诺奇：《国际联盟：1920—1946 年的生活与时代》（*The League of Nations: Its Life and Times 1920–1946*），纽约：霍姆斯与迈耶（Holmes and Meier）出版社 1986 年，第 73 页。

这本书使“国际无政府状态”一词广为人知。[①]狄金森说，我们不应只关注导致特定战争的特定原因，而应关注所有战争的根本原因，即国际无政府状态。认为战争不可避免是错误的，因为“无论何时何地，只要武装国家的无政府状态存在，战争就不可避免”[②]。

狄金森认为，这种有条件的必然性的延续不再为人们所接受，因为技术使战争已经变得如此具有破坏性。尽管人类文明迄今在战争中幸存下来，但“未来的生存已不可指望”[③]。应该指出，这是在原子武器发明20年之前写的。根据对战争问题及其严重性的分析，狄金森说：

> 拯救的途径是把国际联盟发展成一个真正的国际机构，以便为了和平的利益控制所有国家的政策……战争留下的法律空间必须被关闭……因此，应该有一个和平解决所有争端的完整机制……这里必须做出安排，公平分配重要的原材料……最重要的是，必须进行全面的裁军。[④]

当然，一个主要问题是，无论是新兴的美利坚帝国，还

---

① 赫德利·布尔（Hedley Bull）：《无政府主义社会：世界政治秩序研究》（*The Anarchical Society: A Study of Order in World Politics*），伦敦：麦克米伦出版社（Macmillan）1977年，第46页。

② G.洛斯·狄金森：《1904—1914年的国际无政府状态》（*The International Anarchy, 1904–1914*）伦敦：艾伦和安文（Allen and Unwin）出版社1926年、1937年，第2、ix页。

③ G.洛斯·狄金森：《1904—1914年的国际无政府状态》，第9页。

④ G.洛斯·狄金森：《1904—1914年的国际无政府状态》，第493页。

是狄金森所属的大英帝国，都不希望“重要原材料得到公平分配”。帝国主义的主要目的就是要获得这些材料的绝大部分。然而，一些国际关系学者认为，可能会有一种狄金森式的安排。

2. 弗雷德里克·舒曼和乔治·施瓦岑伯格

在非常成功的国际关系教科书《国际政治》（*International Politics*）中，弗雷德里克·舒曼（Frederick Schuman）和狄金森一样，认为战争不能通过裁军、仲裁、裁决、和解或集体安全的尝试来消除。舒曼是“政治现实主义”学派的成员，该学派强调国际无政府状态是战争的根本原因。尽管大多数现实主义者追随霍布斯，拒绝以全球政府战胜战争的呼吁，但舒曼主张通过世界联盟的方式实现世界政治统一，从而克服“西方国家制度”[①]。

另一个主要的政治现实主义者是乔治·施瓦岑贝格（Georg Schwarzenberger）。在 1941 年出版的《强权政治》（*Power Politics*）一书中，他说，因为“强权政治、国际无政府状态和战争是不可分割的”，所以“（战争的）解药便是国际政府”。[②]

---

① 弗雷德里克·L. 舒曼（Frederick L. Schuman）:《国际政治：西方国家制度》(*International Politics: An Introduction to the Western State System*)，纽约：麦格劳 – 希尔出版社（McGraw-Hill）1933 年，第 642、661—663、828—830 页。舒曼在随后的文章中继续肯定了这一观点，参见出版于 1969 年第 7 版，其他书籍也有。

② 乔治·施瓦岑贝格:《强权政治：国际关系和战后规划研究导论》(*Power Politics: An Introduction to the Study of International Relations and Post-War Planning*)，伦敦：J. 凯普（J. Cape）出版社 1941 年，第 399、430 页。

他所说的国际政府是指“世界国家”，最好是联邦制国家。[①]

3. 一个广泛的共识

这里可以举出许多其他的例子。但比个别思想家的观点更重要的是在“二战”爆发后形成的一种广泛共识，即需要建立一个比联盟强大得多的组织。事实上，罗伯特·希尔德布兰德（Robert Hilderbrand）在关于联合国起源的著作《敦巴顿橡树园》（*Dumbarton Oaks*）中表示，联盟“（完全）是失败的……它的主要作用……就是为新组织不该做什么做了一个榜样”[②]。特别是，诺奇说，“人们普遍认为联盟失败的原因是缺少‘牙齿’……新的世界组织需要以截然不同的方式创建”[③]。

此外，人们普遍认为，建立这样一个截然不同的组织意味着最终将克服国际无政府状态。用诺奇的话来说：

> 国际联盟显然不是一个超级国家，正因为如此，在1944年，当联合起来打败轴心国的联合国部队开会时……受到启发的国际联盟计划的继任者认为，国际联盟之所以失败了，是因为它不是一个超级国家。如果在未来的道路上能阻止像纳粹德国这样强大的侵略国家，就必须

① 乔治·施瓦岑贝格：《权力政治：国际关系和战后规划研究导论》，第401—404页。

② 罗伯特·希尔德布兰德：《敦巴顿橡树园：联合国的起源与战后安全探索》（*Dumbarton Oaks: The Origins of the United Nations and the Search for Postwar Security*），教堂山：北卡罗来纳大学出版社1990年，第1页。

③ F. S. 诺奇：《国际联盟：1920—1946年的生活与时代》，第278、279页。

建立一个超级国家。[①]

创建这样一个组织的意图确实存在。希尔德布兰德写道："正如最初在四大国进行过的尝试一样，使联合国成立的梦想成了实现持久和平的愿景。"[②]

在第二次世界大战还在进行的时候，美国国务院——如第四章所讨论的那样——参与了对战后世界的密集规划。这一规划的核心部分涉及一个组织的构想，该组织后来被称为联合国组织（United Nations Organization）（现在通常简称为联合国［United Nations，或 UN］）。按照最初的设想，它将是一个以维持和平为宗旨的组织。但显然，该组织自 1945 年成立以来没有这样做。

联合国甚至没有对美国外交政策产生任何实质性影响。美国继续对外国进行干预，而且干预更为隐秘（至少直到最近），并通常是通过刚成立的中央情报局进行的。[③] 否则，美国就会以联合国为借口进行大规模干预。最近，美国在没有获得联合国授权的情况下，仍然做了自己想做的事情。

在美国，特别是近年来，批评联合国是一个低效率组织

---

① F. S. 诺奇：《国际联盟：1920—1946 年的生活与时代》，第 51 页。

② 罗伯特·希尔德布兰德：《敦巴顿橡树园：联合国的起源与战后安全探索》，第 ix 页。

③ 参见托马斯·坎贝尔（Thomas Campbell）：《伪装的和平：1944—1945 年美国的联合国政策》（*Masquerade Peace: America's UN Policy, 1944–1945*），塔拉哈西：佛罗里达州立大学出版社 1973 年。作者认为美国政府在 1944 年和 1945 年的目标，已经"让联合国的政策披上了威尔逊主义外衣，并为美国人民所接受"，此后不久，杜鲁门政府打着"联合国的旗号，建立了一个反共的西方联盟"。

的声音一直很普遍。这些批评大多暗示问题的根源在于联合国的人员——没有有效地利用手中的资源。然而，联合国在维护和平和遏制帝国主义方面的软弱无能，其根源主要在于《联合国宪章》。导致联合国低效的主要原因是它的设计者有意所为，因为它的主要设计者就是美国。

为了解为什么联合国在主要既定目标方面总是失败——“为了将一代代人从战祸中拯救出来”——有必要了解为什么联合国的构成比例是一个错失机会的悲剧，以及历史上导致这个事件发生所进行的讨论并因此产生的主要问题。[①]

二、联合国为何失败

当然，联合国没有带来持久的和平。的确，诺奇在 1986 年写道：“联合国（在维护和平方面）几乎和 20 世纪 30 年代末的联盟一样，都是一项注定要失败的事业。”[②] 为什么?

1. 战后大国的野心

正如希尔德布兰德所指出的：“设立（联合国）的最终计划损害了大国最初设想这个最大特点，从而使建立一个更强大

---

① 需要强调的是，联合国的首要宗旨是防止战争，其次是保护人权。在这些领域，它基本上是失败的。然而，联合国有些机构的工作做得非常出色。

② F. S. 诺奇：《国际联盟：1920—1946 年的生活与时代》，第 1 页。

的联合国变得不可能。”[1] 为什么会发生这种变化呢?

> 美国、英国和苏联认为，由于其自身的利益太重要了，所以不能托付给一个世界机构，因为一个国际维和机构的战时梦想可能会干扰它们自身的民族主义霸权梦……随着战后时期的来临，对这些大国来说，其他问题，尤其是保护它们的主权和行动自由，似乎比永久和平更重要。[2]

希尔德布兰德强调了这一中心观点：“这个新组织的政治困境核心在于大国本身战后野心的膨胀。”[3] 例如美国希望能够“接管太平洋上的战略岛屿和基地”，而“斯大林将苏联领导的共产主义在东欧的霸权视为他在战后最重要的目标”[4]。简而言之：

> “三巨头”认为，保卫自己的安全、保护自己的利益以及享受在世界大战中取得的胜利果实，比建立一个维护未来世界和平的国际组织更为重要。[5]

希尔德布兰德答案的重要意义怎么强调都不为过。他的答案意味着自 1945 年以来，世界经历了朝鲜战争、越南战争、

---

① F. S. 诺奇:《国际联盟：1920—1946 年的生活与时代》，第 ix 页。
② F. S. 诺奇:《国际联盟：1920—1946 年的生活与时代》，第 x、3 页。
③ F. S. 诺奇:《国际联盟：1920—1946 年的生活与时代》，第 246 页。
④ F. S. 诺奇:《国际联盟：1920—1946 年的生活与时代》，第 170、215 页。
⑤ F. S. 诺奇:《国际联盟：1920—1946 年的生活与时代》，第 246 页。

尼加拉瓜战争、伊萨瓦尔多战争、巴尔干半岛战争、伊拉克战争、叙利亚战争、巴以冲突和其他地区的流血冲突，以及伊朗、尼加拉瓜、智利、希腊的政变和屠杀。这并不是因为大国领导人发现维持和平不可能，而是因为他们就像佩恩、卢梭和康德时代的君主，不愿为了和平而放弃自己的“行动自由”和“霸权梦”。

希尔德布兰德答案的含义之一是，大多数对联合国除战争与和平以外问题的批评反映了对联合国意图的误解。

> 联合国的缺点不是由于其实际操作失败而产生的，而是各大国在 1944 年夏天计划设立这个世界机构进行谈判时有意为之的一部分。①

联合国一直未能维持和平，是因为它被蓄意剥夺了这样做的权力。希尔德布兰德关于敦巴顿橡树园会议的书，解释了“世界和平的战时梦想是如何使一个战后组织缺乏实现这一梦想的权威计划的”②。1944 年夏天，在敦巴顿橡树园会议上（在战争正式结束之前），各大国就联合国进行了基本构想（这些构想被带到 1945 年在旧金山召开的会议上，届时联合国在旧金山成立）。

---

① F. S. 诺奇：《国际联盟：1920—1946 年的生活与时代》，第 x 页。

② F. S. 诺奇：《国际联盟：1920—1946 年的生活与时代》，第 x 页。

2. 从梦想到现实的转变

综合佩恩、卢梭、康德、洛里默、奥本海姆、狄金森、舒曼和施瓦岑贝格等人著作的观点，为我们列出了一个能够维持和平的组织所需要的要素。它需要行政、立法和（强制）司法权；需要征税和维持自己的军事或警察部队的权力，以便各国能够解除武装（裁军）。总之，它需要作为一个超级国家（立法机构由所有国家的成员组成，如果行政权由总理而不是总统行使，如果行政权轮流行使，那么超级国家垄断军事权力就不是一种不可接受的威胁；参见结论中的最后陈述）。这是最初的梦想。然而：

> 随着战争接近尾声，大国们开始怀疑是否真的想要建立一个拥有如此强大力量的组织，难道这不能用来对付自己吗？

因此它们转而提出了“建立一个对它们威胁较小的复兴国际联盟”的想法。[①]

在阅读希尔德布兰德的书时，我们可以看到，面对一个又一个问题，大国有意做了一切可能的事情以便阻止联合国成为任何一个超级国家。例如就该组织的名称而言，苏联谈判代表安德烈·格罗米科（Andrei Gromyko）“提出了‘世界联盟’这个名称”，但这“太像是一个超级大国，不符合美国

① F. S. 诺奇：《国际联盟：1920—1946 年的生活与时代》，第 3 页。

人的口味”。[①]

拒绝“一个建立在所有国家平等基础上的全球维和组织——一个‘世界联盟’——可能会威胁到它们的利益和主导地位”，大国选择了“一个它们能够控制的组织，至少在涉及切身利益的情况下”。[②]一个“它们可以控制的组织”将是一个没有以下所列几点特性的组织。特别是：

(1) **联合国无权向全世界公民征税，需要靠成员国交会费运转。**因此，如果美国不喜欢联合国的某些政策，它可以不交或拖延会费，直到该政策得到修改。当然，这种做法是《联合国宪章》所禁止的。该宪章规定，任何严重拖欠会费的国家都将失去在联合国大会中的投票权。但是，尽管美国一直严重拖欠会费，但它从来没有受到这样的惩罚。没有资金，联合国就无法独立于最强大的国家，尤其是美国：美国是迄今为止最大的经济体，为联合国提供了四分之一的预算。查尔斯·威廉·梅恩斯（Charles William Maynes）明确指出，美国由此具备了约束而非被约束联合国的能力。梅恩斯曾在卡特政府担任助理国务卿，负责监督美国对联合国的政策。梅恩斯说，美国应该是一个“富有同情心但又严厉的家长……面对联合国，你不能给这个依赖你的孩子想要的一切”[③]。

---

① F. S. 诺奇：《国际联盟：1920—1946 年的生活与时代》，第 105 页。

② F. S. 诺奇：《国际联盟：1920—1946 年的生活与时代》，第 3 页。

③ 参见梅恩斯在采访中的发言，引自琳达·M. 法苏洛（Linda M. Fasulo）：《代表美国》（*Representing America*），纽约：普莱格出版社 1984 年，第 285 页；参见罗斯玛丽·赖特（Rosemary Righter）：《失落的乌托邦：联合国与世界秩序》（*Utopia Lost: The United Nations and World Order*），纽约：20 世纪基金 1995 年。

（2）**联合国没有自己的警察或军队。**苏联和英美的许多分析人士认为，“缺乏国际警察部队是国际联盟垮台的主要原因”。但罗斯福表示：“我们没有考虑建立一个拥有自己的警察力量和其他强制权力工具的超级国家。”[①] 联合国甚至没有权力命令各国为特定行动提供公平数量的部队。相反，任何国家都不能在未经其同意的情况下被迫提供部队。因此，联合国只能发挥会员国愿意提供的军事力量。

苏联提出的一个折中方案是“建立一支国际空军来惩罚侵略者国家”。这支部队具有吸引人的特点：“它可以迅速做出反应，用强大的力量对付一个有罪的国家。”而且它需要的人员相对较少，因此成本较低，并且允许每个国家将大部分军队留在国内。但美国否决了这一提议，原因是五角大楼担心即便是这样，也会“对美国的主权和行动自由构成威胁”[②]。由于前两点——

（3）**联合国不能为各国提供安全保障，因此没有解除武装的基础条件。**事实上，与国际联盟不同的是，《联合国宪章》甚至没有将裁军作为未来的目标，也没有提到管制武装部队的规模或武器的制造和销售。[③]

（4）**联合国没有权力阻止战争。**困扰国际联盟的主要弱点——缺乏“牙齿”——已由具有采取军事行动权力的安全理

① 罗伯特·希尔德布兰德，《敦巴顿橡树园：联合国的起源与战后安全探索》，第 65、140 页。

② F. S. 诺奇：《国际联盟：1920—1946 年的生活与时代》，第 142—143 页。

③ F. S. 诺奇：《国际联盟：1920—1946 年的生活与时代》，第 161—163 页。

事会的设立加以解决。然而，两项重大决定意味着安全理事会维持和平的能力受到严重限制。第一个决定是，安全理事会无权在敌对行动爆发之前强行建立太平洋定居点。英国和美国都担心赋予该委员会这种警察职能“将使该组织变得过于接近一个国际超级大国”[①]。

（5）**大国给予自己的否决权。**安全理事会的第二个决定性决定涉及谈判中最具争议的问题：否决权。正如我们所看到的，国际联盟的瘫痪在很大程度上是由于每个国家都有否决权这一事实造成的。参与联合国成立的四个大国没有重蹈覆辙。但是，它们也不同意安全理事会的所有决定都由大多数甚至三分之二的成员做出。相反，这四个大国让自己（连同法国）[②]成为安全理事会的常任理事国，然后将否决权赋予安全理事会的所有常任理事国——即使它们是争端的一方，也可以行使否决权。反对这一规则的人指出，这将使联合国在与大国的关系中变得软弱无能，其做出的决定只适合在较小的国家实施。[③]尽管如此，最终还是做出了这个决定——让联合国成为大国帝国主义的一个有用工具。

（6）**这里没有被授权通过法律的立法机构。**建立一个以法律而非武力为基础的世界的建议，应该包括一个全球立法机

---

① F. S. 诺奇：《国际联盟：1920—1946 年的生活与时代》，第 130—133 页。

② 当时无论是中国还是法国都不是真正的强国，但美国坚持要将中国纳入安理会常任理事国。英国认为（可能是正确的），既然美国的动机是想自动进行第二次投票（当时人们仍然认为美国支持的民族主义者会打败共产党），因此坚持要把法国也纳入常任理事国，并指望法国投票。

③ 罗伯特·希尔德布兰德：《敦巴顿橡树园：联合国的起源与战后安全探索》，第 183—184 页。

构，以便可以通过所有国家都必须遵守的法律。然而，目前只有 15 个成员的安全理事会获得了强制权力。由各国代表参加的联合国大会不能通过法律，只能通过“决议”。“只有在安理会决定执行这些决议时，这些决议才会得到执行。”

(7) **世界法院没有权力。**世界法律的另一个主要基础是建立一个具有强制性管辖权和强制命令权的世界法院。1945 年在旧金山举行的会议制定了宪章的最终文本，许多与会者强烈要求将安全理事会作为法院裁决的执行机构。然而：

> 与会者［因此］威胁要用一个或多或少独立的法学家小组的法律权威来取代大国的政治霸权……这样一项规定将使否决权在法院做出裁决后变得毫无意义……此外，强制执行法院的判决将给这个新组织带来太多的超国家因素，这是［英国、苏联和美国］希望避免的。[①]

这些大国想避免的一切都被避免了。因此，世界法院基本上无能为力。它的决定只有在安全理事会所有常任理事国都希望得到执行时才可能得到执行，这使执行变得非常武断。

结 论

通过这些决定，联合国得到了“牙齿”，但不是“维持永

① F. S. 诺奇：《国际联盟：1920—1946 年的生活与时代》，第 119 页。

久和平所需的牙齿”。更广泛地说，在旧金山成立的联合国组织与最初所主张的想法大相径庭。但这并不是因为这个想法不切实际。这里再重复希尔德布兰德的结论：

> 美国、英国和苏联认为，由于其自身的利益太重要了，以至于不能托付给一个世界机构，因为一个国际维和机构的战时梦想可能会干扰它们自身的民族主义霸权梦……随着战后时期的临近，对这些大国来说，其他问题，尤其是保护它们自己的主权和行动自由，似乎比永久和平更重要。①

正如希尔德布兰德所指出的那样，三巨头在敦巴顿橡树园为联合国确定的基本理念，即法定的惩罚：“种瓜得瓜，种豆得豆。”

因为这三个大国决定维持无政府主义秩序，以便能够继续利用它们的权力来促进各自的利益，所以世界收获了：(1) 冷战；(2) 一场很容易导致核灭绝的核军备竞赛，现在仍然有可能；(3) 数十场热战，给许多国家包括朝鲜、越南、中美洲、塞尔维亚、阿富汗、伊拉克、叙利亚等国带来了难以形容的苦难；(4) 美国致力于以全球美利坚帝国的暴政取代全球无政府状态；(5) 全球生态危机，特别是全球气候变化，如果持续下去，将带来文明的结束。

---

① F. S. 诺奇：《国际联盟：1920—1946 年的生活与时代》，第 x、3 页。

第 8 章　制造冷战

相对于世界上所有其他国家，美国从第二次世界大战中崛起，并拥有了巨大的经济和军事实力。美国宣称，在某种程度上甚至相信，自己正在运用这种力量来达到道德目的。在准备检查一些记录时，我们应该记得，如果一个观点是道德的，那么在某种程度上它应该与理想观察者的完美知识、仁慈和同情心接近。

试图尽可能接近这一观点的人类将寻求各种相关事实包括所有受影响方的观点，以便获得公正的理解，然后询问哪些政策将真正促进所有受影响方的利益，将人类遭受的痛苦降到最低。要做到这一点，人类最好的办法就是从世界各地的人民那里收集信息，然后根据由这些不同民族的代表组成的机构民主做出的决定制定政策。通过这种方式，可以部分克服大多数人的无知、以自我为中心和对他人福祉的漠不关心，而这些正是人类所表现出来的典型特征。

尽管联合国有种种缺陷，但它提供了一种可以朝这个方向采取行动的手段。美国领导人本可以定期与联合国大会就如何更好地行使其战后的重大权力进行磋商，但美国领导人想当然地认为，已经知道或者能够弄清楚什么样的政策对世界各国人民是最好的——同时，这些政策也恰好符合美国人民的利益，至少其中有价值的那部分。因此，美国的政客们开始在同样严重的无知、以自我为中心和冷漠的基础上，利用其巨大的权力重塑世界。这种结合的破坏性由于所谓冷战的兴起而增加。

关于冷战，有说始于 1950 年，也有说始于 1947 年或更早的 1945 年。这个日期难以确定的原因之一是，正如第三章所讨论的，美国与社会主义、共产主义和俄罗斯的斗争实际上始于 1917 年布尔什维克革命之后。就像第三章所解释的，伍德罗·威尔逊总统说，必须优先考虑“把布尔什维克主义排除在欧洲其他地区之外”[①]。1918 年，威尔逊违反了他著名的“十四点”中的第六点——美国将促进“俄罗斯在不受阻碍、不干涉的情况下独立决定自身政治发展的机会”[②]——在第三章中提到，威尔逊派遣数千军队进入俄罗斯的东部和北部地区，直到 1920 年才离开。[③]1919 年，威尔逊的粮食部长赫伯特·胡佛利用粮食封锁推翻了匈牙利的共产主义政府。[④] 在美国国内，威尔

① 戴维·施密茨：《感谢上帝，他们站在我们这边：1921—1965 年美国和右翼独裁政权》，第 14 页。

② 沃尔特·拉菲贝尔：《美国时代：1750 年以来的美国外交政策》第 2 版，纽约：诺顿出版社 1993 年，第 291 页。

③ 关于这次干涉，参见大卫·福格莱松（David Foglesong）：《美国对布尔什维克主义的秘密战争：1917—1920 年美国对俄国内战的干涉》（*America's Secret War against Bolshevism: U. S. Intervention in the Russian Civil War, 1917–1920*），教堂山：北卡罗来纳大学出版社 1995 年。

④ 沃尔特·拉菲贝尔：《美国时代：1750 年以来的美国外交政策》，第 301 页；戴维·施密茨：《感谢上帝，他们站在我们这边：1921—1965 年美国和右翼独裁政权》，第 19 页；参见弗兰克·柯斯蒂里拉（Frank Costigliola）：《棘手的统治：1919—1933 年美国与欧洲的政治、经济和文化关系》（*Awkward Dominion: American Political, Economic, and Cultural Relations with Europe*），伊萨卡：康奈尔大学出版社 1984 年，第 52—53 页。

逊指责“列宁的信徒在我们中间”散布“混乱的毒药，叛乱的毒药”[①]，从而帮助并煽动了 1919—1920 年的红色恐怖。

就像第三章进一步解释的那样，红色恐怖的重要性是不可估量的。因为正如戴维·施密茨所指出的那样，它帮助美国迎来了 12 年的哈定—柯立芝—胡佛时期。在这段时期里，“对革命和激进思想的恐惧成为美国思想的一个固有组成部分”——长期以来，美国领导人一直认为支持右翼独裁者是较轻的一种罪恶。[②]

对共产主义的反对不仅为对墨索里尼的支持提供了理由，也为在意大利、法国和菲律宾等国让法西斯分子重新掌权找到了理由。此外，尽管苏联在对抗轴心国的战争中正式成为盟友，但美国对待它更像是敌人，把它排除在意大利和日本之外，并拒绝给它预期的战争赔款。

鉴于所有这些事实，如果“冷战”一词指的是实际的政治敌对，那么“冷战”的开始就没有准确的日期。然而，如果“冷战”一词的意思是相互公开承认这种敌意，同时利用这种相互敌意来为政策辩护，我们可以说冷战开始于 1945 年至 1947 年之间的某个时间，然后在 1950 年完全合理化，至少在美国方面是这样。本章着眼于这一时期。

---

① 沃尔特·拉菲贝尔：《美国时代：1750 年以来的美国外交政策》，第 310 页。

② 戴维·施密茨：《感谢上帝，他们站在我们这边：1921—1965 年美国和右翼独裁政权》，第 15 页。

一、早期的步骤

正如我们在第二章中所看到的，华盛顿在第一次世界大战期间采取了若干行动。回顾起来，这些行动可以认为是走向冷战的第一步，特别是在涉及利益方面采用双重标准的行动。战后，华盛顿又采取了几次类似的步骤。

重要的是要认识到，在每种情况下，都是华盛顿挑起了敌意。戈尔·维达尔（Gore Vidal）认为，美国人的自我形象主要建立在各种神话之上，其中之一就是“苏联人开启了冷战”[①]。然而，记录显示，冷战基本上是美国人一手造成的。可以肯定的是，人们仍然可以读到美国官方历史学家撰写的冷战历史。这些历史继续把责任推到斯大林和（或）共产主义意识形态头上。[②]但这些说法与事实相矛盾。

① 戈尔·维达尔：《战争梦想：为石油流血与切尼—布什政权》（*Dreaming War: Blood for Oil and the Cheney-Bush Junta*），纽约：雷霆之口/国家图书（Hunder's Mouth/Nation）2002年，第75页。

② 约翰·路易斯·加迪斯（John Lewis Gaddis）的《我们现在知道：反思冷战历史》（*We Now Know: Rethinking Cold War History*）就是一个著名的例子（牛津：牛津大学出版社1997年）。梅尔文·P.莱弗勒（Melvyn P. Leffler）在题为《冷战：我们现在知道了什么？》（*The Cold War: What Do "We Now Know"?*）（载《美国历史评论》[*American Historical Review*]104期，1999年4月）一文中对加迪斯的书进行了猛烈抨击。沃尔特·拉菲贝尔在《美国、俄罗斯和1945—2006年的冷战》（*America, Russia, and the Cold War 1945–2006*）（麦格劳—希尔出版集团2006年第10版）中对加迪斯的观点进行了含蓄的批评。加迪斯和拉菲贝尔的书不同之处在于，后者引用了大量证据。

1. 美国的原子能政策

杜鲁门政府对原子能政策的改变是导致冷战的另一步骤。斯大林和美国国务卿詹姆斯 ·F. 伯恩斯此前曾同意将原子能政策置于国际控制之下。1946 年，在迪安 · 艾奇逊担任国务卿之前，他就制定了这样一项计划，准备提交给联合国。杜鲁门把陈述的任务交给了 75 岁的千万富翁伯纳德 · 巴鲁克（Bernard Baruch）——认为自己太重要了，不能仅仅是一个“送信男孩”——要求有修改计划的权利。

艾奇逊正确地预测到，这些将原子能政策完全置于美国控制之下的修改，“毋庸置疑地会使俄罗斯接受的可能性遭到破坏”[①]。然而，尽管有人对此提出了警告，但杜鲁门政府还是启动了一场核军备竞赛，并且拒绝回头。事实上，美国将利用苏联拒绝接受“巴鲁克计划”，作为共产党背叛的证据。

---

① 沃尔特 · 艾萨克森、埃文 · 托马斯：《智者：六个朋友和他们所建立的世界：艾奇逊、博伦、哈里曼、凯南、洛维特、麦克洛伊》，第 360—361 页；沃尔特 · 拉菲贝尔：《美国时代：1750 年以来的美国外交政策》，第 447 页。在 1946 年的一次演讲中，斯大林说社会主义优于资本主义，并宣布苏联不会向世界开放市场、与世界银行和国际货币基金组织合作。被推荐的帝国智囊团，建立了著名的布雷顿森林体系，以确保一个开放的资本主义世界。美国主要的思想家歇斯底里地回应称，斯大林的演讲是“第三次世界大战的宣言”。参见沃尔特 · 拉菲贝尔：《美国时代：1750 年以来的美国外交政策》，第 410 页；理查德 ·J. 巴内特（Richard J. Barnet）：《火箭的红色光芒：当美国开战时》（*The Rockets'Red Glare：When America Goes to War*），纽约：西蒙和舒斯特出版社 1990 年，第 257、260 页。此后不久，丘吉尔发表了著名的《铁幕》（*Iron Curtain*）演讲。他在演讲中说，上帝希望盎格鲁—撒克逊国家首先获得原子弹。斯大林驳斥了这个说英语的人要“决定整个世界的命运”的种族主义观点。

2. 土耳其和达达尼尔海峡

制造冷战的另一个步骤是杜鲁门政府拒绝兑现罗斯福对斯大林的承诺。其中一个承诺就是俄罗斯可以进入达达尼尔海峡，这将为俄罗斯船只提供一条从黑海到地中海的通道。但1946年，当斯大林向土耳其施压，要求联合控制达达尼尔海峡时，杜鲁门政府鼓动土耳其拒绝，并派遣了一艘巨型航空母舰来表明这一立场。[①]

二、对苏赔款和德国的分裂

另一个问题涉及战争赔款。德国的入侵摧毁了苏联的工业机器，因此斯大林需要从德国得到大笔赔款来重建被摧毁的苏联经济。但是，尽管波茨坦会议批准了盟国政府的赔款要求，随后又批准了希腊、以色列、荷兰和波兰等其他国家的赔款申请，但苏联的请求却遭到了拒绝。

斯大林唯一的解决办法便是从美国获得贷款，但美国官员“拒绝讨论战后对俄罗斯的援助，除非苏联按照《大西洋宪章》的要求从实质上开放东欧”。在斯大林看来，这一拒绝让他只有一个选择：

---

① 沃尔特·拉菲贝尔：《美国时代：1750年以来的美国外交政策》，第445—446页；沃尔特·拉菲贝尔等：《美国世纪：1941年以来的美国历史》，第315页。

> 对东欧（包括东德）施加更加严密的控制，将东欧变成德国与苏联之间由俄罗斯主导的缓冲区，而且为了俄罗斯的利益，东欧还将被迫放弃其工业。[①]

此外，尽管这种对东德以及柏林墙的控制在西方被描绘成苏联背信弃义的象征，但卡罗琳·伍兹·艾森伯格（Carolyn Woods Eisenberg）表示，“德国的分裂从根本上是美国的决定”。她继续说道：

> 苏联强烈反对对德国的分裂，因为结果是将其排除在该国人口最多、实力最强、最富裕的地区之外……罗斯福总统已经将美国的政策转向去工业化和实施严厉改革的计划方面。这看上去似乎符合斯大林的经济和安全要求。[②]

但随着罗斯福的去世，美国的保守派接管了美对德政策，“决心重建战后的德国，使其能够与欧洲的资本主义经济融合”。

1947 年他们做出了最后决定。欧洲爆发的一场新的经济危机使美国人认为，美国要想保住其在欧洲的经济帝国地位，就

---

① 沃尔特·拉菲贝尔等：《美国世纪：1941 年以来的美国历史》，第 298 页。

② 参见卡罗琳·伍兹·艾森伯格：《底线：1944—1949 年美国分裂德国的决定》（*Drawing the Line: The American Decision to Divide Germany, 1944–1949*），剑桥：剑桥大学出版社 1996 年。

必须通过大幅增加在德国的生产，而这就需要美国巨大的援助（马歇尔计划，见下文）和摆脱苏联的控制[①]，正是这两者促成了德国的分裂。

三、日本翻天覆地的变化：1945年至1950年

美国以其在欧洲的行为为例，优先权也体现在战后占领日本期间的行为上，尤其是1947年著名的“逆向路线”。在此之前，在拉菲贝尔所谓的“第一次占领”期间，美国的政策旨在惩罚和改革。惩罚包括向遭受破坏的国家赔款，以及清算被认为犯有战争罪的个人。旨在防止日本军国主义在未来爆发的改革，包括使政治制度民主化，解散从日本军国主义中获益的大型金融机构（财阀），以及实际上解散军队。

1. 从惩罚到经济复苏

1947年，华盛顿对日本的计划开始改变。主要原因是人们越来越认识到，长久以来美国一直期望作为全球经济计划亚洲主要基地的中国，将不会扮演这一角色。（杜鲁门承认，美国支持蒋介石的做法是“错误的”）[②]这个角色必须由日本来扮演。但日本经济已经破产。因此，今后的首要问题将是实现日本的

① 卡罗琳·伍兹·艾森伯格：《底线：1944—1949年美国分裂德国的决定》，第9—10页。

② 沃尔特·拉菲贝尔：《冲突：美日关系通史》，第270页。

经济复苏。

华盛顿的冷战思维日益增长，与杜鲁门主义当时发布的宣言（见下文）和对“失去中国”的预期有关，同时它们也促成了这一变化。由于这方面的原因，日本的经济复苏就成了刺激整个东亚经济复苏的必要条件，从而使东亚免受共产主义的影响。具有讽刺意味的是，相应的，美国战后的目标主要是通过战时的两个主要敌人——德国和日本来实现的。迪安·艾奇逊说，欧洲和亚洲的复苏只有通过“那两个伟大的工厂”才能实现。①

这种把重点转向经济复苏的变化表现在几个方面。不再寻求赔款（因为赔款不仅会进一步削弱日本，同时会使美国的一些敌人变得强大，尤其是苏联）；惩罚措施也被削减：不再清算军人（美国官员指出，军人往往是最优秀的商人）；②不再继续关押战犯。即便仍有清算，但鉴于重点从民主化转向经济实力，针对的是左派而不是右派。共产主义组织被取缔并受到攻击。工会被禁止，约 5500 个工会组织被摧毁。被解散的残余大财团被曾经摧毁又重建的大财团所取代。③

美国计划让日本成为其亚洲活动中心，其核心是需要确保日本的安全，免受外部攻击和内部颠覆，并为美国军方提供基地。因此，华盛顿将其与日本的和平条约以及日本的独立，建

① 沃尔特·拉菲贝尔：《冲突：美日关系通史》，第 272 页。

② 沃尔特·拉菲贝尔：《冲突：美日关系通史》，第 272—273、276—277 页。

③ 沃尔特·拉菲贝尔：《冲突：美日关系通史》，第 275、277、279 页。

立在接受扩大的警察部队和众多美国海军基地的基础上，并附有“治外法权”(意味着美国军事人员在日本犯罪，如强奸，将不受日本法律的约束)。

2. 保持日本对美国利益的开放

虽然这一变化涉及几乎完全的政策改变，但美国对日本的基本态度没有改变。用拉菲贝尔的话说：

> 美国政策的目标之一始终保持不变：保持亚洲对美国利益的开放，同时将该地区纳入一个开放的、全球性的资本主义框架。如果这个目标需要反对日本，那就顺其自然。如果这个目标需要重建日本并使之重新融入亚洲，也顺其自然。日本文化……被认为是可塑的。它可以为美国的世界观服务。在华盛顿看来，日本本身与其说是目的，不如说是实现美国外交政策更大的地区和全球目标的手段。[①]

当然，日本并不是唯一被华盛顿以纯粹工具主义的方式看待的国家。然而，在华盛顿的宏伟计划中，日本被赋予了独特的角色。它是美国在东亚和菲律宾的军事力量的主要基地，并作为“一个榜样和展示，如果亚洲人把自己的命运交给美国

---

① 沃尔特·拉菲贝尔：《冲突：美日关系通史》，第271页。

人，而不是共产主义者，他们可能会期待什么”[①]。

由于日本本身缺乏自然资源，再加上美国不再期望求助中国来弥补这一不足，那么日本被赋予的第二个角色便是使东亚其他国家的资源仍然可用。因此，美国开始为日本创造一种“共荣圈”，而这种“共荣圈”正是美国发动战争所要阻止的。[②]不同之处在于，这次日本的经济开发将与美国的经济利益保持一致，而不是对立。

美国为日本经济需求提供服务——在美国的亚洲计划中，日本比欧洲对德国的计划更为重要[③]——对美国未来几十年的亚洲政策至关重要。迈克尔·谢勒（Michael Schaller）的著作《美国占领日本》（*The American Occupation of Japan*）的副标题是《亚洲冷战的起源》（*The Origins of The Cold War in Asia*），说明了这一切。[④]

四、希腊、杜鲁门主义以及豚鼠实验

美国战后对欧洲和亚洲的政策紧密交织在一起，改变日本

---

① 查尔莫斯·约翰逊：《反效果：美利坚帝国的成本与后果》(*Blowback: The Costs and Consequences of American Empire*)，纽约：亨利霍尔特出版社 2000 年，第 177 页。

② 布鲁斯·库明斯：《阳光下的朝鲜：现代历史》，第 210 页。

③ 布鲁斯·库明斯：《阳光下的朝鲜：现代历史》，第 210 页。

④ 参见迈克尔·谢勒：《美国占领日本：亚洲冷战的起源》(*The American Occupation of Japan: The Origins of the Cold War in Asia*)，纽约：牛津大学出版社 1985 年。

路线的原因与美国1947年对希腊的干预密切相关。由于种种原因，这种干涉构成了美帝国主义历史上一个重要的篇章，为杜鲁门主义提供了契机，后者有时被认为是冷战的开始。这首次清楚地表明，美国愿意接管并延续欧洲帝国主义列强的政策，并且被视为利用美国力量击败左翼运动的成功范例，其意义非同一般。

因此，研究这种干预的性质，不仅有利于我们认识美国战后外交政策的性质，而且还有助于认识战后英国对希腊的政策。英国对希腊的政策包括长期以来在希腊富有的统治阶级与支持国王的公民之间的斗争中偏袒一方，后者支持共和党政府，并为穷人提供一些救济。

1. 英国的政策

战争加剧了双方之间的紧张关系，部分原因是希腊战争造成的破坏，使这个欧洲最贫穷的国家已经有数百万人生活水平低下[①]；另一部分原因是支持纳粹的君主主义者与德国占领者合作，对抵抗运动贡献甚微。

希腊抵抗运动由希腊人民解放军（ELAS）及其政治派别民族解放阵线（EAM）领导。希腊人民解放军从德国人手中夺回了这个国家的大部分，当1944年英国军队到达时，德国人已经离开，“民族解放阵线高效有序地管理着希腊，得到了大多

① 加布里埃尔·柯尔克:《战争世纪：1914年以来的政治、冲突与社会》，第376页。

数人的支持”[1]。丘吉尔发现这种情况后无法忍受，便宣称民族解放阵线的计划是要使“希腊布尔什维克化”，建立“一个专制的共产主义政府”。[2] 在丘吉尔哄骗民族解放阵线的军队解除武装后，包括纳粹合作者在内的英国和右翼希腊联盟开始了对民族解放阵线支持者的恐怖统治。[3]

然而，尽管英国得到了美国的大力资助，却无法击败希腊人民解放军或者民族解放阵线，而希腊人民解放军以及民族解放阵线控制的人口相当于英国人口的四分之一。1947 年年初，英国告诉杜鲁门政府，它将离开希腊，要求美国接管对希腊人民解放军以及民族解放阵线的战争。

2. 取代大英帝国

杜鲁门政府每年为支持帝国主义事业所做的努力便是提供了超过 2.5 亿美元的资金。之所以非常愿意这样做，是因为美国想要取代大英帝国。[4] 美国国务卿乔治·马歇尔说过一句有名的话，即英国的要求相当于“英国退出中东，对其继任者的影

① 加布里埃尔·柯尔克：《战争政治：1943—1945 年世界与美国外交政策》，第 183 页。

② 加布里埃尔·柯尔克：《战争政治：1943—1945 年世界与美国外交政策》，第 182 页。

③ 加布里埃尔·柯尔克：《战争政治：1943—1945 年世界与美国外交政策》，第 182 页。

④ 沃尔特·拉菲贝尔：《美国时代：1750 年以来的美国外交政策》，第 452 页。

响显而易见”[①]。

在这种情况下，杜鲁门政府看到了一个机会。尽管希腊人民解放军以及民族解放阵线游击队得到南斯拉夫独立的共产党领导人铁托元帅的支持，却根本没有得到斯大林的支持，因为斯大林信守了不干涉希腊内政的承诺。然而，杜鲁门政府决定将这一问题描述为一场“共产主义与民主”之战，目的是从国会获得资金。而在土耳其，斯大林就达达尼尔海峡问题进行施压，声称要依此接管这个国家。

3. 共产主义与民主

杜鲁门的一位助手说：“我们向公众推销新政策的唯一方法是强调坚持底线的必要性：共产主义与民主应该是主题。”[②]

时任美国副国务卿的迪安·艾奇逊已经提出了后来被称为“多米诺骨牌理论”（domino theory）和“可信度论证”（credibility argument）——事关越南战争（见下一章）——的早期版本。根据这一版本的多米诺骨牌理论，如果希腊落入共产主义者之手，那么“整个近东、中东和北非”也会随之沦陷。[③]至于这一版本的可信度论证认为，与其说是“拯救希腊人

① 沃尔特·拉菲贝尔：《美国、俄罗斯与1945—2006年的冷战》（*America, Russia, and the Cold War 1945–2006*），麦格劳—希尔集团出版社2006年第10版，第52页。

② 理查德·巴尼特（Richard J. Barnet）：《火箭的红色光芒：当美国开战时》（*The Rockets'Red Glare: When America Goes to War*），纽约：西蒙和舒斯特出版社1990年，第269页。

③ 迈克尔·谢弗：《致命范例：美国反叛乱政策的失败》，第177页。

民”（美国国务院一位官员表示），不如说是“阻止希腊成为苏联的基地，并产生深刻影响……但美国在面对进攻时缺乏决心”[①]。

当然，有人会说希腊的战争是内战，如果说有外部侵略，那就是英国的侵略。民族解放阵线作为希腊国内自由战士（大多数不是共产主义者）的部队，无论如何，肯定是没有攻击美国的。

然而必须指出，当时华盛顿已将其利益界定为全球利益。因此，美国将任何可能拒绝在美国宏伟计划中扮演指定角色的活动视为侵略，并正在形成这样一种观念：任何拒绝扮演这一角色的团体都是共产主义的，所有共产主义力量都是由克里姆林宫指挥的。因此，即使表面上是本土的左翼运动，也可以被视为外来侵略。为了给这种干预找到理由，需要创制所谓的杜鲁门主义。

4. 杜鲁门主义和马歇尔计划

希腊是美国第一个利用“共产主义威胁”为其全球经济计划赢得国会支持的国家。在艾奇逊提出多米诺骨牌理论之前，杜鲁门政府的计划在国会议员中没有取得任何进展。后来在一份声明中，他承认这件事“比事实更清楚”[②]。艾奇逊对国会领导人说，如果希腊和土耳其被共产主义成功“感染”，那么这

① 迈克尔·谢弗：《致命范例：美国反叛乱政策的失败》，第 177—178 页。
② 理查德·巴尼特：《火箭的红色光芒：当美国开战时》，第 261 页。

种感染就可能会蔓延至中东、非洲、亚洲和欧洲。①

一位被说服的参议员范登堡（Vandenberg）告诉杜鲁门，要使这个计划获得财政支持，需要“把美国人民吓得魂不附体”②。于是总统照此在国会发表了这样的演讲。杜鲁门在演讲中阐述了后来被称为杜鲁门主义的政策——美国必须“支持那些反抗少数民族武装或受到外部压力的自由人民”。他将世界各国政府划分为“自由”政府和“极权”政府两类。他说，除非国会拨款4亿美元，否则现在属于第一类的土耳其和希腊将会落入第二类。③

为希腊和土耳其提供资金只是一项更为雄心勃勃的计划的第一阶段，该计划旨在为欧洲提供130亿美元的援助。以美国国务卿乔治·马歇尔命名的“马歇尔计划”有两个目的——一是防止任何欧洲国家走向共产主义，二是为这些国家提供资金，让它们购买足够多的美国商品，以防止美国再次陷入萧条。

当斯大林得知这个计划后，其中包括他最害怕的事情——重建德国——他退到了丘吉尔所称的“铁幕”（斯大林在此时

---

① 马克思主义、共产主义以其无神论对北非和中东的伊斯兰国家具有吸引力。当然，正如许多批评艾奇逊设想的人所指出的那样，这种想法是不太可能的。CIA的一项研究如是说，“共产主义”被广泛用于包括“激进的民族主义”，这是一种“感染”，实际上可能会蔓延到这些国家，导致“中东石油资源的可能损失”。参见诺姆·乔姆斯基：《威慑民主》，第55页。

② 理查德·M. 弗里兰（Richard M. Freeland）：《杜鲁门主义与麦卡锡主义的起源》（*The Truman Doctrine and the Origins of McCarthyism, 1972*），纽约：纽约大学出版社1985年，第89页。

③ 理查德·巴尼特：《火箭的红色光芒：当美国开战时》，第267页。

制定了“莫洛托夫计划”）后面，镇压了匈牙利和波兰政权，推翻了捷克政府。多亏了捷克政变，加上卢修斯·克雷（Lucius Clay，德国军事长官）将军发来的不实电报，宣称苏联突然变得好战，于是国会批准了马歇尔计划。[①]

5. 为促进自由创建中央情报局

亨利·华莱士（Henry Wallace）曾因声称美国的原子政策将导致一场原子军备竞赛而被解除商务部长一职。他如今指出，希腊政府并不像杜鲁门所说的那样，仅仅是一个“不完美的民主”政府，而是完全的法西斯主义政府。华莱士预言，通过支持这样的政府，杜鲁门主义下的美国将“成为世界上最令人憎恨的国家”[②]。似乎是为了实现这一预言，杜鲁门政府通过了 1947 年的《国家安全法案》(*National Security Act*)，其中包括成立了中央情报局。[③]

在捷克斯洛伐克的共产党进行政变之后，中央情报局被授权进行秘密行动，以贯彻杜鲁门主义促进自由政府的意图——

---

① 亚历克斯·博斯沃思（Alex Bosworth）:《哈里·杜鲁门用恐吓战术让马歇尔计划获得批准？》(*Did Harry Truman Use Scare Tactics to Get the Marshal Plan Approved*？)，载历史新闻网（History News Network），2004 年 11 月 18 日。

② 罗伯特·A. 狄万（Robert A.Divine）:《外交政策与美国总统选举》(*Foreign Policy and U. S. Presidential Elections*）第 1 卷，纽约：新观点出版社 1974 年，第 170 页。

③ 一个更完整的解释是当时需要创建更多的处理事务的机构，包括创建北约。建立北约是为了“将西欧和英国纳入适合美国领导的轨道”。参见梅尔文·莱弗勒（Melvyn Leffler）:《权力优势》(*A Preponderance of Power*)，斯坦福：斯坦福大学出版社 1992 年，第 17 页。

当然，“自由”是由美国政府定义的。多亏了中央情报局，加上马歇尔计划提供的巨额资金（约2000亿美元），美国官员能够控制整个西欧的政治活动，主要是让中央情报局在右翼组织的帮助下采取秘密行动，以恐吓人们不要投票给左翼政客。

例如，当第二次世界大战在欧洲接近尾声时，纳粹领导人急于——用希特勒指定的继任者的话来说，“为了把德国领土和德国民族从布尔什维克主义中拯救出来”——寻求与美国和英国结成反布尔什维克联盟。[①]尽管没有形成正式的联盟，盟军还是与纳粹指挥官合作，让尽可能多的德国人向他们投降，而不是向俄国人投降。[②]

美国政府在这一勾结中所扮演的角色，预示着美国政府的占领政策。在此期间，在清除纳粹领导人（至少从所有可见的角色）的同时，还将阻止左派掌权，反对向俄罗斯支付巨额赔款，并通过大企业与右翼政治联盟，恢复旧秩序。[③]在这些行动中，中英情报局招募纳粹战犯，比如克劳斯·巴比（Klaus Barbie）等，就因为他们具有专业技能和强烈的反共立场。这种利用前纳粹分子的做法，只是美国系统支持法西斯而非反法西斯力量的最令人震惊的形式，表明了美国对“共产主义”政府的干预，与所谓的压制政治自由完全无关，而是与他们的经

① 加布里埃尔·柯尔克：《战争政治：1943—1945年世界与美国外交政策》，第370、384页。

② 加布里埃尔·柯尔克：《战争政治：1943—1945年世界与美国外交政策》，第382—388页。

③ 加布里埃尔·柯尔克：《战争政治：1943—1945年世界与美国外交政策》，第509、517—520页。

济政策有关。[①]本书第十一章将讨论美国在意大利、法国、土耳其和比利时采取的这些行动。

6. 豚鼠实验

美国政府获得国会资金后，用部分资金向希腊军方提供了包括凝固汽油弹在内的武器，以及 250 名美国军官，这些军官将就此指挥大部分战争。在随后的三年战争中，数以万计的民族解放阵线士兵——曾被丘吉尔称为“英勇的游击队员”——被杀；他们曾希望希腊能有一个致力于人民幸福的民主政府。[②]

干预意味着美国政府将支持世界上最腐败的政权之一。美国官员本希望找到一位强有力的领导人，通过消除腐败，实行至少最低限度的土地和税收改革，赢得民众支持。美国大使称，问题在于“最优秀的人……都是共产主义运动领导人”，因此，除非美国愿意“失去这个国家”，否则它必须继续“努力做无米之炊”[③]。

就像华盛顿在其他国家承担的其他几乎所有类似任务一样，美国一开始确实试图让希腊领导人进行改革，并表明美国的资金是以支持这些改革为条件的。但希腊领导人清楚地知道他们对华盛顿的计划不可或缺，拒绝进行改革。例如，希腊上

---

① 戴维·施密茨：《感谢上帝，站在我们这边》，第 133、140、174 页，以及第 9 章。

② 威廉·布鲁姆：《扼杀希望：美国军方和中情局第二次世界大战以来的干预》，第 35 页；沃尔特·拉菲贝尔等：《美国世纪：1941 年以来的美国历史》第 5 版，波士顿：麦格劳—希尔集团出版社 1998 年，第 318 页。

③ 沃尔特·拉菲贝尔：《美国、俄罗斯与冷战》，第 56 页。

层阶级非但没有克服累退税的问题，反而“将上层阶级对税收收入的贡献减少了一半”，从而加大了“对贫困的多数人生活水平的冲击”。然而，美国“放弃了改革努力，转而支持希腊政府及其富有的支持者”[①]。

这种支持包括支持野蛮的手段。因此，尽管杜鲁门向国会保证其资金将帮助希腊“完善其民主进程”——

> 但右派将新资源运用到最暴力的旧式希腊赢家通吃政治中……任何被怀疑有共和党或左派倾向的人都被监禁或流放……右派暴徒动用私刑处死疑似左派分子，而国民警卫队则谋杀其他人，以收取杀掉“盗贼”的官方赏金。……军方开始了为期三年的大规模逮捕行动。数千人被禁止进入荒凉的岛屿，更多的人则逃往邻国……简而言之，右翼利用美国的支持来消灭或恐吓所有其他竞争者，而不是建立一个更完美的联盟。[②]

美国支持的计划还包括处决数千名政治犯，甚至包括罢工以及迫使数十万人从农村撤离。[③]最后，美国官员不是试图灌输缓和，而是鼓励希腊雇佣军使用更加暴力的手段。美国大使对此辩称，停止处决将使这些人“直接落入苏联之手”，而美国

---

① 迈克尔·谢弗：《致命范例：美国反叛乱政策的失败》，第 193 页。

② 迈克尔·谢弗：《致命范例：美国反叛乱政策的失败》，第 193 页。

③ 加布里埃尔·柯尔克：《战争世纪：1914 年以来的政治、冲突与社会》，第 379—380 页。

的任务是“确保没有任何事情能阻止希腊人完成这项开端良好的工作”[①]。

这种残酷的政策与美国宣称的理想之间的差异，才会使美国官员做出如此令人生疑的辩解，并公然撒谎。对此，他们的主要策略便是简单地否认。美国大使告诉国会，有关人们被逮捕、处决和流放的报道是“半真半假、歪曲事实，以及源自克里姆林宫宣传工厂彻头彻尾的谎言”[②]。就他们承认的“过分行为”，则被说成是“对共产主义恐怖主义的反应，而不是真的有法西斯主义倾向”[③]。

事实上，支持希腊统治者反共产主义是高于一切的。艾奇逊说：“我们唯一应该问的问题是，他们是否有决心保护自己的独立不受共产主义侵略。如果他们决心这样做，我们应该承认我们与他们是基本一致的。”[④]当然，在这种“基本一致”中，艾奇逊是完全正确的，因为两国政府都承诺保护富豪特权，而不是让那些人为了体面的生活而斗争。

这个富豪联盟最终取得了成功，而游击队则在 1949 年底放弃了斗争。这是由于斯大林与铁托之间产生了分裂，铁托不得不放弃对游击队的支持，关闭了边境，不再允许游击队把南斯拉夫当避难所。[⑤]但美国领导人没有考虑到其中涉及的特有因

① 迈克尔·谢弗：《致命范例：美国反叛乱政策的失败》，第 194 页。

② 迈克尔·谢弗：《致命范例：美国反叛乱政策的失败》，第 194 页。

③ 迈克尔·谢弗：《致命范例：美国反叛乱政策的失败》，第 185 页。

④ 迈克尔·谢弗：《致命范例：美国反叛乱政策的失败》，第 95 页。

⑤ 迈克尔·谢弗：《致命范例：美国反叛乱政策的失败》，第 199—203 页；加布里埃尔·柯尔克：《战争世纪：1914 年以来的政治、冲突与社会》，第 380—385 页。

素，只是一味地庆祝在这场被一位领导人称为“希腊的豚鼠实验”(guinea pig experiment of Greece) 中取得的胜利，并以此作为证据，证明同样的策略在其他地方也会奏效。[①]

五、NSC—68：冷战的创始文件

虽然我们已经看到，冷战开始于 1950 年之前的几年，但在那一年发表的国家安全委员会第 68 号文件（即 NSC—68）已被“广泛地认为是冷战的创始文件”[②]。NSC—68 本身就是由划时代的事件引发的：1949 年共产主义在中国的胜利（这似乎结束了美国长期以来几乎无限的“中国市场”梦想）；同年苏联的原子弹爆炸（艾奇逊后来评论说，这“改变了一切”）；1950 年年初，中国和苏联结成同盟。[③] 1950 年也标志着美国开始卷入朝鲜内战，这是美国发动的第一次全面战争，被标榜为一场反对共产主义独裁的战争。

NSC—68 起草工作主要是保罗·尼采（Paul Nitze）负责，他取代乔治·凯南成为美国政府政策部门的负责人。凯南激发

① 后来麦克维（MacVeagh）大使说过这句话，因为他认为这次试验有许多错误使他不再抱有幻想。参见迈克尔·谢弗：《致命范例：美国反叛乱政策的失败》，第 204 页。然而，主流的态度认为这个实验取得了巨大的成功。

② 诺姆·乔姆斯基：《流氓国家：世界事务中的武力统治》(*Rogue States: The Rule of Force in World Affairs*)，剑桥：南端出版社 2000 年，第 175 页。

③ 沃尔特·拉菲贝尔：《美国时代：1750 年以来的美国外交政策》，第 477—479 页。

了政府制定“遏制”苏联的政策。但现在，从未在军事上明确指出苏联威胁或遏制的凯南，被艾奇逊视为对抗性不够。相比之下，尼采将共产主义定义为“一种新的狂热信仰”，即它寻求使用军事力量“将其绝对权威强加于世界其他地区”，因此必须受到美国军事力量的制约。

制约这股力量的解决方案需要大规模的军事建设，包括研制一种“热核”炸弹，这将需要美国军费开支增加三倍——从 130 亿美元增加到 500 亿美元。作为一名华尔街律师的尼采指出，和平时期如此大规模的开支，在此之前是不可想象的，顺便还能刺激正在放缓的经济。因此，他开创了“军事凯恩斯主义”(military Keynesianism)。自那以来，美国经济一直依赖于这种主义，需要源源不断地向敌人供应武器，以证明维护庞大的军事机器和购买不断更新的武器是正当的。

为了争取民众对大幅增加开支和税收的支持，艾奇逊四处奔走，发表演讲称美国与苏联处于“冷战”之中，而苏联“只有一个目的，那就是统治世界”——这些演讲确实“吓得有些听众魂不附体”[①]。

六、朝　鲜

大多数有关美国介入朝鲜事务的说法表明，美国的介入是

① 沃尔特·拉菲贝尔：《美国时代：1750 年以来的美国外交政策》，第 485—486 页。

在 1950 年北朝鲜人民军进攻朝鲜南部地区之后，但事实却并非如此。自 1945 年以来，美国一直控制着朝鲜南部地区。美国负责划分了“北”朝鲜和“南”朝鲜之间的三八线，甚至负责南北朝鲜之间的分界线。①

美国介入的背景基于这样一个事实：朝鲜自 1910 年以来一直是日本的殖民地，由绝大多数贫困人口和极少数富裕地主组成。日本战败后，由支持土地改革和基层民主的领导人在首尔组织成立朝鲜人民共和国（KPR），其组织基础是全国各地的“人民委员会”②。主要领导人是一位基督徒、一位威尔逊式的民主党人、一位社会主义者——但不是一位共产主义者。③

1. 财阀统治的致命复辟

然而，美国领导人认为朝鲜人民共和国是一个共产主义的、苏联支持的政府，并迅速寻找另一种选择。负责美国占领的霍奇（Hodge）将军意识到，朝鲜是一个“火药桶”，因为大多数朝鲜人痛恨与日本人合作的富裕的少数人。霍奇很清楚朝鲜的大多数人想要立即独立。然而，由于担心立即独立会导致“共产主义的建立”，霍奇将军决定支持富裕的少数人——这将保护外国的利益——使美国能继续占领朝鲜。正如杜鲁门的一位顾问所说：“这样可以确保民主（资本主义）的政体。”（这是一份私人报告，事实上“民主”一词的意思是“资本主义”，

---

① 布鲁斯·库明斯：《阳光下的朝鲜：现代历史》，第 186 页。
② 布鲁斯·库明斯：《阳光下的朝鲜：现代历史》，第 185、191 页。
③ 布鲁斯·库明斯：《阳光下的朝鲜：现代历史》，第 191 页。

在这里可以随意转换）[①]

有这样一个政府对美国的亚洲经济计划是至关重要的，该计划要求朝鲜的经济结构要为日本工业经济的重建服务，而日本工业经济与欧洲一起为韩国提供市场，包括下列步骤：

- 组建一支由南朝鲜人组成的军队来保卫三八线——一名美国军官后来称，这项任务就是“训练 10 万人为你开枪”，以便成为“（美国）在这个国家投资的忠实的看门狗”。
- 建立南朝鲜国家警察，以“安抚”南朝鲜。
- 李承晚从美国回国，成为 1948 年成立的大韩民国（Republic of Korea）的领导人。尽管李承晚已经在美国生活了近 40 年，并有一个奥地利妻子，但他有分享“美国观点”和强烈反共的优点。[②]

美国决定在人口占少数的地方建立一个反共政府，其直接结果是 1945 年至 1950 年间的一场内战，导致约 10 万朝鲜人死亡——这一切都发生在“朝鲜战争”爆发之前。[③] 此外，美国在 1945 年至 1950 年间采取的这一行动，制造了北方与南方之

---

① 布鲁斯·库明斯：《阳光下的朝鲜：现代历史》，第 190、193、198、199 页。

② 布鲁斯·库明斯：《阳光下的朝鲜：现代历史》，第 194—195、200、255 页。

③ 相比之下，朝鲜领导人金日成自 1932 年以来就一直在与日本作战，他被朝鲜游击队的战友（不是苏联）推选为领导人，既不受苏联控制，也不受中国控制，不像李承晚完全受美国的控制。此外，他的政府制定了严格的教育计划，但没有大规模屠杀自己的人民。参见布鲁斯·库明斯：《阳光下的朝鲜：现代历史》，第 195—196、222、231—232 页。

间永久性的分裂——南方的政府与北方的政府完全对立——为战争的到来提供了先决条件。

当时，艾奇逊正竭力为 NSC—68 所建议的大规模军费开支提供支持，这将需要满足帝国智囊团的计划。艾奇逊甚至得到参议员约瑟夫·麦卡锡的帮助，当时麦卡锡在美国掀起了反共产主义狂潮。然而，即使在这种情况下，艾奇逊也没有得到他所希望的大规模军事集结。

2. 朝鲜战争

紧接着，天赐的机会来了：艾奇逊得到消息，共产主义朝鲜军队已进入南朝鲜，引发了一场战争。艾奇逊后来说，这场战争“在我们的脑海中证实了 NSC—68 分析的正确性”，因为它表明“苏联愿意在战斗中使用军队来实现目标”[①]。

然而，有关苏联的说法是误导性的。因为尽管金日成明显得到了发动战争以统一朝鲜的许可，但 1948 年从朝鲜撤军的斯大林只是不情愿地同意了，并告诉金日成——正如他在战争一开始就告诉美国政府的那样——苏联军队将不介入，这是他信守的承诺。[②]

但事实与此毫不相关。尽管华盛顿在 1950 年之前不希望发生战争，但在那一年的 6 月，还是发动了战争。当初艾奇逊因没有将杜鲁门主义应用于亚洲而“失去了中国”，受到共和党人的严厉批评。因此艾奇逊宣布，朝鲜将被纳入民主政府从

① 布鲁斯·库明斯：《阳光下的朝鲜：现代历史》，第 486 页。

② 布鲁斯·库明斯：《阳光下的朝鲜：现代历史》，第 263—264 页。

共产主义中拯救出来的国家之列。[①]

根据 NSC-68“反制”共产主义的政策，美国军队对朝鲜进行了残酷的进攻。真正疯狂的人——他们想要在朝鲜甚至中国投下几十颗原子弹——受到了约束。(道格拉斯·麦克阿瑟后来说：“我本来可以在最多 10 天内赢得朝鲜战争的胜利，”因为“我本可以向朝鲜投掷 30 至 50 枚原子弹”）[②]

但是大约有 200 万人，主要是平民，死于美国的常规炸弹和凝固汽油弹——比“二战”期间对日战争中投放的炸弹还要多。[③] 柯蒂斯·勒梅将军说：“在大约三年的时间里，我们杀死了朝鲜大约 20% 的人口。”[④] 后来成为国务卿的迪安·拉斯克（Dean Rusk）说，美国轰炸了“墙上的每一块砖、每一个移动的物体”[⑤]。最高法院法官威廉·道格拉斯（William O. Douglas）写道：“我曾看到过欧洲饱受战争摧残的城市，但直到看到朝鲜，我才看到了灾难。”[⑥]

---

① 理查德·巴尼特：《火箭的红色光芒：当美国开战时》，第 310—312 页。

② 《1954 年卢卡斯和康西丁对麦克阿瑟的采访记录》（“Texts of Accounts by Lucas and Considine on Interviews with MacArthur in 1954”），载《纽约时报》1964 年 4 月 9 日。

③ 查尔斯·阿姆斯特朗（Charles K. Armstrong）：《1950—1960 年北朝鲜的毁灭与重建》（*The Destruction and Reconstruction of North Korea, 1950—1960*），载《亚太期刊》（*The Asia-Pacific Journal*）2009 年 3 月 16 日。

④ 查尔斯·罗兹（Richard Rhodes）：《将军与第三次世界大战》（*The General and World War III*），载《纽约客》1995 年 6 月 19 日。

⑤ 布莱恩·哈登（Blaine Harden）：《美国对北朝鲜犯下的战争罪行不会忘记》（*The U.S. War Crime North Korea Won't Forget*），载《华盛顿邮报》2015 年 3 月 24 日。

⑥ 斯文·林德奎斯特（Sven Lindquist）：《轰炸史》（*A History of Bombing*），新编出版社（New Press）2003 年，第 128 页。

虽然战争最终在1953年以三八线为界的僵局结束，但所有美国和朝鲜的死亡都不是徒劳的。从美国政府的角度来看，因为真正使日本获得经济重建的是战争引发的对日本产品的需求。事实上，朝鲜战争被称为“日本的马歇尔计划”[①]。

七、乔治·凯南1948年的声明

如前所述，乔治·凯南是美国政府的重要人物，他的智慧备受尊敬。事实上，他是1986年出版的一本名为《智者》的书中提到的六个智者之一。这本书研究了美国对苏联的外交政策演变。[②]正如另一本书《乔治·E. 凯南与1947—1950年美国外交政策的制定》(*George F. Kennan and the Making of American Foreign Policy*，*1947-1950*)所指出的那样，凯南对美国冷战政策的形成起到了核心作用。[③]尽管凯南经常从基督教的角度来看待外交关系，如他1959年的文章《外交政策与基督教良知》(*Foreign Policy and Christian Conscience*)，[④]但在1948年，他曾说过：

---

① 斯文·林德奎斯特：《轰炸史》，第322页。

② 参见沃尔特·艾萨克森、埃文·托马斯：《智者：六个朋友和他们所建立的世界：艾奇逊、博伦、哈里曼、凯南、洛维特、麦克洛伊》。

③ 参见威尔逊·D. 米斯坎贝尔（Wilson D. Miscambel）：《乔治·F. 凯南与1947—1950年美国外交政策的制定》(*George F. Kennan and the Making of American Foreign Policy, 1947–1950*)，普林斯顿大学出版社1992年。

④ 参见《外交政策与基督教良知》(*Foreign Policy and Christian Conscience*)，载《大西洋月刊》1959年5月。

> 我们拥有世界50%的财富，但只占人口的6.3%……在这种情况下，我们就会成为嫉妒和怨恨的对象。我们在未来一段时期的真正任务是设计一种关系模式，使我们能够在不损害国家安全的情况下保持这种不平等的状态。要做到这一点，我们必须摒弃所有的多愁善感和白日梦；我们的注意力必须集中在我们国家的当前目标上。我们不需要欺骗自己，我们今天能够承受并享受利他主义和世界恩赐给我们的奢华……我们必须面对直接权力概念的日子已经不远。我们被理想主义口号束缚得越少越好。[①]

目前还不清楚这段话如何表现出基督教良知的影响。也许这就是一种讽刺。但凯南的话反映了美国在冷战期间以及冷战后实际上遵循的政策。

---

① 乔治·凯南、政策规划研究：《美国外交关系》(*Foreign Relations of the United States*, 1948)。有关所谓的“凯南语录”的讨论，请参阅吉尔·德·艾默里（Gilles d'Aymery）:《语境与准确性：乔治·F. 凯南著名的引证》(*Context and Accuracy: George F. Kennan's Famous "Quotation"*)，载《天鹅评论》(*Swans Commentary*) 2005年3月28日。

第9章　冷战时期的美帝国主义

一、新殖民地菲律宾：发现第一个麦格赛赛

1945年日美战争结束后，美国军队就开始训练和装备一支5万人的菲律宾军队。一位军方发言人坦率地表示，这支军队“对维持内部秩序至关重要，而不是对外部的困难至关重要”。换句话说，它针对的是胡克（“二战”时称为菲律宾抗日人民军；战后称为菲律宾新人民军。在第四章讨论过）。尽管正如一份军方报告后来承认的那样，胡克运动是因为“农民的不满，而不是列宁主义的设计”，但用威廉·布鲁姆的话来说，胡克被视为对“菲律宾新殖民状况”的威胁。[①]

由于华盛顿及其附庸国无意在政治上容忍胡克对其构成的威胁，因此解决办法就只能是借用军事力量。

起初，胡克试图通过政治程序，挑战美国支持的菲律宾富

---

① 威廉·布鲁姆:《扼杀希望：二战以来美国军方和中情局的干预》(*Killing Hope*: *U.S. Military and C.I.A. Interventions Since World War II*)，共同勇气出版社（Common Courage）2008年，第40页。

豪财阀统治。战争结束后，胡克解除了武装，作为农民政治团体“民主联盟”的一部分参加了 1946 年的全国选举。包括胡克领袖路易斯 · 塔鲁克在内的 10 名联盟候选人赢得了参众两院的席位。

然而，他们的当选意味着肯定会挫败《菲律宾—美国贸易法案》(Philippina–US Trade Act)。美国政府在通过该法案的最后一刻，将 6.2 亿美元作为条件，兑现一直以来承诺的要恢复那些在战争中被破坏的岛屿。[①] 美国最终让菲律宾正式独立。对此，就像一位美国参议员所批评的那样，《菲律宾—美国贸易法案》的目的无非就是让美国“在政治上失去菲律宾的情况下，仍然保持在菲律宾的经济地位”[②]。《菲律宾—美国贸易法案》中的“平等”条款将赋予美国公民与菲律宾人同样的经济权利，因此美国拥有的公司完全可以获得菲律宾的所有自然资源。

罗哈斯总统知道塔鲁克和联盟的其他参议员、众议员将投票反对这项贸易法案，因此在违反国家宪法的情况下，剥夺了他们的席位。[③] 结果，贸易法案得到通过。这实质上意味着，当

---

① 丹尼尔 · 斯奇默（Daniel·B. Schirmeer）、斯蒂芬 · 罗斯卡姆 · 沙洛姆（Stephen Rosskamm Shalom）编：《菲律宾读者：殖民主义、新殖民主义、独裁和反抗史》（*The Philippines Reader: A History of Colonialism, Neocolonialism, Dictatorship, and Resistance*），波士顿：南端出版社（South End）1987 年，第 90、94 页；阿尔弗雷德 ·W. 麦考伊（Alfred W. McCoy）、凯瑟琳 ·B. 里奇（Catherine B. Reach）、伦纳德 ·D. 亚当斯（Leonard D. Adams）:《东南亚海洛因政治》（*Politics of Heroin in Southeast Asia*），纽约：哈珀与罗出版社（Harper & Row）1972 年，第 58 页。

② 丹尼尔 · 斯奇默、斯蒂芬 · 罗斯卡姆 · 沙洛姆编：《菲律宾读者：殖民主义、新殖民主义、独裁和反抗史》，第 94 页。

③ 加布里埃尔 · 柯尔克：《战争世纪：1914 年以来的政治、冲突与社会》（*Century of War: Politics, Conflict, and Society Since 1914*），纽约：新编出版社 1994 年，第 393 页。

菲律宾两天后获得正式独立时，“菲律宾从一个旧殖民地变成了一个新殖民地”，美国对这个国家的统治实际上变得更加强大。[①]

除了把胡克前领导人排除在政治进程之外，罗哈斯还开始了对他们的恐怖统治，导致塔鲁克和其他人再次拿起武器，现在他们的名字是人民解放军（People's Liberation Army）。在随后的冲突中，政府武装有充足的部队、训练或武器；所有这些都是由美国纳税人在《1947 年军事基地协议》（*Military Bases Agreemen of 1947*）中担保的。但是，随着胡克对农民实施积极的土地计划，而政府却变得残暴和冷漠，胡克变得越来越强大——除此之外，这也加剧了税收体系的倒退。[②]

到 1950 年，华盛顿的官方文件宣称有必要“立即消除胡克的威胁”[③]。华盛顿高度关注菲律宾事态的背后原因，是“失去中国”以及朝鲜战争爆发后冷战思维的加剧。[④]如果有人感兴趣的话，有大量的证据表明，胡克既没有得到莫斯科或北京的支持，也没有受到共产主义意识形态甚至反帝国主义思想的影响。他们只是想参与政治进程，进行一些土地改革，减轻农民

---

① 丹尼尔·斯奇默、斯蒂芬·罗斯卡姆·沙洛姆编：《菲律宾读者：殖民主义、新殖民主义、独裁和反抗史》，第 87、92—93、125 页。

② 丹尼尔·斯奇默、斯蒂芬·罗斯卡姆·沙洛姆编：《菲律宾读者：殖民主义、新殖民主义、独裁和反抗史》，第 111 页。

③ 迈克尔·谢弗：《致命范例：美国反叛乱政策的失败》，第 213—214 页。

④ 斯坦利·卡诺（Stanley Karnow）：《我们的想象：美国在菲律宾的帝国》（*In Our Image: America's Empire in the Philippines*），纽约：百龄坛出版社 1989 年，第 324、334 页；加布里埃尔·柯尔克：《战争世纪：1914 年以来的政治、冲突与社会》，第 393 页；丹尼尔·斯奇默、斯蒂芬·罗斯卡姆·沙洛姆编：《菲律宾读者：殖民主义、新殖民主义、独裁和反抗史》，第 324、334 页；加布里埃尔·柯尔克：《战争世纪：1914 年以来的政治、冲突与社会》，第 393 页。

的经济负担，结束政府对他们实行的暴力。[①]就连美国国家安全委员会的一项分析也承认，胡克有这个想法的根本原因是“富裕的有产阶级未能认识到改革的必要性，以帮助那些并不富裕且人数更多的群体”[②]。

然而，华盛顿官员认定“菲律宾的局势不能被视为一个局部问题”，因为胡克的胜利将意味着“苏联对这些岛屿的统治”。这些官员认为，这将反过来导致其他许多国家的共产主义统治，因此美国必须帮助“富有的有产阶级”击败以农民为基础的“胡克运动”[③]。

华盛顿认为，这次选举失败的主要障碍是新总统埃尔比多·基里诺（Elpido Quirino）。除了无可救药的腐败，他也不愿意进行哪怕是最微小的改革，所以他永远无法赢得农民的支持。[④]美国国务卿艾奇逊表示：“从中国溃败吸取的主要教训是，如果我们面对的是一辆不合适的汽车，就应该把它丢弃或停用，转而使用一辆更吉利的汽车。”[⑤]

巧合的是，拉蒙·麦格赛赛（Ramón Magsaysay）这样

① 丹尼尔·斯奇默、斯蒂芬·罗斯卡姆·沙洛姆编：《菲律宾读者：殖民主义、新殖民主义、独裁和反抗史》，第 113 页；迈克尔·谢弗：《致命范例：美国反叛乱政策的失败》，第 211、213、232—233 页；威廉·布鲁姆：《扼杀希望：第二次世界大战以来美国的军事及中央情报局的干预》，第 40 页；加布里埃尔·柯尔克：《战争世纪：1914 年以来的政治、冲突与社会》，第 233、388 页。

② 丹尼尔·斯奇默、斯蒂芬·罗斯卡姆·沙洛姆编：《菲律宾读者：殖民主义、新殖民主义、独裁和反抗史》，第 108 页。

③ 迈克尔·谢弗：《致命范例：美国反叛乱政策的失败》，第 213 页。

④ 迈克尔·谢弗：《致命范例：美国反叛乱政策的失败》，第 221—224 页。

⑤ 迈克尔·谢弗：《致命范例：美国反叛乱政策的失败》，第 229 页。

一辆“车”最近主动向爱德华·兰斯代尔（Edward Lansdale）上校发出了邀请。当时兰斯代尔正在为美国政策协调办公室（Office of Policy Coordination）从事秘密活动，很快就被中央情报局吸收。美国政府官员们一致认为，如果麦格赛赛充当美国的代理人，华盛顿应该为他的政治生涯提供秘密支持。基里诺后来被大幅增加军事援助的提议所诱惑，便任命麦格赛赛为国防部长，让他负责与胡克作战。中央情报局则派兰斯代尔指导麦格赛赛。①

他们是一支强大的队伍。兰斯代尔曾是一名广告人，熟悉菲律宾人民，于是他进行了大规模的宣传和心理战。他们通过数以百万计的传单、数千次会议和各种肮脏的伎俩，把胡克描绘为危险的恐怖分子，而麦格赛赛则是一位诚实、勇敢的改革者。

对兰斯代尔来说，麦格赛赛是一个容易销售的产品。因为麦格赛赛除了诚实、合作清白之外，还是一位极具魅力的演说家，具有平易近人的个人风格。通过这种个人特点和一些温和的改革——如给“无土地者土地”和停止对农民的虐待——麦格赛赛赢得了人民的信任。②此外，除了将军队规模扩大一倍，麦格赛赛还在军队中清除无能者、奖励有成就者，提高了军队

---

① 斯坦利·卡诺：《我们的想象：美国在菲律宾的帝国》，第346、350页；丹尼尔·斯奇默、斯蒂芬·罗斯卡姆·沙洛姆编：《菲律宾读者：殖民主义、新殖民主义、独裁和反抗史》，第113页。

② 加布里埃尔·柯尔克：《战争世纪：1914年以来的政治、冲突与社会》，第396页；斯坦利·卡诺：《我们的想象：美国在菲律宾的帝国》，第353页。

的效率和士气。[1]通过这些不同的手段，再加上胡克的处境和其领导人自身的弱点，到 1952 年，胡克失去了群众基础，士气低落。[2]

在这一成功的基础上，麦格赛赛于 1953 年竞选总统。被认为是“美国的男孩”的麦格赛赛，在美国媒体的大力帮助下，以及美国商业利益集团为他提供的大量非法捐款[3]，兰斯代尔为麦格赛赛策划了一场压倒性的胜利，赢得了“压倒性上校”的称号。[4]

1954 年，塔鲁克投降，胡克反抗运动正式结束。但最具讽刺意味的是，事情发展到 1957 年，胡克被宣布为非法，理由却是因为他们将政府置于“外国势力的控制和统治之下”[5]。当然，从华盛顿的角度来看，美国并不是一个外来势力，而是菲律宾的合法统治者。

尽管如此，一位美国官员在描述麦格赛赛当选总统前的策略时总结道：“他无法完成社会改革，但农民们相信他能做到。这样就打败了胡克。”[6]麦格赛赛当选总统后，仍然没有完成任

---

① 迈克尔·谢弗：《致命范例：美国反叛乱政策的失败》，第 234 页；斯坦利·卡诺：《我们的想象：美国在菲律宾的帝国》，第 350 页。

② 斯坦利·卡诺：《我们的想象：美国在菲律宾的帝国》，第 352 页；加布里埃尔·柯尔克：《战争世纪：1914 年以来的政治、冲突与社会》，第 393 页。

③ 在菲律宾，外国人参与竞选活动是非法的。参见丹尼尔·斯奇默、斯蒂芬·罗斯卡姆·沙洛姆编：《菲律宾读者：殖民主义、新殖民主义、独裁和反抗史》，第 122 页。

④ 斯坦利·卡诺：《我们的想象：美国在菲律宾的帝国》，第 353 页。

⑤ 威廉·布鲁姆：《扼杀希望：二战以来美国军方和中情局的干预》，第 44 页。

⑥ 丹尼尔·斯奇默、斯蒂芬·罗斯卡姆·沙洛姆编：《菲律宾读者：殖民主义、新殖民主义、独裁和反抗史》，第 117 页。

何重大改革。一个原因是，在富豪寡头占统治地位的政治条件下，即使他进行尝试也不可能完成任何重大改革；另一个原因是，随着胡克武装被击败，麦格赛赛的美国支持者对菲律宾不再有什么担心的了。[①]到了1954年，华盛顿的注意力都集中在对其帝国有威胁的其他地方了，包括越南。兰斯代尔被派往那里寻找"一个越南麦格赛赛"[②]。麦格赛赛在1957年的一次飞机失事中丧生。一年后，一名被派往马尼拉的中央情报局新特工被告知："再找一个麦格赛赛。"[③]

然而，到了1965年，该国的财阀政体造就了费迪南德·马科斯（Ferdinand Marcos）这么一位总统。[④]尽管马科斯暂停了宪法，实行戒严法，并领导着世界历史上最腐败的政府之一，但他得到了美国政府一系列的支持。美国的这些部门急于维持美国在菲律宾的军事基地，以便于在越南、老挝和柬埔寨的军事行动（这是美利坚帝国军事基地中心地位的另一个例证）。

---

① 这两个问题都可以用下面的事实来说明。1952年，一位美国土地专家在马尼拉建议进行真正的土地改革，但他被菲律宾政客称为共产主义者后被带回家。参见斯坦利·卡诺：《我们的想象：美国在菲律宾的帝国》，第351页；丹尼尔·斯奇默、斯蒂芬·罗斯卡姆·沙洛姆编：《菲律宾读者：殖民主义、新殖民主义、独裁和反抗史》，第119—120页。

② 玛丽莲·B.杨（Marilyn B.Young）：《1945—1990年的越南战争》（*The Vietnam Wars: 1945-1990*），纽约：哈珀长生出版社1991年，第44页；乔治·麦克特南·卡林（George McT. Kahin）：《干预：美国是如何卷入越南的》（*Intervention: How America Became Involved in Vietnam*），纽约：安可（Anchor）出版社1987年版，第70页。

③ 斯坦利·卡诺：《我们的想象：美国在菲律宾的帝国》，第355、362页。

④ 柯尔克认为："以国家为基础的资本和经济力量的积累在1966年至1985年的马科斯政权中达到顶峰，这只不过是一种政治结构的逻辑。这种政治结构是美国在殖民时期赋予菲律宾的，并一直持续到今天。"加布里埃尔·柯尔克：《战争世纪：1914年以来的政治、冲突与社会》，第386页。

他们视马科斯为共产党接管政权的最大阻力，而共产党掌权意味着美国人将被要求离开菲律宾。[①]

1968 年，马科斯的主要对手、参议员贝尼尼奥·“尼诺”·阿基诺（Benigno “Ninoy” Aquino）——后来被马科斯暗杀——将菲律宾描述为一个自由“对少数人来说是现实，对多数人来说是幻想”的国家，一个“被奉为民主圣地，但由根深蒂固的财阀统治”的国家。[②]1983 年，就在阿基诺被暗杀前不久，他承认，即使他成功地从马科斯手中夺取了总统职位，也无法给菲律宾带来任何真正的改变。1986 年取代马科斯担任总统的科拉松·阿基诺（Corazon Aquino）证实了这一预测。

直到 2016 年，在经历了整整一个世纪的美国殖民主义和新殖民主义统治之后，《纽约时报》曾经所称道的“亚洲民主的展示窗口”的菲律宾基本状况并未发生什么改变。[③] 这其实道出了美国强加给世界各国的财阀富豪式民主的真相——如果需要，美国支持任何形式的民主。[④]

---

① 斯坦利·卡诺：《我们的想象：美国在菲律宾的帝国》，第 378—388 页；丹尼尔·斯奇默、斯蒂芬·罗斯卡姆·沙洛姆编：《菲律宾读者：殖民主义、新殖民主义、独裁和反抗史》，第 143—169 页。

② 斯坦利·卡诺：《我们的想象：美国在菲律宾的帝国》，第 25 页。

③ 威廉·布鲁姆：《扼杀希望：二战以来美国军方和中情局的干预》，第 43 页。

④ 小比尔·弗莱彻（Bill Fletcher Jr.）：《菲律宾：隐形的新殖民地》（*The Philippines: Invisible Neo-Colony*），南方电视台（Telesis，是成立于 2005 年的一家拉丁美洲的地面和卫星电视网络公司，总部位于委内瑞拉加拉加斯，主要由委内瑞拉政府以及古巴、尼加拉瓜、乌拉圭和玻利维亚政府提供资金。）2015 年 8 月 8 日；《美国在菲律宾的军事基地协议：迈向新殖民统治的一步》（*US Military Basing Deal in the Philippines: A Step towards Neocolonial Rule*），载世界社会主义网站（World Socialist Web Site）2014 年 5 月 17 日。

2016 年，发生了一些新的事情。新总统罗德里戈·杜特尔特（Rodrigo Duterte）表达了反美观点。他特别表示希望外交政策独立于华盛顿，并对菲律宾受到美国的侮辱深感不满。[①]

二、伊朗：制造持久的仇恨

英国石油公司（BP）是世界上最大的石油和天然气公司之一。2010 年，该公司因深水地平线（Deepwater Horizon）石油泄漏事件[②]而臭名昭著，是有史以来最大的海上石油泄漏事故。这次泄漏事故导致严重的环境和经济后果，为此英国石油公司被处以重罚。但英国石油公司其实应该对早些时候发生的一场后果更为严重的灾难性事件负责。

20 世纪 40 年代，英国石油公司被称为盎格鲁—伊朗石油公司，但它完全属于英国。该公司对伊朗进行了严重剥削，使伊朗处于贫困状态。因为尽管当时的石油利润率是 50%，但

---

① 普拉桑特·帕拉梅斯瓦兰（Prashanth Parameswaran）：《为什么菲律宾的罗德里戈·杜特尔特讨厌美国》（*Why the Philippines' Rodrigo Duterte Hates America*），载《外交官》（*The Diplomat*）2016 年 11 月 1 日。

② 深水地平线漏油事件又称墨西哥湾漏油事件、英国石油漏油事故，是 2010 年 4 月 20 日发生的一起墨西哥湾外海油污外漏事件。起因是英国石油公司所租用的一个名为深水地平线的深海钻油平台发生井喷并爆炸，导致漏油事故。这场事故导致 11 名工作人员死亡、17 人受伤，在 2010 年 4 月 20 日到 7 月 15 日之间泄露了大约 320 万桶石油，污染面积达 2500 平方公里左右。——译者注

公司只给伊朗 16% 的利润。[①] 在英国拒绝谈判后，伊朗人于 1951 年将该公司收归国有。穆罕默德·摩萨德（Mohammad Mossadegh）在议会中领导了这一行动。他当选为伊朗总理后，在联合国安理会上为伊朗的这一决定进行了辩护：

> 我的同胞缺乏基本的生活必需品。他们的生活水平可能是世界上最低之一。我们最大的自然资产是石油。这应该是伊朗人民工作和食物的来源……收入应该用于改善我们的生活条件。然而，按照目前的安排，石油工业对人民的福祉几乎没有任何贡献……伊朗的石油资源，像这个国家的江水、河流和山脉一样，是伊朗人民的财产。他们有权力决定用它做什么，由谁来做以及怎样做。[②]

摩萨德的声明是对英国发言人的回应。英国发言人曾表示，伊朗地下的石油“显然是英帝国公司的财产”[③]。英国财政大臣表达了这种态度，说摩萨德没有认识到这样一个事实：“我

---

① 斯蒂芬·金泽（Stephen Kinzer）：《所有国王的人：美国的政变和中东恐怖主义的根源》（*All the Shah's Men: An American Coup and the Roots of Middle East Terror*），约翰威利（John Wiley）出版社 2003 年，第 50、89 页；斯蒂芬·金泽：《推翻：美国从夏威夷到伊拉克长达一个世纪的政权更迭》（*Overthrow: America's Century of Regime Change from Hawaii to Iraq*），亨利霍尔特出版社 2006 年，第 117 页。

② 斯蒂芬·金泽：《所有国王的人：美国的政变和中东恐怖主义的根源》，第 123—124 页。

③ 斯蒂芬·金泽：《所有国王的人：美国的政变和中东恐怖主义的根源》，第 121 页。

们自身的经济生存能力受到威胁，而这比波斯的经济生存能力重要得多。”[①]

联合国安理会拒绝了英国的要求。作为补偿，英国政府得到了慷慨的解决方案，但在美国的支持下，英国组织策划了一场经济封锁，使伊朗这个本来就已经贫困的国家陷入绝境。尽管摩萨德向英国提供了足够的补偿，但1952年年末，英国领导人还是向中央情报局提出要组织一场政变。他们知道杜鲁门总统不会支持这样的计划，但认为即将上任的艾森豪威尔是可以接受的。他们是对的。

艾森豪威尔政府有很多理由渴望伊朗政权更迭。如果允许伊朗对一家外国石油公司实行国有化，可能会引发其他地方发生类似的没收。[②]此外，如果德黑兰是一个友好的政府，可以用于监视苏联，并在其他方面保护美国在海湾地区的利益。[③]另外，艾森豪威尔的国务卿约翰·福斯特·杜勒斯（John Foster Dulles）和他的兄弟、中央情报局新任局长艾伦·杜勒斯（Allen Dulles）都曾在代表新泽西州标准石油公司的律师事务所工作过，如果伊朗发生政变，接管这家石油公司，标准石油公司肯定会获得很大份额。[④]

---

① 斯蒂芬·金泽：《所有国王的人：美国的政变和中东恐怖主义的根源》，第129页。

② 沃尔特·拉菲贝尔：《美国世纪：1941年以来的美国史》第5版，麦格劳—希尔出版公司1998年，第385页。

③ 威廉·布鲁姆：《扼杀希望：二战以来美国军方和中情局的干预》，第70页。

④ 威廉·布鲁姆：《扼杀希望：二战以来美国军方和中情局的干预》，第71页。

最后，虽然摩萨德不是共产主义者，但有人声称他是共产主义者。艾森豪威尔政府上台时曾指责民主党人将中国和朝鲜都输给了共产主义者；况且杜勒斯兄弟强烈地反对共产主义。[①]

这个问题至关重要。一名英国情报人员在政变中出卖情报给杜勒斯兄弟，告诉他们摩萨德是一名共产主义者，他将带领伊朗走向共产主义。但这种说法完全是错误的：摩萨德是一名坚定的民主党人，他不允许共产党人进入他的政府。[②] 尽管如此，杜勒斯兄弟认为美国需要推翻摩萨德来阻止伊朗接受共产主义。

为了组织政变，杜勒斯兄弟选择了西奥多·罗斯福总统的孙子柯密特·罗斯福（Kermit Roosevelt）。中央情报局策划这样一场政变的想法遭到几名中央情报局成员的反对，尤其是罗杰·戈兰（Roger Goiran），他是中央情报局德黑兰的负责人。他说，如果发动这样的政变，伊朗人将永远把美国视为“英法帝国主义”的支持者。艾伦·杜勒斯解雇了戈兰，并下令继续进行政变。[③]

柯密特·罗斯福和前纳粹合作者扎赫迪（Zahedi）将军以及年轻的伊朗国王一起策划了这次政变。柯密特·罗斯福告

---

① 奥黛丽·R. 卡林（Audrey R. Kahin）、乔治·麦克特南·卡林（George McT. Kahin）：《关于颠覆的外交政策：艾森豪威尔和杜勒斯在印度尼西亚的秘密溃败》（*Subversion as Foreign Policy: The Secret Eisenhower and Dulles Debacle inIndonesia*），西雅图：华盛顿大学出版社 1995 年；斯蒂芬·金泽：《推翻：美国从夏威夷到伊拉克长达一个世纪的政权更迭》，第 4、114、117 页。

② 斯蒂芬·金泽：《推翻：美国从夏威夷到伊拉克长达一个世纪的政权更迭》，第 121 页。

③ 斯蒂芬·金泽：《所有国王的人：美国的政变和中东恐怖主义的根源》，第 164 页。

诉伊朗国王，如果摩萨德继续掌权，他将带领伊朗走向共产主义，从而说服伊朗国王加入政变。[①]柯密特·罗斯福的政变计划，被称为阿贾克斯行动（Operation Ajax），制定了许多攻击路线：

- 首先，街头、清真寺和媒体上的一场运动将破坏摩萨德的人气，因为他将被描绘成腐败、亲共产主义和反伊斯兰教。
- 其次，暴徒会得到报酬，对宗教领袖发起有组织的攻击，让他们看起来像是受摩萨德之命行事。
- 第三，扎赫迪将军会贿赂军官，让他们准备帮助政变。
- 第四，钱还被用来贿赂国会议员。
- 第五，在“政变日”当天，安排数千名拿了钱的示威者举行大规模反政府集会，而受贿赂的议会成员则将安排进行投票，要求摩萨德辞职。
- 第六，扎赫迪控制下的军队将逮捕摩萨德，并负责指挥哨所、警察和电台，以及控制国家银行。
- 第七，扎赫迪将军将接受伊朗国王的总理提名。[②]

虽然美国支持的推翻摩萨德的行为遭到伊朗人民的强烈谴责，但年轻的国王还是感谢真主阿拉和中央情报局[③]——标准

① 斯蒂芬·金泽：《所有国王的人：美国的政变和中东恐怖主义的根源》，第10页。

② 斯蒂芬·金泽：《所有国王的人：美国的政变和中东恐怖主义的根源》，第10、53页。

③ 沃尔特·拉菲贝尔：《美国时代：1750年年以来美国外交政策》第2版，纽约：诺顿出版社1993年，第518页。

石油公司大概也是如此，因为公司由此获得伊朗石油 40% 的利润。尽管早些时候曾指出摩萨德“获得了诚实爱国者的声誉”[①]，但《纽约时报》宣称，他的下台将是一次很好的学习经历：

> 拥有丰富资源的不发达国家现在得到了一个实实在在的教训，这必须由他们当中的一个人来支付这个沉重的代价，这个人因为狂热的民族主义而发狂。[②]

当然，“狂热的民族主义”应该是让一个国家的资源造福本国人民，而不是美国及其盟友的企业。这一实实在在的教训说明，美国政府与罗马以及其他帝国如出一辙，利用恐怖手段对他国进行恐吓。

这个实实在在的教训后遗症甚至更加可怕。尽管艾伦·杜勒斯宣称伊朗已经被从“共产主义统治的政权”中拯救出来[③]，但结果却不是民主自由。这次政变为伊朗国王穆罕默德·雷扎（Mohammad Reza）成为独裁者带来了机会，因为美国中央情报局每年给他 10 多亿美元资金，用以购买武器，然后采取任何必要的手段镇压异见人士。用大赦国际（Amnesty

① 威廉·布鲁姆：《扼杀希望：二战以来美国军方和中情局的干预》，第 70 页。

② 诺姆·乔姆斯基，《威慑民主》第 2 版，纽约：希尔和王 1992 年，第 50 页，引用 1954 年 8 月 6 日《纽约时报》。

③ 沃尔特·拉菲贝尔：《美国时代：1750 年以来美国外交政策》第 518 页。

International）的话说，伊朗国王的政权书写了“令人难以置信的酷刑史”[①]。把实施这种酷刑当成工作的是伊朗国王秘密警察萨瓦克（SAVAK），是由诺曼·施瓦茨科普夫（Norman Schwartzkopf，此人是布什政府第一次进攻伊拉克时美国军队领导人的父亲，后面将进行讨论）训练的。[②]

美国在把这个政权强加在伊朗人民身上，并偷走了他们唯一的财富来源的同时，也为美国换来了长期的仇恨。1979 年，伊朗国王被阿亚图拉·霍梅尼领导的反美政府取代，学生们接管了美国驻德黑兰大使馆，并将大使馆的外交官扣为人质。一名激进的学生后来解释说，劫持人质是对阿贾克斯行动的延迟反应。[③]

在阿贾克斯行动之前，伊朗人钦佩美国，较之英国和苏联更喜欢美国。[④]但美国的阿贾克斯行动引发的一系列事件，导致两国之间形成了永久的仇恨状态。

有趣的是，艾森豪威尔曾问，为什么不能“让这些受压迫国家的人喜欢我们，而不是仇恨我们”[⑤]？当他同意杜勒斯兄弟

---

① 威廉·布鲁姆：《扼杀希望：二战以来美国军方和中情局的干预》，第 72 页。

② 威廉·里弗斯·皮特（William Rivers Pitt）：《伊拉克战争》（*War On Iraq*），纽约：文史出版社 2002 年，第 17 页。

③ 威廉·里弗斯·皮特：《伊拉克战争》，第 17 页；斯蒂芬·金泽：《推翻：美国从夏威夷到伊拉克长达一个世纪的政权更迭》，第 202 页。

④ 斯蒂芬·金泽：《所有国王的人：美国的政变和中东恐怖主义的根源》，第 85 页。

⑤ 斯蒂芬·金泽：《所有国王的人：美国的政变和中东恐怖主义的根源》，第 158 页。

推翻伊朗敬爱的领导人穆罕默德·摩萨德的计划时，其实就已经回答了这个问题。金泽指出，这个事件产生的另一个影响是：

> 阿贾克斯行动让暴君和有抱负的暴君明白，只要专制政权对西方和西方石油公司友好，世界上最强大的政府就会容忍无止境的压迫。①

最后一点：柯密特·罗斯福警告美国中央情报局，它在伊朗的成功不应被视为它可以随意推翻一国政府的依据。“不过，杜勒斯兄弟却把这话当真了，”金泽说，“他们已经在策划为反对危地马拉‘左倾’政权而进行的罢工。”②

三、危地马拉：威慑来自良好榜样的威胁

只要美国承认其具有帝国主义性质，就会把帝国主义描绘成是仁慈的，因为尽管美国追求自己的利益，但它是通过促进世界各地民主政府的发展来实现这一目的的。按照标准的定义，政府是自由选举产生的（不受外部影响），反映大多数人的利益，保护人权，而美国的影响力通常——借用诺姆·乔姆

① 斯蒂芬·金泽：《所有国王的人：美国的政变和中东恐怖主义的根源》，第 204 页。

② 斯蒂芬·金泽：《所有国王的人：美国的政变和中东恐怖主义的根源》，第 202 页。

斯基的书名就是“威慑民主”[①]。

有关威慑民主的事实在危地马拉表现得最为突出。1954年，艾森豪威尔政府推翻了被作家皮耶罗·格利耶斯所称的“危地马拉历史上第一个真正的民主政府”和“有史以来最好的政府”。因此，美国在20世纪余下的时间里甚至更长的时间里，让危地马拉回到了被称为“永远的暴政之地”的状态。[②]

在此过程中，艾森豪威尔政府还杀害了危地马拉在1945年至1954年间享有的十年民主进程中尽了最大责任的雅各布·阿尔本斯（Jacobo Arbenz）。奇怪的是，关于危地马拉的故事围绕着四个名字以“Ar”开头的男人展开：阿雷瓦洛（Arévalo）、阿拉纳（Arana）、阿马斯（Armas）和阿尔本斯。然而，决定性因素将是第五个“Ar”：军队（Army）。

危地马拉曾经是玛雅文明的中心，没有任何西班牙感兴趣

---

① 这部分主要基于皮耶罗·格利耶斯（Piero Gleijeses）:《破碎的希望：1944—1954年危地马拉革命与美国》(*Shattered Hope*: *The Guatemalan Revolution and the United States, 1944–1954*)，普林斯顿：普林斯顿大学出版社。1991年)；尼克·卡莱瑟（Nick Cullather）:《秘密历史：1952—1954年中央情报局在危地马拉的秘密行动》(*Secret History*: *The CIA's Classified Account of Its Operations in Guatemala 1952–1954*)，斯坦福：斯坦福大学出版社1999年。尼克的书既借鉴了格利耶斯的书，也利用了中情局的文件，而这些文件原本只是中情局内部使用的。他们的叙述与以前的叙述有很大的不同，尤其是关于雅各布·阿尔本斯的共产主义、联合水果公司的重要性以及美国经营成功的原因。马尼奥·欧诺（Mario Overall)、丹·哈格多恩（Dan Hagedorn）的新书《胜利行动：1954年6月至7月中央情报局秘密行动推翻危地马拉总统雅各布·阿尔本斯》(*PBSuccess*: *The CIA's Covert Operation to Overthrow Guatemalan President Jacobo Arbenz June-July 1954*，赫里翁出版公司2016年）有相关介绍。但是该书的新材料只涉及中央情报局和危地马拉空军使用空军力量的内容。

② 皮耶罗·格利耶斯:《破碎的希望：1944—1954年危地马拉革命与美国》，第3页。

的资源，在西班牙统治的三个世纪中，它已经成为一个被忽视的贫穷国家。然而，在19世纪末，对咖啡日益增长的需求成为财富的来源。因此，土著玛雅人的土地被进一步剥夺，被迫为大地主提供廉价劳动力。[①] 1929年全球金融危机期间，咖啡市场崩溃，在当地社会中引发了进一步的动荡。作为回应，危地马拉的富裕阶层希望有一个“强有力的领导人”，以便挫败有损其利益的任何威胁和挑战，于是选择了豪尔赫·乌比科(Jorge Ubico)。乌比科将拿破仑、佛朗哥和墨索里尼视为榜样，在长达13年的独裁统治期间，以“效率和残忍著称”，将地主谋杀玛雅人合法化，摧毁工会，四处布满间谍和秘密警察，制造了一个充满恐惧的社会。[②]

虽然民众非常憎恨乌比科，但他不仅得到了危地马拉上层阶级的赏识，还得到了美国政府和企业的欣赏，对此他表现得十分恭顺。他对美国最大的企业——联合水果公司（UFCO）特别慷慨，给予该公司免费的土地和市场自由。[③]尽管华盛顿的支持是慷慨的，但最终因为学生起义，罗斯福政府鼓动乌比科

---

① 皮耶罗·格利耶斯：《破碎的希望：1944—1954年危地马拉革命与美国》，第10页；尼克·卡莱瑟：《秘密历史：1952—1954年中央情报局在危地马拉的秘密行动》，第9页。

② 皮耶罗·格利耶斯：《破碎的希望：1944—1954年危地马拉革命与美国》，第9—19页。

③ 皮耶罗·格利耶斯：《破碎的希望：1944—1954年危地马拉革命与美国》，第19—21页；尼克·卡莱瑟：《秘密历史：1952—1954年中央情报局在危地马拉的秘密行动》，第10页。

辞职，并相信另一位顺从的领导人会取代他。[①]如果没有年轻的陆军上尉雅各布·阿尔本斯，这一切是会发生的。

阿尔本斯没有钱上正规大学，但获得了军事学院的奖学金。在那里，先是作为一名学生，然后作为一名军官，表现都非常优异。但他是一名非比寻常的军官。

他“对自己国家的未来非常关心”。他对未来的妻子说：“我想成为一名改革者。”[②]菲德里科·庞塞（Federico Ponce）将军为阿尔本斯提供了开始成为改革者的机会。庞塞在乌比科辞职后把自己的部队带到危地马拉国会，从而“说服”国会让自己担任总统。

愤怒之下，阿尔本斯辞去了军职以示抗议，然后领导了一场与庞塞军队的胜利之战。另一名对这次胜利尽了最大责任的士兵弗朗西斯科·阿拉纳（Francisco Arana）想要建立一个军人政府，但阿尔本斯坚持要求他们为自由选举做准备，从而实现文官统治。阿尔本斯对妻子说，选举“将完全自由”。选举时“阿雷瓦洛（Arévalo）将获胜，我们将在我们的历史上写下光辉而爱国的一页”[③]。

阿雷瓦洛指胡安·何塞·阿雷瓦洛（Juan Jose Arévalo），

---

① 皮耶罗·格利耶斯：《破碎的希望：1944—1954 年危地马拉革命与美国》，第 22—23 页。

② 皮耶罗·格利耶斯：《破碎的希望：1944—1954 年危地马拉革命与美国》，第 135 页。

③ 皮耶罗·格利耶斯：《破碎的希望：1944—1954 年危地马拉革命与美国》，第 53、140 页；尼克·卡莱瑟：《秘密历史：1952—1954 年中央情报局在危地马拉的秘密行动》，第 11 页。

他是在学生领导的反对乌比科起义的“1944 年革命”（revolution of 1944）之后成为总统的。由于阿雷瓦洛博士特别强调教育和精神方面的问题——他称自己为“精神社会主义者”，与马克思主义者的唯物主义观点相反——对上层阶级和美国企业来说，他看上去足够安全可靠。

他坚定地致力于资本主义。毫无疑问，他确实进行了一些重大改革，不仅允许工人成立工会，还批准通过劳工法。他相信政治自由，甚至容忍共产党人，尽管没有使他们的政党合法化。但他没有触及最大的问题，那就是 2% 的土地所有者拥有 72% 的土地，而其余大部分人则挤在狭小的土地上，无法养活一家人。[①] 他也没有改变美国极端的累进税，其中包括允许美国企业少缴税。[②]

然而，尽管阿雷瓦洛的改革是温和的，上层阶级和美国公司——他们对任何有违他们在乌比科时期享有的任何条件的改革措施都感到不满——进行了抗议。

联合水果公司（UFCO）向华盛顿抱怨说，公司受到了“迫害”，阿雷瓦洛是一名共产主义者。[③] 杜鲁门政府花了很长时间讨论阿雷瓦洛是否真的是一名共产主义者，最终认为没有采

---

① 皮耶罗・格利耶斯：《破碎的希望：1944—1954 年危地马拉革命与美国》，第 36—37 页。

② 皮耶罗・格利耶斯：《破碎的希望：1944—1954 年危地马拉革命与美国》，第 41—47、91、117、377 页。

③ 皮耶罗・格利耶斯：《破碎的希望：1944—1954 年危地马拉革命与美国》，第 94、96、99—100、103、105 页。

取行动的依据。①

但是，现任武装部队总司令阿拉纳却引发了一场危机。在地主精英的鼓动下，阿拉纳发动了政变，并给阿雷瓦洛下了最后通牒：要么罢黜阿雷瓦洛的那些部长们，要么用他挑选的部长取代阿雷瓦洛的部长。阿雷瓦洛不但没有接受最后通牒，还解除了阿拉纳的职务，并命令国防部长阿尔本斯将他逮捕。阿拉纳拒绝逮捕，在枪战中被阿尔本斯的手下击毙。②听到阿拉纳的死讯，他的支持者发动了起义，但被阿尔本斯巧妙地领导的忠诚军队击败。③

尽管遭到了土地精英的反对，但随着声望的提高——阿尔本斯再次拯救了民主——在下届总统选举中赢得了压倒性的胜利。④阿尔本斯遇到的唯一的挑战是阿拉纳的前军官卡斯蒂略·阿马斯（Castillo Armas）发动的一场无能的政变。

阿马斯在被捕后从监狱逃脱，从此成为美国人利用的工

① 皮耶罗·格利耶斯：《破碎的希望：1944—1954 年危地马拉革命与美国》，第 119—121 页。

② 尽管有传言说阿尔本斯谋杀了阿拉纳，但格利耶斯表示，这是最不可能的。谣言持续的部分原因是，阿雷瓦洛没有说出阿拉纳背叛的真相，而是声称他是被右翼反动派杀害的。虽然阿尔本斯建议阿雷瓦洛要说真话，但他一直保持沉默。皮耶罗·格利耶斯：《破碎的希望：1944—1954 年危地马拉革命与美国》，第 67—71 页。

③ 皮耶罗·格利耶斯：《破碎的希望：1944—1954 年危地马拉革命与美国》，第 54—56、59、62—71 页。

④ 皮耶罗·格利耶斯：《破碎的希望：1944—1954 年危地马拉革命与美国》，第 73、83 页；尼克·卡莱瑟：《秘密历史：1952—1954 年中央情报局在危地马拉的秘密行动》，第 11 页。

具。[①] 尽管如此，阿尔本斯于 1951 年 3 月就职，并很快阐明了他所设想的改革背后的道德理想：

> 我非常重视经济政策，但这只是实现我们社会目标的一种手段。危地马拉所有的财富都不如最卑微的人民的生命、自由、尊严、健康和幸福重要。如果——把手段错当成了目的——我们把金融稳定和经济增长作为政策的最高目标，为之牺牲我们广大人民群众的福祉，我们将错得多么离谱……我们的任务是共同努力，创造更多的财富……但是，我们必须分配这些财富，让那些财富很少的人——他们是绝大多数——受益更多，而那些拥有大量财富的人——他们是如此之少——也会受益，但受益程度较低。考虑到我国人民的贫困、健康状况不佳和缺乏教育，我们怎能不这样做呢？[②]

尽管这一阐述令地主精英和美国企业感到不安，但人们普遍将其视为一种空话，尤其是因为在接下来的一年里没有发生任何变化。然而，阿尔本斯正与他的顾问们平稳而紧张地工作，制定了一项综合计划，以实现他的再分配愿景，其核心便是土地改革。[③]

---

① 皮耶罗 · 格利耶斯：《破碎的希望：1944—1954 年危地马拉革命与美国》，第 81—83 页。

② 皮耶罗 · 格利耶斯：《破碎的希望：1944—1954 年危地马拉革命与美国》，第 150 页。

③ 皮耶罗 · 格利耶斯：《破碎的希望：1944—1954 年危地马拉革命与美国》，第 144—145 页。

1952年4月提交给震惊国会的第900号法令于6月获得通过，并于1953年1月开始实施——艾森豪威尔政府就是在这个月上台的。[①]尽管这是一项温和的计划，只是从较大的地主那里征用未开垦的土地，但非常成功，实施过程中很少使用暴力，结果产量迅速增加（而不是像大多数此类计划那样产量会暂时减少），并使危地马拉一大批人民得到了帮助。[②]格利耶斯指出，阿尔本斯“完成了一项独特的壮举：实行了中美洲第一次真正的土地改革……自西班牙征服以来，政府第一次将土地归还给印第安人”[③]。然而，土地精英、联合水果公司和美国政府对此却有着相反的看法。

尽管联合水果公司为征用的土地支付了适当的款项，但远远少于它所宣称的数额。产生这一问题的原因是，按照第900号法令规定，为征用土地支付的款额应该是所有者进行税务申报时的实际价值。联合水果公司曾宣称这块土地的价值为100万美元，但实际价值是1900万美元。联合水果公司承认为降低税额，因此一直以来严重报低了这块土地的价值，美国国务院却赞同联合水果公司所声称的受到了不公平待遇。[④]

1953年，艾森豪威尔政府指使中央情报局推翻了伊朗政

① 皮耶罗·格利耶斯：《破碎的希望：1944—1954年危地马拉革命与美国》，第145、150—151、231页。

② 皮耶罗·格利耶斯：《破碎的希望：1944—1954年危地马拉革命与美国》，第152、155—160、163页。

③ 皮耶罗·格利耶斯：《破碎的希望：1944—1954年危地马拉革命与美国》，第135、160页。

④ 皮耶罗·格利耶斯：《破碎的希望：1944—1954年危地马拉革命与美国》，第151、164页。

权，于是决定在危地马拉重演这一幕。然而，与以往大多数说法不同，艾森豪威尔政府与联合水果公司联系密切的事实可能不是做出这一决定的主要原因。更重要的原因是危地马拉土地改革的成功，是一个典型的“好榜样的威胁”案例。正如一封致负责美国助理国务卿的信中所写的那样：

> 危地马拉对洪都拉斯和萨尔瓦多的稳定日益构成威胁。它的土地改革是强有力的宣传武器；它帮助工人和农民战胜上层阶级和大型外国企业的广泛的社会计划，对有相似情况的中美洲邻国人民具有强烈的吸引力。

当然，美国领导人在公开讨论时是不会用这个理由的。他们表达的担忧是，阿尔本斯政府在中美洲建立了一个“苏联滩头阵地”①。然而，这不是真的。的确，正如一些说法提到的，阿尔本斯成为一名共产主义者，并有一些共产主义者朋友担任他的“厨房内阁”（“kitchen cabinet”，政府首脑参谋团），帮助他制定农业改革计划。但是阿尔本斯是通过阅读马克思的著作成为一名坚定的共产主义者。他发现马克思的分析阐明了危地马拉的情况。另外事实证明，危地马拉的共产主义知识分子勤奋工作，无私奉献，清廉廉洁，他们像阿尔本斯一样，真诚

① 皮耶罗·格利耶斯：《破碎的希望：1944—1954 年危地马拉革命与美国》，第 257、262、298 页。

地关心帮助自己的国家，尤其是穷人。[①]他们与苏联没有任何联系；两国甚至没有外交关系。[②]

即使危地马拉与苏联有关系，这也不能成为美国推翻一个通过正式选举产生的政府的正当理由。[③]毕竟，美国政府当时正忙于在苏联周围建立“滩头阵地”。美国声称自己有权这样做，而苏联无权援助西半球的各国政府。这只是美国双重标准的又一个例子。我们在这里甚至都不需要提到类似的例子，因为危地马拉与苏联没有联系。

然而，华盛顿则仅仅因为阿尔本斯是一个马克思主义者，加上他正在进行成功的、受欢迎的土地改革，为邻国人民树立了一个可能想要效仿的榜样——这就足以让华盛顿启动一项清除阿尔本斯的计划。[④]

---

① 皮耶罗·格利耶斯：《破碎的希望：1944—1954 年危地马拉革命与美国》，第 78—79、140—141、143—146、182、190、192、216、233—234 页；尼克·卡莱瑟：《秘密历史：1952—1954 年中央情报局在危地马拉的秘密行动》，第 142 页。

② 尼克·卡莱瑟：《秘密历史：1952—1954 年中央情报局在危地马拉的秘密行动》，第 107—108 页。

③ 当戴维·阿特利·菲利普斯（David Atlee Phillips）被中央情报局招募为新成员时，他说：“既然阿尔本斯是在自由选举中当选总统的。我们有什么权利帮助某一个人推翻他的政府，把他赶下台？”这个故事是菲利普斯讲的。参见戴维·阿特利·菲利普斯：《守夜人：25 年的特殊服务》（*The Night Watch: Twenty-five Years of Peculiar Service*），纽约：雅典（Athenaeum）出版社 1977 年，第 34—35 页。

④ 这实际上是艾森豪威尔政府第二次试图推翻阿尔本斯的政权。在第一次尝试之后，阿尔本斯发现并公布了美国参与其中的证据。美国国务院称这些指控“荒谬且不真实”，并补充道：“不干涉别国内政是美国的政策。”当然，这句话的意思是，美国的政策是，一旦被发现就撒谎。参见威廉·布鲁姆：《扼杀希望：二战以来美国军方和中情局的干预》，第 78 页。

中央情报局精心策划了这场哗众取宠的政变。但政变之所以成功，仅仅是因为美国贿赂、说服和恐吓了危地马拉军队。因此，当卡斯蒂略·阿马斯带领一小群士兵从洪都拉斯越过边境时，他的胜利并不像一些人所说的那样是因为中央情报局的诡计，而是因为危地马拉军队决定不参战。军队被告知，阿马斯的军队是美国人的代理人，如果被击败，美国军队将全面入侵。[①] 这是一种威胁。由于来自美国的威胁，阿尔本斯被迫下台。当然，美国国务卿约翰·福斯特·杜勒斯给了美国人民一个不同的解释："现在已经听到了危地马拉人民的声音。"[②]

美国随后扶植的傀儡政府破坏了土地改革，工会被取缔，劳工组织者被杀害，政党和反对派报纸被禁。[③] 长期来看，美国推翻危地马拉新生的民主制度，导致数十年的国家恐怖主义，其中大部分是由敢死队实施的。它还造成普遍的贫困，每年约有 2 万人死于饥饿，其中主要是儿童，许多儿童只能通过卖淫来避免这种命运。[④]

这种情况仍在继续。2014 年的一份报告称："危地马拉遭受着严重的不平等和普遍的贫困，甚至在拉丁美洲也属于极端

---

① 皮耶罗·格利耶斯：《破碎的希望：1944—1954 年危地马拉革命与美国》，第 246—247、254、256、305、313、335、338—339、341、365、375、380 页；尼克·卡莱瑟：《秘密历史：1952—1954 年中央情报局在危地马拉的秘密行动》，第 60、64、68、82、84—85、89 页。

② 戴维·施密茨：《感谢上帝，他们站在我们这边：1921—1965 年美国和右翼独裁政权》，第 196 页。

③ 威廉·布鲁姆：《扼杀希望：二战以来美国军方和中情局的干预》，第 82 页。

④ 诺曼·乔姆斯基：《第 501 年》，第 174—176 页。

情况。根据世界银行对危地马拉的贫困评估，许多发展中国家的特点是贫穷、多民族而且绝大多数为农村地区。然而，危地马拉这些特点确实非常突出，引人关注。”①

从1944年开始，这片“永远暴政的土地”经历了有希望的十年。但正如威廉·布鲁姆的书名《扼杀希望》所暗示的那样，是美国的外交政策扼杀了危地马拉的希望。危地马拉人的希望就像皮耶罗·格利耶斯的书名《破碎的希望》所示，破灭了。然而，在艾森豪威尔的回忆录中，把推翻阿尔本斯被列为他最值得骄傲的成就之一。②

在除掉阿尔本斯问题上，艾森豪威尔的行动与他的财政部部长乔治·汉弗莱（George Humphrey）的意见是一致的。汉弗莱建议国家安全委员会的其他成员“不要过多谈论民主”，“如果他们的政策是亲美的，就支持右翼的独裁”。艾森豪威尔对此表示赞同：“如果他们是狗娘养的，他们就没问题。”阿尔弗雷德·麦考伊（Alfred McCoy）评论道：“总统刚才清晰地阐明了华盛顿将在未来50年实施的全球统治体系。”③

---

① 《2014年讲述共同希望的故事》。

② 皮耶罗·格列耶斯：《破碎的希望》，第235页，引自德怀特·艾森豪威尔：《1953—1956年授权变革》（*Mandate for Change, 1953-1956*），花园城：双日（Doubleday）出版社1963年，第421—427、573—575页。

③ 阿尔弗雷德·麦考伊：《美国世纪的阴影》（*In the Shadows of the American Century*）赫马基特图书（Haymarket Books）2017年，第62—63页。

四、古巴：共产主义邻国的建立

因第一次主要进攻发生在1953年7月26日而得名的“7·26”运动，是菲德尔·卡斯特罗发起的推翻美国支持的富尔亨西奥·巴蒂斯塔（Fulgencio Batista）政权的运动，到1958年得到了广泛支持。1959年1月1日，“7·26”的运动取得了决定性胜利。如果当初艾森豪威尔和杜勒斯认为这场运动是共产主义的，早就把它消灭了。他们的估计的确是正确的。卡斯特罗是一名中产阶级律师。他不但没有强烈反美，甚至还希望得到外国的投资和美国的援助；除了相互敌视外，他发起的这场运动与古巴共产党没有任何关系。在掌权后不久，他甚至在美洲国家组织的一次会议上建议美国向拉丁美洲提供为期十年的300亿美元的一揽子援助，以消除可能使共产主义者掌权的社会基础。①

然而，卡斯特罗却对美国控制古巴60年导致古巴人民贫困，以及美国在关塔那摩军事基地的监狱提出了批评，并宣布古巴将从此在冷战中保持中立。② 正是这种中立的民族主义立场击中了美国的要害，因为这种立场一旦被其他国家效仿，美国事实上作为非共产主义世界统治者的地位将受到威胁。2月，美国国家安全委员会的一份文件宣称：“一旦数量可观的拉美国

---

① 加布里埃尔·柯尔克：《面向第三世界：1945—1980年的美国外交政策》，第141页。

② 威廉·布鲁姆：《扼杀希望：二战以来美国军方和中情局的干预》，第192页。

家转向中立主义，必将严重损害美国对自由世界发挥有效领导作用的能力。”[①]事实上，与共产主义政府相比，中立的民族主义政府要危险得多，因为它可能更有影响力。如果没有严厉的批评，推翻政权也会变得更加困难。[②]

当卡斯特罗提出一项土地改革法时，华盛顿更是怒火万丈。尽管改革影响相当轻微，但确实影响了美国的商业利益。1959 年 10 月，华盛顿采取报复性行动，不仅阻止了英国战斗机的销售，还开始对古巴进行一系列轰炸和低空扫射。[③]卡斯特罗因此认定华盛顿将很快试图推翻他的政权。在这种情况下，卡斯特罗便寻求从莫斯科购买武器。[④]

卡斯特罗对美国的企图判断是正确的。中央情报局局长艾伦·杜勒斯已经着手计划入侵古巴。1960 年 3 月，艾森豪威尔批准了杜勒斯的秘密计划，“用一个更能致力于古巴人民真正利益、更能为美国接受的政权取代卡斯特罗政权”——当然，要“以一种避免美国出现的任何方式进行干预”。[⑤]中央情报局开始训练古巴流亡者，这些流亡者主要由巴蒂斯塔的前支持者组

---

① 戴维·施密茨：《感谢上帝，他们站在我们这边：1921—1965 年美国和右翼独裁政权》，第 227 页。

② 加布里埃尔·柯尔克：《面向第三世界：1945—1980 年的美国外交政策》，第 142 页。

③ 加布里埃尔·柯尔克：《面向第三世界：1945—1980 年的美国外交政策》，第 141 页；戴维·施密茨：《感谢上帝》，第 219 页；威廉·布鲁姆：《扼杀希望：二战以来美国军方和中情局的干预》，第 186 页。

④ 加布里埃尔·柯尔克：《面向第三世界：1945—1980 年的美国外交政策》，第 141—142 页。

⑤ 戴维·施密茨：《感谢上帝，他们站在我们这边：1921—1965 年美国和右翼独裁政权》，第 220 页。引自 1960 年 3 月 17 日《针对卡斯特罗政权的秘密行动计划》。

成，他们甚至雇用了一个亡命徒准备暗杀卡斯特罗。[①]

当卡斯特罗将制糖业和美国石油公司收归国有时，无疑加深了华盛顿的敌意——因为这些石油公司拒绝提炼苏联的石油。[②]而华盛顿随后实施的禁运使古巴更加依赖苏联。美国在过去 60 年对古巴实施的禁运，使古巴经济几乎完全依靠自己。这种禁运是毁灭性的。

1961 年，当约翰 · 菲茨杰拉德 · 肯尼迪成为美国总统后，继续实行了中央情报局的入侵计划。他对有关卡斯特罗的问题持有相同的观点，并于当年 4 月批准了入侵古巴的计划。这一计划后来被称为猪湾溃败事件（Bay of Pigs debacle)。尽管肯尼迪家族希望重演 1954 年危地马拉推翻阿尔本斯政权的一幕，但与阿尔本斯不同，卡斯特罗的军队仍然对他很忠诚。[③]这次入侵，除了迫使卡斯特罗更加依赖苏联之外，是完全失败的。此外，就在同一个月，卡斯特罗首次宣布古巴革命为社会主义革命。几个月后，卡斯特罗主义和共产党结成联盟；同年 12 月，卡斯特罗宣布接受马克思列宁主义。[④]

---

① 威廉 · 布鲁姆：《扼杀希望：二战以来美国军方和中情局的干预》，第 192 页；华伦 · 辛克尔（Warren Hinckle)、威廉 · 特纳（William Turner)：《致命的秘密：中情局与黑手党对卡斯特罗的战争和刺杀肯尼迪》(*Deadly Secrets: The CIA-Mafia War Against Castro and the Assassination of J.F.K.*)，纽约：雷霆之口出版社 1992 年，第 xv—xvi、24—25 页。

② 加布里埃尔 · 柯尔克：《面向第三世界：1945—1980 年的美国外交政策》，第 142—143 页

③ 沃尔特 · 拉菲贝尔：《不可避免的革命：美国在中美洲》(*Inevitable Revolutions: The United States in Central America*)，纽约：诺顿出版社 1984 年，第 149 页。

④ 加布里埃尔 · 柯尔克：《面向第三世界：1945—1980 年的美国外交政策》，第 144 页。

这使得美国对卡斯特罗的战争——不仅包括持续的经济禁运，还包括一系列旨在进一步摧毁古巴经济的进攻——被证明是企图推翻西半球的共产主义独裁统治。然而，大多数美国人对这场被称为“美国历史上最肮脏、最秘密的战争”知之甚少。[①] 直到今天，很少有美国人知道卡斯特罗是被美国有意推入苏联和共产党的联盟的。

总之，古巴对苏联的依赖以及对美国再次入侵的恐惧，加上华盛顿对古巴、共产主义和苏联的敌意，终于导致 1962 年导弹危机的发生。在古巴看来，苏联为古巴提供导弹是必要的，可以阻止美国再次入侵。在苏联领导人看来，在古巴部署导弹与美国针对苏联在土耳其和西欧部署的导弹是对等的。用赫鲁晓夫总理的话来说：

> 美国与我们没有道德或法律上的争端。我们给古巴人的东西并不比美国人给他们的盟友的多。我们拥有同样的权利……我们在国际舞台上的行为受制于同样的规则和权限。

然而，赫鲁晓夫没有意识到美国的道德优势赋予它特殊的权利。正如《时代》杂志所解释的，任何接受赫鲁晓夫观点的人都遭受着“智力和道德上的困惑”：

---

① 华伦・辛克尔、威廉・特纳：《致命的秘密：中情局与黑手党对卡斯特罗的战争和刺杀肯尼迪》，第 xi 页。

> 美国（在土耳其的）军事基地的目的不是敲诈俄罗斯，而是加强北约的防御体系，该体系的建立是为了防范俄罗斯的侵略……（同时）美国与俄罗斯的目的在道德上存在巨大差异……自“二战”以来，美国在土耳其等地的军事基地一直在帮助维持和平，而俄罗斯在古巴的军事基地则威胁要破坏和平。俄国的军事基地是为了进一步的征服和统治，而美国的军事基地则是为了进一步维护自由。这种差异是显而易见的。①

正如许多报告为美国的双重标准辩护的那样，我们很难判断这篇文章是不是在开玩笑。

然而，鉴于“古巴威胁”的真正意义，卡斯特罗公开拥抱马克思列宁主义所带来的宣传优势是巨大的。肯尼迪任命的一个评估拉美局势的小组告诉他，这一威胁是“卡斯特罗关于把一切事情掌握在自己手中这种观念的传播”。他们说，这个观念很有吸引力，因为“土地和其他形式的国家财富的分配，在很大程度上有利于有产阶级”。当然，这本身并不是一个问题，而是一个事实，即“受古巴革命的鼓舞，穷人和弱势群体现在要求获得体面生活的机会”②。

---

① 威廉·布鲁姆：《扼杀希望：二战以来美国军方和中情局的干预》，第 185 页，引自 1962 年 11 月 2 日《时代》。

② 诺姆·乔姆斯基：《流氓国家：世界事务中的武力统治》，第 2 页，引用《美国外交关》（*Foreign Relations of the United States*），《美利坚共和国》（*American Republics*）第 12 卷，美国国防部 1961—1963 年，第 13—14、33 页。

根据华盛顿的“国家安全”概念，除非整个世界，尤其是整个西半球追随美国的领导，否则美国的国家安全将受到威胁。考虑到这一点，古巴对美国的国家安全构成了威胁。然而，正如一位美国外交官所指出的那样，“如果我们公开宣布古巴对我们的安全构成威胁，4000 万墨西哥人将会笑死”[①]。

但现在美国领导人不必做出这种可笑的声明。在迫使卡斯特罗接受马克思主义和苏联之后，美国领导人可以把自己描绘成高尚的人权捍卫者，却很容易忽视这样一个事实，即在社会和经济权利方面——比如食物、医疗和教育的权利——尽管一直实施禁运，但古巴还是远远超过了美国阵营中的所有拉美国家。[②]当然，正是这个事实使得古巴的威胁——另一个好榜样的威胁——变得如此危险。[③]正如中央情报局 1964 年对白宫所说：

> 古巴几乎完全实行国家社会主义的试验正受到西半球其他国家的密切关注，任何成功的迹象都可能对该地区其他国家的中央集权主义趋势产生广泛影响。[④]

---

① 诺姆·乔姆斯基：《501 年：继续征服》，第 146 页，引自露丝·里柯克（Ruth Leacock）：《革命的安魂曲》（*Requiem for Revolution*），肯特州立大学出版社 1990 年，第 33 页

② 1980 年，世界卫生组织报告说：“古巴拥有拉丁美洲最好的卫生统计数据。”1992 年，澳大利亚的一份报告说：“尽管经济困难，古巴人的平均饮食、住房、教育和医疗条件仍然比其他拉丁美洲人好。”这两篇报道都被诺姆·乔姆斯基引用于《501 年：继续征服》，第 151—152 页。

③ 华盛顿对古巴人权的关注如此之专横，以至于在 1997 年继续对古巴实行药品禁运，因为供应药品将“损害美国的外交政策利益”。见诺姆·乔姆斯基：《流氓国家：世界事务中的武力统治》，第 148 页。

④ 沃尔特·拉菲贝尔：《不可避免的革命：美国在中美洲》，第 157 页。

鉴于美国政府的任务是帮助美国企业，因此历届政府都会竭尽全力，从收紧禁运到对经济目标进行零星军事打击，以确保古巴经济不会繁荣。

五、巴西：进步联盟的核心

肯尼迪的进步联盟（Alliance for Progress）是为了应对卡斯特罗在古巴的胜利而成立的，它宣布将停止执行支持“以富豪为基础的独裁者或政权”的政策。因为这一政策“使共产主义者认为美国唯一的兴趣是扩大投资机会和市场，以及马克思主义者指责美国资本主义等同于帝国主义的说法变得貌似可信”[①]。对于未来的“和平革命”，肯尼迪的基本理念是，用经济援助来创造一个不断壮大的中产阶级，并使之成为右翼独裁统治和左翼革命的民主替代品。[②]

巴西将成为联盟的核心。[③] 巴西的经济长期以来一直由美国主导。中央情报局资深历史学家杰拉尔德·海恩斯（Gerald Haines）坦率地说，华盛顿“为了美国私营企业的利益，引导

① 戴维·施密茨：《感谢上帝，他们站在我们这边：1921—1965 年美国和右翼独裁政权》，第 238—239 页。

② 沃尔特·拉菲贝尔：《不可避免的革命：美国在中美洲》，第 149 页。

③ 戴维·施密茨：《感谢上帝，他们站在我们这边：1921—1965 年美国和右翼独裁政权》，第 238—239 页

了巴西的工业发展”，发展了“一种新殖民主义关系，即巴西为美国工业提供原材料，美国为巴西提供制成品”。巴西的任何工业发展都必须“与美国工业互补……只要不影响美国的利润和主导地位，巴西的发展就是正确的”①。结果，巴西成为世界上经济分化最严重的国家之一，贫富差距巨大。

1961年，副总统奥·古拉特（Joao Goulart）在肯尼迪政府迫使前总统离职后被提升为总统；肯尼迪政府对前总统拒绝支持美国对古巴的禁运感到愤怒，因此迫使其下台。②古拉特，一位罗马天主教徒，一位百万富翁，一位卡斯特罗的批评者，也算不上是共产主义者。但与前任一样，他支持温和的经济民族主义和社会改革，提高了最低工资，启动了一些温和的农业改革，并对美国企业的利润进行了限制。此外，他支持民主和中立，反对制裁古巴，将民主权利扩大到共产党人，甚至任命其中一些人担任政府官员。他在军队中提拔民族主义者而不是亲美官员。③

在那些接受过美国训练的官员、巴西富豪和华盛顿官员看来，这些举动无疑增加了古拉特计划建立共产主义独裁政权的

---

① 诺曼·乔姆斯基：《501年：继续征服》，第159页，引自杰拉尔德·海恩斯：《巴西的美国化》(*The Americanization of Brazil*)。

② 沃尔特·拉菲贝尔：《不可避免的革命：美国在中美洲》，第157页。

③ 威廉·布鲁姆：《扼杀希望：二战以来美国军方和中情局的干预》，第164—166页；诺曼·乔姆斯基：《501年：继续征服》，第162页；戴维·施密茨：《感谢上帝，他们站在我们这边：1921—1965年美国和右翼独裁政权》，第269页。

可能性——即使只是一种可能，也必须予以消除。[①]

肯尼迪政府除了开始与巴西官员讨论政变之外，同时还提高了联盟资金用于军事援助的比例。中央情报局花费数百万美元支持反古拉特的候选人和反古拉特的宣传运动，散布他涉嫌策划暴行的故事。[②]

肯尼迪遇刺几个月后，林登·贝恩斯·约翰逊政府为军事策划者的政变打开了方便之门，这场政变后来被称为“3 月 31 日革命”(March 31 Revolution)。尽管国务卿迪安·拉斯克后来向国会发誓，美国与此事无关，华盛顿方面只是提供了石油、资金和武器。[③] 政变成功后，美国大使宣称“这是近年来西半球最重要的一次自由胜利”。中央情报局的声明则一语道破这次政变的实质意义：“将极大地改善私人投资环境。”[④]

然而，普通人意义上的自由并没有得到促进。3 月 31 日的

---

① 美国官员使用的语言反映了一个事实，即没有证据表明古拉特是一名共产主义者。指控称：“我们可能正在目睹一场企图缓慢发动的政变的早期阶段”；“他有成为左派俘虏的危险”；“巴西的政治进程很有可能继续向左翼解决方案迈进”；有“对古拉特意图操纵左翼接管的担忧”；古拉特“也许能够压制 [军队] ……抵御左翼接管的堡垒”；“共产主义接管是可以想象的”；最可怕的是，目前的趋势“可能最终导致……具有强烈反美的极端左翼政权”。参见戴维·施密茨：《感谢上帝，他们站在我们这边：1921—1965 年美国和右翼独裁政权》，第 270—273 页。

② 威廉·布鲁姆：《扼杀希望：二战以来美国军方和中情局的干预》，第 166 页；戴维·施密茨：《感谢上帝，他们站在我们这边：1921—1965 年美国和右翼独裁政权》，第 271—272 页。

③ 威廉·布鲁姆：《扼杀希望：二战以来美国军方和中情局的干预》，第 167—169 页。

④ 戴维·施密茨：《感谢上帝，他们站在我们这边：1921—1965 年美国和右翼独裁政权》，第 275、276 页。

革命被认为是防止了可能出现的左翼独裁统治，却导致一场真正的右翼军事独裁。这个独裁统治不但持续了20年，还尤其残暴。许多人被“失踪”，加上行刑队、极端酷刑、当着丈夫和孩子的面轮奸妇女——这些都是山姆大叔所赐。这个本已经极度不平等的国家，其收入又向上层倾斜。

20世纪80年代，尽管巴西在美国数十亿美元的援助和投资的推动下，成为全球第八大经济体，但在健康、教育和总体福利方面，仍是全球排名最差的国家之一。超过三分之二的人口营养不良，每年有成千上万的儿童死于饥饿，数百万儿童沦为奴隶或妓女——至少在他们的器官被卖给人之前是这样。

直到巴西经济追随国际货币基金的新自由主义、创造财富的政策崩溃之前，华盛顿从未放弃对这个政权的支持。[①] 美国一方面支持巴西的这个政权，一方面又迫害古巴政权。尽管实施了严厉的禁运，但古巴成功地促进了本国的医疗保健和教育，这本身就表明美国不适合统治世界。

六、多米尼加共和国：约翰逊主义与言行不一

尽管拉斐尔·特鲁希略（Rafael Trujillo）在多米尼加共和国的残暴独裁统治近30年来一直得到美国的坚定支持，但

① 威廉·布鲁姆：《扼杀希望：二战以来美国军方和中情局的干预》，第170—171；诺曼·乔姆斯基：《威慑民主》，第227—228页；《501年：继续征服》，第165—169、177页。

1959 年巴蒂斯塔被卡斯特罗的军队推翻后，让美国的政策制定者有理由开始计划推翻特鲁希略——认识到右翼独裁者可能是在助长革命，而不是遏制革命。拉丁美洲各国政府批评说，无论左翼政府有多好，美国总是反对左翼政府；无论右翼政府有多坏，美国总是支持右翼政府。艾森豪威尔意识到，由于这些国家认为“特鲁希略的情况比卡斯特罗的情况更糟”，在特鲁希略被除掉之前，他们会“在与卡斯特罗打交道时保持适当的愤怒”①。

尽管艾森豪威尔犹豫不决，担心特鲁希略的下台会为“左倾”政府打开大门，但准备表明反对右翼独裁的肯尼迪新政府显然开了绿灯，1961 年 5 月特鲁希略被一个保守团体暗杀。②随后，在美国支持的右翼新政府执政近两年之后，胡安·博世（Juan Bosch）在该国历史上第一次自由选举中以绝对多数票当选总统。

博世是肯尼迪政府表示支持的那种希望他在西半球推动温和改革的改革者。但在 1963 年 9 月，博世在美国批准的政变中下台，此时距他当选总统仅 7 个月。改革——土地改革、更高的工资和适度的企业国有化——让上层阶级、军方和美国企

---

① 威廉·布鲁姆：《扼杀希望：二战以来美国军方和中情局的干预》，第 175 页；戴维·施密茨：《感谢上帝，他们站在我们这边：1921—1965 年美国和右翼独裁政权》，第 231 页。

② 威廉·布鲁姆：《扼杀希望：二战以来美国军方和中情局的干预》，第 176 页；沃尔特·拉菲贝尔：《不可避免的革命：美国在中美洲》，第 158 页，引用菲利普·盖林（Philip Geyelin）：《林登·B. 约翰逊与世界》（*Lyndon. Johnson and the World*），弗雷德里克·A. 普拉格（Frederick A. Praege）出版公司 1966 年，第 254 页。

业感到不安。[①] 然而，最令华盛顿烦恼的是，博世是一个民主的信奉者，坚持认为除非共产主义者触犯了法律，否则不应该受到迫害。中央情报局察觉到这一切后表示，即便证据不足，也“不能排除他是秘密支持共产党或是党员的可能性”[②]。

正是美国的所谓原则，即共产主义在被证明无罪之前是有罪的，多米尼加共和国为期七个月的民主被一场军事政变终止。《新闻周刊》(*Newsweek*)解释说，“这个民主是通过摆脱民主从共产主义中拯救出来的”[③]。然而,1965 年 4 月，一群“立宪主义者”煽动了一场叛乱，试图让博世重掌政权。约翰逊此时刚刚加强了美国对越南的干预，以防止越南在他任内“走向共产主义”。显然，他以同样的眼光看待多米尼加共和国。“如果卡斯特罗式的人接管多米尼加共和国，”一位亲密顾问告诉他，“这将是任何一个政府可能遭受的最严重的国内政治灾难。”[④] 几天之内，2.3 万名美国海军陆战队员进驻该国，以防止军人政府被试图恢复宪法统治的公民推翻。

这种干涉不仅违反了《联合国宪章》，而且也违反了《美洲国家组织宪章》(*Charter of the Organization of American*

---

① 沃尔特·拉菲贝尔:《不可避免的革命：美国在中美洲》，第 179 页；戴维·施密茨:《感谢上帝，他们站在我们这边：1921—1965 年美国和右翼独裁政权》，第 260 页。

② 戴维·施密茨:《感谢上帝，他们站在我们这边：1921—1965 年美国和右翼独裁政权》，第 258 页。

③ 威廉·布鲁姆:《扼杀希望：二战以来美国军方和中情局的干预》，第 180 页。

④ 戴维·施密茨:《感谢上帝，他们站在我们这边：1921—1965 年美国和右翼独裁政权》，第 284 页。

States，缩写OAS），该宪章禁止“以任何理由直接或间接地干涉任何其他国家的内部或外部事务”。然而，约翰逊无视这些规定。约翰逊用他一贯圆滑的口气表达了自己的观点：“如果指令写在靴子的后跟上，美洲国家组织就不能把尿从靴子里倒出来。”①

尽管如此，为了试图证明干预的正当性，约翰逊给出了三个标准的借口：美国人的生命处于危险之中、反叛运动的暴行以及共产党对反叛运动的控制——他告诉全国观众，“在西半球建立另一个共产党政府”是不允许的。②随后，美国政府发起了一场大规模的宣传运动，企图让全世界相信它的说法是正确的。然而，驻多米尼加共和国的美国记者驳斥了所有这些说法。美国中央情报局的报道也称，多米尼加共和国没有共产党，而且共产党“对政变企图一无所知”。这一双重事实使一直以来最为流行的关于共产主义统治的断言无地自容。③

在那年晚些时候举行的听证会之后，参议院外交关系委员会主席、参议员威廉·富布赖特（William Fulbright）得出结论，约翰逊政府只是以共产主义的威胁和对美国人生命的危险为借口，阻止博世政府重新掌权。另一位参议院批评人士弗兰克·丘奇（Frank Church）表示，美国领导人“将自由等同

---

① 沃尔特·拉菲贝尔：《不可避免的革命：美国在中美洲》，第158页，引用菲利普·盖林：《林登·B.约翰逊与世界》，第254页。

② 沃尔特·拉菲贝尔：《不可避免的革命：美国在中美洲》，第57页。

③ 戴维·施密茨：《感谢上帝，他们站在我们这边：1921—1965年美国和右翼独裁政权》，第284—285页；威廉·布鲁姆：《扼杀希望：二战以来美国军方和中情局的干预》，第182—183页。

于共产主义的缺失，从而降低了自由的地位”，“通过让许多独裁政权成为我们所称的‘自由世界’的成员，从而提升了它们的地位”。[①]《纽约时报》问道，为什么美国士兵应该被派去杀害那些“为社会正义和宪政而战斗和牺牲”的多米尼加人？[②]

由于政府谎言曝光的数量之多，使得干预的后遗症暴露无遗，即“言行不一”，成了美国的流行语言。[③]虽然这反映出大多数公众的观点，但华盛顿则从另一个角度抨击了不干预的观念，称其已经过时。约翰逊说：“自由的敌人在谈论‘民族解放战争’，‘内战’与‘国际战争’之间原有的区别已经失去了很多意义。”约翰孙的话也许比其本意所包含的内容更多：从一个自认为是全世界合法政府的角度来看，内战与国际战争之间的确没有区别。

不管怎样，众议院显然非常赞同这一观点，通过了一项决议（315 票对 52 票），为任何国家在外国领土上单方面使用武力进行辩护，只要这个国家认为受到“国际共产主义直接或间接的威胁”。众议院的决议提到了“任何国家”，当然只指美国及其初级伙伴。理查德·巴尼特（Richard Barnet）评论说，这种“约翰逊主义”的实质是“对武装干预内战的合法性提出

---

① 戴维·施密茨：《感谢上帝，他们站在我们这边：1921—1965 年美国和右翼独裁政权》，第 284—285 页。威廉·布鲁姆：《扼杀希望：二战以来美国军方和中情局的干预》，第 182—183 页。

② 玛丽莲·B. 杨：《越南战争：1945—1990 年》，第 152 页。

③ 威廉·布鲁姆：《扼杀希望：二战以来美国军方和中情局的干预》，第 18 页，引自大卫·怀斯（David Wise）：《政治谎言：政府的欺骗、秘密和权力》（*The Politics of Lying: Government Deception, Secrecy, and Power*），兰德姆（Random）出版社 1973 年，第 32 页。

了几乎无限制的要求”[①]。

对多米尼加共和国人民来说，后果是可以预见的。在 1966 年的选举中，人们听到了大肆的宣传，实际上被告知，除非他们把票投给美国支持的候选人，而不是投给博世，否则军事占领不会结束。对此，在威廉·布鲁姆总结道：

> 富人变得更富，穷人变得更穷……饥饿的婴儿；民主仍然是一个陌生的概念；警察和军队经常绑架、拷打和谋杀政府的反对者，恐吓工会组织者……对外国投资者来说，这是一笔诱人的投资……那些管理美国的人……都满意。[②]

当然，美国并没有将对政权更迭的干预仅仅局限在西半球。我们接下来要讲的是欧洲的一个例子，然后是亚洲的一个例子。

七、希腊：打跳蚤，搞宪法

20 世纪 40 年代（如第八章所述），美国致力于在民主的诞生之地培育民主，这一点在 20 世纪 60 年代再次得到体现。

---

① 威廉·布鲁姆：《扼杀希望：二战以来美国军方和中情局的干预》，第 183 页。引自理查德·巴尼特：《干预与革命：在第三世界的美国》（*Intervention and Revolution: The United States in the Third World*），世界有限出版公司（World Pub.）1972 年，第 178—179 页。

② 威廉·布鲁姆：《扼杀希望：二战以来美国军方和中情局的干预》，第 184 页。

当时美国在希腊拥有数十个军事设施和一个与中央情报局紧密联系的庞大情报网络，希腊俨然已成为美国的中心基地。1964年，乔治·帕潘德里欧（George Papandreou）成为希腊总理。作为20世纪40年代被英国任命的首相，他曾领导了希腊寡头政治对左派的战争，他本应完全被美国官员所接受。

但由于他已走向中立，并拒绝华盛顿关于解决希腊与塞浦路斯之间争端的方案，并派大使向约翰逊解释，该法案希腊议会无法接受，因为它违反了希腊宪法。据报道，约翰逊答复：

> 大使先生，请听我说。去你的国会和宪法。美国是一头大象。塞浦路斯是个跳蚤。如果两只跳蚤继续挠大象，那么大象的鼻子会给它们重重的一击……我们付给希腊人那么多美元……如果你们的总理给我讲民主、议会和宪法，他的议会和宪法可能来时就不长了。

他们果然没说空话。1965年，中央情报局帮助康斯坦丁（Constantine）国王贿赂帕潘德里欧所在政党的大量成员，以推翻帕潘德里欧政府。[①]

华盛顿要求帕潘德里欧下台是因为他的儿子安德烈亚斯·帕潘德里欧（Andreas Papandreou）。安德烈亚斯曾是父亲的内阁成员。在担任内阁成员期间，安德烈亚斯了解到希腊的情报部门（KYP）——相当于中央情报局的希腊语——已

---

① 威廉·布鲁姆：《扼杀希望：二战以来美国军方和中情局的干预》，第216页。

经成为一个影子政府，其权力超出了政府的控制范围，而且希腊情报部门与美国的中央情报局有着密切的联系，因此美国实际上可以控制希腊的政策制定。[①] 尽管年轻的帕潘德里欧在改革和管理希腊情报部门的多次尝试中都失败了，但他还是成功地任用了曾是美国中央情报局联络员的希腊情报部门的特工乔治·帕帕佐普洛斯（George Papadopoulos）。

不管怎样，乔治·帕潘德里欧和安德烈亚斯·帕潘德里欧在 1965 年被赶下台后，将在 1967 年通过选举重新掌权。然而，在选举前两天，帕帕佐普洛斯领导的军政府发动了政变。帕帕佐普洛斯声称，为了防止共产党接管政权，采取这种行动是必要的。早在几个月前，约翰逊政府就知道有人在策划这场政变，但对此听之任之。事实上，中央情报局肯定参与了这个计划。帕帕佐普洛斯在中央情报局工作了 15 年，被普遍认为是“第一位成为欧洲国家总理的中央情报局特工”[②]。

总之，通过同时除掉年长的帕潘德里欧和年轻的帕潘德里欧，美国大象一举消灭了两只讨厌的跳蚤。

作为对这一历史性事件发生地的“奖励”，希腊经历了长达七年的噩梦，数千人遭受极端形式的酷刑，其中一些人仅仅因为批评政府。然而，美国领导人为希腊军政府的行为进行了辩护。一位美国将军称帕帕佐普洛斯的政府为“自伯里克利

---

① 威廉·布鲁姆：《扼杀希望：二战以来美国军方和中情局的干预》，第 217 页。

② 威廉·布鲁姆：《扼杀希望：二战以来美国军方和中情局的干预》，第 218 页。

(Pericles，希腊古政治家）以来最好的该死的政府”。帕帕佐普洛斯政权对美国的这种支持感恩戴德。一位臭名昭著的施虐者经常对受害者说：“你们打不了我们，因为我们是美国人。”①

八、印度尼西亚

印度尼西亚是世界上最大的伊斯兰国家，长期以来一直是荷兰的殖民地。第二次世界大战结束时，印度尼西亚处于日本的控制之下。美国最初支持荷兰重新控制印度尼西亚的企图，就像支持法国重新控制越南一样。然而，最终美国向荷兰施压，要求其撤军，原因之一是荷兰拒绝服从安理会的撤军命令。(相比之下，法国之所以能在越南继续实施殖民统治，是因为法国在联合国安理会拥有否决权，因而安理会没有针对它的决议）印度尼西亚的独立战争由当时的当选总统苏加诺(Sukarno）领导。

然而，美国发现他对自己的意愿不够顺从。苏加诺不是共产主义者，也不允许任何共产党员进入他的内阁，甚至无情地镇压了以苏联为指导的共产主义者。但是他没有迫害民族主义的共产主义者，这些人站在他一边反对以苏联为指导的共产主

① 威廉·布鲁姆：《扼杀希望：二战以来美国军方和中情局的干预》，第215、220页。

义者。[①]

艾森豪威尔政府痴迷于这样一种可能性：由于苏加诺对印尼共产党的宽容，共产党组织因此可能会变得很强大，进而“通过合法手段夺取权力”（尽管它是印尼四个主要政党中最小的政党）。于是华盛顿决定采取一项隐蔽的政策，用国务卿杜勒斯的话说，“在爪哇岛上建立新政府”（爪哇岛是印度尼西亚的主要岛屿，印度尼西亚大多数人居住在那里）[②]。该计划的目的是利用外岛人民对爪哇（雅加达）中央政府的不满，从而把争取联邦制度的运动变成全面内战。

这场发生于 1957 年的战争拜美国纳税人所赐，得到美国的大量军事援助和慷慨资助，而美国纳税人却不知道他们的钱被用于一场煽动反对民选政府的战争。美国当时的想法是在拥有石油的印尼苏门答腊岛上建立一个亲美的政府，然后将其作为接管整个国家的基地。[③] 然而，尽管美国为反政府武装提供了大量支持，爪哇军队还是阻止了他们，原因是他们挫败了美国的“伪旗行动”计划（该行动计划是烧毁美国在苏门答腊岛拥有的油田，然后归咎于爪哇人，用一名美国士兵的话来说，这

---

① 奥黛丽·R. 卡林、乔治·麦克特南·卡林：《颠覆外交政策：艾森豪威尔和杜勒斯在印度尼西亚的秘密溃败》，第 32、40、42—43、50—51 页；诺曼·乔姆斯基：《权力与前景：对人性与社会秩序的反思》（*Powers and Prospects: Reflections on Human Nature and the Social Order*），波士顿：南端出版社 1996 年，第 190 页。1995 年卡林夫妇出版了本书，有关美国 1965 年干预汇市的信息才公之于众。这个秘密被保守了 30 年，显然大多数美国人仍然不知道。

② 奥黛丽·R. 卡林、乔治·麦克特南·卡林：《颠覆外交政策：艾森豪威尔和杜勒斯在印度尼西亚的秘密溃败》，第 91、92、93、126、161 页。

③ 奥黛丽·R. 卡林、乔治·麦克特南·卡林：《颠覆外交政策：艾森豪威尔和杜勒斯在印度尼西亚的秘密溃败》，第 10、15、74、84、87—88 页。

是“派遣海军陆战队的借口”）。[①]

这场帝国主义冒险的一个结果是大约4万名印度尼西亚人丧生。这符合苏加诺的预测，即美国对叛军的支持将是“通往地狱之路”[②]。但那仅仅是地狱来临的前兆。

由于担心印尼的议会制度会让共产党赢得1959年的选举，华盛顿贿赂军方推迟选举，然后彻底废除了议会制度。[③]后来在1965年，美国驻印尼大使对约翰逊总统表示，由于共产党已变得更加强大，如果让“共产党发动政变失败，可能是扭转这种政治趋势的最有效举措”[④]。几个月内他们便进行了尝试，即美国中央情报局和五角大楼与军方强人苏哈托将军合谋制造了一场阴谋，然后苏哈托将军归咎于共产党。随后，苏哈托以这次“未遂政变”为借口，开始了大规模屠杀，约翰逊政府为此提供了武器和“枪决名单”。[⑤]

---

① 奥黛丽·R. 卡林、乔治·麦克特南·卡林：《颠覆外交政策：艾森豪威尔和杜勒斯在印度尼西亚的秘密溃败》，第149—151页；参见第124页。

② 奥黛丽·R. 卡林、乔治·麦克特南·卡林：《颠覆外交政策：艾森豪威尔和杜勒斯在印度尼西亚的秘密溃败》，第86、99、102、19—20、128、132、134、136、138、140、150—151、158、161、186、216页。

③ 奥黛丽·R. 卡林、乔治·麦克特南·卡林：《颠覆外交政策：艾森豪威尔和杜勒斯在印度尼西亚的秘密溃败》，第193—194、208页。

④ 奥黛丽·R. 卡林、乔治·麦克特南·卡林：《颠覆外交政策：艾森豪威尔和杜勒斯在印度尼西亚的秘密溃败》，第225页。

⑤ 关于武器，参看诺曼·乔姆斯基的《501年：继续征服》，第126页；加布里埃尔·柯尔克：《面对第三世界：1945—1980年的美国外交政策》，第180页；有关枪杀名单，见凯西·卡德内（Kathy Kadane）：《旧金山检察官报》（*San Francisco Examiner*）1990年5月20日。有关美国责任的更多证据，请参见奥黛丽·R. 卡林、乔治·麦克特南·卡林：《颠覆外交政策：艾森豪威尔和杜勒斯在印度尼西亚的秘密溃败》，第123、225页，以及威廉·布鲁姆：《扼杀希望：二战以来美国军方和中情局的干预》，第195—197页。

大屠杀导致 100 万至 300 万人死亡；中央情报局将其比作纳粹和苏联的大屠杀。[①] 许多受害者只是农民、学校教师和工会组织者，他们被控同情共产党。此外，成千上万的人被关进监狱或集中营，其中很多人在那里度过了余生。[②]

长期的后果也是毁灭性的。在 20 世纪余下的时间里，印度尼西亚将无法享有自由选举权或代议制政府。[③] 无地现象增加，工资下降，印度尼西亚成为东南亚最贫穷的国家，大部分人生活在赤贫之中，粮食不足。然而，美国 1965 年对印度尼西亚的干预确实给美国带来了一些好处。苏哈托小心翼翼地不让美国心烦意乱，实施独裁统治直到 1999 年，并成为“一个

---

① 奥黛丽·R. 卡林、乔治·麦克特南·卡林：《颠覆外交政策：艾森豪威尔和杜勒斯在印度尼西亚的秘密溃败》，第 227—228 页；诺姆·乔姆斯基、爱德华·S. 赫尔曼（Edward S. Herman）：《华盛顿的关系与第三世界法西斯主义》（*The Washington Connection and Third World Fascism*），蒙特利尔：黑玫瑰（Black Rose）出版社 1979 年，第 207 页。

② 奥黛丽·R. 卡林、乔治·麦克特南·卡林：《颠覆外交政策：艾森豪威尔和杜勒斯在印度尼西亚的秘密溃败》，第 227—228 页；诺曼·乔姆斯基：《流氓国家：世界事务中的武力统治》，剑桥：南端出版社 2000 年，第 6、144 页；诺姆·乔姆斯基、爱德华·赫尔曼：《华盛顿的关系与第三世界法西斯主义》，第 208—209、228 页；约翰·斯托克威尔（John Stockwell）：《禁卫军：美国在世界新秩序中的角色》（*The Praetorian Guard: The U.S. Role in the New World Order*），波士顿：南端出版社 1991 年，第 72 页。

③ 奥黛丽·R. 卡林、乔治·麦克特南·卡林：《颠覆外交政策：艾森豪威尔和杜勒斯在印度尼西亚的秘密溃败》，第 194、217 页；诺姆·乔姆斯基和爱德华·赫尔曼：《华盛顿关系与第三世界法西斯主义》，第 209—210 页；罗伯特·盖勒特里（Robert Gellately）、本·基尔南（Ben Kiernan）编：《种族灭绝的幽灵：历史视角下的大屠杀》（*The Specter of Genocide: Mass Murder in Historical Perspective*），剑桥大学出版社 2003 年；沙丽娜·哈希布安（Syarina Hasibuan）：《印尼杀戮场》（*Indonesia's Killing Fields*），半岛电视台（Al Jazeera）2002 年 12 月 21 日。

令人难以置信的富人”；与伊朗一样，印度尼西亚也被从民族主义者手中拯救了出来，成了“投资者的天堂”。①

中央情报局对1965年的干预行动极为自豪，认为这是未来行动的一个典范。②

九、两伊战争（1980—1988年）

1979年，阿亚图拉·霍梅尼的部队推翻了伊朗国王，并劫持了53名美国人质。卡特政府知道，除非能够释放这些人质，否则就不会再次当选。因此，在一次救援尝试失败后，华盛顿为了鼓励由萨达姆·侯赛因领导的伊拉克对伊朗发起进攻，手段之一便是夸大伊朗的弱点；另一个手段就是暗示美国会提供援助。③卡特的国家安全顾问兹比格涅夫·布热津斯基提出的想法是，伊朗——多亏了当初对伊朗国王政权的军事援助，他们

---

① 加布里埃尔·柯尔克：《面向第三世界：1945—1980年的美国外交政策》，第185页；诺姆·乔姆斯基、爱德华·S.赫尔曼：《华盛顿的关系与第三世界法西斯主义》，第209—210页。

② 拉尔夫·麦基（Ralph W. McGehee）：《致命的欺骗：我在中央情报局的25年》（*Deadly Deceits: My 25 Years in the CIA*），纽约：谢里登广场（Sheridan Square）出版社1983年，第57—58页；约翰·斯托克威尔：《禁卫军：美国在世界新秩序中的角色》，第72—73页。

③ 约翰·提尔曼（John Tirman）：《战利品：美国军火贸易的人力成本》（*Spoils of War: The Human Cost of America's Arm Trade*），（纽约：劳特里奇（Routledge）出版社1997年，第102—103页；迪利普·希罗（Dilip Hiro）：《最长的战争：两伊军事冲突》（*The longest War: The Iran-Iraq Military Conflict*），纽约：劳特里奇出版社1991页，第71—72页。

才一直在使用美国的军事装备——零件很快就会用完，需要求助美国得到零件。这是一个交换人质的计划。

然而，由于帝国（指美国）之前的一次冒险，这一计划遭到挫败：伊朗得以求助越南。1973 年美国军队匆忙撤退时，使越南拥有大量的设备备件。卡特—布热津斯基的计划也因为候选人罗纳德·里根与霍梅尼达成了一项秘密协议（“十月惊喜”）而受挫。[①] 里根承诺，如果霍梅尼在美国大选后才释放人质，里根政府将解除美国对零部件的禁运。[②]

然而，这项协议并不意味着里根会支持伊朗，甚至保持中立。事实上，华盛顿很快就把伊朗列入支持恐怖主义的国家名单——同时把伊拉克从名单上删除，这样华盛顿就可以向其提供武器，而美国确实做到了。[③]1986 年，由于担心伊朗即将打败伊拉克，长期以来一直向伊拉克提供武器的美国政府进行了积极干预。尽管里根政府完全知道萨达姆的军队曾多次使用化学武器，但还是继续予以支持。[④] 事实上，本届政府在战后甚至积极阻止伊拉克因违反《关于化学武器的日内瓦议定书》（*Geneva Protocol on Chemical Weapons*）而受到惩罚。[⑤] 总之，

---

① 参见芭芭拉·霍恩格（Barbara Honegger）：《十月惊喜》（*October Surprise*），都铎（Tudor）出版社 1989 年；加里·西克（Gary Sick）：《十月惊喜》（*October Surprise*），王冠（Crown）出版社 1991 年；罗伯特·帕里（Robert Parry）：《诡计还是叛国：十月惊奇之谜》（*Trick or Treason*：*The October Surprise Mystery*），谢里登（Sheridan）出版社 1993 年。

② 约翰·提尔曼：《战利品：美国军火贸易的人力成本》，第 102 页；迪利普·希罗：《最长的战争：两伊军事冲突》，第 71—72 页。

③ 约翰·提尔曼：《战利品：美国军火贸易的人力成本》，第 105 页。

④ 迪利普·希罗：《伊拉克：风暴之眼》，第 30—31 页。

⑤ 迪利普·希罗：《伊拉克：风暴之眼》，第 238—239 页。

两伊战争在美国的鼓动下持续了 8 年，给这两个伊斯兰国家造成了超过 100 万人的伤亡。[①]

战争的另一个结果是伊拉克不得不借款约 900 亿美元，这成了它在 1981 年决定入侵科威特的一个主要因素（见第 13 章）。

结　论

正如本章和下一章所阐明的那样，实际上，美国所有的帝国主义干预都是建立在反共产主义基础上的。

就像这些章节所阐述的，杜勒斯兄弟——正如斯蒂芬·金泽在 2013 年所记载的——美国在冷战期间对造成的大部分破坏负有责任（这种破坏一直持续到今天）。在引用约翰·昆西·亚当斯 1821 年的声明，即美国“不会到国外去寻找怪物”之后，金泽写道：“然而，杜勒斯兄弟做到了。亚洲、非洲和拉丁美洲的六个充满激情的幻想家成了他们要到国外消灭的怪物。这六位幻想家包括本书里讨论的五个人：穆罕默德·摩萨德、雅各布·阿尔本斯、苏加诺、菲德尔·卡斯特罗和胡志明。”[②]

---

① 迪利普·希罗：《最长的战争：两伊军事冲突》，第 xxii 页；约翰·提尔曼：《战利品：美国军火贸易的人力成本》，第 103 页。

② 斯蒂芬：金泽：《兄弟：约翰·福斯特·杜勒斯、艾伦·杜勒斯和他们的秘密世界大战》(*The Brothers: John Foster Dulles, Allen Dulles, and Their Secret World War*)，时代图书公司 2013 年，第 117 页。

第 10 章　越南战争

正如我们在第一章中所看到的，争夺西班牙殖民地的战争揭示了美帝国主义的早期面目及其非善意的本质。然而，尽管这些被揭露出来的真相所带来的启示使反帝同盟得以形成，但其影响无法与后来的启示相提并论。

越南战争前 20 年的启示对美国的影响非常大，以至于美国的政治和军事领导人在此后数十年里都纠缠于如何克服“越南综合征”上。“越南综合征”这个词暗示了一种病态，指美国人民不愿派遣军队到海外作战，因为他们普遍怀疑华盛顿的动机。越南战争的启示之所以比 1898—1902 年的战争影响要大得多，其中一个原因是电视的力量，是电视把越南战争的现实和恐怖带进了美国家庭；另一个原因则是这场战争持续的时间要长得多，1965 年——这一年，相当一部分美国公众开始意识到发生了什么——之后又拖了十年。

在随后的辩论中，“美帝国主义”一词在实际上消失了 60 年之后，重新在公共话语中流行起来，“美国的美好”的形象被完全不同的形象所取代。人们普遍认为，政府违反国际法而不受惩罚，经常对自己的人民撒谎，对被杀害的成千上万的人民漠不关心，并且在声称促进自由、民主和自决的同时，却做了完全相反的事情。

对我来说，越南战争是一种启示，尽管这种启示只是片面的。我记得 1965 年夏天，当一位朋友谴责美国参与战争，宣称我们在越南内战中支持错误的一方时，我点头表示同意。后来我才意识到，如果没有美国的介入，就不会有所谓的“内战”——我们才是“错误的一方”。

1971 年五角大楼文件的发表，让越南战争所带来的觉醒被广泛认知。该文件披露的是五角大楼关于美国对越南决策的绝密历史。而在此之前，对美国政策的批评可能被视为左翼激进分子的曲解。但这份文件表明，美国官员完全意识到他们在违背承诺，违反国际法，并有系统地欺骗美国人民。当时的国防部长罗伯特·麦克纳马拉（Robert McNamara）在 1967 年受托进行了这项研究，他的反应说明了这份文件的重要性。据报道，麦克纳马拉读完这些文件后对一位同事说：“根据里面的内容足以让有些人上绞刑架。”①

对越南战争暴露的美国外交政策的不道德和非法性，那些观察人士迟迟不予理会。记者尼尔·希恩（Neil Sheehan）就是个例子。《纽约时报》就是通过他获得这些文件的。《纽约时报》和《华盛顿邮报》从 1971 年开始刊登五角大楼文件的节选。多年后，曾在越战期间进行过报道的希恩在谈到自己和 60 年代初的其他记者时说：“我们的无知和美国的意识形态，使

① 大卫·哈伯斯塔姆（David Halberstam）：《最好的和最聪明的》（*The Best and the Brightest*），纽约：兰登书屋（Random House）1972 年，第 769 页。

我们无法在所能看到的表面现实之下看清越南的真相。”[①] 然而，在对 31 本关于越南战争的图书评论中，希恩建议：“如果你们将战争法适用于美国在那里的行为，那么美国的领导人至少在过去的六年里，包括现任总统——理查德·米尔胡斯·尼克松很可能犯有战争罪。”[②]

当然，并非所有人都认为越南战争具有如此重大的道德和法律意义。理查德·尼克松第一任期时的国家安全顾问、第二任期时的国务卿、国家安全顾问亨利·基辛格则对越来越多的年轻人出于道德原因拒绝在越南作战，认为：“出于良心的反对必须是只针对最重大的道德问题，而越南的问题没有那么严重。”[③]

甚至一些职业伦理学家也没有抓住越南战争的启示意义。例如让·贝斯克·埃尔什顿（Jean Bethke Elshtain）说：“当美国人带着悲伤甚至羞耻的心情回顾越南战争时，他们想到的是美莱村大屠杀这样的恐怖事件。”[④] 她将“屠杀”一词用斜体

---

① 尼尔·希恩：《华丽的谎言：约翰·保罗·范恩与美国在越南》（*A Bright Shining Lie: John Paul Vann and America in Vietnam*），纽约：兰登书屋 1988 年，第 315 页。

② 玛丽莲·B. 杨（Marilyn Young）：《1945—1990 年的越南战争》（*Vietnam Wars 1945–1990*），哈珀柯林斯出版社 1991 年，第 259—260 页。在五角大楼工作时曾撰写过这些文件的丹尼尔·埃尔斯伯格（Daniel Ellsberg）看到希恩的评论后，希恩收到了一份五角大楼文件的副本。

③ 玛丽莲·B. 杨：《1945—1990 年的越南战争》，第 240 页。

④ 让·贝斯克·埃尔什顿：《正义的反恐战争：美国在暴力世界中的权力责任》（*Just War Against Terror:The Burden of American Power in a Violent World*），纽约：基础图书（Basic Books）2003 年，第 18 页。

美莱村屠杀：越战期间，美军第 23 步兵师第 11 旅第 20 团第 1 营 C 连的士兵由于怀疑村民掩护越共逃亡，于 1968 年 3 月 16 日在越南广义省美莱村屠杀了男女老幼 400 多人。——译者注

表示，因为她的观点是，由于美国士兵未能区分战斗人员和非战斗人员，这场涉及“屠杀400多名手无寸铁的男女老少”的事件不能被称为一场战斗。关于这一点，她当然是对的。但她的阐述暗示，美莱村事件只是一种失常现象，不符合美军在越南的常规做法。

然而，1971年，反越战退伍军人组织（Vietnam Veterans Against the War）——一个由刚从越南回来的人组成的组织——举行了一场活动，以证明“美莱村不是孤立事件”，而是“美国在印度支那的官方政策之外迈出的一小步”[①]。埃尔什顿的阐述似乎还暗示，除了偶尔的“恐怖”，美国人没有理由在回顾越南时感到羞愧。我们的意图一如既往地高尚。但越南战争恰恰证明了这种根深蒂固的设想是虚伪的，对许多人来说，越南战争是一个强有力的、改变人生的启示。

越南战争被认为是一种“启示”，是因为违法、撒谎、对大规模死亡和破坏的漠不关心应该是美国政府总体政策中的一个特别突出的例子，而不是例外。本章在本书其他章节的背景下所做的叙述，旨在表明这种看法的正确性。我对这个美国干预的例子给予比其他任何例子更多的关注，不仅因为它具有压倒一切的重要性，而且因为它持续的时间之长（近30年），更由于它一直被视为一个分水岭事件（正如“越南综合征”一词所示），以及本书中有这样一个例子对美国的行为进行相当详

① 玛丽莲·B.杨：《1945—1990年的越南战争》，第257页，引用反越战退伍军人组织常务理事阿尔弗雷德·哈巴德（Al Hubbard）的话。

细的分析，也非常重要。

一、参　与

美国领导人对越南战争撒的最多的谎是——正像 1966 年的一份官方声明所言——他们只是通过战争“以确保南越人拥有控制自己命运的权利和机会”[①]。记录显示，从始至终，美国的政策目标与此恰恰相反。越南南部和北部的绝大多数人民都希望他们的国家统一，摆脱外国的统治。而美国花了 30 多年的时间试图阻挠这一愿望的实现。

美国参与越南事务始于第二次世界大战末期。在“二战”爆发前的 80 多年里，越南一直处于法国的控制之下．法国把包括越南、老挝和柬埔寨在内的整个地区称为“印度支那”。“二战”期间，越南被日本控制。战争结束后，法国希望回到至少包括西贡在内的科钦（Cochin）越南南部地区。法国领导人认为，如果美国在这方面不帮助他们，共产党就可能会在法国掌权。

美国领导人为了急于阻止共产党掌权，更为了在战后的欧洲经济计划中能够与法国合作，决定帮助法国恢复“荣耀”。[②]因此，就在大多数美国人认为第二次世界大战是为了打败“具有帝国主义非正义野心、难以忍受的两个国家：德国和日本”

① 《越南概况》(*Vietnam in Brief*)，美国国务院出版物 8173，远东系列 153，公共事务局 1966 年。引自乔治·麦克特南·卡林在《干预：美国是如何卷入越南的》的最后一句话，第 432 页。

② 玛丽莲·B. 杨：《1945—1990 年的越南战争》，第 22 页；乔治·麦克特南·卡林：《干预：美国是如何卷入越南的》，第 4、5、9 页。

时，战争结束两个月后，美国军舰却将大约1.3万名法国士兵运送到西贡，以便法国收复其帝国的一部分。

1. 背叛朋友和仰慕者

越南领导人有理由对美国抱有更高的期望。在抗日战争期间，为争取独立而战的最有效的民族政党越盟——越南独立联盟（League for the Independence of Vietnam）的简称——与美国军队有着友好的工作关系。该党领导人胡志明长期以来一直非常钦佩美国。1919年在凡尔赛举行的和平会议上，胡志明呼吁伍德罗·威尔逊要实现美国所宣称的战争目的之一——各国人民自决。虽然胡志明的请求没有得到满足，但他仍然对美国及其理想抱有信心。

在1945年9月2日宣布越南独立时，胡志明引用了美国独立宣言中的一句话："人人生而平等。上帝赋予我们不可侵犯的权利：生命权和自由权。"紧接着，面对法国加紧抢夺他们的自然资源、剥夺他们的民主自由和屠杀他们的爱国者的事实，胡志明指出，随着联合国的成立，他确信盟军国家会"承认民族自决的原则与国家的平等，不会拒绝承认越南独立"①。

他给杜鲁门总统和美国国务院至少写了八封信，请求美国帮助越南从法国手中赢得独立，并将此案提交联合国。②在给

① 玛丽莲·B. 杨：《1945—1990年的越南战争》，第2、10—11页。

② 《纽约时报》编：《五角大楼文件》（*The Pentagon Papers*），纽约：矮脚鸡（Bantam）出版社1971年，第4、5、8、26页。引自威廉·布鲁姆：《扼杀希望：二战以来美国军方和中情局的干预》，第123页。

杜鲁门的最后一封信中，胡志明提醒道，是越盟在与日本人作战，而法国人则与他们合作；战争期间召开的所有会议都承诺要让被统治的人民独立；在他的政党执政的五个月里，越南已经实现了和平与秩序；法国“对爱好和平人民的侵略是对世界安全的直接威胁”[①]。

然而，杜鲁门和其他美国官员甚至没有承认胡志明的信件，用代理国务卿艾奇逊的话来说，他们“没有想到”要反对法国重新统治印度支那。[②]

2. 资助法国

此外，美国对法国正通过欺骗越南人重建对越南的统治持保留态度。在胡志明意识到他不会得到美国的帮助之后，签署了一项协议，允许法国军队进入越南北部，但有三个条件：承认越南北部的胡志明越南民主共和国为一个自由国家，所有的法国军队在 1952 年之前从北部撤出，并就与南部的统一举行全民公投（越盟抵抗法国的运动仍将继续）。然而，法国无意履行这些承诺。当他们的军队到达那里后便拒绝就统一问题进

① 玛丽莲·B. 杨：《1945—1990 年的越南战争》，第 14 页。引自罗伯特·M. 布鲁姆（Robert M. Blum）《胡志明与美国：1944—1946》中的一段话，参见《1944—1947 年的美国与越南》（*The United States and Vietnam,1944–1947*），《教职员研究》（*Staff Study*）第 2 期。

② 加雷斯·波特（Gareth Porter）编：《越南文献史》（*Vietnam: A History in Documents*），纽约：新美国图书馆（New American Library）1981 年，第 38—39 页。

行投票，并开始竭力获得完全的控制权。[①]

美国非但没有阻挠这一努力，反而为其提供了武器和资金。据我们所知，法国在马歇尔计划资金中所占的份额，本应用于重建法国经济，却被用于资助其在越南的行动。许多表面上旨在保卫法国的现代武器也是如此。美国马歇尔计划驻法国使团的一位成员后来写道，美国为法国提供了“重建殖民地”的手段。[②]的确，正如约翰·普拉多斯（John Prados）所说：“到1950年，杜鲁门总统已经……把第二次世界大战的反殖民政策转换为支持法国新殖民主义国家的政策。”[③]

美国的军事和财政支持继续增长。“当1953年1月德怀特·艾森豪威尔当选总统时，美国已经支付了法国40%的战争费用。”[④]

二、艾森豪威尔政府：塑造和破坏《日内瓦协定》

到1954年年底，艾森豪威尔政府为越南的重新殖民化支

---

① 乔治·麦克特南·卡林:《干预：美国是如何卷入越南的》，第22—26页；玛丽莲·B. 杨:《1945—1990年的越南战争》，第18—19页。

② 罗伯特·布鲁姆的这一发言载于1957年2月6日印中外交关系委员会研究小组的《讨论摘要》(*Digest of the Discussion*)。引自乔治·麦克特南·卡林:《干预：美国是如何卷入越南的》，第8页。

③ 约翰·普拉多斯:《越南：1945—1975年一场注定失败的战争历史》(*Vietnam: The History of an Unwinnable War, 1945–1975*)，劳伦斯：堪萨斯大学出版社2009年，第22—23页。

④ 约翰·普拉多斯:《越南：1945—1975年一场注定失败的战争历史》，第23页。

付了法国战争费用的 78%。[1] 事实上，到那时，对打这场战争美国比法国更有决心。由于法国人民希望从越南的“肮脏战争”中撤军，艾森豪威尔政府警告法国领导人说，如果“法国默许共产党接管印度支那”，则意味着“美国对法国的援助自动停止”。[2]

的确，美国领导人将法美合作视为一场对抗“共产主义者”的战斗。这其实是一种误导。尽管胡志明在凡尔赛的请求被忽视后确实转向共产主义理论，但他首先是一个民族主义者。具体来说就是他把争取独立的民族主义任务放在第一位，而不是社会革命，并且鼓励各阶层的越南人为这一目标共同努力。由于胡志明的这一立场，长期以来他一直被越南共产党指责为民族主义者、改革派，甚至是通敌卖国贼。20 世纪 40 年代越盟成立时，接受的是胡志明的立场，而不是共产党的立场。[3]

几乎所有在越南待过的美国官员都向华盛顿转达了关于胡志明和越共的事实。这些官员还指出，到目前为止，胡志明是最有能力和最受欢迎的领导人，如果越南人民拥有自决的权力，那么他们将以压倒多数的投票支持胡志明担任他们的领导人。尽管大部分消息华盛顿都收到了，但 1948 年美国国务院官员承认，他们“都非常清楚一个令人不快的事实，即共产主义的胡志明是印度支那最强大或许也是最有能力的人物，任何

---

① 乔治·麦克特南·卡林：《干预：美国是如何卷入越南的》，第 42 页。

② 《纽约时报》编：《五角大楼文件》，第 36 页。引自威廉·布鲁姆：《扼杀希望：二战以来美国军方和中情局的干预》，第 124 页。

③ 玛丽莲·B. 杨：《1945—1990 年的越南战争》，第 4—5、13 页。

排除他的解决方案都是不确定结果的权宜之计”[①]。

正如上述所表明的，华盛顿不能承认的一点是，胡志明的主要动机不是源自共产主义意识形态。华盛顿宣称共产主义者不可能是真正的民族主义者。尽管美国情报机构没有发现苏联对越南施加影响的证据，但华盛顿方面仍认为，殖民地国家的所有共产主义者都是斯大林主义者，并试图把自己的国家置于克里姆林宫的控制之下。因此，美国国务院在1949年便说，越南真正的冲突并不是“越南宣传”所称的亚洲民族主义与帝国主义之间的冲突，而是“民族主义与斯大林主义之间的冲突”。因此，在帮助法国及其傀儡政府的过程中，美国声称支持真正的民族主义者！[②]

顺便提一句，经常有人说，美国主要官员被他们的反共产主义思想蒙蔽了双眼，以至于看不到胡志明和他的越盟是民族主义者，也不是苏联和（或）中国共产主义的代理人，结果导致美国的政策建立在一个“悲剧性的错误”之上。然而，诺姆·乔姆斯基和爱德华·赫尔曼写道：

---

① 《1948年9月27日国务院关于印度支那的政策声明》(*Department of State Policy Statement on Indochina, 27 September 1948*)，载于《1948年美国外交关系》(*Foreign Relations of the United States 1948*)第6卷，第48页，引自乔治·麦克特南·卡林：《干预：美国是如何卷入越南的》，第27页。

② 玛丽莲·B. 杨：《1945—1990年的越南战争》，第23—24页。尽管很难看出最高领导层对这种合理化的充分相信，但它使美国官员相信或至少假装相信，他们支持法国重新殖民越南的企图没有违反美国的理想。正如玛丽莲·B. 杨所言：“这是一个准则，它不仅满足了美国反殖民意识形态的需要，也满足了美国战后作为世界资本主义霸主地位的现实。根据他们的解释，共产主义者不可能是真正的民族主义者；也是根据解释，美国支持真正的民族主义。因此，美国支持的那些人是民族主义者，其余的是共产主义走狗。”

> 但一份完整的记录彻底驳斥了这一说法。记录显示，从一开始，美国分析人士就非常清楚地认识到，“越南的力量源自它作为越南民族主义领导的力量”，所以美国介入的根据是“相当理性的帝国动机，这些动机在计划文件中有细致的概述”[①]。

然而，要掩盖这些动机，就必须把胡志明和越盟描绘成“国际共产主义”的代理人。

1. 威胁进行干预，以防止“失去越南”

1949 年，共产党在中国取得的胜利，增强了美国绝不让越盟获胜的信念。艾森豪威尔领导的共和党在大选中获胜，原因之一就是有人指责民主党将“中国”输给了共产主义。现在，他们把越盟描绘成国际共产主义威胁的一部分，因而不能让越南在“**他们的**”监视下“输给共产主义”。此外，早在 1950 年初的一份国家安全委员会文件中，按照臭名昭著的“多米诺骨牌理论”阐明了这一点。文件中说，如果印度支那落入共产主义手里，那么泰国、缅甸、菲律宾、印度尼西亚和马来西亚也将面临同样的危险。

在经历了 1949 年、1950 年和 1952 年的这些事态发展之后，美国领导人开始愿意付出更大的努力来阻止越盟的胜利。除了

---

① 诺姆·乔姆斯基、爱德华·赫尔曼：《大灾难之后：战后印度支那和帝国意识形态的重建》（*After the Cataclysm: Postwar Indochina and the Reconstruction of Imperial Ideology*），蒙特利尔：黑玫瑰图书（Black Rose Books）1979 年，第 28 页。

为法国战争付出更大的代价外，美国甚至威胁要代表法国进行军事干预。

这与1954年奠边府之战有关。当法国即将战败时，美国国务卿约翰·福斯特·杜勒斯宣布，这可能“会使共产主义俄罗斯以及中国共产主义盟友的政治体系强加于东南亚……将对整个自由社会构成严重威胁”。因此，杜勒斯说，“对这种可能性……应采取联合行动”。他所说的联合行动指的是美国、英国和法国三国的军事行动。[①]包括副总统理查德·尼克松在内的一些政府成员建议美国地面部队介入；一些人主张空袭；包括尼克松和参谋长联席会议主席、海军上将阿瑟·雷德福(Arthur Radford)在内的一些人甚至主张使用核武器。[②]

然而，艾森豪威尔总统拒绝了这些提议。关于使用地面部队，他说，如果美国在越南部署一名作战士兵，“美国的全部声誉不仅在那个地区而且在全世界将受到威胁”[③]。无论是单独行动还是“联合行动”，他都没有使用核武器的打算，甚至没有授权进行任何空袭。

虽然长期以来一直认为艾森豪威尔和杜勒斯确实打算进行军事干预，没有这样做仅仅是因为英国政府拒绝配合，但从可能找到的大量书面证据表明，艾森豪威尔和杜勒斯只是想在1954年日内瓦会议即将开始的阶段，就有关解决印度支那问题

① 引自加雷斯·波特编:《越南文献史》，第74页。

② 乔治·麦克特南·卡林:《干预：美国是如何卷入越南的》，第46—47页；约翰·普拉多斯:《越南：1945—1975一场注定失败的战争的历史》，第28—29、33页。

③ 乔治·麦克特南·卡林:《干预：美国是如何卷入越南的》，第49页。

上形成一种联合威胁，以达到说服苏联和中国不要支持越盟的目的。事实上，这一阶段开始于 5 月 7 日之后的第二天，当时法国人在奠边府战役中战败，并接受了失败的事实。

尽管伦敦拒绝参与任何这样的联合威胁，但华盛顿继续发出军事干预的威胁，这让莫斯科、北京和河内担心，如果美国不能接受在日内瓦达成的协定，那它将竭力防止越盟统治越南南部。美国不是交战方，本应在这个问题上没有发言权。但它的策略奏效了。

2. 美国塑造了《日内瓦协定》

除了没能让法国继续战斗，美国早些时候也没能阻止越盟把印度支那问题列入 1954 年日内瓦会议的议程，该会议原本计划只讨论柏林和朝鲜问题。美国的后备策略是将最终达成的协定塑造成能够破坏的协定。

对越盟来说，奠边府的辉煌胜利是他们脱离法国争取独立的九年斗争的高潮。由于在政治和军事上几乎控制了整个国家，越盟肯定希望他们的立场能反映在最终达成的协定中。然而这一切，因为美国官员采取的一些策略将不会发生。他们采取的第一个策略是威胁要进行军事干预，而且在会议的头五周内仍然这样做。①

---

① 加雷斯・波特编：《越南文献史》，第 30 页。引自乔治・赫林（George Herring）：《美国最漫长的战争：1950—1975 年美国和越南》（*America's Longest War: The United States and Vietnam, 1950–1975*），纽约：麦格劳—希尔集团出版社 1996 年，第 40 页。乔治・赫林补充说："现在有大量证据可以证实这一点。"

这种威胁之所以有效——美国和莫斯科、北京的共产党领导人都清楚——是因为美国的军事力量，尤其是战略核武器方面的军事力量，超过了中国和苏联。这种不平衡源于 1949 年苏联试验了一颗原子弹后，美国战略力量的大规模集结造成的。用美国国家安全委员会的话来说，其目的是给美国更大的行动自由，并创造一个共产主义世界认为“适合自己的局面”。由此产生的战略优势带来两个非常明显的影响：

- 美国制定了“更具侵略性和干涉主义的政策”①。
- 共产主义集团在“和平共处”与和平解决一切争端的双重原则的基础上，采取了新的国际路线。作为这种新立场的体现之一，用加雷斯·波特的话来说：“共产主义政权在越南有意识地奉行美国的绥靖政策。”②

第二个影响意味着在日内瓦会议上，莫斯科和北京非但没有支持胡志明的要求，反而做出了“惊人的外交让步”，胡志明随后还得被迫接受。③艾森豪威尔政府的第二步策略就是要获得这些让步，以阻止越南人获得战胜法国后本应获得的那种协定。这些让步包括以下三条：

- 尽管胡志明希望尽快解决问题，但他被迫同意立即停战，并且在停战期间将军队“重新集结”到两个临时地区（越盟在北部地区，法国在南部地区），直到开始实施全国范围的自由选举。

---

① 加雷斯·波特编：《越南文献史》，第 1—2 页。
② 加雷斯·波特编：《越南文献史》，第 32、35 页。
③ 加雷斯·波特编：《越南文献史》，第 87 页。

- 胡志明表示，鉴于越盟控制的领土，划分北部和南部地区的临时军事分界线应该以北纬 13° 为准，西贡以北。然而，胡志明被迫同意向北后退几百英里，退至北纬 17° 线。这意味着南部不仅占领了越南八分之一左右的地区，还占有越南疆域面积一半左右，以及包括顺化和岘港等重要城市。
- 胡志明表示，选举应该在六个月内举行，通过选举，越南将实现统一。但莫斯科和北京方面迫使他接受了两年的延期。①

胡志明在河内对他的政党领导人解释说，他之所以做出这些让步，是对法国承诺在 1956 年 7 月 20 日前举行选举的回应。②

尽管他对强加给他的条件非常不满，但他仍然有五个理由相信越南很快就会统一：

(1)《日内瓦协定》(The Geneva Accords) 明确规定，北纬 17° 分界线是“临时的，不应以任何方式解释为构成政治或领土的边界线”。

(2) 协定规定：“将于 1956 年 7 月在一个国际委员会的监督下举行普选。”胡志明很清楚自己能轻易在自由选举中击败对手——曾经的法国傀儡统治者保大 (Bo Dai)。

(3)《日内瓦协定》还规定，在这两年期间，由于争夺控制权的斗争将是严格的政治斗争，因此禁止双方的一切军事活

① 玛丽莲 · B. 杨：《1945—1990 年的越南战争》，第 38—39 页。

② 加雷斯 · 波特编：《越南文献史》，第 108 页。

动。《日内瓦协定》明确禁止双方从外国引进任何部队或武器，以及禁止双方与其他任何国家建立军事同盟。

（4）据了解，法国将留下来执行这些条款，直到开始选举。[①]

（5）尽管美国不参与这些协定，但通过副国务卿沃尔特·比德尔·史密斯（Walter Bedell Smith），美国承诺“不以武力威胁或使用武力干扰协定”，并且重申了美国支持自由选举以使分裂的国家重新统一的总政策。[②]

要了解关于《日内瓦协定》的讨论情况，必须了解这些协定由两个部分组成。第一部分是交战双方之间的双边停火协议：总部设在北方的是胡志明的越南民主共和国（Democratic Republic of Vietnam，缩写 DRV），法国仍然代表了南部地区所有越南人的利益，由法国控制。

第二部分是一份 13 条的多国最终声明，得到了越南共和国、法国、英国、中国和苏联的口头支持（世界法院于 1933 年确立，各国授权代表之间的口头协议具有法律约束力[③]）尽管美国没有参加这项口头背书，但它通过沃尔特·比德尔·史密

---

① 乔治·麦克特南·卡林：《干预：美国是如何卷入越南的》，第 61—62 页；玛丽莲·B. 杨：《1945—1990 年的越南战争》，第 41 页。

② 乔治·麦克特南·卡林：《干预：美国是如何卷入越南的》，第 61 页；玛丽莲·B. 杨：《1945—1990 年的越南战争》，第 41—42 页。全文连同口头声明，参见罗伯特·F. 兰德尔（Robert F. Randle）：《1954 年日内瓦：解决印度支那战争问题》（*Geneva 1954: The Settlement of the Indochinese War*），普林斯顿：普林斯顿大学出版社 1969 年，第 572—607 页。

③ 乔治·麦克特南·卡林：《干预：美国是如何卷入越南的》，第 78、452 页。

斯做出了上述承诺。

鉴于国际社会的这些保证，特别是美国的承诺，胡志明愿意在短期内做出妥协，因为他确信两年后，越南将在越盟的领导下统一，从而最终摆脱外国的占领。

3. 美国开始破坏《日内瓦协定》

然而，艾森豪威尔政府无意遵守诺言。在日内瓦讨论印度支那问题的几天前，有人问美国国务卿杜勒斯，美国政府“是允许胡志明在自由选举中获胜，还是允许联合政府获胜”时，杜勒斯回答：“美国不应该被动地坐视共产主义以任何方式扩展到东南亚。我们不会袖手旁观。”[①] “任何方式”一词当然包括自由选举。杜勒斯在外交关系委员会执行会议上发表的声明进一步表明，艾森豪威尔政府从一开始就有这样的意图：“军事重组将逐渐演变成一种实际存在的政治分裂。”[②]

用卡林的话说，尽管日内瓦没有“留下两个独立的国家，却在一个单一的民族国家内，留下两个相互敌对的政党”[③]。艾森豪威尔和杜勒斯决心违反《日内瓦协定》，将北部和南部地区之间的临时分界线改为两个独立国家之间的永久分界线。[④]

因此，美国虽然公开承诺遵守《日内瓦协定》，但从一开始就打算颠覆协议的三个主要内容：(1) 这种分裂是暂时的；(2) 1956 年将举行自由选举，以决定将由哪个政党统一国家；

① 玛丽莲·B. 杨：《1945—1990 年的越南战争》，第 37 页。
② 乔治·麦克特南·卡林：《干预：美国是如何卷入越南的》，第 75 页。
③ 乔治·麦克特南·卡林：《干预：美国是如何卷入越南的》，第 63 页。
④ 乔治·麦克特南·卡林：《干预：美国是如何卷入越南的》，第 67—68 页。

(3) 同时双方均不能有军事活动。

为了准备这次颠覆，美国破坏了前述五点中的第四点，也就是说，法国将继续留在越南，以便在选举之前监督这些规定：通过直接为南部的政府和军队支付所有薪水，或者取消对法国的财政支持，美国领导人保证法国将迅速撤军。这一撤离使华盛顿成为越南南部地区的政策决定性力量，这应该成为美国接管战争的开端。[①]

美国的第一个举措便是在这个被美国视为独立国家的地区寻找合适的人来领导政府。

4. 吴庭艳：越南的麦格赛赛

美国官员因为之前曾成功颠覆了他们不认可的希腊、伊朗、危地马拉和菲律宾民主政权，因此自以为也能够在越南取得成功。其中，最重要的是美国中央情报局在 1953 年成功地让麦格赛赛当选为菲律宾总统。[②]事实上，约翰·福斯特·杜勒斯——他的兄弟艾伦·杜勒斯是中央情报局局长——把策划菲律宾大选的中央情报局特工爱德华·兰斯代尔派到越南，告诉

---

① 乔治·麦克特南·卡林：《干预：美国是如何卷入越南的》，第 71 页；加雷斯·波特编：《越南文献史》，第 94—95 页；约翰·普拉多斯：《越南：1945—1975 一场注定失败的战争的历史》，第 53 页：1955 年 11 月 1 日，美国正式开始参与越南战争，美国的越南退伍军人纪念碑也承认了这一点。艾森豪威尔总统派遣军事援助顾问团训练越南共和国军队（维基百科），参见《美国在越南战争中的角色》(*Role of the United States in the Vietnam War*)。

② 乔治·麦克特南·卡林：《干预：美国是如何卷入越南的》，第 69—70 页；斯坦利·卡诺：《我们的想象：美国在菲律宾的帝国》，第 346—353 页；丹尼尔斯奇默、史蒂芬·罗斯卡姆·沙洛姆编：《菲律宾读本：殖民主义、新殖民主义、独裁和反抗史》，第 113—122 页。

他："做你在菲律宾做的事。"[①]

兰斯代尔的任务事关吴庭艳（Ngo Dinh Diem）。吴庭艳是一名罗马天主教徒，一直生活在美国，直到美国任命仍在南方担任政府领导人的保大为总理。兰斯代尔被告知要把吴庭艳变成"越南的麦格赛赛"[②]。然而，吴庭艳与麦格赛赛截然不同，麦格赛赛诚实、有魅力，而且有一种亲民的风格。相比之下，吴庭艳则是冷酷、冷漠，是个精英主义者。另外还有三个情况使他更不可能成为一个受欢迎的领导人：除了是一个少数民族宗教的成员并长期生活在国外，还曾与法国人合作。

艾森豪威尔政府看重吴庭艳有两个因素：他不仅是一个强烈的反共产主义分子，肯定不会接受一个中立主义的联合政府（意味着要么选择与以美国为首的西方结盟，要么选择与共产主义世界结盟），而且还反对《日内瓦协定》有关 1956 年在全越南实行选举的规定。[③]

然而，有一场选举是他所渴望的。作为总理，他在 1955 年组织了全民公投，让选民在他与保大之间选择国家元首。兰斯代尔知道选票将由吴庭艳自己的人来计算，因此敦促他满足"绝对多数"，但吴庭艳却坚持要获得 98% 的选票。

他在西贡地区的胜利尤其令人印象深刻："在 45 万注册选

① 玛丽莲·B. 杨：《1945—1990 年的越南战争》，第 44 页；乔治·麦克特南·卡林：《干预：美国是如何卷入越南的》，第 81 页。

② 玛丽莲·B. 杨：《1945—1990 年的越南战争》，第 41 页。

③ 乔治·麦克特南·卡林：《干预：美国是如何卷入越南的》，第 81—82 页。

民中，结果有60.5025万人投了吴庭艳的票。”[①] 从这一事件可以看到围绕美国计划的那群人的“智慧”和“性格”。

总之，因为有了吴庭艳，美国得以继续实施其破坏《日内瓦协定》关键条款的计划。

5. 艾森豪威尔政府进一步违反《日内瓦协定》

关于反对暴力威胁的规定：为了支持南方的吴庭艳，兰斯代尔采取了所谓“把北方的越南人吓得魂飞魄散”的手段。[②] 例如他散布谣言说，共产党正计划对北方的天主教徒进行报复，美国打算用核武器攻击那些共产党人。[③] 此外，美国纳税人为帮助天主教徒支付了3.75亿美元，将近100万天主教徒面对这场恐慌以及许诺的土地和工作，加上天主教牧师保证救世主已经到了南方，于是决定移居南方。[④] 而这些去南方的大部分人因为支持法国人也别无选择。[⑤] 但艾森豪威尔政府却声称，所有这些人都是在“用脚投票”。

关于禁止进口武器的规定：艾森豪威尔政府以核战争相威胁，公然违反《日内瓦协定》的一项规定；为支持吴庭艳政权

---

① 玛丽莲·B.杨：《1945—1990年的越南战争》，第53页；乔治·麦克特南·卡林：《干预：美国是如何卷入越南的》，第95页。

② 约翰·普拉多斯：《越南：1945—1975一场注定失败的战争的历史》，第41页。

③ 乔治·麦克特南·卡林：《干预：美国是如何卷入越南的》，第76—77页。

④ 乔治·麦克特南·卡林：《干预：美国是如何卷入越南的》，第75—77页；玛丽莲·B.杨：《1945—1990年的越南战争》，第45页。

⑤ 约翰·普拉多斯：《越南：1945—1975一场注定失败的战争的历史》，第42页。

的部队，向该国走私武器，又违反了第二项规定。①

关于反对军事同盟的规定：美国领导人还违反了禁止与外国结盟的规定，在日内瓦会议结束两个月后成立了东南亚条约组织（Southeast Asia Treaty Organization，缩写 SEATO）。鉴于其违反《日内瓦协定》，法国阻止了美国将南部地区称为“越南国”纳入东南亚条约组织的努力。但美国官员绕过了这一技术性问题，签署了一项协议，将东南亚条约组织的保护范围扩大到“越南管辖下的自由领土”。作为东南亚条约组织的“礼宾国”，“南越”现在实际上成了一个外国联盟的成员。②

除了违反日内瓦精神，白宫创建东南亚条约组织的核心想法是使它有欺骗美国人民甚至美国国会的能力，让他们相信在国际社会的支持下，美国正式承诺进行军事干预，是为了防止共产党统治一个名为“南越”的国家。

美国国防部长杜勒斯在参议院听证会上重申，正如东南亚条约组织条约的措辞所言，美国军队只有在外国“武装侵略”的情况下才会单方面做出反应。“武装侵略”指的是越南以外的一个国家，被理解为另一个国家（尤其指中国）。杜勒斯明确表示，美国不会单方面就单纯的（政治）颠覆活动做出反应，即使这种颠覆活动来自共产主义者。③

但是杜勒斯并没有告诉参议员们，在组成东南亚条约组织

① 玛丽莲 · B. 杨：《1945—1990 年的越南战争》，第 45 页。

② 玛丽莲 · B. 杨：《1945—1990 年的越南战争》，第 46—47 页。

③ 乔治 · 麦克特南 · 卡林：《干预：美国是如何卷入越南的》，第 73—74 页；加雷斯 · 波特编：《越南文献史》，第 84—85 页。

的会议召开前不久，一项未公开的国家安全委员会指令说，任何政府如果需要援助，“以击败当地的共产主义颠覆或叛乱，不构成武装袭击”，而总统应该要求“国会授权采取适当的行动，这可能……包括使用美国军队”——即使这样做将明显违反《联合国宪章》。换句话说，这份秘密文件所要表明的，即政府应该利用东南亚条约组织的条约来做杜勒斯向参议员们保证不会用它来做的事情。[①]

正如卡林所言，一旦美国参议院接受了该条约，并多亏“冷漠而缺乏信息的国会”，一位总统后来能够“将抵抗定义为外部侵略”[②]。

关于临时分界线的性质：与此同时，美国的任务是把北部和南部地区之间的临时分界线变成一条政治分界线，把北部的越南民主共和国和南部的越南共和国分隔开来。

关于自由选举的规定：改变分界线性质的第一步是告诉吴庭艳，他不需要参加选举协商。杜勒斯原本打算把取消越南全国大选的责任推给北方，具体规定了河内拒绝自由选举的严格条件。

美国国务院亚洲问题专家肯尼斯·扬（Kenneth Young）说服杜勒斯，胡志明政府比吴庭艳政府更受欢迎，它将赢得“1956年越南任何形式的选举”[③]。（艾森豪威尔在1963年的回忆录中承认了这一事实，他说，如果举行选举，“可能80%的人

① 乔治·麦克特南·卡林：《干预：美国是如何卷入越南的》，第74—75页。

② 乔治·麦克特南·卡林：《干预：美国是如何卷入越南的》，第74页。

③ 乔治·麦克特南·卡林：《干预：美国是如何卷入越南的》，第89页；加雷斯·波特编：《越南文献史》，第97—98页。

会把票投给胡志明，让他成为他们的领导人”[①]。）肯尼斯·扬还认为，如果吴庭艳拒绝举行选举，越南南部的越盟只有在北方的军事支持下才能推翻政府，而莫斯科和北京因为担心与美国发生冲突，会向河内施加压力，要求河内不要提供这种支持。[②]

1955 年，杜勒斯告诉吴庭艳，不需要在次年举行选举（尽管英国警告称，违反《日内瓦协定》将不可避免地使和平遭到破坏）。[③]

这种违反《日内瓦协定》行为的严重性怎么说也不过分。正如卡林所说：“如果没有旨在统一国家的全国选举的坚定和明确保证，越盟绝不会同意停战。”[④] 相反，他们只会勇往直前，完成整个越南的军事统一。早先被法国人欺骗的越盟现在又被美国人欺骗了。

5. 冒着另一次战争风险，再撒一个谎

当然，艾森豪威尔政府没有告诉美国人民反对这次选举，因为政府知道自己支持的一方会输。艾森豪威尔政府于是撒了

---

① 德怀特·艾森豪威尔：《1953—1956 年授权变革》，第 372 页。

② 加雷斯·波特编：《越南文献史》，第 101—102 页；五角大楼的文件提到这一事实，称：“如果没有美国的干预威胁，南越甚至不可能拒绝讨论 1956 年《日内瓦协议》要求举行的选举，也不会很快被越盟军队占领。”引自詹姆斯·W. 道格拉斯（James W. Douglass）：《约翰·菲茨杰拉德·F. 肯尼迪与无法言说的事：他的死亡及其重要性》（*JFK and the Unspeakable: Why He Died and Why It Matters*），西蒙和舒斯特出版社 2008 年，第 105 页。

③ 加雷斯·波特编：《越南文献史》，第 102 页。

④ 乔治·麦克特南·卡林：《干预：美国是如何卷入越南的》，第 61 页。

另一个谎，声称《日内瓦协定》规定，在北方和南方都拥有“基本自由和民主制度”之前，不得举行选举。美国声称，因为北方目前不具备这些条件，选举不得不推迟。然而，尽管《日内瓦协定》确实提到了“基本自由和民主体制”，但只是把它们当作选举的预期结果，而不是先决条件。①

艾森豪威尔政府完全明白自己在做什么。正如美国国务院的一份情报报告所说：“如果吴庭艳胆敢拒绝或继续推迟《日内瓦协定》规定的选举，越南民主共和国有望通过其他方式寻求统一（和统治）的目标。”换句话说，美国官员明白，如果他们这一方违反了这个令人不快的规定，就不能指望另一方继续遵守其他规定，比如“尊重临时分界线和停火”②。

美国官员代表美国人民愿意承担这一风险。他们表示，如果取消选举导致敌对行动重新爆发，美国必须“在必要时”愿意以“美国武装部队”对抗越盟。③因此，艾森豪威尔政府在刚刚（1953 年）结束了美国在朝鲜的四年战争后，有意向另一场亚洲战争迈出关键一步。

6. 美国的动机源自“多米诺骨牌理论”吗?

为什么艾森豪威尔政府愿意冒这个险？长期以来外界一直认为，美国之所以这么做，是因为它信奉“多米诺骨牌理论”。根据这一理论，在越南的失败将导致一种“连锁反应”。在这

① 乔治·麦克特南·卡林：《干预：美国是如何卷入越南的》，第 61 页。
② 乔治·麦克特南·卡林：《干预：美国是如何卷入越南的》，第 90 页。
③ 乔治·麦克特南·卡林：《干预：美国是如何卷入越南的》，第 88—89 页。

种反应中，大多数东南亚国家（最重要的是泰国和印尼）将变成共产主义国家，或者至少是中立国家。支持这一假设的事实是，1954 年 4 月，艾森豪威尔试图让英国加入拯救法属印度支那的“联合行动”。他说：“有一排多米诺骨牌，你打翻了第一张，接着最后一张肯定会很快倒下。”[①]

然而，加雷斯 · 波特令人信服地指出，尽管中央情报局和国务院确实从 1950 年初（当时国家安全委员会 64 号文件提到“共产党计划夺取整个东南亚”）到 1953 年上半年一直持有这种观点，但在那一年下半年，这种观点之所以发生了转变，除了美国具有的战略优势原因外，还因为对共产主义世界的意图和局限性有了更现实的评估。1953 年 11 月，美国中央情报局的一份评估报告称，尽管越南南部的陷落将“对美国在亚洲的实力和声望造成重大打击”，但并不一定会造成印度支那以外地区的损失。1954 年初，美国副国务卿沃尔特 · 比德尔 · 史密斯此前曾对参议院外交关系委员会表示，印度支那的消失将导致整个东南亚的崩溃，“但我不相信……因为失去印度支那的部分地区而失去整个东南亚”。他的这番话反映了艾森豪威尔和杜勒斯两人观点的转变，因为他们也发表了类似的讲话。[②]

---

① 《总统的公开文件：德怀特 ·D. 艾森豪威尔，1954 年》(*Public Papers of the Presidents: Dwight D. Eisenhower, 1954*)，华盛顿特区：政府印刷办公室 1955 年，第 382 页。引自约翰 · 普拉多斯：《越南：1945—1975 一场注定失败的战争的历史》，第 29 页。

② 参见中央情报局：《1954 年中期以前印度支可能的发展对非共产主义亚洲的可能后果》(*Probable Consequences in Non-Communist Asia of Certain Possible Developments in Indochina before Mid-1954*)。引自加雷斯 · 波特编：《越南文献史》，第 232—233 页。

艾森豪威尔政府的官员（以及后来几届政府的官员）继承了多米诺骨牌理论，但只是把它作为一个“有用”的论据，用波特的话说，“用于各种政治和外交目的”。正因为如此，这一理论被用于针对共产主义阵营。根据这一理论，美国认为越南南部至关重要，所以将进行军事干预，阻止越南走向共产主义。同时这一理论也用来针对美国国会和美国人民，让他们继续支持越南。实质上，这是艾森豪威尔政府（以及随后的几届政府）没有告诉美国人民其越南政策真相的又一方式。[①]

7. 艾森豪威尔政府的计划

如果艾森豪威尔和杜勒斯没有充分考虑越南南方至关重要的美国利益而动用军事力量来拯救它，为什么认为有必要取消选举，从而冒着河内可能在中国和／或苏联的支持下，恢复其通过军事手段统一国家的努力的风险？原因很清楚，是担心“输掉了越南”的指控会在即将到来的选举中对他们不利，加上相信河内可能不会向南方派兵，因此风险很小。

但如果是这样的话，艾森豪威尔政府支持西贡政权，以便可以抵御留在南方的越盟可能发起的进攻计划是什么呢？它的计划就是要复制 1953 年在伊朗的做法，发动政变，以伊朗国王的政权取代穆罕默德·摩萨德的政权，即利用秘密行动帮助伊朗国王的政府摧毁伊朗共产党。

这种方法被编入 1955 年的国家安全政策文件中。该文件

---

① 加雷斯·波特编：《越南文献史》，第 233、xii 页。

在呼吁“摧毁共产党机构在自由世界中的有效性”之后，补充道：“对共产党机构的直接行动必须主要依靠当地有关政府，尽管美国应该可以主要通过秘密手段提供重大帮助。”[①]

在没有引发苏联干预的情况下，艾森豪威尔政府在伊朗有效地实施了这一策略。尽管伊朗处于共产主义国家外围，但艾森豪威尔政府相信可以在越南侥幸过关。这种做法导致一个恐怖主义国家的产生。

8. 吴庭艳的恐怖主义政权

吴庭艳在 1954 年成为国家元首后不久，便违反《日内瓦协定》有关禁止政治报复的规定，开始消除所有可能的反对派，成千上万的越盟同情者——真正的和仅仅是怀疑的——被处决或投入监狱和集中营。“到 1957 年，平均每月有 5000 人被捕，每个月大约有 150 人被处决。”[②] 根据《外交事务》的一名作家的说法，到 1957 年，南越已经是一个“以任意逮捕和监禁为特征的准警察国家”[③]。

到 1959 年，南越已成为一个完全的恐怖主义国家。在这里，任何被控威胁国家安全的人都可能被逮捕，由军事法庭审判，并在三天内被处决，没有上诉的权利。[④] 尽管这场恐怖主义

① 加雷斯 · 波特编：《越南文献史》，第 58、86 页。

② 约翰 · 普拉多斯：《越南：1945—1975 一场注定失败的战争的历史》，第 57 页。

③ 乔治 · 麦克特南 · 卡林：《干预：美国是如何卷入越南的》，第 97 页；玛丽莲 ·B. 杨：《1945—1990 年的越南战争》，第 63 页。

④ 玛丽莲 ·B. 杨：《1945—1990 年的越南战争》，第 62 页。

运动“理论上是针对共产党的”，菲利普·德维莱尔（Philippe Devillers）写道，但实际上“影响了所有这些人……那些敢于表示反对寡头统治所采取的政策路线的人”[①]。

这场运动是在艾森豪威尔政府知晓和财政支持下进行的。艾森豪威尔政府用美国的税收每年向吴庭艳政府提供数亿美元，并让人们为“吴庭艳的宣传机构、经济部门，当然还有南越军方”工作。[②]

美国以及吴庭艳摧毁作为南越政治力量的越盟的政策，几乎获得了成功。例如到 1959 年，越盟在湄公河三角洲的成员从 6 万人减少到 5000 人。[③]南部的越盟成员几乎被消灭，因为他们不允许进行反击，尽管估计有 5000 至 1 万名游击队员留在南部（大约 8 万人在日内瓦会议后重新集结北上）。北方的共产党领导人采纳了共产主义阵营的和平共处与和平解决争端的总方针，命令南方的斗争必须是纯粹的政治斗争，而不是军事斗争。因此，成员们没有能力保护自己。[④]

然而，在 1958 年，一些前游击队员违抗命令，拿起武器，

---

① 菲利浦·德维莱尔：《越南统一斗争》（*The Struggle for the Unification of Vietnam*），《中国季刊》（*China Quarterly*）1962 年 1 月—3 月第 9 期。引自乔治·麦克特南·卡林：《干预：美国是如何卷入越南的》，第 97 页。

② 约翰·普拉多斯：《越南：1945—1975 一场注定失败的战争的历史》，第 57—58 页。

③ 加雷斯·波特编：《越南文献史》，第 91 页。

④ 加雷斯·波特编：《越南文献史》，第 110—113 页；约翰·普拉多斯：《越南：1945—1975 一场注定失败的战争的历史》，第 65 页。

开始了抵抗运动。[①] 为了应对这场恐怖主义运动以及避免南部政党可能被彻底摧毁的危险，河内在 1959 年终于授权使用武力，并同意向其运送物资。然而，它宣布军事斗争必须始终服从于政治，不做推翻吴庭艳政权的任何尝试。直到 1961 年，在看到抵抗成功之后，河内才允许将军事斗争提到与政治斗争平等的地位（此外，北越直到 1964 年才向南方派遣正规军）。[②]

然而，吴庭艳仅仅为了让自己免受河内支持的共产主义者的抵抗而进行残暴恐怖统治是不能原谅的。最终赢得河内支持的越盟其抵抗之所以爆发，是因为艾森豪威尔政府单方面取消了《日内瓦协定》规定的选举。越盟随后支持胡志明的民族解放阵线（National Liberation Front，缩写 NLF）。[③]

三、肯尼迪政府

肯尼迪政府上台后，一个无法言喻的事实是，美国支持的是一个极不受欢迎的政府，这个政府在南方引发了一场起义。1955 年，越南共和国正式成立。由于吴庭艳的个性和他的政策，除了在他的统治下经济上富足的少数越南人之外，他几乎没有得到什么支持。美国情报机构报告说，在南部地区只有 5% 的人支持吴庭艳，而 75% 的人支持民族解放阵线（另有

---

① 约翰·普拉多斯：《越南：1945—1975 一场注定失败的战争的历史》，第 66 页。

② 加雷斯·波特编：《越南文献史》，第 114—115 页。

③ 玛丽莲·B. 杨：《1945—1990 年的越南战争》，第 73 页。

20% 的人持中立态度)。[①]

肯尼迪政府认识到它的傀儡政府如此不受欢迎后，决定靠美国的军事力量把这个傀儡政府支撑下去。在艾森豪威尔执政期间，美国违反国际法的行为在很大程度上仅限于支持吴庭艳的国家恐怖主义。因此，到艾森豪威尔总统任期结束时，在越南只有 800 名美国军事人员，主要担任南越共和国军队 (Army of the Republic of South Vietnam ，缩写 ARVN) 的顾问。

肯尼迪政府将政策从恐怖行动改为乔姆斯基所说的“武装袭击，则是另一种犯罪行为”[②]。肯尼迪第一个任期结束时，有 3000 名美国军人驻扎在越南。到 1962 年年底，这一数字为 1.1 万。肯尼迪显然同意他的顾问的观点，即向越南派遣美军将“需要规避《日内瓦协定》”，而且“不应该让协定束缚我们”。[③]

强化对越南的承诺，不仅反映肯尼迪政府认识到，即使有美国的建议和装备，南越共和军也永远无法凭一己之力取得胜利，也反映了这届政府一些成员的信念，即美国的“信誉”在这场争夺中岌岌可危。

美国介入的理由无非是这个更古老的理论——多米诺骨牌

---

① 诺姆·乔姆斯基：《重新思考卡梅洛特：肯尼迪、越南战争与美国政治文化》(*Rethinking Camelot: JFK, the Vietnam War, and US Political Culture*)，波士顿：南端出版社 1993 年，第 25 页。卡梅洛特；亚瑟王的宫殿和圆桌会议所在之地。

② 玛丽莲·B. 杨：《1945—1990 年的越南战争》，第 77 页。

③ 加布里埃尔·柯尔克：《战争剖析：越南、美国和现代历史经验》(*Anatomy of a War: Vietnam, the United States, and the Modern Historical Experience*)，纽约：万神殿出版社 1985 年，第 112 页。

理论。相反，正如加布里埃尔·柯尔克所言："多米诺骨牌理论和可信度理论开始融合成一个统一的概念，可信度随着时间的推移变得越来越重要。"[①] 这两种理论都是帝国逻辑的一部分。所不同的是，多米诺骨牌理论可以从严格的经济和地缘政治角度来理解。在这个理论中，美国关心的是让东南亚国家在政治上与之结盟，并对其经济剥削持开放态度。

相比之下，可信度理论则涉及世界对美国军事实力的看法：美国利用军事力量实现其目标的意愿和能力。当时的想法是，如果其他国家看到美国的力量在越南可以被击败，那么世界各地的敌人将有勇气挑战美国的霸权，而专制的盟国政府则会对美国是否信守承诺失去信心。麦克斯韦·泰勒（Maxwell Taylor）将军（1962 年至 1964 年担任参谋长联席会议主席，1964 年至 1965 年任美国驻西贡大使）在 1964 年经典地表达了这一理论。泰勒说："如果我们夹着尾巴离开越南，那么失败的后果对亚洲其他地区、非洲和拉丁美洲将是灾难性的。"[②]

柯尔克说，肯尼迪政府上任之初，"有关美国的影响力问题左右了华盛顿"。其中一个原因是，卡斯特罗在古巴的革命取得了成功，加上猪湾事件的惨败，这"对当时正在流行的镇压叛乱和地方战争的理念来说，是一个耻辱性的逆转"。因此，

---

① 加布里埃尔·柯尔克：《战争剖析：越南、美国和现代历史经验》，第 113 页，引自参议员格拉维尔（Gravel）编：《五角大楼文件：美国国防部在越南问题上的决策历史》（*The Pentagon Papers: The Defense Department History of United States Decisionmaking on Vietnam*），第 4 卷，波士顿：灯塔出版社（Beacon）1971 年，第 336 页。

② 加布里埃尔·柯尔克：《战争剖析：越南、美国和现代历史经验》，第 112—113 页。

肯尼迪成立了一个针对越南的特别工作组，让越南成为检验镇压叛乱能力的榜样，以挫败无处不在的“颠覆”。在赋予越南全球象征意义之后，“政府将开始一系列的升级行动，每一次都加大了建立信誉的赌注”[①]。

在肯尼迪的领导下，越南战争更像是一项美国的事业。美国训练的南越战争部队扮演着越来越次要的角色，而美国纳税人则承担着越来越多的责任。事实上，为了资助镇压抵抗的战争，肯尼迪为美国带来了历史上和平时期最大的军费开支增长。其中一部分资金用于美国军队及其装备，包括装甲运兵车、轰炸机以及配备有汽油弹和大型机关枪的直升机。

这些资金的增加也为“牧场之手”(Ranch Hand) 行动的启动提供了资金。1962 年至 1970 年间，美国向越南南方投放 1 亿磅除草剂，以污染民族解放阵线部队可能食用的粮食作物，并使可以起隐藏作用的农作物叶子脱落。尽管这个计划有一句黑色幽默的格言——“只有我们才能保护森林”——但它对未来几代越南人民的健康所造成的后果一点也不可笑。[②]总之，肯尼迪政府的核心计划是“小村庄战略计划”。在这个计划中，数以百万计的南越人——据报道，大约 2/3 的农村人口——被强迫送进集中营，以防止他们与民族解放阵线接触。[③]

---

① 玛丽莲·B. 杨：《1945—1990 年的越南战争》，第 82、87 页。

② 尽管美国本想赢得越南人民的“灵魂和思想”，但没有什么比美国的政策更令人陌生的了。柯尔克说：“农民所珍视的一切都受到了威胁，包括现存的家庭制度和传统文化。”参见加布里埃尔·柯尔克：《战争剖析：越南、美国和现代历史经验》，第 135 页。

③ 玛丽莲·B. 杨：《1945—1990 年的越南战争》，第 74 页。

然而，美国军事力量带来的所有这些死亡、破坏和重新安置（送往集中营）并没有提高吴庭艳政权的生存能力。1960年，艾森豪威尔政府警告吴庭艳，如果他的政府不进行改革，美国领导人将考虑“其他行动方案和其他领导人，以实现我们的目标”[①]。也就是说，吴庭艳可以被另一个傀儡取代。到 1963 年，吴庭艳仍然没有推行改革，于是有人告诫肯尼迪说：“用现在的政权是打不赢这场战争的。”[②] 因此肯尼迪决定进行彻底的改变，尽管在他有生之年没有实施。

肯尼迪政府了解到，吴庭艳的哥哥兼首席顾问吴庭魁想通过谈判建立一个“中立主义”政府，这是美国领导人无法接受的：南越必须反对共产主义，而不仅仅是非共产主义。不久之后，一些将军获准发动政变，中央情报局提供了资金。11 月 2 日，吴庭艳和吴庭魁被废黜并处决。[③]

三周后，肯尼迪被暗杀。这是一个决定性的事件——因为在几本书里都有证据表明肯尼迪计划在下次大选后让美国离开越南。

---

① 玛丽莲·B. 杨：《1945—1990 年的越南战争》，第 101 页。

② 玛丽莲·B. 杨：《1945—1990 年的越南战争》，第 101—102 页。

③ 关于肯尼迪，如果他还活着，是否会改变富有争议的政策，是我不能在这里讨论的问题。但在大卫·凯泽（David Kaiser）的《美国悲剧：肯尼迪、约翰逊和越南战争的起源》（*American Tragedy: Kennedy, Johnson, and the Origins of the Vietnam War*）（哈佛大学出版社 2000 年）、霍华德·琼斯（Howard Jones）的《一代人的死亡：吴庭艳和肯尼迪遇刺如何延长了越南战争》（*Death of a Generation: How the Assassinations of Diem and JFK Prolonged the Vietnam War*）（牛津大学出版社 2003 年）以及詹姆斯·道格拉斯的《约翰·菲茨杰拉德·F. 肯尼迪与无法言说的事：他的死亡及其重要性》中都有很好的解释。

四、约翰逊政府：第一步

下一任总统林登·约翰逊取消了离开越南的计划[①]，使战争升级。除此之外，他还留用了肯尼迪政府顾问，继续推行越南政策。[②]这一事实赋予“可信度”理论双重含义。正如卡林分析的：

> 约翰逊的顾问们已经非常清楚地看到，他们一直在制定的政策自从约翰·肯尼迪就任总统以来就已经失败了。然而，由于他们的声誉与这些政策密切相关，很难要求从军事轨道转向政治轨道。即使此举更符合美国的利益，也会暴露出他们之前的建议……另一方面，美国国会和公众会认为，转向更大规模、在地理上扩大军事干预的政策具有一致性和连续性，(至少不会立即)揭示干涉主义所依据的假设和看法的错误性质……对这些人来说，把美国的国家利益与他们的名誉等同起来通常并不难。[③]

“用‘保护我们的承诺’这个词来解释美国在越南的存在，”罗伯特·加路奇说，“可能用在单个演员身上比用在整个

① 乔治·麦克特南·卡林：《干预：美国是如何卷入越南的》，第 387 页。

② 乔治·麦克特南·卡林：《干预：美国是如何卷入越南的》，第 245 页。

③ 罗伯特·加路奇(Robert Gallucci)：《和平还是荣誉：美国对越南军事政策的政治》(*Neither Peace nor Honor: The Politics of American Military Policy in VietNam*)，巴尔的摩：约翰·霍普金斯(Johns Hopkins)出版社 1975 年，第 44 页；引自乔治·麦克特南·卡林：《干预：美国是如何卷入越南的》，第 245 页。

国家更恰当。”[①]

总之，肯尼迪—约翰逊的顾问们对政变背后的假设是，美国领导人将能够通过由发动政变的杨文明将军（Duong Van [“Big”] Minh，俗称大明）领导的军政府“实现我们的目标”。“我们的要求，”威廉·邦迪（William Bundy）说，“真的非常简单——我们想要任何一个会继续战斗的政府。”然而，杨文明反对美国军方的一些想法，尤其是应该开始轰炸越南北部的想法。此外，他的军政府既不反共也非共产党，而是一个倾向中立的政府；在靠近西方的同时，又与河内和平共处，是一个和解的政府。

肯尼迪的前顾问建议约翰逊要杜绝这种可能性。美国国家安全顾问乔治·邦迪（George Bundy）表示，这将损害美国的声誉。另一位颇具影响力的顾问沃尔特·罗斯托（Walt Rostow）辩称，南越的中立将是“美国利益在世界舞台上遭受的最大损失”。1964 年 3 月，美国国家安全委员会则称这场战争是对“美国帮助一个国家应付共产主义‘解放战争’能力的一次的考验”[②]。这些结论表明，美国非但没有为越南南部人民自己决定政府形式的权利而战，反而以美国自己的“声望”和“信誉”的名义，不断采取行动防止这种情况的发生。

因此，杨文明的军政府掌权不到两个月，便在另一场由阮

---

① 玛丽莲·B. 杨：《1945—1990 年的越南战争》，第 106—107 页。

② 加布里埃尔·柯尔克：《战争剖析：越南、美国和现代历史经验》，第 114 页。引自格拉维尔编：《五角大楼文件：美国国防部在越南问题上的决策历史》，第 3 卷第 61、303 页。

庆（Nguyen Khanh）将军领导的政变中被推翻。美国官员找来阮庆，按照玛丽莲·B. 杨说法，阮庆政府“是一个服从命令的越南政府”。他们认为这才是关键。国防部长罗伯特·麦克纳马拉在被记者问及为何认为美国的事业现在终于要成功时表示：“因为我们现在在南越有了一位领导人阮庆将军，他已经准备好让这个国家进入战争状态。”但不到一年，阮庆就会被另一位领导人取代，美国政府将通过这个人寻求实现在越南的目标。[①]

约翰逊政府认为，实现这一目标的唯一途径是更充分地发挥美国的军事力量。

1. 东京湾“事件”

显然，在阮庆将军的领导下，越南的情况并没有好转。约翰逊的顾问们决定，通过空袭越南北部来提振阮庆将军和他的部队所需要的士气。

这些顾问想让战争升级是需要国会做出决议的，但如果没有“局势的剧烈变化”即“国家关注度和国际紧张局势的大幅提升”，将很难让公众和美国国会支持这种升级。[②]美国国务卿迪安·拉斯克补充说，根据他的（**错误的**）解读，如果越南政府采取了可以被视为“武装袭击”的行动，东南亚条约组织将为国会做出打击北越的决议提供依据。

这些讨论是 1964 年 6 月在檀香山举行的一次会议上进行

① 玛丽莲·B. 杨：《1945—1990 年的越南战争》，第 111—113 页。

② 加布里埃尔·柯尔克：《战争剖析：越南、美国和现代历史经验》，第 124 页。

的。[①] 讨论后不久，人们所期望的“局势的急剧变化”就发生了。

8 月 4 日，就在华盛顿（7 月底）告诉阮庆将军正在考虑袭击北越之后不久，约翰逊告诉国会领导人，北越在国际水域对美国船只发动了无端袭击。[②] 这是捏造的吗？但有证据表明事实确实如此。

34A 作战计划和“方案”：这一证据的一部分是，根据 1963 年 11 月在檀香山会议上开始的讨论，美国中央情报局和美国军方制定了一项进行秘密军事行动的 34A 作战计划（Operations Plan34 Alpha ，缩写 OPLAN 34–A），其中包括对北方的秘密突袭。

此外，1964 年 6 月，由助理国务卿威廉·邦迪担任主席的一个委员会制定了一个方案——实际上还真是个“方案”——它将使国会通过使用武力的决议。邦迪的委员会甚至预备了一份决议草案，以便在机会出现时就做好了打算，同时还预备了对北方发动空袭的应急计划。如果想要的决议出台，这些计划就已经准备好了。[③]

34A 作战计划的挑衅：7 月中旬，美国驱逐舰马多克斯（Maddox）号奉命前往东京湾（现在叫北部湾）进行电子间谍活动。7 月 30 日，南越炮艇在美国顾问的陪同下，对东京湾地区的两个越南民主共和国岛屿进行了突然袭击，这些袭击是

① 乔治·麦克特南·卡林：《干预：美国是如何卷入越南的》，第 217—219 页。

② 玛丽莲·B. 杨：《1945—1990 年的越南战争》，第 119 页。

③ 约翰·普拉多斯：《越南：1945—1975 一场注定失败的战争的历史》，第 83、96 页。

34A 作战计划的一部分。

7 月 31 日，到达东京湾的马多克斯号与当天突袭后离开的南越炮艇互致问候（与后来马多克斯号驱逐舰声称不知道这些炮艇的说法相反）。就在同一天，北越向国际控制委员会（International Control Commission）递交了一份照会，称这些突袭是美国和南越政府所为，侵犯了越南民主共和国。[①]

然后在 8 月 2 日，马多克斯号在越南民主共和国所属岛屿附近巡航，这些岛屿遭到了南越炮艇的攻击。三艘越南民主共和国巡逻艇多次冲向马多克斯号，但在最后一刻调头。马多克斯号随后向巡逻艇开火；巡逻艇发射了鱼雷，但双方都没有命中。

8 月 3 日，拉斯克给驻西贡的美国大使马克斯韦尔 · 泰勒（Maxwell Taylor）发了一份电报称："我们认为目前按照 34A 作战计划开展的行动正开始让河内感到不安，马多克斯号事件与北越进行的奋力抵抗直接相关。"[②]

马多克斯号海军准将也提出类似的观点。他给第七舰队指挥官发了一份电报，说根据情报，北越认为马多克斯号的巡逻队直接参与了南越炮艇的攻击。很显然，如果可以这样说的话，北越的攻击并不是无缘无故的，美国人也很清楚北越人肯定不认为自己是在进行无故挑衅。

然而，为《东京湾决议》提供决策的事件不是 8 月 2 日发

① 玛丽莲 ·B. 杨：《1945—1990 年的越南战争》，第 116—117 页；乔治 · 麦克特南 · 卡林：《干预：美国是如何卷入越南的》，第 221 页。

② 乔治 · 麦克特南 · 卡林：《干预：美国是如何卷入越南的》，第 221 页。

生的事件，而是 8 月 4 日没有发生的事件。

8 月 4 日“事件”：8 月 4 日晚，驱逐舰上的声呐示警，鱼雷正朝驱逐舰飞来。于是马多克斯号连同特纳乔伊号（Turner Joy，这艘驱逐舰于 8 月 3 日被派往东京湾）在数小时内便发射了大量的炮弹，但是其实并没有鱼雷击中驱逐舰。海军指挥官詹姆斯 · 斯托克代尔（James Stockdale）低空飞过驱逐舰上空，什么也没看到：“没有船，没有舰艇的尾流，没有弹跳，没有船只的撞击，没有鱼雷尾迹——只有黑黑的海和美国的火力。”另外，没有被告知 34A 作战计划的马多克斯号的约翰·赫里克（John Herrick）舰长[①] 断定，舰艇未向任何目标开火。他发了一条无线电信息说：

> 回顾行动中许多报告的接触体和发射的鱼雷显得非常可疑……马多克斯号没有真正看到。建议在采取进一步行动之前进行全面评估。

斯托克代尔收到这条消息后，松了一口气，因为“东京湾那边有个海军准将有胆量揭发一件糟糕的事情”。然而，第二天早上（8 月 5 日），斯托克代尔接到命令，要对越南北部的目标实施报复。他确实这么做了，尽管他当时认为总统“接近失常”，并问道：“报复什么？”与此同时，约翰逊向国会领导人

---

① 丹尼尔 · 埃尔斯伯格：《秘密：越南与五角大楼文件回忆录》（*Secrets: A Memoir of Vietnam and the Pentagon Papers*），纽约：维京出版社 2002 年，第 9—10 页。

讲述了这起“无端的袭击”[①]。

然而，约翰逊政府成员知道，即使发生了袭击，也非“无端”的。除了启动 34A 作战计划外，他们还都承认，北越的行动是对该计划挑衅的回击。

8 月 3 日，国家安全顾问乔治·邦迪在谈到北越巡逻艇 8 月 2 日的行为时对副国务卿乔治·鲍尔（George Ball）说：“他被说服了……这是作为对前一天 34 家企业的回报。”约翰逊在与艾森豪威尔政府的一名前官员交谈时表示：“我们一直在那个地区进行一些秘密行动，所以我想他们想要予以阻止。”罗伯特·麦克纳马拉在与约翰逊讨论为国会领导人准备的简报会时表示：“我认为……我们应该……总统先生，请解释这个 34A 作战计划的秘密行动。毫无疑问，与这起事件有关。”[②]

不过，8 月 5 日，约翰逊向国会保证，这些袭击是“无端的”。

然而，约翰逊首先下令重提威廉·邦迪制定的“方案”——包括进攻北越的计划和决议草案，并对威廉·邦迪说：“现在是让国会通过的时候了。”[③]

---

① 玛丽莲·B. 杨：《1945—1990 年的越南战争》，第 118—119 页；乔治·麦克特南·卡林：《干预：美国是如何卷入越南的》，第 222—223 页。

② 约翰·普拉多斯：《越南：1945—1975 一场注定失败的战争的历史》，第 95—96 页。

③ 约翰·普拉多斯：《越南：1945—1975 一场注定失败的战争的历史》，第 96、98 页。

2.《东京湾决议》

8 月 5 日，就在约翰逊向国会保证，一艘行使无害通过国际水域权利的美国船只遭到“无端袭击”后不久，美国国会确实通过了这项决议，后来被称为《东京湾决议》（*Gulf of Tonkin Resolution*）。约翰逊政府通过撒谎得到了这个决议。

向国会撒谎：当被问及美国是否做了什么事引发袭击时，麦克纳马拉说，袭击是“蓄意和无端的”，目标是一艘“在国际水域进行例行巡逻”的船只。除了没有提到这艘船一直在进行电子间谍活动外，麦克纳马拉当然也没有主动提供信息，表明确实有人怀疑 8 月 4 日是否发生过袭击。

俄勒冈州的韦恩 · 莫尔斯（Wayne Morse）是投票反对该决议的两名参议员之一。根据五角大楼的消息（线报）——他问麦克纳马拉马多克斯号与南越突击队员之间是否有联系时，麦克纳马拉继续撒谎说：

> 我们的海军没有参与，也不知道南越的任何行动，如果有的话。马多克斯号当时在国际水域作业，正在执行例行巡逻……它不知道，不知道，不知道……正如莫尔斯参议员所提到的，南越对这两个岛屿可能采取的任何行动。[①]

当莫尔斯试图让其他参议员对他所掌握的信息感兴趣时，其中一位参议员对他说：“该死，韦恩，你不能在国旗飘扬的

---

① 乔治 · 麦克特南 · 卡林：《干预：美国是如何卷入越南的》，第 220 页。

时候与总统战斗。”此外，这位参议员还说：“约翰逊总统是那种循规蹈矩的总统，没有得到国会同意是不会让国家卷入战争的。”①

参议院外交关系委员会主席、参议员威廉·富布赖特对此也有同感。他补充称，他的“好朋友林登”向他保证，该决议“只是支持总统因东京湾事件给予的回应，而不是给他开一张空白的战争支票”。多年后，富布赖特学得更乖了，他说：“我通常不会认为总统会对你们撒谎。”②

除了莫尔斯和阿拉斯加参议员欧内斯特·格鲁宁，美国国会很快一致通过了《东京湾决议》，授权总统“采取一切必要措施，消除任何针对美国军队的武装袭击，并防止进一步的侵略”③。

向美国人民和全世界撒谎：通过《东京湾决议》的理由充满了谎言，其中包括：

> 越南共产主义政权的海军部队违反《联合国宪章》和国际法的原则，蓄意并一再攻击合法在国际水域内活动的美国海军船只［**不实**］……然而，这些袭击是北越共产主义政权对其邻国发动的蓄意和有系统的侵略活动的一部分，而其他国家也加入他们的行列，共同捍卫他们的自由

---

① 玛丽莲·B. 杨：《1945—1990 年的越南战争》，第 120 页。

② 玛丽莲·B. 杨：《1945—1990 年的越南战争》，第 120—121 页。

③ 威廉·阿普尔曼·威廉姆斯等编：《美国在越南：纪实史》（*America in Vietnam: A Documentary History*），花园城：安琪儿 / 双日（Anchor Press/ Doubleday）出版社 1985 年，第 237 页。

> [**不真实**]；然而，美国正在帮助东南亚人民保护他们的自由[**不真实**]，在该地区没有领土、军事或政治野心[**不真实**]，而只是希望这些人民能够以自己的方式和平地决定自己的命运[**不真实**]……[1]

对东南亚条约组织撒谎：该决议除了无视美国违反《联合国宪章》这一事实外，还错误地暗示该宪章和东南亚条约组织授权美国"采取一切必要措施，包括使用武力，协助《东南亚集体防御条约》(*Southeast Asia Collective Defense Treaty*)的任何成员国或议定书国，请求协助捍卫其自由"。

因此，尽管美国国会在 1954 年曾明确保证，不能利用东南亚条约组织授权美国代表南越进行单方面的军事干预，但国会在 1964 年允许约翰逊政府利用东南亚条约组织进行军事干预。

约翰逊赢得连任后——约翰逊之所以取得压倒性的胜利，很大程度上是基于公众的信念，即与他的对手参议员巴里 · 戈德华特 (Barry Goldwater) 相比，他不太可能让战争升级——立即任命了国家安全委员会的一个工作组考虑在越南的各种选择，暗示他们"最大限度地利用东京湾的事由"[2]。约翰逊计划严格按照他向"好朋友"富布赖特参议员保证的不会使用的方式来行驶这项决议。事实上，他将利用这个机会，促

① 正如玛丽莲 · B. 杨的《1945—1990 年的越南战争》第 119 页所引用的（尽管括号内的插话是我加的）。

② 这是工作组主席威廉 · 邦迪说的，参见玛丽莲 · B. 杨：《1945—1990 年的越南战争》，第 130 页。

成三次大的战争升级，而这一切都发生在1965年。所有这些都反映了约翰孙对越南人民福祉的漠视。

3. 美国对越南的福祉漠不关心

对国家安全委员会工作组有关美国在南越目标初稿的研究揭露了真相。据说这些目标是：

> 保护美国作为反颠覆担保人的声誉；避免多米诺骨牌效应，特别是在东南亚；防止南越领土落入红色北越之手；摆脱危机而不受所用方法的影响。[①]

换句话说，这些目标都是为了保护美国的声誉。

值得注意的是，这份内部文件里没有任何有关越南人民福祉的内容。美国助理国防部长约翰·麦克诺顿（John McNaughton）对美国的目标进行了定量评估。在评估中，这种担忧确实有一席之地——但只是勉强有一席之地。根据他的备忘录，美国的目标是：

- 70%——为了避免让美国蒙受失败的耻辱（对我们作为担保人的声誉）。
- 20%——防止越南南部（以及邻近地区）落入中国之手。[②]

---

① 玛丽莲·B. 杨：《1945—1990年的越南战争》，第130页。

② 尽管经常有人说，就像在这里一样，这样做的动机是为了防止越南落入中国之手，但更深层的担忧从威廉·邦迪的声明中暴露出来。邦迪表示，一个独立于中国的共产主义越南将“同样丢脸”。参见乔治·麦克特南·卡林：《干预：美国是如何卷入越南的》，第263页。

- 10%——让越南南部（以及邻近地区）的人民享有更好、更自由的生活方式。
- 同样——摆脱危机，而不被所采用的方法带来不可接受的污点。[①]

考虑到这最后一点，即使最初分配给南越人民的 10%，似乎也被否决了。

当然，在公开声明中，前三个理由的相对重要性被颠倒过来了。约翰逊说，美国的目标是“允许越南以自己的方式领导自己的国家”，“不受外部干涉”。[②]

然而，内部备忘录反映出的是约翰逊政府对越南人民福祉的漠不关心。事实上，这种态度早在 1964 年就被一位战地记者报道过：“冷酷无情地说，如果共产党人不清楚，东南亚也不清楚，我们真的不在乎这里发生了什么。”[③]

五、约翰逊政府让战争不断升级

这种对东南亚人民漠不关心的无情态度，将从约翰逊政府下令的升级行动中得到进一步证明。

---

① 玛丽莲·B. 杨：《1945—1990 年的越南战争》，第 135 页。引自约翰·麦克诺顿写给麦克纳马拉的备忘录，该备忘录载于格拉维尔编：《五角大楼文件：美国国防部在越南问题上的决策历史》第 3 卷，第 695 页。

② 乔治·麦克特南·卡林：《干预：美国是如何卷入越南的》，第 313—314 页。

③ 玛丽莲·B. 杨：《1945—1990 年的越南战争》，第 112 页。

1. 第一次升级：轰炸南方

约翰逊政府让战争第一次升级是因为意识到大多数南越人想要和平，加上意识到佛教徒已经成为战争的积极反对者，而且效果越来越好。于是约翰逊的顾问们开始担心，用卡林的话来说：

> 佛教领袖可以将南越日益高涨的反战情绪，引导到建立一个要求停火、与民族解阵线谈判达成和解并最终迫使美国撤离的政府那里去。①

鉴于这一危险情况，加上南越共和军的军事效率持续恶化——越来越不愿意战斗和逃兵率的上升——美国军方在 1965 年 2 月被授权“对南越进行系统性轰炸”。乔姆斯基和赫尔曼指出，这次对南方的轰炸是“是后来更公开的——遭到更多的抗议——对北方轰炸的三倍”②。卡林评论道：“美国新闻媒体基本上没有注意到这个重大升级决定给越南人民和这片土地带来巨大的实质影响。”③

美国军事机器发泄的后果之一是造成大量平民死亡。美国领导人意识到了这一后果。例如小亨利·卡伯特·洛奇大使(Henry Cabot Lodge，亨利·卡伯特·洛奇的儿子，在第一

① 乔治·麦克特南·卡林：《干预：美国是如何卷入越南的》，第 271 页。

② 诺姆·乔姆斯基、爱德华·赫尔曼：《大灾难之后：战后印度支那和帝国意识形态的重建》，第 3 页。

③ 乔治·麦克特南·卡林：《干预：美国是如何卷入越南的》，第 271 页。

章中讨论过)。他说:

> 盟军的优势……在很大程度上取决于几乎无限数量的先进战争装备。我们拥有强大的武器……它将不可避免地造成平民伤亡，其中大部分人我们永远不会知道。[①]

然而，美国领导人没有被这一后果吓倒。例如洛奇警告说，不要让对这些武器的使用限制“抑制我们的军事活动，使我们在武器方面的优势完全丧失”[②]。

关于如何处理造成如此多平民死亡的负面新闻，洛奇向政府提出了以下建议:

> 继续给公众和国会留下深刻印象，平民伤亡的原因本质上是残酷的，但完全是因为越南共产党故意采用平民策略……而由越南共产党造成的伤亡细想起来，比那些由盟军无意造成的伤亡要残忍得多，在道德上更应该受到谴责。[③]

国会和大多数媒体都对政府的这种宣传视而不见。

然而，在 1967 年，伯纳德 · 福尔 (Bernard Fall) 试图唤起人们对约翰逊第一次升级决定的重要性的关注，他写道:

① 乔治 · 麦克特南 · 卡林:《干预: 美国是如何卷入越南的》，第 404 页。
② 乔治 · 麦克特南 · 卡林:《干预: 美国是如何卷入越南的》，第 404 页。
③ 乔治 · 麦克特南 · 卡林:《干预: 美国是如何卷入越南的》，第 404 页。

> 改变越南战争性质的不是轰炸越南北部的决定，不是决定在南越使用美国地面部队；但在其国内发动无限制空战的决定，却以将这个地方打得粉碎为代价。①

这种对南越人民、国土和村庄发动全面空袭的行为，还将持续十年之久，当然这至少应该得到同样的关注，尽管福尔声称这比其他两次升级更为重要的说法是有争议的。

2. 第二次升级：轰炸越南北方

约翰逊政府接下来决定利用《东京湾决议》授权对越南北方进行持续轰炸。该决议最初只是用来为针对越南北方的零星袭击而找的理由。

轰炸北方的理由：约翰逊的顾问支持这次行动有四个原因。

（1）约翰逊的顾问表示，假设南方的战斗是由北方领导人指挥的，他们可以随意终止战斗，那么轰炸将是对北方领导人意志的攻击，他们会“被迫屈服”。

（2）轰炸对南方领导人来说也是一针“强心剂”。通过轰炸，他们的士气会得到提升，使他们不那么老想着逃跑，而更愿意战斗。②

---

① 伯纳德·福尔：《战争的最后反思》（*Last Reflections on a War*），纽约：双日出版社 1967 年。引自诺姆·乔姆斯基：《重新思考卡梅洛特：肯尼迪、越南战争与美国政治文化》，第 56 页。

② 玛丽莲·B. 杨：《1945—1990 年的越南战争》，第 122 页；乔治·麦克特南·卡林：《干预：美国是如何卷入越南的》，第 236、263—264、272—273、304 页。

(3) 轰炸将保护政府的声誉。因为威廉·邦迪认为，即使失败了，“也会减少人们对我们没有尽其所能的指责”[①]。

(4) 轰炸将增加美国的可信度。[②] 这位邦迪兄弟补充说，即使轰炸失败，它也将“为未来所有游击战冒险行动设定更高的代价”[③]。换句话说，摧毁北越是为了阻止其他不听话的国家。

无论如何，这一有计划的轰炸行动面临以下两个问题。

获得轰炸越南北方的“请求”：第一个问题是，轰炸北越必须是在南越政府请求美国的情况下进行。但问题就在于，尽管现任总统阮庆将军是在假设他会实现美国的愿望的基础上上台的，但他并不赞成轰炸。更糟糕的是，他和佛教领袖结盟，与民族解放阵线就谈判解决问题进行接触。

美国官员通过安排另一场政变解决了这一个问题。通过政变，阮庆被军方的三名阮姓将领取代，分别是阮曹基（Nguyen Cao Ky）、阮昌氏（Nguyen Chanh Thi）和阮文绍（Nguyen Van Thieu）。这场发生在 1965 年 2 月 19 日的政变给了美国一个傀儡政府，最终消除了通过谈判达成和平的威胁：对希特勒表示钦佩的阮曹基将军后来宣布，他将取代任何一位提出通过谈判达成和解并“威胁要背叛国家”的总理。[④]

---

① 乔治·麦克特南·卡林：《干预：美国是如何卷入越南的》，第 283 页。

② 玛丽莲·B. 杨：《1945—1990 年的越南战争》，第 110 页；乔治·麦克特南·卡林：《干预：美国是如何卷入越南的》，第 360 页；加布里埃尔·柯尔克：《战争剖析：越南、美国和现代历史经验》，第 164 页。

③ 乔治·麦克特南·卡林：《干预：美国是如何卷入越南的》，第 283 页。

④ 乔治·麦克特南·卡林：《干预：美国是如何卷入越南的》，第 305、345 页。

因此，阮曹基将军和他的军事伙伴“请求”美国对越南北方进行轰炸。

证明来自越南北方的“侵略”：拟议对越南北方进行系统性轰炸遇到的第二个问题是，缺乏美国和世界其他国家公众的支持。对越南北方的零星轰炸已经引发了全球范围的抗议，一项民意调查显示，75% 的美国民众赞成通过谈判解决战争问题。

美国解决这一问题的办法是把战争尤其是把轰炸描述成对来自北方侵略的反击。而这是政府一份名为《来自北方的侵略：北越征服越南南部的历史》（*Aggression from the North: The Record of North Vietnam's Campaign to Conquer South Viet-Nam*）的白皮书所要做的工作：记录北越攻占越南南部的军事行动。它的中心论点就是美国在帮助南越，南越“正在为一场由河内的共产主义政权煽动、指挥、提供和控制的野蛮恐怖运动和武装袭击而战斗”，而河内试图征服“邻国的主权人民”。①

然而，这个论点很难得到支持。政府没有证据表明许多被美国政府称为“越共”的越盟成员来自北方。此外，《纽约时报》在近期的报道称：“越共的大部分武器都是在与南越军队的战斗中缴获的美制武器。”②

此外，即使有证据表明有人员和武器来自北越，也无法为轰炸北越提供任何法律甚至道德上的理由，轰炸北方是因为认

① 玛丽莲·B. 杨：《1945—1990 年的越南战争》，第 141 页；约翰·普拉多斯：《越南：1945—1975 一场注定失败的战争的历史》，第 123 页。

② 乔治·麦克特南·卡林：《干预：美国是如何卷入越南的》，第 291 页。

为"北越"是另一个州或国家，与"南越"不同——因此，前者可能对后者犯下"侵略"罪——这只是美国的发明，既没有被越南人接受，也没有得到《日内瓦协定》的认可。然而，约翰逊政府可以非常镇定地装着这一事实早已被遗忘，只要能让美国人民相信，有人员和武器来自北方，他们就会同意轰炸。

约翰逊政府通过意外的借口实现了这一目的。当时是中央情报局官员的菲利浦·李奇特（Phillip Liechty）后来陈述，中央情报局在一艘北越船只上装满了100吨共产主义国家制造的军用物资，然后把它沉入南越南海岸附近的浅水里。[①]在1965年2月16日的一场假交火之后，外国记者被邀请去检查船上的物品。

当白皮书于2月17日发布时，这一"证据"被列为"引人注目的新证据……就在这份报告刚刚完成的时候被曝光了……北越正在执行一项精心策划的侵略南方的计划"。尽管时机可疑，《纽约时报》的一篇报道援引白皮书的这一特写作为"更先进武器向南流动的确凿证据"[②]。

轰炸行动的结果：在白皮书发布的第二天，约翰逊宣布开始持续轰炸，很快100架美国飞机开始定期轰炸北方的目标。[③]

---

① 李奇特的叙述，由卡林总结（参见《干预：美国是如何卷入越南的》，第290页），在1982年3月20日《华盛顿邮报》迈克尔·盖特勒（Michael Getler）的一篇文章中报道。

② 乔治·麦克特南·卡林：《干预：美国是如何卷入越南的》，第290—291页。引自马克斯·弗兰克尔（Max Frankel）1965年3月27日《纽约时报》的报道。

③ 加布里埃尔·柯尔克：《战争剖析：越南、美国和现代历史经验》，第609页。

然而，这场被称为“滚雷行动”（Operation Rolling Thunder）的轰炸，并没有给南方带来预期的好处。相反，“南方政权的政治和军机构继续以比之前更快的速度瓦解”[①]。

而且，这次轰炸虽然是越南民主共和国是不愿意看到的，但由此引发了北方的进攻，而这正是这次轰炸所宣称的正当理由。卡林解释说：

> 河内一直不愿派遣作战部队，担心引发美国进一步的军事干预。然而，既然轰炸实际上已经开始，河内已经没有什么可损失可言了。

尽管美国政府早些时候声称“来自北方的侵略”，但美国情报机构在 1965 年 4 月 21 日之前，没有发现北越作战部队在南方作战。[②]

3. 约翰逊的第三次升级：美国地面部队参战

对北方的轰炸，加上南越军队的持续瓦解，产生了另一个问题。对南北方进行轰炸使用的南部机场，越来越容易受到民族解放阵线的攻击，而且越南北部的部队很快加入了民族解放阵线。

为了解决这些问题，约翰逊政府决定由美国地面部队来保护这些机场。1965 年 3 月初，保卫大型机场的海军陆战队抵达

---

① 乔治·麦克特南·卡林：《干预：美国是如何卷入越南的》，第 306 页。
② 乔治·麦克特南·卡林：《干预：美国是如何卷入越南的》，第 307 页。

岘港，几周后，他们受命去 85 公里外的地方作战。如后来五角大楼文件披露，这是“一个没有太多渲染甚至也没有太多计划的重大决定”[①]。因为这是约翰逊政府让战争第三次重大升级的开始：美国地面部队进入南越。

尽管派去保护机场的部队开启了这个新阶段，但直到 7 月，经过长时间讨论，约翰逊最终接受了大多数顾问的意见，也即大量的美国地面部队应该被派去战斗，而不是简单地保护机场。理由是，尽管对北方和南方的轰炸，以及让军队保护美国机场，既没有提振南越共和军的士气，也没有摧毁敌人的意志，但大规模美国地面部队的参战将带来这些效果。[②]

国会领导人告诉约翰逊，他不可能用更明确的发动战争授权来取代《东京湾决议》，只能把该决议当作“功能上的对等物”，这再次证明他是在用《东京湾决议》作为“空头支票”[③]，尽管他曾经承诺不会这样做。

7 月底，约翰逊下令派遣 5 万名士兵参战，使参战人数总数达到 12.5 万。他这样做是源于阮曹基将军的另一个“请求”。在前总理拒绝请求更多的美国军队后，阮曹基将军被他所属的三人集团任命为总理。[④]

---

① 加布里埃尔·柯尔克：《战争剖析：越南、美国和现代历史经验》，第 165 页。

② 乔治·麦克特南·卡林：《干预：美国是如何卷入越南的》，第 306、319 页。

③ 约翰·普拉多斯：《越南：1945—1975 一场注定失败的战争的历史》，第 182 页；玛丽莲·B. 杨：《1945—1990 年的越南战争》，第 160 页。

④ 乔治·麦克特南·卡林：《干预：美国是如何卷入越南的》，第 344 页。

4. 战争进一步升级，完全美国化

总之，这次升级和之前的几次升级一样，收效甚微，只是一次比一次派遣了更多的部队。到 1966 年年底，驻南越美军已超过 38.3 万人。到 1967 年年底，这个数字超过了 50 万。[①]

随着约翰逊政府的升级，这场战争已经完全美国化，而南越共和军不过就是个配角。此外，按玛丽莲 ·B. 杨的话说，这场美国战争变成了“一场针对越南南北的战争”；用加布里埃尔 · 柯尔克的话说，是“对几乎整个越南人民的肉体和心灵进行的无情和肆无忌惮的进攻”[②]。

此外，由于西贡政府掌握在军政府手中，“美国不再假装支持南越的一个真正的政治实体”[③]。事实上，这一直是一个借口——南越共和国实际上没有获得本土人民的支持，“基本上就是美国的附属国”[④] ——这就解释了为什么所有的升级，在造成巨大的死亡和破坏的同时，不能把南越共和国变成一个备用的政府。

约翰逊政府预料到无法赢得这场战争，也为了让这场战争看起来是多国参与的，于是制定了一个“多旗计划”(“Many Flags” Program)，试图从盟友那里获得帮助。这个计划在很大程度上是失败的，因为没有一个欧洲国家，也很少有其他国

---

① 乔治 · 麦克特南 · 卡林:《干预：美国是如何卷入越南的》，第 399 页。

② 玛丽莲 ·B. 杨:《1945—1990 年的越南战争》，第 177 页；加布里埃尔 · 柯尔克:《战争剖析：越南、美国和现代历史经验》，第 177 页。

③ 乔治 · 麦克特南 · 卡林:《干预：美国是如何卷入越南的》，第 345 页。

④ 乔治 · 麦克特南 · 卡林:《干预：美国是如何卷入越南的》，第 323 页。

家会派遣军队。这个计划如果说有小成功，就是玩了一个字谜游戏。在派兵的五个国家中，只有澳大利亚和新西兰将其作为盟友。其他国家——韩国、泰国和菲律宾——要价很高。[①]

例如在 1966 年至 1970 年间，美国对韩国做出的让步——如同意将其士兵的薪金提高到正常水平的 20 倍——仅仅这一项就让美国损失了将近 10 亿美元。菲律宾独裁者费迪南德·马科斯在派遣菲律宾军队之前也达成了类似的甜蜜协议。

美国国务院竭力对这些安排进行保密，担心公开这些安排“可能会造成这些国家的军队前往南越的印象……是作为由美国支付费用的雇佣军”[②]。当然，这些“印象”是真实的。但通过成功地将这些安排加以保密，“美国政府得以将韩国、泰国和菲律宾称为‘坚定的盟友’，这些盟友自愿为自由世界而战”[③]。

尽管如此，即使在数万雇佣军的增援下，战争局势不断升级，但离美国在南方建立一个可行的反共产主义、亲美政府的目标却越来越远。

六、国内的反战运动

到 20 世纪 60 年代末，美国国内的反战运动日益高涨。

① 乔治·麦克特南·卡林:《干预：美国是如何卷入越南的》，第 333 页。
② 乔治·麦克特南·卡林:《干预：美国是如何卷入越南的》，第 334 页。
③ 乔治·麦克特南·卡林:《干预：美国是如何卷入越南的》，第 334 页。

参议院外交关系委员会：就越南战争和美国外交政策的基本原则举行了电视听证会，这些听证会对这场反战运动起到了推波助澜的作用。委员会主席、参议员威廉·富尔布赖特带头抨击了约翰逊政府的观点，包括它认为美国有道德或法律权利留在越南的假设。富布尔赖特在对美国国务卿拉斯克的讲话中说：

> 越南是他们的国家。我们甚至没有法国人拥有的权利。我们没有历史权利。从他们的角度来看，我们显然是入侵者。我们在他们眼中代表着旧的西方帝国主义。[①]

反战公民：一些反战运动反映在反战游行、演讲和宣讲会上。由诺姆·乔姆斯基和乔治·卡林等知识分子领导的宣讲会，开始时规模很小，但逐渐吸引了更多的听众，并直接引发了反战游行。

第一次大规模的反战游行是在1967年4月，当时有7.5万人在旧金山游行，大约有25万人在纽约市游行。[②]纽约的游行者之一有马丁·路德·金（Martin Luther King，Jr）。之前不久，他在纽约河畔教堂的一次布道中，将越南战争比作“恶魔般的、破坏性的吸盘”，并形容美国政府是“当今世界上最大的暴力传播者”。金还说，“我们在越南没有值得荣耀的目

① 玛丽莲·B. 杨：《1945—1990年的越南战争》，第205页。

② 玛丽莲·B. 杨：《1945—1990年的越南战争》，第197页。我在最高估计值40万人和最低估计值12.5万人之间做了妥协，得出了纽约游行的数据。

的”，“从我们开始在越南冒险就错了”。[①]

在开始反战一年后，马丁·路德·金被刺客的子弹灭口。(虽然詹姆斯·厄尔·雷［James Earl Ray］被指控并判有罪，但 1999 年的一项民事审判显示，他只不过是中央情报局局长胡佛、美国军方和其他策划暗杀行动人的替罪羊。[②]) 但在马丁·路德·金去世后，反战抗议活动仍在继续，其中大部分是出于宗教动机。1968 年，天主教牧师丹尼尔（Daniel）和菲利普·贝里根（Philip Berrigan）用凝固汽油弹销毁了征兵委员会的记录。在随后的审判中，丹尼尔为“破坏良好秩序，焚烧纸张而不是儿童”[③] 道歉。

军队内部的反战：与此同时，军队内部也发生了反战。

- 1965 年，在越南的一名年轻军官因拒绝服从命令而被送上军事法庭，他说这场战争“不值得一个美国人付出生命”[④]。
- 1966 年，三名后来被称为“胡德堡三人”（Fort Hood Three）的士兵拒绝接受前往越南的命令。[⑤]

---

① 玛丽莲·B. 杨：《1945—1990 年的越南战争》，第 199 页；戴维·加罗（David Garrow）：《当马丁·路德·金站出来反对越战》（*When Martin Luther King Came Out Against Vietnam*），载《纽约时报》2017 年 4 月 4 日。

② 参见威廉·F. 佩珀（William F. Pepper）《国家行为：对马丁·路德·金的死刑》（*An Act of State: The Execution of Martin Luther King*）更新了的后记，伦敦：威尔森（Verso）公司出版 2008 年；珮珀（Pepper）在《刺杀金的阴谋：刺杀马丁·路德·金背后的真相》（*The Plot to Kill King: The Truth behind the Assassination of Martin Luther King, Jr*，天马图书出版公司［Skyhorse］2016 年）中提供了一个更全面的描述。

③ 玛丽莲·B. 杨：《1945—1990 年的越南战争》，第 202 页。

④ 玛丽莲·B. 杨：《1945—1990 年的越南战争》，第 203 页。

⑤ 玛丽莲·B. 杨：《1945—1990 年的越南战争》，第 204 页。

- 同样在 1966 年，唐纳德 ·W. 邓肯（Donald W. Duncan）戴着一顶装饰华丽的绿色贝雷帽，拒绝重新入伍。他为《堡垒》（*Ramparts*）杂志写了一篇关于战争的起诉书，题为《整件事都是谎言！》（*"The Whole Thing Was a Lie!"*）。①
- 1967 年，一名陆军医生拒绝训练特种部队士兵，因为训练“杀害妇女和儿童的凶手”将违反他的希波克拉底誓言。②
- 同年（1967 年）还成立了越南老兵反战组织（Vietnam Veterans Against the War，缩写 VVAW）。向这个组织捐款的许多士兵中的一位写道，如果有人在国内告诉他“去越南是值得的，或者这是我们的义务——我要直接扇他一耳光”③。

约翰逊政府内部：政府内部甚至也发生了转变。1967 年，这个国家普遍存在一种“‘政府’已经不存在了”的感觉，助理国防部长约翰 · 麦克诺顿给上司写了一份备忘录，建议他说服总统放弃 1964 年的《国家安全备忘录》——由麦克诺顿亲自起草——认为这场战争是“对美国能力的一次考验”④。

麦克纳马拉对此表示同意。他在给总统的一份备忘录中表示，美国应该澄清其承诺是“只允许南越人民决定自己的未来”，这意味着美国的承诺不再是：

---

① 玛丽莲 ·B. 杨：《1945—1990 年的越南战争》，第 195 页。
② 玛丽莲 ·B. 杨：《1945—1990 年的越南战争》，第 204、305 页。
③ 玛丽莲 ·B. 杨：《1945—1990 年的越南战争》，第 257 页。
④ 玛丽莲 ·B. 杨：《1945—1990 年的越南战争》，第 206 页。

- 确保某个特定的人或团体继续掌权……
- 确保自选政府是非共产主义的……
- 坚持南越和北越是相互独立的。[①]

几个月后，麦克纳马拉在阅读由他委托撰写的有关美国对越南政策的历史后，发表了评论："他们可能会因为'那里的罪行'而绞死一些人。"[②]就在同一个月，麦克纳马拉在参议院军事委员会作证时说，滚雷行动失败了。约翰逊对他的国防部长采取的这种"鸽派"态度感到恼怒，于是决定让麦克纳马拉成为世界银行一位出色的行长。[③]

再过一年，约翰逊就把自己解雇了。

1. 新春攻势

导致约翰逊做出这一决定的一个主要因素是 1968 年初的春节攻势，柯尔克称这是"最重要的……越南战争事件"[④]。它之所以如此重要，是因为它揭示了白宫和五角大楼一直向美国人讲述的越南战争与现实之间的巨大差距，这表明"被击败的敌人可以在任何地方以巨大的力量发动进攻，甚至在西贡的心脏地带"[⑤]。

---

① 玛丽莲 ·B. 杨：《1945—1990 年的越南战争》，第 206—207 页。

② 玛丽莲 ·B. 杨：《1945—1990 年的越南战争》，第 211 页。

③ 乔治 · 麦克特南 · 卡林：《干预：美国是如何卷入越南的》，第 208 页。

④ 加布里埃尔 · 柯尔克：《战争剖析：越南、美国和现代历史经验》，第 303 页。

⑤ 约翰 · 普拉多斯：《越南：1945—1975 一场注定失败的战争的历史》，第 240 页。

新春攻势（The Tet Offensive）暴露了“隧道尽头的曙光”背后的一厢情愿，引发了公众看法的巨大变化。尽管有50%的公众认为1967年末美国在越南取得了进展，但在新春攻势后只有33%的人这么看。“令人吃惊的是，49%的人认为美国一开始就不应该干预越南。”[①]正如一位内部人士所说，新春攻势也“彻底改变了华盛顿的一切”[②]。约翰逊发现这个国家的“智者”不再认为继续战争是值得的，于是在3月31日宣布他不会寻求连任。[③]

2. 尼克松时代：似曾相识

理查德·尼克松赢得1968年总统大选，除了因为他的对手、副总统休伯特·汉弗莱（Hubert Humphrey）由于与约翰逊的越南政策有关而名誉扫地外，获胜的而另一个主要原因是，他声称有一个结束战争的“秘密计划”。美国人民相信尼克松，就像四年前相信约翰逊一样，美国人民——更不用说美国在印度支那的受害者——不得不忍受多年恐怖的、无意义的犯罪的战争。

在约翰逊执政的最后一年，他用两方面的政策来挽救美国的声誉：（1）增强美国在北方和南方的火力；（2）把“安抚”南方的更多努力转向西贡。[④]尼克松和他的前任一样，都认为有

① 玛丽莲·B. 杨：《1945—1990年的越南战争》，第220—222、226页。

② 玛丽莲·B. 杨：《1945—1990年的越南战争》，第222页。

③ 加布里埃尔·柯尔克：《战争剖析：越南、美国和现代历史经验》，第316—320页；玛丽莲·B. 杨：《1945—1990年的越南战争》，第229页。

④ 乔治·麦克特南·卡林：《干预：美国是如何卷入越南的》，第324页。

必要挽回美国的声誉，他继续采取这两种政策，把第二个政策称为“越南化”。[①]

美国平定南越行动的一个核心部分是中央情报局的凤凰计划（Phoenix Program）。该计划始于约翰逊政府时期，计划的目标是摧毁“越共基础设施”（“Viet Cong infrastructure”，VCI），即为民族解放阵线提供领导的包括士兵和政治思想家在内的人民之间的网络。

该计划进行定量目标打击，即每个月让 3000 个越共基础设施“无法运转”，并利用金钱激励措施，鼓励滥杀无辜。被逮捕的人通常会遭受酷刑，正如西贡警方喜欢说的：“如果他们是无辜的，就殴打他们，直到他们认罪。”[②]

一名军事情报官员证实，海军陆战队的反间谍审讯经常“使用（附在）女性阴道和男性睾丸上的电子设备进行电击”，以及他报告的另一些方法，如用饥饿方法或将耳钉敲入囚犯的大脑，直接致人死亡。[③]

该名官员——巴顿 · 奥斯本（Barton Osborne）作证称，为了节省时间，制定凤凰计划的官方鼓励当场击毙被捕的嫌疑人，因此凤凰计划“变成了毫无人性的谋杀计划”。他说：“既

---

① 加布里埃尔 · 柯尔克：《战争剖析：越南、美国和现代历史经验》，第 341—342、352 页；玛丽莲 ·B. 杨：《1945—1990 年的越南战争》，第 237、324—325 页。

② 1970 年 2 月 17 日《华盛顿邮报》，引自于诺姆 · 乔姆斯基、爱德华 · 赫尔曼：《华盛顿与第三世界法西斯主义的关系》（*The Washington Connection and Third World Fascism*），蒙特利尔：黑玫瑰图书 1979 年，第 325 页。

③ 《军事情报和凤凰计划》（*Military Intelligence and the Phoenix Program*），众议院 1971 年 7 月 15 日至 8 月 2 日，引自玛丽莲 ·B. 杨：《1945—1990 年的越南战争》，第 213 页。

没有进行核查，也没有进行辨别。”与官方所说的“核查的三重报告制度”相矛盾。[①]这种不加区别的做法使一名援助顾问拒绝返回审讯中心，因为“那里正在发生战争罪行”。“可以肯定的是，美国人的罪行要比他们在西贡的同事要轻，因为当西贡当局决定直接杀死80%的嫌疑人时，美国人鼓励他们把这个数字减少到50%！”[②]

根据一名消息人士的说法，在凤凰计划和增强对南越轰炸期间，即尼克松担任总统的五年时间里，每年有16.5万名平民伤亡，总共有80多万越南人因美国为了挽救其至关重要的声誉而做的最后一次努力而丧生。

3. 将战争扩大到老挝和柬埔寨

火力增加的部分原因是战争扩大到柬埔寨，并加剧了对老挝的轰炸。这种轰炸已经持续了许多年——这是美国对印度支那全面战争的两个丑恶的方面，涉及多种战争罪和反人类罪，这里不做讨论。[③]

① 引自诺姆·乔姆斯基、爱德华·赫尔曼：《华盛顿与第三世界法西斯主义的关系》，第327页。

② 1971年11月5日合众国际社（UPI）在《世界报》（*Le Monde*）上的报道，引自诺姆·乔姆斯基、爱德华·赫尔曼：《华盛顿与第三世界法西斯主义的关系》，第327页。

③ 关于美国在老挝的行动，见威廉·布鲁姆：《扼杀希望：二战以来美国军方和中情局的干预》，第140—145；玛丽莲·B. 杨：《1945—1990年的越南战争》，第46—47、78—79、131、234—235；关于美国在柬埔寨的行动，见威廉·布鲁姆：《扼杀希望：二战以来美国军方和中情局的干预》，第133—139页；玛丽莲·B. 杨：《1945—1990年的越南战争》，第236—238、245—253、305—308、312—313页。

4. 可耻的结束

这次对南方的大规模轰炸反映了这样一个事实：尽管约翰逊政府对此有所了解，但尼克松的国务卿亨利·基辛格相信，用柯尔克的话来说，他可以“迫使越南民主共和国按照美国的条件进行谈判”①。这一努力的关键包括对北越的大规模轰炸，基辛格对此并不感到内疚。因为据报道，他告诉尼克松，北越人“只是一坨狗屎”②。

1972 年 4 月，共有 700 架 B-52 轰炸机对越南进行了突袭，包括对河内和海防 48 小时的攻击。与后来声称美国在越南战争中失败是因为“一只手被绑在背后”的说法相反，基辛格的一位助手说：“我们可以自由地使用我们所有的力量来结束战争。”③最有力的证明就是 1972 年年底臭名昭著的“圣诞炸弹”事件。从 12 月 17 日开始，200 架 B-52 轰炸机开始对河内和海防进行 24 小时轰炸。

这次终于触怒了民众。除了民众的抗议，空军也有停飞事件。众议院和参议院的民主党党团会议投票决定切断战争的所有资金。尼克松和基辛格被迫接受了几个月前与河内达成但后

---

① 加布里埃尔·柯尔克：《战争剖析：越南、美国和现代历史经验》，第 352 页。

② 这段话摘自《理查德·尼克松回忆录》（*RN: The Memoirs of Richard Nixon*），纽约：格罗塞与特邓拉普（Grosset & Dunlap）出版社 1978 年；西摩·M. 赫什（Seymour M. Hersh）：《权力的代价：在尼克松白宫的基辛格》（*The Price of Power: Kissinger in the Nixon White House*），纽约：西蒙和舒斯特出版社 1983 年，第 620 页。

③ 玛丽莲·B. 杨：《1945—1990 年的越南战争》，第 272 页。

来食言的协议。[①]到 1973 年 3 月底，最后一批美军离开越南。

然而，美国在越南的战争还将持续两年，因为西贡政权在美国的持续资助和建议下，仍在为保住权力而战斗。最后，在 1975 年 4 月 30 日，北越军队占领了西贡。在给美国官员和他们的越南合作者的时间撤离后——从美国大使馆起飞的直升机和中央情报局安全屋的屋顶——胜利者占领了总统官邸，这里曾是长期以来腐败、低效或两者兼而有之的领导人的家。“美国在越南的战争在那天结束了。”[②]

用柯尔克的话来说，美国在 20 世纪时间最长的一场战争已经结束，“令人耻辱，没有得到一丝希望得到的尊严或荣誉”[③]。

美国把注意力主要集中在战争对自己的影响上，而很少关注越南的阵亡人数。美国公众被误导，认为只有大约 10 万越南人被杀，而实际被杀的越南人接近 400 万。也许政府对真实的数字保密，是因为他们清楚许多美国人，不像基辛格和其他像他一样的人，并不认为越南人是“一坨狗屎”、他们的生活无关紧要，而是同为人类的同胞。[④]无论如何，在一场非法、基

---

① 玛丽莲·B. 杨：《1945—1990 年的越南战争》，第 278—279 页。

② 约翰·普拉多斯：《越南：1945—1975 一场注定失败的战争的历史》，第 530—531 页。

③ 加布里埃尔·柯尔克：《战争剖析：越南、美国和现代历史经验》，第 538 页。

④ 诺姆·乔姆斯基：《重新思考卡梅洛特》，第 62 页。尼克·特尔斯（Nick Turse）估计最合理的数字是 380 万，参见《杀死任何移动的东西：真正的美国在越南的战争》（*Kill Anything That moved: the Real American War in Vietnam*），骑马斗牛士（Picador）出版社 2013 年，第 13 页。

于谎言、从一开始就不道德的战争中，被杀害的人太多了。

总之，大约 70 万柬埔寨人和 6 万老挝人在美国入侵这两个国家期间也被杀害，另外大约 200 万柬埔寨人在波尔布特政权期间丧生，因为要不是美国在该国发动军事进攻，波尔布特政权肯定不会上台。这样，美国在印度支那造成的死亡总数将近 700 万。在一场不道德和非法的战争中，杀死这么多人实在是太残忍了。

5.8 万名美国人的生命也不是无足轻重的，其中一位是我深爱的姐夫，他不想与这场战争有任何关系——美国当时承诺的我们永远不会再卷入那样一种战争。1967 年，参议员莫尔斯说："在我看来，我们将会因为对世界和平构成最大威胁而感到内疚。这是一个丑陋的现实，我们美国人不愿意正视它。"[①]

然而，越南战争也有一个美好的方面：由此引发的反战运动。美国公共广播公司（PBS）2017 年播出了肯·伯恩斯（Ken Burns）的系列纪录片《越南战争》（*The Vietnam War*）。罗伯特·莱维林（Robert Levering）在评论这部纪录片时，称赞这部纪录片"描绘了战争的血腥和战争制造者的罪恶"，但同时批评这部片子忽略了反战运动的重要性和有效性：

> 正如许多美国人在这一天（1969 年 10 月 15 日）走上街头抗议在越战期间服兵役……战争（双方各约 200

① 2001 年 9 月 19 日《旧金山湾卫报》（*San Francisco Bay Guardian*）引用诺曼·所罗门（Norman Solomon）的一句话："反对《东京湾决议》的孤独声音。"（"A Lonely Voice Against the Gulf of Tonkin Resolution."）

万）……和平运动……这是现代工业社会历史上国内最大的反对政府的运动……《越南战争》没有讲述有组织的反对征兵运动的故事，因为这场运动发展到如此规模，以至于几乎无法进行征兵，这也是尼克松终止征兵的一个主要原因……激进的反战运动是约翰逊拒绝威斯特摩兰（Westmoreland）将军请求增兵20.6万人的原因之一，也是为什么仅仅6个月后总统就拒绝连任的原因之一……美国国会切断了对这场战争的拨款，主要是因为美国友好服务委员会（American Friends Service Committee）以及由汤姆·海登（Tom Hayden）和简·方达（Jane Fonda）领导的印度支那和平运动（IPC）等团体的大力游说……反对越南战争运动的成功既带来了希望，也说明了反抗的力量。[①]

---

① 罗伯特·莱维林（Robert Levering）：《肯·伯恩斯关于越南的强力反战电影忽视了反战运动的力量》（*Ken Burns' Powerful Anti-War Film on Vietnam Ignores the Power of the Anti-War Movement*），《发起非暴力》（*Waging Nonviolence*）2017年10月17日。

第 11 章　伪旗行动①

“伪旗攻击”（“false flag attacks”）的概念最近被越来越多的人所了解。最初，伪旗攻击是指那些真正的进攻者在自己的船上因悬挂敌对方的国旗，使进攻看上去由敌对方所为的攻击。但是，这个概念已经被用来形容任何看起来像是由某个国家、政党或组织实施，而是真正的攻击者本身所属的国家、政党或组织实施的攻击。

尽管美国人并不怀疑其他国家特别是美国的敌人会实施伪旗攻击，但他们往往对美国政府是否会安排此类攻击持怀疑态度，对自己的政府会攻击友好国家公民的说法尤其表示怀疑。当然，他们最怀疑的是美国政府是否会攻击自己的公民。因此有必要拿出证据，证明美国实际上实施了所有类型的伪旗攻击。事实上，美国的帝国发展轨迹非常依赖这类攻击，以至于可以将其称为伪旗帝国。

本章一开始，列举了其他国家进行伪旗攻击的一些例子。

① 伪旗行动，原本源于军事学中的战术伪装，即实施进攻时挂着自己国家以外的国旗，后来泛指由政府、公司或其他组织进行的秘密行动，目的是欺骗公众，让这些行动看起来好像是由其他实体实施的。伪旗行动不仅限于战争和反叛乱行动，在和平时期也经常使用。——译者注

接下来，我们将看到美国政府为了发动战争而进行的虚假指控。本章第三部分列举了大量经过查证美国支持的伪旗行动攻击友好国家无辜公民的例子。第四部分描述了五角大楼的一项计划，即美国政府不仅攻击本国公民，还以此为借口发动战争。

一、其他国家的伪旗行动

至少从罗马帝国时期起，帝国主义和未来的帝国主义列强为了证明五花八门的行动是正当的，如对想要征服的国家进行“报复性”攻击、为消除国内反对势力，而采取了各种伪旗行动。20 世纪，日本和德国精心策划了三起最著名的此类袭击事件。

1. 奉天事变

在 20 世纪的头几十年，日本为了在经济上自给自足，便对资源丰富的满洲进行开发。这种开发的主要手段是由日本来控制南满铁路。到 1930 年，随着蒋介石统一中国的努力日显成功，日本领导人开始担心日本在满洲的地位会受到威胁。

1931 年 9 月 18 日，日本军官在奉天中国军事基地附近秘密炸毁了一段铁路，然后将这次破坏归咎于中国士兵，用拉菲贝尔的话说，就是“以此为借口征服满洲”[①]。这次军事行动被许多历史学家认为是第二次世界大战的开始。因此，奉天事变(即“九一八事变”)是 20 世纪最重要的伪旗行动事件之一。[②]

2. 国会纵火案

德国国会大厦的焚毁，也是一场同样致命的伪旗行动。火灾发生在 1933 年 2 月 27 日晚，距离纳粹掌权还不到一个月。据了解，这场火灾是由德国国会总统议员赫尔曼 · 戈林和希特勒的宣传部长约瑟夫 · 戈培尔精心策划的。戈培尔是冲锋队成员纵火的罪魁祸首。

纳粹随后将纵火归咎于德国共产党，声称这场大火是德国共产党发出的起义信号。纳粹为这一说法提供的唯一证据是在现场“发现”了一名思想薄弱分子——来自荷兰的马里努斯 · 范 · 德尔 · 卢贝（Marinus van der Lubbe)。显然，他是

---

① 沃尔特 · 拉菲伯尔:《冲突：历史上的美日关系》(*The Clash: U.S.-Japanese Relations throughout History*)，纽约：诺顿出版社 1997 年，第 166 页。

② 关于奉天事件，参见沃尔特 · 拉菲伯尔:《冲突：历史上的美日关系》，第 164—166 页；路易斯 · 扬 (Louise Young):《日本的全面帝国化：满洲与战时帝国主义文化》(*Japan's Total Empire: Manchuria and the Culture of Wartime Imperialism*)，伯克利：加州大学出版社 1999 年)，第 40 页。参见“奉天事件”(“Mukden Incident”) 维基百科 http: //en.wikipedia.org/wiki/manchurian_incident)，或大英百科全书，2006 年 http: //www.britannica.com/eb/article-9054193。

被冲锋队带到现场的。[①]

随后，国会大厦大火成为“前所未有地迫害共产党和社会民主主义工人、知识分子和党的领导人的借口”[②]。成千上万与工人运动有关的人被逮捕，所有左翼报纸被关闭，两项所谓的火灾法令废除了魏玛共和国宪法规定的公民权利。正是这些法令“构成了整个纳粹独裁统治的伪法律基础”[③]。

3. 希姆莱行动

1939 年 9 月 1 日上午，纳粹德国袭击了波兰。当天晚些时候，希特勒在国会发表讲话时，提到了前一天晚上发生的 21

---

① 国会大厦纵火案的责任问题长期以来一直存在争议。主流观点认为，这场大火是纳粹自己放的，这一观点在 2001 年得到了证实，参见亚历山大・巴哈尔（Alexander Bahar）、威尔弗里德・库格尔（Wilfried Kugel）：《国会大厦的大火：历史是怎样创造的》（*Der Reichstagbrand: Wie Geschichte GemachtWird*），柏林 2001 年第 Q 版。这本书提供了足够的证据证明纳粹的责任，包括党卫军的一名成员的证词。他说当晚在地下通道，看到其他党卫军成员把爆炸性液体从一个建筑带到另一个地方。巴哈尔和库格尔证实了威廉・夏姆尔（William Shirer）在《第三帝国的兴衰》（*The Rise and Fall of the Third Reich*，纽约：西蒙和舒斯特出版社 1990 年）中所包含的观点。本杰明・卡特・赫特（Benjamin Carter Hett）的《焚烧国会大厦：对第三帝国永恒之谜的调查》（*Burning the Reichstag: An Investigation into the Third Reich's Enduring Mystery*，牛津 2014 年）也提到这一观点。理查德・J. 埃文斯（Richard J. Evans）在 2014 年 5 月 8 日出版的《伦敦书评》（*London Review of Books*）上撰文，不能接受赫特、巴哈尔和库格尔的观点。埃文斯的主要观点是他们似乎是“阴谋论者”（正如他评论的标题《阴谋论家》所暗示的那样）。

② 威廉・克莱因：《68 年前的国会大厦大火》（*The Reichstag Fire, 68 Years On*），参见世界社会主义（World Socialist Website）网站 2001 年 7 月 5 日。这篇文章是对亚历山大・巴哈尔和威尔弗里德・库格尔的《国会大厦的大火》的评论，对这本书的总结提供了有益帮助。

③ 威廉・克莱因：《68 年前的国会大厦大火》。

起“边境事件”，据称波兰军队在这些事件中发动了敌对行动。因此，对波兰的攻击被认为是一种必要的防卫。其实对波兰的袭击早有预谋，纳粹只需要一个借口，这样战争不仅不会遭到德国人民的强烈反对，而且也希望其他国家不会强烈反对。

在海因里希 · 希姆莱提出借口的基本构想后，计划和指挥借口的任务就交给了莱因哈德 · 海德里希（他后来参与了“最终解决方案”的核心工作）和盖世太保头子海因里希 · 穆勒。这个被称为“希姆莱行动”（“Operation Himmler”）的计划，是让盖世太保和安全部门的成员装扮成波兰人，于 8 月 31 日晚上在波兰和德国边境附近发动各种突袭。

在这 21 起事件中，有的是按计划把一些德国罪犯装扮成波兰人，先给他们注射致命的药物后带到现场开枪打死，把他们留在那里作为波兰人袭击德国军队时被杀的证据。

这些袭击中最著名的是由阿尔弗雷德 · 诺乔克斯（Alfred Naujocks）导演的格莱维茨事件（Gleiwitz）。诺乔克斯派人把一名被注射药物后开枪打死的囚犯送到格莱维茨的德国电台。然后他和他的手下占领了火车站，用波兰语广播了一条信息，说波兰人要向德国人发起进攻了，然后离开。不久之后，这名被“发现”的尸体就成了波兰人发动袭击的证据。9 月 1 日对波兰的入侵是第二次世界大战的开始，两天后法国和英国对德国宣战。①

这三次伪旗行动——德国国会纵火案、奉天事变和希姆莱行动——都是导致第二次世界大战的关键事件。这场战争不仅造成数以百万计的人死亡，而且给人类带来巨大的痛苦。这些事件表明，在真正的罪犯利用伪旗行动实施其阴谋之前，揭露伪旗行动是多么的重要。

可以肯定的是，许多美国人同意这一原则，但同时认为美国领导人永远不会进行这种致命的欺骗。但这种愿望与历史记录总是相悖的。

二、建立在对虚假敌人侵略指控基础上的美国战争

美国领导人在某些情况下通过对虚假敌人侵略的指控发动战争。前面已经讨论过对古巴和越南的战争，接下来要讨论的是墨美战争和菲律宾战争这两场战争。

1. 墨美战争

1846—1848 年墨美战争发生的背景之一是墨西哥和德克萨

① 参见伊恩·克肖（Ian Kershaw）:《1936—1945 年希特勒：天罚》（*Hitler: 1936–1945: Nemesis*），纽约：诺顿 2001 年，第 221 页；《纳粹的侵略阴谋第 2 卷：集团和组织的犯罪》（*Nazi Conspiracy and Aggression, Vol. II: Criminality of Groups and Organizations*），载 http://www.nizkor.org/hweb/imt/nca/nca-02/nca-02-15-criminality-06-05 html）；维基百科“格莱维茨（Gleiwitz）事件” http://en.wikipedia.org/wiki/Gleiwitz_incident#References。

斯共和国之间的边界争端，后者于 1836 年赢得独立。按照墨西哥的说法，两者之间的边界是以努埃西斯河为标志，而得克萨斯人把边界放在更南边的（美国与墨西哥之间）里约 · 卢格兰德河。战争发生的另一个背景是美国的扩张主义，尤其是詹姆斯 · 波尔克（James Polk）总统的扩张主义。尽管波尔克主要对收购加州感兴趣，但他曾承诺要吞并得克萨斯，并许诺支持得克萨斯人的边境主张。

1846 年，在试图购买加州遭到拒绝后，波尔克命令美国军队在里约 · 卢格兰德河上建造一座堡垒，这里距离墨西哥认可的边界以南约 150 英里。据报道，面对屈辱，墨西哥的唯一选择就是发起敌对行动。当这个好消息传到波尔克那儿时，他告诉国会，墨西哥“把美国人的鲜血洒在了美国的土地上”[①]。一位名叫亚伯拉罕 · 林肯的国会议员认为，波尔克称墨西哥是侵略者的说法是“最纯粹的欺骗”。弗雷德里克 · 道格拉斯（Frederick Douglas）在谈到“目前我们与亲如姐妹的共和国之间进行的可耻、残酷和不公正的战争”时补充说，“墨西哥似乎注定是盎格鲁—撒克逊人贪婪和热爱统治的牺牲品”[②]。

最终，墨西哥与美国在 1848 年签署了一项和平条约，割让现在的加利福尼亚州、亚利桑那州、内华达州、新墨西哥州、犹他州以及科罗拉多州的一部分。作为补偿，美国政府

---

① 霍华德 · 辛恩：《美国人民史》（*A People's History of the United States*）；新约克：哈珀四季（Harper Perennial）1990 年，第 150 页；理查德 · 范 · 阿尔斯通（Richard Van Alstyne）：《美帝国的崛起》（*The Rising American Empire*, 1960）；纽约：诺顿出版社 1974 年，第 143 页。

② 霍华德 · 辛恩：《美国人民史》，第 155 页。

支付了 1500 万美元。即使在当时，这点补偿也是微不足道的(美国后来向西班牙提供了 1 亿美元援助古巴)。换句话说，美国利用这场捏造的事实进行的战争，窃取了墨西哥大约一半的领土。[①]

然而，一家报纸的结论是："我们没有通过征服获得任何东西……感谢上帝。"[②]这不会是美国政府最后一次故意挑起冲突，以证明帝国征服是正当的，然后依靠大众媒体将其解释成这是美国在神的指引下所为。

2. 夺取菲律宾的战争

虽然第一章中讨论过美国对菲律宾的战争，但没有谈到战争是如何开始的。1899 年 1 月，阿瑟 · 麦克阿瑟将军命令所有菲律宾士兵离开他们占领了几个月的村庄。另一名美国将军在这一争议地区的一个被称为"管道"("pipeline")的地方设立了岗哨，命令哨兵可以向任何入侵者开火。2 月 4 日晚，四名菲律宾士兵走近哨所——这个哨所的哨兵可能喝醉了，没有携带武器——开了枪。已经为这次"管道事件"做好了准备的美国军队，在接下来的六个小时里向菲律宾阵地开火。作为还击，菲律宾人只开了几枪，但战斗并未终止。美国战争部长给出了事件的官方版本，说：

> 2 月 4 日晚上……我们的小分队遭到了数量极为庞大

① 理查德 · 范 · 阿尔斯通:《美帝国的崛起》，第 146 页。
② 理查德 · 范 · 阿尔斯通:《美帝国的崛起》，第 146、151 页。

> 的他加禄人（Tagalogs）的军队进攻……经过一场绝望而血腥的战斗，四周的敌人都被击退了。

这一声明只是美国“证明菲律宾军队发动了战争的普遍宣传攻势”之一。

多年以后，麦克阿瑟和当时在场的三名美国军官承认，整个战斗是事先安排好的，是美国军队先开的火。[①] 然而到那时，这已经无关紧要了。

三、美国在欧洲的伪旗攻击

有的美国人面对以上证明美国领导人乐意挑起事端、为表明发动战争是正当的进行撒谎的事实，可能会回答说：“我承认美国领导人对敌人做过这样的事情，但他们不会出于政治原因故意杀害友好国家的公民。”这种假设回答是错误的。

2005 年，瑞士历史学家丹尼尔·甘塞尔（Daniele Ganser）在一本名为《北约的秘密军队》[②]（*NATO's Secret Armies*）的书

---

① 斯图尔特·克莱顿·米勒（Stuart Creighton Mille）：《仁慈的同化：1899—1903 年美国征服菲律宾》（*Benevolent Assimilation: The American Conquest of the Philippines, 1899–1903*），纽黑文：耶鲁大学出版社 1982 年，第 57—62 页。

② 丹尼尔·甘塞尔：《北约的秘密军队：西欧的短剑行动和恐怖主义（*NATO's Secret Armies: Operation Gladio and Terrorism in Western Europe*），纽约：弗兰克·卡斯（Frank Cass）2005 年。

中，详细记录了这样一个事实：在冷战期间，美国在西欧资助了许多国家的伪旗恐怖主义事件，目的是在更大范围内败坏共产主义者和社会主义者的名声。2015 年，记者保罗 · 威廉姆斯（Paul Williams）出版了一本名为《短剑行动：梵蒂冈、中央情报局与黑手党之间的邪恶联盟》[①]（*Operation Gladio*）的书。本节的讨论取材于这两本书。在这些历史背景下，本节将举出来自四个国家的例子。

1. 历史背景

艾伦 · 杜勒斯的活动已经在第八章（关于伊朗、危地马拉和古巴）和第十章（关于越南）中提到。1942 年，他被战略情报局（Office of Strategic Services，缩写 OSS）——后来的中央情报局——招募，负责指挥战略情报局在瑞士的行动。在得知纳粹想要与美国（苏联将被排除在外）单独达成和平，并与德国最高统帅部有联系后，杜勒斯告诉战略情报局局长威廉 ·（“狂野比尔”）· 多诺万（William [“Wild Bill”] Donovan），他愿意去寻求这种可能性。[②]

在得到许可后，杜勒斯联系了德国军事情报部门的负责人莱因哈德 · 格伦（Reinhard Gehlen）将军。格伦将军提出了发展秘密游击队的想法，并将其成员称为“狼人”（白天是

---

① 参见保罗 · 威廉姆斯：《短剑行动：梵蒂冈、中央情报局与黑手党之间的邪恶联盟》（*Operation Gladio: The Unholy Alliance between the Vatican, the CIA, and the Mafia*），阿默斯特：普罗米修斯图书（Prometheus Books）2015 年。

② 保罗 · 威廉姆斯：《短剑行动：梵蒂冈、中央情报局与黑手党之间的邪恶联盟》，第 23—24 页。

普通公民，晚上是枪杀共产党的杀手）。这些秘密游击队作为“留守军队”，在战后苏联入侵西欧时留在后方，从而能够发动抵抗运动。[①]

当然，这些秘密军队从来没有机会扮演这样的角色，因为压根儿就没有发生过这样的入侵。他们只从事恐怖主义和其他形式的颠覆活动。据官方承认，这些活动都是些不那么重要的行动。然而，目前还不清楚美国是否曾认为会有苏联的入侵。正如一些批评人士指出的那样，所有所谓的“留守部队”可能从一开始就完全是为了打击国内的共产党而成立的，留守部队不过是一个幌子而已。[②]

总之，杜勒斯决定由战略情报局为留守军队提供物资、战术和战略援助。[③]

杜勒斯告诉多诺万，格伦将与党卫军将军卡尔·沃尔夫（Karl Wolff）合作，制定这个计划。沃尔夫的主要任务是把犹太人送往集中营。罗斯福、斯大林和丘吉尔在雅尔塔会晤之后，杜勒斯把格伦带到弗吉尼亚，“在那里，多诺万和其他美国官员设宴款待了他”。双方同意“格伦将在美国的保护下返回德国，成立格伦组织，并且获得全部资金资助”。士兵们的名字将从“狼人”改为“角斗士”（“gladiators”），这次行动将

---

① 保罗·威廉姆斯：《短剑行动：梵蒂冈、中央情报局与黑手党之间的邪恶联盟》，第 23—25 页。

② 丹尼尔·甘塞尔：《北约的秘密军队：西欧的短剑行动和恐怖主义》，第 2、13、16、91—97、227、241、245—246 页。

③ 保罗·威廉姆斯：《短剑行动：梵蒂冈、中央情报局与黑手党之间的邪恶联盟》，第 25 页。

被称为“Gladio”，意指罗马角斗士用来杀死对手的短剑。[①]

指挥留守军队的还有詹姆斯·杰西·安格尔顿（James Jesus Angleton），他是战略情报局秘密反情报部（Secret Counterintelligence，缩写 SCI）的指挥官。通过安格尔顿亲希特勒的父亲、曾经的意大利美国商会的主席，安格尔顿认识了 X—马斯（X–MAS，原第十特攻舰队）突击队的领导人朱尼奥·瓦莱里奥·鲍格才（Junio Valerio Borghese）。X–马斯这支部队是纳粹党为了打击意大利共产党支持的游击队而成立的。鲍格才按照杜勒斯、沃尔夫和安格尔顿的计划，将在美国战略情报局的秘密指挥下，部署 X—马斯突击队，继续与苏联战斗。“安格尔顿需要鲍格才以及在他指挥下的 10267 名法西斯分子帮助建立留守部队。”[②]

因为有美国国务院的授权，“安格尔顿和秘密反情报部获得了意大利警方、意大利军事情报机构和意大利特勤局的行动资源支配权”。在格伦和沃尔夫的努力下，奥地利、法国和德国也很快出现新的“角斗士”。到 1946 年，“数百个短剑军队遍布西欧”。这些秘密军队“由中央情报局和军情六处装备了机枪、炸药、弹药和高科技通信设备，隐藏在遍布欧洲的森林、草地和地下掩体的武器库里”[③]。20 世纪 50 年代，仅意大利就有

① 保罗·威廉姆斯：《短剑行动：梵蒂冈、中央情报局与黑手党之间的邪恶联盟》，第 26—27 页。

② 保罗·威廉姆斯：《短剑行动：梵蒂冈、中央情报局与黑手党之间的邪恶联盟》，第 28 页。

③ 丹尼尔·甘塞尔：《北约的秘密军队：西欧的短剑行动和恐怖主义》，第 1 页。

622 个这样的留守军队。①

当然，如此大规模的行动需要大量资金。得到资金的办法是由保罗 ·E. 赫利韦尔（Paul E.Helliwell）提出来的。他是战略情报局特别情报部（OSS's Chief of Special Intelligence）的负责人。当他看到蒋介石通过向中国瘾君子出售鸦片为中国军队筹集资金时，决定通过向美国贫民区的黑人社区出售海洛因来为短剑军队筹集资金。通过这种方式，战略情报局便可以“在没有任何民选官员批准的情况下，收买外国特工、外国政客和外国刺客为其服务”②。

1947 年，杜鲁门政府发起的《国家安全法》（*National Security Act*）获得通过后，成立了中央情报局及其上级国家安全委员会。中央情报局将对“敌对的外国国家或组织进行秘密行动……而这些计划和行动安排非常之周密，未经授权的人不可能知道美国政府对此负有什么责任”③。除了总统，中央情报局没有必要解释这些钱的用途。因此，除非总统另有规定，否则中央情报局“可以雇佣任何它想要的人……可以雇佣军队，甚至可以收购银行”④。

---

① 保罗 · 威廉姆斯：《短剑行动：梵蒂冈、中央情报局与黑手党之间的邪恶联盟》，第 28—29、61 页。

② 保罗 · 威廉姆斯：《短剑行动：梵蒂冈、中央情报局与黑手党之间的邪恶联盟》，第 30—33 页。

③ 保罗 · 威廉姆斯：《短剑行动：梵蒂冈、中央情报局与黑手党之间的邪恶联盟》，第 40 页。

④ 保罗 · 威廉姆斯：《短剑行动：梵蒂冈、中央情报局与黑手党之间的邪恶联盟》，第 40 页。引自杰米·卡梅伦·格雷厄姆（Jamie Cameron Graham）：《中央情报局参与毒品交易的秘密历史》（*The Secret History of the CIA's Involvement in the Narcotics Trade*），诺丁汉大学 2009 年博士论文。

随着1949年北大西洋公约组织（简称北约）的成立，这些行动开始由北约内部一个名为秘密计划委员会（Clandestine Planning Committee，缩写CPC）的秘密部门组织协调，该委员会主要由中央情报局和五角大楼领导。（由于北约的最高指挥官永远是一位美国将军，因此美国对北约的控制得到了保证。1966年，当北约被法国总统戴高乐驱逐出法国后，它搬到了比利时的布鲁塞尔。但真正的总部——尤其是秘密计划委员会总部——仍在五角大楼[①]）。

虽然右翼军队参与了许多行动包括政变，但这里的重点是伪旗行动，举四个国家的例子。

2. 意大利

建立国家安全委员会和中央情报局的主要目的是防止共产党在欧洲的选举中获胜。它们首先把目标对准了意大利，每年花费3000万到5000万美元在意大利进行联合行动。[②]国家安全委员会4—A指令命令中央情报局进行秘密行动，以防止共产党在1948年的选举中获胜。在这些行动成功之后，按照国家安全委员会10/2指令又成立了政策协调办公室（Office of Policy Coordination），该办公室被授权在世界所有国家进行秘密行动。这些行动应包括：

---

① 丹尼尔·甘塞尔：《北约的秘密军队：西欧的短剑行动和恐怖主义》，第27—29页。

② 保罗·威廉姆斯：《短剑行动：梵蒂冈、中央情报局与黑手党之间的邪恶联盟》，第62页。

> 宣传、经济战争；防预性直接行动，包括破坏和拆除……颠覆敌对国家，以及协助地下抵抗运动、游击队……和反共分子。[①]

在接下来的 20 年里，短剑小分队一直在发动战争，在理查德·尼克松（1969—1974）担任总统期间，战争变得更加激烈，尼克松的国家安全顾问亨利·基辛格下令实施恐怖袭击和政变。[②]

- 1969 年 12 月 12 日，四枚炸弹分别在罗马和米兰的丰塔纳（Fontana）广场爆炸，造成 16 人死亡，80 人受伤。被称为丰塔纳广场大屠杀的袭击事件，军方特勤局声称是左派所为。特勤局销毁了证据（一枚未爆炸的炸弹），然后在左翼编辑的别墅里偷偷放置了炸弹部件。[③]
- 1972 年，意大利准军事警察的一些成员在佩提亚诺（Peteano）附近被汽车炸弹炸死。一位不愿透露姓名的来电者暗示是一个名为红色旅的共产主义组织所为，于是该组织大约两百名共产党员被逮捕。[④]

---

① 丹尼尔·甘塞尔：《北约的秘密军队：西欧的短剑行动和恐怖主义》，第 53—54 页。

② 保罗·威廉姆斯：《短剑行动：梵蒂冈、中央情报局与黑手党之间的邪恶联盟》，第 95 页。

③ 丹尼尔·甘塞尔：《北约的秘密军队：西欧的短剑行动和恐怖主义》，第 119 页。

④ 保罗·威廉姆斯：《短剑行动：梵蒂冈、中央情报局与黑手党之间的邪恶联盟》，第 95 页。

- 1978 年，在共产党赢得空前数量的议会席位之后，总统奥尔多 · 莫罗（Aldo Moro）——违背华盛顿方面的强烈意愿——决定将共产党议员引入自己的政府。但在这么做之前，他被绑架并遭到谋杀。（亨利 · 基辛格曾对莫罗说："你必须放弃让本国所有政治力量直接合作的政策，否则你将为此付出沉重代价。"①）
- 对意大利最致命的袭击发生在 1980 年，当时博洛尼亚（Bologna）火车站发生大规模爆炸，造成 85 人死亡，另有两百人受伤。最初矛头都指向了红色旅，但恐怖分子犯了一个错误：炸弹的装置极其复杂，是"美国军方研制的"②。

十多年来，意大利公众一直认为共产党犯下了这些暴行。③然而，意大利当局从 1984 年开始调查佩提亚诺事件，却发现这些罪行实际上是由右翼势力策划的。牵头调查的费利 · 卡森（Felice Casson）法官后来表示："佩提亚诺袭击案是所谓'紧张策略'的一部分……在国内制造紧张局势，助长保守、反动的社会和政治倾向。"④他的解释后来得到极端右翼组织新秩序

---

① 保罗 · 威廉姆斯：《短剑行动：梵蒂冈、中央情报局与黑手党之间的邪恶联盟》，第 103 页。

② 保罗 · 威廉姆斯：《短剑行动：梵蒂冈、中央情报局与黑手党之间的邪恶联盟》，第 108 页；丹尼尔 · 甘塞尔：《北约的秘密军队：西欧的短剑行动和恐怖主义》，第 5、119 页。

③ 丹尼尔 · 甘塞尔：《北约的秘密军队：西欧的短剑行动和恐怖主义》，第 3、119—120 页。

④ 丹尼尔 · 甘塞尔：《北约的秘密军队：西欧的短剑行动和恐怖主义》，第 7 页。引自 1991 年 4 月 4 日英国广播公司（BBC1）《新闻之夜》（*Newsnight*）节目卡森法官的话。

(Ordine Nuovo) 一名成员的证实。他承认在佩提亚诺安放了炸弹，并补充说：

> 你必须攻击公众，包括平民、妇女、儿童以及无辜的人……原因是……迫使这些意大利公众，向政府寻求更大的安全保障。这就是所有屠杀和爆炸背后的政治逻辑。①

1990 年，卡森法官发现了一些文件，揭示了“短剑”小分队的存在及其与北约和美国的联系。这些真相随后得到总理朱利奥·安德烈奥蒂 (Giulio Andreotti) 的证实，他强调白宫对此应负责任。②

2000 年，意大利议会一个研究短剑行动的委员会得出结论：“那些屠杀……由组织或……由人支持……与美国情报机构有关。”2001 年，意大利反情报部门前负责人吉安迪里奥·马莱蒂 (Giandelio Maletti) 在谈到丰塔纳广场大屠杀时证实了这一结论：“中央情报局遵循其政府的旨意，想要创造一种意大利民族主义，以便能够阻止它所认为的向左转的趋势。”他补充说，在他看来，为了实现这个目标，“美国人愿意做任何事情”③。

五角大楼显然做了一件事，那就是拥有自己的特勤局——

---

① 丹尼尔·甘塞尔：《北约的秘密军队：西欧的短剑行动和恐怖主义》，第 7 页。引自《观察者》(*Observer*) 1992 年 6 月 7 日。

② 丹尼尔·甘塞尔：《北约的秘密军队：西欧的短剑行动和恐怖主义》，第 9—11 页。

③ 丹尼尔·甘塞尔：《北约的秘密军队：西欧的短剑行动和恐怖主义》，第 82、120 页。有关北约和美国参与博洛尼亚大屠杀的证据，参见丹尼尔·甘塞尔：《北约的秘密军队：西欧的短剑行动和恐怖主义》，第 25、81 页。

国防情报局，为短剑部队和北约的其他秘密部队准备了一本名为《30—31 战地手册》(*Field Manual 30-31*）的说明书。[①]该手册附有两个“附录”，标题仅标为 A 和 B，标注的时间是 1970 年 3 月 18 日。因为手册上有威廉·威斯特摩兰（William Westmoreland）将军的签名，被称为《威斯特摩兰手册》(*Westmoreland Manual*)。威斯特摩兰将军曾负责指挥美国在越南的军事行动，于 1968 年至 1972 年担任美国陆军参谋长。

《威斯特摩兰手册》指示这些军队进行暴力行动，然后将其归罪于共产党人；让这些军队渗透到左翼组织，鼓励他们使用暴力。附录 B 说，通过这些手段，“美国陆军情报部门（将）拥有发动特别行动的手段，这将使东道国政府和公众舆论相信叛乱危险的现实”。手册继续写道：“这些特别行动必须严格保密……美国军队介入盟国的内部事务……在任何情况下都不得泄露。”[②]

有关《30—31 战地手册》，最早是在 1973 年为人所知的。当时一家土耳其报纸宣称它的一名记者获得了这本手册。但这名记者很快就失踪了，再也没有音讯。这本手册在 1975 年被翻译成土耳其语，之后在西班牙和意大利广为流传。

2006 年，甘塞尔的书出版后，美国国务院声称“附录 B”是苏联伪造的。然而这一说法的证据如此苍白，仅仅说了这么一段：“《30—31 战地手册·附录 B》……1980 年 2 月，在美

---

① 丹尼尔·甘塞尔：《北约的秘密军队：西欧的短剑行动和恐怖主义》，第 234—235 页。

② 丹尼尔·甘塞尔：《北约的秘密军队：西欧的短剑行动和恐怖主义》，第 234—235 页。

国众议院常设情报特别委员会举行的听证会上，这一说法被揭露出是‘完全捏造’的。”[①] 美国国务院没有透露这是全体委员会得出的结论，还是仅仅某个人在听证会上的声明；当然也没有提及在土耳其发现的这份文件，以及发现这份文件的记者的失踪。

美国国务院既没有提及甘塞尔指出的声称附录 B 是伪造的这一说法，而是指出这一说法是迈克尔 · 勒迪恩（Michael Ledeen，曾在五角大楼、美国国家安全委员会、国务院工作，参与了伊朗门事件；据报道，早些时候参与过短剑行动）提出的，也没有提到甘塞尔为反驳这一说法拿出的两项有力的证据。

（1）当前美国中央情报局副局长雷 · 克莱恩（Ray Cline）在英国广播公司播出的一部有关短剑行动的影片中被问及《30—31 战地手册 · 附录 B》时，表示：“我猜测这是一份真实的文件。我对此不怀疑。我从未见过这个手册，但其描述的是特种部队的军事行动。”

（2）在同一部影片中，当意大利反共组织的领导人利西奥 · 盖里（Licio Gelli）被问及他是如何得到过这份文件时，

---

① 美国国务院：《关于“短剑”/“留守部队”网络的不真实信息再次浮出水面：研究人员引用的是 30 年前苏联伪造的文件》（*Misinformation about “Gladio/Stay Behind” Networks Resurfaces*: *Thirty Year-Old Soviet Forgery Cited by Researchers*），载 2006 年 1 月 20 日《美国参考鉴别错误信息》（*USINFO, IdentifyingMisinformation*），http：//usinfo.state.gov/media/Archive/2006/Jan/20-127177.html。

他回答说："是中央情报局给我的。"①

尽管美国国务院对《30—31 战地手册》是苏联伪造的说法提出了苍白无力的辩护，但其随后还是利用这一辩护来支持其全面的结论："西欧'留守'部队恐怖主义网络活动……是在美国的鼓动下进行的"，这"不是真的"。然而，即使美国国务院有充分理由就《30—31 战地手册 · 附录 B》是伪造文件提出了指控，但这个结论也不会成立，因为我们已经看到了，甘塞尔的结论所依据的远不止这份文件，下文还将看到进一步的证据。

3. 法国

第二次世界大战后，法国共产党在抵抗与纳粹合作的法西斯维希政权的斗争中发挥了主导作用，因此非常受欢迎。那些与维希政府在军事和商业领域的合作者被法国共产党掌权的前景吓坏了。美国对此也忧心忡忡。②

1946 年，当全国选举显示法国共产党是最强大的政党时，加剧了美国的恐惧。甘塞尔说，由此"华盛顿和美国特勤局确

---

① 艾伦弗 · 弗兰科维奇（Allan Francovich）：《角斗士》（*Gladio: The Foot Soldiers*）1992 年 6 月 24 日英国广播公司（BBC2），引自丹尼尔 · 甘塞尔：《北约的秘密军队：西欧的短剑行动和恐怖主义》，第 235 页。

② 前中央情报局特工菲利普 · 阿吉（Philip Agee）在描述中央情报局试图阻止共产党人加入政府行政部门时写道："对中央情报局来说，这显然是重中之重。"参见菲利普 · 阿吉、路易斯 · 沃尔夫（Louis Wolf）：《肮脏的工作：中情局在西欧》（*Dirty Work: The CIA in Western Europe*），斯考克斯：莱尔斯图尔特（Lyle Stuart）出版社 1978 年，第 182 页。引自丹尼尔 · 甘塞尔：《北约的秘密军队：西欧的短剑行动和恐怖主义》，第 85 页。

信，法国共产党必须在一场秘密战争中受到攻击并被击败”[①]。为此制定的策略被称为“布勒计划”(Plan Bleu)，目标就是“通过实施恐怖行动，加剧法国本已紧张的政治气氛，并归罪于左派，从而为政变创造合适的条件”。据报道，甚至有人计划暗杀前总理戴高乐，以增加公众的不满。[②]

这一秘密计划尚未实施，1947 年被执政的法国社会党曝光。但这次曝光并没有结束这场秘密战争。这是由一支新的反共秘密军队进行的，代号为“风中玫瑰”(“Rose des Vents”)，指的是北约的星形标志。[③]尽管法国经历了一些伪旗暴力事件，但从 20 世纪 60 年代末到 80 年代，法国显然没有像其他国家那样遭受那么多此类袭击，这或许是因为戴高乐在 1966 年将北约及其秘密特工驱逐出了法国。然而，法国确实遭受了一些这样的攻击。[④]

在这里要提及一特别重要的人，即被中央情报局招募的伊夫·格拉因·塞拉克 (Yves Guerain Serac)。1962 年，塞拉克去了葡萄牙，在那里他创建了一个由中央情报局资助的秘密军队——金特尔新闻 (Aginter Press) 阵线。金特尔新闻设立了训练营，教授炸弹恐怖行动和其他类型的秘密行动。例如，

---

① 丹尼尔·甘塞尔:《北约的秘密军队：西欧的短剑行动和恐怖主义》，第 86 页。

② 这是甘塞尔的总结陈述，参见丹尼尔·甘塞尔:《北约的秘密军队：西欧的短剑行动和恐怖主义》，第 88 页。

③ 丹尼尔·甘塞尔:《北约的秘密军队：西欧的短剑行动和恐怖主义》，第 90 页。

④ 丹尼尔·甘塞尔:《北约的秘密军队：西欧的短剑行动和恐怖主义》，第 98 页。

在 1967 年至 1968 年期间，该组织的一些特工前往罗马，向 1969 年丰塔纳广场屠杀事件的幕后右翼组织之一——纳粹文安瓜迪亚（Avanguardia Nazionale）的成员传授如何使用爆炸装置。

塞拉克也通过他的作品变得有了影响力。在描述如何针对一个不够反共的民主国家时，塞拉克写道：

> 国家的毁灭必须尽量在“共产主义活动”的掩护下进行……我们必须……证明现有法律机构的弱点……必须以这样一种方式让公众意见两极分化，从而使我们成为能够拯救国家的唯一工具。①

正如该阐述所表明的那样，塞拉克明确主张采用伪旗行动使公众向右转。

1952 年，美国参谋长联席会议发表了一份名为《消磁行动》（*Operation Demagnetize*）的绝密备忘录，披露了五角大楼参与法国和意大利秘密军队的行动。该备忘录提出可以采用“政治、准军事和心理行动”等方法，“减少……共产党可能在意大利和法国占据的优势，危及美国在两国的利益的危险”（注意，在这份保密的备忘录中，没有任何关于保护法国和意大利人民的民主或自由的内容，唯一担心的就是“美国的利

① 丹尼尔·甘塞尔：《北约的秘密军队：西欧的短剑行动和恐怖主义》，第 115—118 页。

益”）。这份备忘录还说，“限制意大利和法国共产党的力量是首要目标”，而且“要通过使用一切手段来实现”，这是使用暴力的一个标准措辞。

4. 土耳其

在土耳其，中央情报局和五角大楼利用了一支秘密军队。这支军队是由纳粹合作者——土耳其上校埃尔帕尔桑（Alparsan）组建的。这支被称为反游击战队的军队主要由法西斯分子组成。[①]

反游击战队最活跃的时期之一是“恐怖的 20 世纪 70 年代”。这期间大约有 5000 人被杀害，其中大多数人都是政治上的左派。1980 年，美国中央情报局策划的一场军事政变，将总统职位交给了反游击战队头目凯南·埃夫伦（Kenan Evren）将军，随后袭击突然结束。一名右翼极端分子后来在接受审判时表示，20 世纪 70 年代实施的恐怖主义行动，是让埃夫伦和军方掌权的一种策略。[②]

到 20 世纪 90 年代，土耳其人民才了解到这支秘密军队是由中央情报局资助、北约管理的——当然，这意味着由五角大楼管理。[③]一位曾与库尔德工人党（Partiy a Karkerên Kurdistan，

① 丹尼尔·甘塞尔：《北约的秘密军队：西欧的短剑行动和恐怖主义》，第 225—230 页。

② 丹尼尔·甘塞尔：《北约的秘密军队：西欧的短剑行动和恐怖主义》，第 239 页。

③ 丹尼尔·甘塞尔：《北约的秘密军队：西欧的短剑行动和恐怖主义》，第 241—243 页。

缩写 PKK，为独立的库尔德国家而战的组织）作战的前准军事指挥官写的一本书显示，反游击战队实施了伪旗行动。他指出，为了让库尔德人反对库尔德工人党，反游击战队会装扮成库尔德工人党战士，袭击库尔德人的村庄，强奸、滥杀无辜。[①]

5. 比利时

20 世纪 80 年代，比利时遭受了一系列恐怖袭击，被称为布拉班特（Brabant）大屠杀。（布拉班特是布鲁塞尔周边的地区，自 1966 年以来一直是北约总部所在地）。袭击通常发生在购物中心尤其是超市。例如 1985 年 11 月，三个戴着头巾的男人从车里出来，用一支泵式猎枪向购物者射击，造成八人死亡。

> 一对夫妇和他们 14 岁的女儿被残忍地杀害了……另一名父亲和他 9 岁的女儿在试图逃跑的时被车撞死。

1982 年至 1985 年间发生了 16 起这样的袭击事件，“使比利时人陷入恐慌”[②]。

尽管是谁制造了布拉班特大屠杀多年来一直是个谜，但后来有证据表明，这些屠杀是由一个名为韦斯特兰新邮报（Westland New Post，缩写 WNP）的新纳粹组织实施的。前

---

① 丹尼尔·甘塞尔：《北约的秘密军队：西欧的短剑行动和恐怖主义》，第 241 页。

② 丹尼尔·甘塞尔：《北约的秘密军队：西欧的短剑行动和恐怖主义》，第 138—139 页。

韦斯特兰新邮报成员米歇尔·利贝尔（Michel Libert）在 1992 年证实，从 1982 年到 1985 年，他的工作就是侦查超市里是否有任何可能妨碍韦斯特兰新邮报行动的保护措施。利贝尔受命于韦斯特兰新邮报指挥官保罗·拉提努斯（Paul Latinus）。五角大楼的国防情报局为拉提努斯提供了资金支持。一名比利时记者报道说，当问到拉提努斯是谁让他建立韦斯特兰新邮报时，他说："是美国军事秘密机构。"[①]

关于屠杀背后的动机，韦斯特兰新邮报的一名成员后来表示，该计划是为了"让民众相信，这些恐怖主义的尝试是左派所为"[②]。比利时议会 1990 年发表的一份报告称，布拉班特的杀戮是"破坏比利时民主政权阴谋的一部分，可能是为右翼政变做准备"[③]。

6. 美国伪旗行动在欧洲曝光后的反应

继 1990 年意大利曝光了"短剑"秘密军队之后，其他北约国家也发现有类似的秘密军队，这一发现成为欧洲的一大丑闻（然而美国媒体几乎没有提及）。尽管北约官方否认了这一说法，但据报道，1990 年北约秘书长曼弗雷德·沃纳（Manfred

---

① 丹尼尔·甘塞尔：《北约的秘密军队：西欧的短剑行动和恐怖主义》，第 144—147 页。引自艾伦弗·弗兰科维奇：《角斗士》。

② 丹尼尔·甘塞尔：《北约的秘密军队：西欧的短剑行动和恐怖主义》，第 142—143、146 页。

③ 丹尼尔·甘塞尔：《北约的秘密军队：西欧的短剑行动和恐怖主义》，第 143 页，引用菲尔·戴维森（Phil Davison）1990 年 1 月 24 日《独立报》（*Independent*）上的一段话："比利时出现了一个极右的政变阴谋。"

Wrner）向北约大使证实："盟军的军事指挥——欧洲盟军最高司令部（Supreme Headquarters Allied Powers Europe，缩写 SHAPE）——协调了'短剑网络'（Gladio Network）的活动。"①

欧洲议会的一名成员在谈到这个秘密网络时，尤其对"它是由中央情报局和北约建立，虽然宣称捍卫民主实际上是在破坏民主，并将其用于他们的邪恶目的"的事实感到愤怒。另一名成员说：

> 我最强烈地抗议这样一个事实，即无论是通过盟军欧洲最高司令部、北约还是中央情报局，美国军队都认为他们能够干涉我们的民主权利。②

这些被发现的真相表明，美国人普遍持有的假设观点是错误的。大多数美国人虽然认识到美国军方有时会对敌人做出可怕的事情，但他们认为美国军方领导人不会出于政治目的下令杀害盟国的无辜平民。短剑行动表明这种观点是错误的。

当然，有些美国人可能会承认我们的军事领导人下令滥杀

---

① 丹尼尔·甘塞尔：《北约的秘密军队：西欧的短剑行动和恐怖主义》，第 27 页。引自葡萄牙报纸《快报》（*Expresso*）1990 年 11 月 24 日的报道。据西班牙报纸《国家报》（*El Pais*）1990 年 11 月 26 日报道，沃纳补充说，欧洲盟军最高司令部与短剑军队的合作已经得到时任欧洲盟军最高指挥官美国将军约翰·加尔文（John Galvin）的证实。参见丹尼尔·甘塞尔：《北约的秘密军队：西欧的短剑行动和恐怖主义》，第 26 页。

② 丹尼尔·甘塞尔：《北约的秘密军队：西欧的短剑行动和恐怖主义》，第 21—22 页。

无辜，但仍然认为他们不会采用伪旗行动杀害美国同胞。但诺斯伍德行动（Operation Northwoods）计划的暴露颠覆了这一假设。

四、诺斯伍德行动

1962 年年初，参谋长联席会议向约翰・肯尼迪总统提交了一份名为诺斯伍德行动的计划，该计划描述了为“美国军事干预古巴提供正当理由的借口”。这个计划体现了五角大楼在欧洲使用的“紧张战略”，即主张“在一段时期内加剧美古紧张关系，使美国处于遭受合理冤屈的境地”。该计划将“通过塑造古巴政府轻率和不负责任的国际形象，以及对西半球和平构成令人震惊和不可预测的威胁”，让世界为美国的干预做好准备。[①]

为了帮助美国树立这一形象，该计划随后提出了几项可能的行动，比如“共产主义古巴在迈阿密地区的恐怖活动……甚至在华盛顿也是如此”。其中一种可能性是美军参谋长联席会

① 这份备忘录可在 2001 年 4 月 30 日的国家安全档案馆找到（http：//www.gwu.edu/~nsarchiv/news/20010430）。它是由詹姆斯・班福德（James Bamford）在《秘密身体：国家安全局的超机密解剖》（*Body of Secrets: Anatomy of the Ultra-secret National Security Agency*，2001，纽约：安琪儿图书公司［Anchor Books］2002 年，第 82—91 页）一书中向美国读者披露的。

议所说的重演“记住缅因号”[①]事件：“我们可以在关塔那摩湾炸毁一艘美国军舰而谴责古巴。”这个由五角大楼军事领导人策划的伪旗行动就涉及杀害美国公民。肯尼迪总统没有批准这项计划。但如果像理查德·尼克松这样的人入主白宫，“诺斯伍德行动”计划很可能已经付诸实施。

结　论

当有证据向一些观察家表明美国政府实施了杀死友好国家公民的行动时，主流媒体评论员很快就加以抵制，并且说我们的国家不会做这种事。当有证据向一些观察家暗示美国政府的特工针对美国公民时，情况就更是如此。这些评论人士宣称，任何这样的说法都是不可理喻的：我们的政府特工根本不会做这样的事。然而，美国政府实施伪旗行动的历史表明，人们没有理由如此肯定。

① “记住缅因号”指的是1898年美西战争期间，因哈瓦那港发生了美国缅因号战舰爆炸事件，邮报刊登了克利福德·贝里曼的插画，标题为《记住缅因号》(*Remember the Maine*)。当时这句话在美国被用来激起民众与西班牙开战的热情，后来演变为战斗口号。于是“记住缅因号”之类的口号在煽动民众情绪方面成为有效的宣传工具。在某种程度上，这是门罗主义确立的美国既定政策的自然延伸。——译者注

第 12 章　冷战后的干预

1989 年苏联解体，对美帝国主义者来说，这一变化既是机遇也是问题。机会是显而易见的：这意味着美利坚帝国所有的目标将不再受另一个实力相当的大国的阻碍。沃尔特 · 拉菲贝尔报道："在冷战结束后的 20 年里，美国进行的军事干预比过去 45 年要多得多。"[①]

为美国带来的问题是，苏联的消失意味着"共产主义威胁"不再是全球范围的敌人，美国没有了在世界各地进行干预的借口。此外，对大多数美国人以及包括国会中的许多人来说，大规模的军事开支似乎也没有必要。很多人在谈论"和平红利"，也就是说以前用于军事开支的税款可以用于医疗、教育、基础设施和环境等事务。这对美国政府无疑是一个严重的威胁。正如斯蒂芬 · 沙洛姆在《帝国的借口》(*Imperial Alibis*)中所指出的，美国政府有必要为不断上涨的高水平军费开支找

① 沃尔特 · 拉菲伯尔：《美国世纪的幻想》(*Illusions of a American Century*)。引自安德鲁 · 巴塞维奇编：《短暂的美国世纪》(*The Short American Century*)，哈佛大学出版社 2012 年，第 158—186 页。

一个新的借口。[①]

同样重要的是，对手苏联的失败，意味着美国主导的北约不再有继续存在的理由。

本章列举了华盛顿在新形势下如何表现的三个例子。

一、入侵巴拿马

1989 年 11 月 9 日柏林墙的倒塌象征着苏联帝国的崩溃。一个多月后，也就是 1989 年 12 月 20 日，乔治·布什以所谓的“正义行动”（Operation Just Cause）入侵巴拿马。且不论其是否有一副正义的面孔，但他说：“这次行动的目的至少为美国如何继续推翻一个政府提供了部分答案。”

对巴拿马的袭击是大规模的。华盛顿最初声称，只有 200 名巴拿马平民被打死，后来又把这一数字提高到大约 500 人。[②]但中美洲人权保护委员会（The Commission for the Defense of Human Rights in Central America）表示，就像天主教和圣公会所说的那样，保守估计有 3000 人被打死。该委员会

---

① 参见史蒂芬·沙洛姆：《帝国的借口：冷战后美国干预的合理化》（*Imperial Alibis: Rationalizing U.S. Intervention after the Cold War*），波士顿：南端出版社 1993 年。对所有借口的需要也为诺姆·乔姆斯基介绍他的《威慑民主》提供了主题（见下一注）。

② 诺姆·乔姆斯基：《威慑民主》第 2 版，纽约：希尔和王 1992 年，第 164 页；威廉·布卢姆：《扼杀希望：二战以来美国军方和中情局的干预》，第 305 页。

报告的标题是《巴拿马：不仅仅是一场入侵……更是一场大屠杀》。[①] 目击者称，美国的直升机向严格意义上的民用建筑开火，军队向救护车开枪，用刺刀将伤者刺死，坦克从尸体上碾过，甚至碾压一辆巴士，压死了车上所有乘客。

特别挑选出来的袭击目标是埃尔·乔里洛（El Chorillo）居民区。凌晨 1 点，当居民们还在熟睡时，遭到坦克、直升机、火箭和喷火器的袭击。[②] 人们在焚毁的建筑物中被烧死或从窗户逃出来，惊慌失措地跑过街道的人们或被砍倒或被坦克压死。埃尔·乔里洛难民的发言人说，这是一场"大屠杀"，造成 2000 多人死亡，还有 1.5 万人成为难民。[③]

究竟是什么原因使这个弱小无助的国家遭受如此大规模的袭击？是因为"正义的事业"吗？美国给出的理由是"为了保护美国人的生命"——由 12 月 16 日至 17 日晚上发生的一件事引起。当时四名美国海军陆战队员在接近巴拿马一个敏感的路障时遭到枪击，一人死亡，一人受伤。五角大楼声称这些士兵手无寸铁，只是迷路了。然而，《洛杉矶时报》（*Los Angeles Times*）披露，这些海军陆战队员带有武器，因为猥亵和不服从下车命令引发了枪击。[④] 有证据表明袭击早在一段时间前就已

---

① 诺姆·乔姆斯基：《威慑民主》，第 164—165 页。引自布雷查、中美洲人权保护委员会：《中美洲人权保护委员会—巴拿马人权保护委员会联合代表团报告》（*Report of Joint CODEHUCA- CONADEHUPA Delegation*），1990 年 1—2 月，圣何塞。

② 威廉·布卢姆：《扼杀希望：二战以来美国军方和中情局的干预》，第 305 页。

③ 诺姆·乔姆斯基：《威慑民主》，第 165 页。

④ 威廉·布鲁姆：《扼杀希望：二战以来美国军方和中情局的干预》，第 310 页。摘自 1990 年 12 月 22 日《洛杉矶时报》（*The Los Angeles Times*）。

计划好。这进一步证实了这一事件仅仅是美国政府进行侵略的借口。①

而且事实证明，几个月前，在顺从的美国媒体帮助下，白宫策划了一场旨在妖魔化巴拿马统治者曼努埃尔·诺列加(Manuel Noriega) 将军的运动。② 这场媒体运动提供了后来被用来作为入侵辩护的理由——诺列加窃取了 1989 年的选举权，参与了毒品交易。③ 另外一个迹象表明，入侵的发生并非出于公之于众的原因，即尽管在 1989 年 10 月巴拿马国防军拘留了诺列加，并提出将他移交给美国，但布什政府拒绝了这一提议。④此外，一名欧洲外交官报告称，入侵开始后不久，他打电话给美国军方，告诉他们诺列加在其情妇祖母的公寓里，但军方告

---

① 首先，据报道，当马克斯·瑟曼（Max Thurman）将军被任命为南方司令部的新总司令时，参谋长联席会议主席威廉·克罗（William Crowe）上将告诉他，布什将在不久的将来呼吁在巴拿马采取大规模军事行动；参见威廉·布卢姆：《扼杀希望：二战以来美国军方和中情局的干预》，第 311 页。引自凯文·巴克利（Kevin Buckley）：《巴拿马：完整的故事》（*Panama: The Whole Story*）1991 年，第 193 页。巴克利又引用了 1990 年 1 月 22 日至 28 日出版的《华盛顿邮报国家周刊》（*Washington Post National Weekly Edition*）第 22—28 页的内容。

② 美国广播公司（ABC）的特德·科佩尔（Ted Koppel）为这次行动的成功做了说明。他说："曼努埃尔·诺列加属于国际特殊兄弟会的恶棍，像卡扎菲、艾迪·阿明（Idi Amin）和阿亚图拉·霍梅尼，美国人就是喜欢憎恨他们"，因此"公众对报复的强烈支持几乎得到了保证"。引自 ABC 电视台，1990 年 2 月，参见诺姆·乔姆斯基：《威慑民主》，第 145 页。

③ 问题在于，美国政府早就知道诺列加与毒品有牵连，并在其 1989 年窃取选举时支持他。参见诺姆·乔姆斯基：《威慑民主》，第 153、180 页；威廉·布卢姆：《扼杀希望：二战以来美国军方和中情局的干预》，第 306—309 页。

④ 威廉·布卢姆：《扼杀希望：二战以来美国军方和中情局的干预》，第 309 页。

知他，他们“有其他重要事情”[①]要做。

至于入侵的真正原因，除了诺列加的毒品交易曝光外，就是由于他没能在尼加拉瓜问题上坚持美国的立场，因而他不再是一个有用的委托人。其实，当时还有一个重要原因，就是巴拿马运河的管理权定于1990年1月1日交还给巴拿马人。美国的入侵使巴拿马政府重新回到了1968年被驱逐的白人亲美精英手中。[②]

事实上，布什政府最初的计划是建立一个美国军事政府，但后来决定任命当地的吉列尔莫·恩达拉（Guillermo Endara）为总统。当然，五角大楼的一项研究称，恩达拉政府“只是个门面”[③]。门面后面隐藏的事实是华盛顿已经建立起了对各部门和各机构的直接控制。用一家墨西哥杂志的话说，美国可以通过这些部门和机构“永久控制该政府的所有行动和决定”。

随着这个平行政府的建立，《华尔街日报》写道：“形势又恢复到1968年以前的样子。”[④]1968年，巴拿马发生了一场由托里霍斯（Torrijos）将军领导的政变，推翻了占人口8%左右的白人精英的统治。尽管托里霍斯和他的继任者诺列加都是独裁者，但他们都是民粹主义独裁者，在他们20年的统治期间给

---

① 威廉·布卢姆：《扼杀希望：二战以来美国军方和中情局的干预》，第310页。

② 诺姆·乔姆斯基：《威慑民主》，第159—160页。

③ 威廉·布鲁姆：《扼杀希望：二战以来美国军方和中情局的干预》，第313页。引自《国家》（*The Nation*）1994年10月3日。

④ 诺姆·乔姆斯基：《威慑民主》，第169页。引自《埃克塞尔西奥》（*Excelsior*）1991年2月28日。

巴拿马带来了显著的变化。用诺姆·乔姆斯基的话来说：

> 黑人、混血儿和土著巴拿马人获得了他们的第一份权力，巴拿马进行了经济和土地改革……婴儿死亡率从40%下降到不足20%，预期寿命增加了9年……土著社区获得自治权，政府对其传统土地予以保护，这在西半球是绝无仅有的。[①]

显然，这种发展不可能无限期地持续下去。《迈阿密先驱报》(*Miami Herald*) 在随后的6月 (1990年) 发表的一篇报道证实了巴拿马对1968年前情况的恢复。其中说：

> 美国入侵巴拿马六个月后，巴拿马正显示出日益繁荣的迹象——至少对于已经重获势力的白人商业阶层来说是如此……上层阶级和中产阶级得到很好的发展……但穷人的情况很糟糕……天主教会开始谴责政府对穷人缺乏关心。[②]

对埃尔·乔里洛居民区的大规模袭击只是帮助巴拿马精英阶层计划的一部分。这个居民区的所有者本打算“把这块最好的地产改造成一个更高档的街区”，这遭到诺列加的阻止，还允许穷人免费住在那里。因此，美军“将该地区炸为废墟，然

---

① 诺姆·乔姆斯基：《威慑民主》，第168页。

② 安德烈斯·奥本海默（Andres Oppenheimer）1990年6月20日在《迈阿密先驱报》上的报道。

后用推土机将烧焦的废墟夷为平地”，消除了这一阻碍。[①] 正如布什后来宣布将提供 10 亿美元援助巴拿马重建所表明的，对埃尔·乔里洛居民区用暴力方式中产阶级化，只是入侵的经济目的之一——其中至少 6 亿美元将流进美国的银行和公司的腰包。[②]

人权委员会的一份报告还提到美国出兵的另一个动机，即“美国军队使用了高精尖的武器——其中有些是首次在战斗中使用——针对手无寸铁的平民”[③]。这些武器包括用于轰炸但可以躲过战斗机甚至雷达的 F-117A 隐形战斗机。一份航空杂志解释了可能的原因：

> 通过展示 F-117A 在低强度作战中的作战能力……美国空军可以利用这次行动，向一直持怀疑态度的国会证明在隐形技术上的巨额投资是合理的。[④]

一位退休军官也得出了同样的结论。他说，“100 名特种部队人员”就足以抓获诺列加，进而暗示：“这次大规模行动是五角大楼试图在国会开始削减军费之际给国会议员们留下深刻

---

① 诺姆·乔姆斯基：《威慑民主》，第 169 页。这两句话的第一句引自帕梅拉·康斯特布尔（Pamela Constable）1991 年 7 月 11 日在《波士顿环球报》上发表的一篇文章。

② 诺姆·乔姆斯基：《威慑民主》，第 163 页。

③ 诺姆·乔姆斯基：《威慑民主》，第 166 页。

④ 诺姆·乔姆斯基：《威慑民主》，第 166 页。引自《航空周刊》和《空间技术》（*Aviation Week* and *Space Technology*）1990 年 1 月 1 日。

印象。”[①]

当有记者问布什总统：“为此让人送死真的值得吗？就为去抓诺列加？”布什回答说：“每个人的生命都是宝贵的，但我必须回答，它是值得的。”[②]美国众议院对有多少巴拿马平民被杀不感兴趣，而是通过了一项389—26号决议，赞扬总统对入侵的做法，并对23名美国人由此丧生表示哀悼。[③]显然，有些人的生命比其他人更宝贵。

由于美国入侵巴拿马符合美国的利益，因此政府的辩护理由尤其能说明问题。《联合国宪章》第51条禁止任何国家使用武力，除非是出于自卫，而且只有在安理会来得及采取行动之前。但美国驻联合国大使在入侵当天告知联合国称条约“规定了使用武力……保卫我们的利益”[④]。根据这一解释，美国就有权入侵任何国家，不仅是为了“自卫”，正如所有其他人所理解的，是为了捍卫任何利益。

入侵后的第二天，参谋长联席会议新任主席科林·鲍威尔将军说：“我们必须在门外贴一张招牌，上面写着‘超级大国住在这里’。”[⑤]这表明美国领导人现在可以自由地宣布这一新规则了。

然而，拉丁美洲人民并不需要这个招牌。《时代报》（*El*

---

① 诺姆·乔姆斯基：《威慑民主》，第166页。

② 威廉·布卢姆：《扼杀希望：二战以来美国军方和中情局的干预》，第305页。

③ 诺姆·乔姆斯基：《威慑民主》，第157页。

④ 诺姆·乔姆斯基：《威慑民主》，第147页。

⑤ 参见《华盛顿邮报》1989年12月12日报道。

Tiempo）的一篇文章称，所谓正义行动就是“帝国主义对巴拿马的入侵”，“我们生活在被侵略和不受尊重的氛围中……绝对服从……为一个不共戴天的超级大国服务”。一篇谴责“打着民主幌子的国际极权主义”的社论说，布什“向拉丁美洲明示，对北美政府来说，在将自己的计划强加于西半球时，没有法律——只有它的意愿”①。然而，正如世界上其他国家不久将会看到的那样，这一政策并不限于西半球。

同一天——1990 年 1 月 5 日——《波士顿环球报》（*Boston Globe*）报道称，曾因在伊朗门丑闻中扮演的角色而被定罪的前助理国务卿艾略特·艾布拉姆斯（Elliott Abrams），对入侵巴拿马表示高兴。艾布拉姆斯说现在莫斯科的事态发展降低了小规模行动升级为超级大国之间冲突的可能性，“布什会越来越愿意使用武力”②。一年后在伊拉克，这一预测成为现实。

二、1991 年进攻伊拉克

尽管萨达姆·侯赛因入侵科威特与美国入侵巴拿马一样是非法的，但他有自己的苦衷。科威特的石油产量超过了欧佩克配额的 40%，从而压低了石油价格。这一违反规定的行为使伊拉克损失了数十亿美元，从而阻碍了其经济复苏——为了偿还两伊战争期间所借的 900 亿美元，伊拉克必须进行经济复苏。

---

① 参见《时代报》1990 年 1 月 5 日报道。

② 引自斯蒂芬·库尔基（Stephen Kurkjian）、亚当·珀特曼（Adam Pertman）:《巴拿马的恢复》（*Repairing the Damage in Panama*），载《波士顿环球报》1990 年 1 月 5 日。

据报道，科威特还利用两国边境地区的倾斜钻井从伊拉克鲁迈拉（Rumaila）油田窃取石油。与此同时，当其他债权国还在耐心等待的时候，科威特则迫不及待地要求伊拉克偿还数十亿美元债务，希望以此作为条件，以便在解决其与伊拉克长期的边界争端时对自己有利。①

萨达姆在1990年7月25日的一次会议上向美国驻伊拉克大使阿普里尔·格拉斯皮（April Glaspie）解释了这一切。当时，他的部队已经集结在伊拉克和科威特边境，准备发动进攻。他有充分的理由期待美国的支持。他的复兴党是通过中央情报局策划的政变上台的；华盛顿允许他屠杀库尔德人而不受惩罚；在他与伊朗的长期战争中，美国是支持他的，甚至在他对库尔德人和伊朗人使用毒气时视而不见。此外，萨达姆知道，美国通常不会尊重联合国或国际法。萨达姆很可能认为他和美国人之间形成了所谓的“野蛮人协议”默契。

除此之外，格拉斯皮大使告诉萨达姆（对话被录了下来）：“我们对阿拉伯国家间的冲突没有看法，比如你们与科威特的边界分歧。”并且补充说，“[国务卿]詹姆斯·贝克（James Baker）已经指示我们的官方发言人强调这一点。”②

---

① 迪利普·希罗：《伊拉克：风暴之眼》（*Iraq: In the Eye of the Storm*），纽约：雷霆之口出版社/国家图书（Thunder's Mouth Press/Nation Books），2002年，第33—34页；诺姆·乔姆斯基：《威慑民主》，第195—196页。

② 引自纳菲兹·莫萨德克·艾哈迈德（Nafeez Mosaddeq Ahmed）：《反恐战争背后：西方秘密战略和伊拉克战争》（*Behind the War on Terror: Western Secret Strategy and the Struggle for Iraq*），克雷维尤图书（Clairview Books）2003年，第75页。引自《纽约时报》1990年9月23日和1991年7月17日报道。

8 月 1 日，萨达姆派部队进入科威特，很明显是把格拉斯皮的声明理解为美国已经为其入侵位于伊拉克南方的这个小国开了绿灯——就像布什刚刚对位于美国南方的一个小国所做的那样。①

然而，布什政府立即对这一违反国际法的行为表示愤慨。②具有讽刺意味的是，联合国大会刚刚谴责布什对巴拿马的入侵是“公然违反国际法和（巴拿马的）独立、主权和领土完整”。但安理会没有针对美国的决议，因为美国代表否决了所有通过决议的企图。③然后，美国不但没有羞耻感，反而用胡萝卜加大棒的策略让安理会通过谴责伊拉克的决议，要求伊拉克从科威特撤军，并授权使用“一切必要手段”迫使其在 1991 年 1 月 15 日之前撤军。④

布什政府准备采取如下手段：宣称萨达姆已经准备好下一步入侵沙特阿拉伯。于是，美国便在几天内派遣军队进入沙特阿拉伯，这就是所谓的沙漠盾牌行动（Operation Desert Shield）。布什政府随后组建了一支联军，于 1991 年 1 月开始

---

① 迪利普·希罗：《伊拉克：风暴之眼》，第 34 页；诺姆·乔姆斯基：《流氓国家：世界事务中的武力统治》(*Rogue States: The Rule of Force in World Affairs*)，南端出版社 2000 年，第 21—22 页；纳菲丝·莫萨德克·艾哈迈德：《反恐战争背后：西方秘密战略和伊拉克战争》，第 75 页。

② 诺姆·乔姆斯基：《威慑民主》，第 185 页。

③ 诺姆·乔姆斯基：《流氓国家：世界事务中的武力统治》，第 22 页；《威慑民主》，第 187 页。

④ 当然，他只是几百个案例中的一个。在这种情况下，违反国际法的行为一个会受到联合国的谴责，另一个则不会，这是因为帝国主义国家所拥有的否决权代表了他们和他们的附庸国。这些国家拥有永久否决权，意味着难以公正执行国际法。

发动进攻。

这次进攻被称为沙漠风暴行动（Operation Desert Storm），投掷了超过10万吨的炸药，相当于投向广岛的6颗原子弹。[①]这次轰炸的目标是伊拉克的“民用基础设施，包括电力、污水处理和供水系统”——乔姆斯基指出，这些目标“与把伊拉克赶出科威特没有什么关系”，但“旨在达到美国的长期政治目的”。[②]

2月底，伊拉克宣布接受莫斯科提出的一项和平计划，将立即无条件地撤出科威特。2月26日，当伊拉克投降撤退时，美国飞机袭击了伊拉克长长的车队的头部和尾部，使整个车队动弹不得。美军随后开始屠杀伊拉克军队士兵。美国士兵称之为“土耳其射击”(一个世纪前美军在菲律宾使用的术语)。在这40个小时的屠杀中，有2.5万至3万伊拉克人丧生。[③]

在美国鼓励反对萨达姆政权的民众起义，伊拉克什叶派做出反应后，又使3万伊拉克人丧生。这是因为美国害怕伊斯兰政府与伊朗结盟，美国军队给了萨达姆屠杀什叶派的自由。[④]

1. 萨达姆落入美国陷阱的证据

袭击开始两个月后，曾任法国外长的克劳德·谢森

---

① 迪利普·希罗：《伊拉克：风暴之眼》，第37—39页。

② 诺姆·乔姆斯基：《威慑民主》，第410页。

③ 诺姆·乔姆斯基：《威慑民主》，第410页；迪利普·希罗：《伊拉克：风暴之眼》，第38—39页；乔伊斯·切迪亚克（joyce Chediac）：《25年前：1991年的伊拉克海湾战争，美国轰炸“死亡之路”》（*Twenty-five Years Ago: The 1991 Iraq Gulf War, America Bombs the "Highway of Death"*），载《全球研究》（*Global Research*）2016年2月27日。

④ 迪利普·希罗：《伊拉克：风暴之眼》，第40—43页。

（Claude Cheysson）表示，“美国人决心开战”，萨达姆“落入陷阱”。[①] 在美国发动袭击的一个半月前，伊拉克驻美国大使对此就发表了自己的意见。他说，格拉斯皮大使公开表示，美国在伊拉克与科威特之间的争端问题上保持中立，是“这一安排的重要组成部分”[②]。当然，大多数美国人会对伊拉克甚至法国外长的说法表示怀疑。但有相当多的证据表明，这两个人的说法是站得住脚的。

这些证据包括：（1）美国发动伊拉克战争的动机；（2）科威特的行为；（3）美国的行为；（4）美国和科威特领导人勾结的物证和证明证据。

美国发动伊拉克战争的动机：当时，包括五角大楼在内的美国政府希望与伊拉克开战，原因可能有很多。

首先，既然冷战已经结束，对巴拿马的攻击还不足以结束大幅削减军事开支的呼吁。布什总统指责那些“天真地削减我们国防力量的人”，但新闻报道说，“预计政府与国会之间，将进行一场近代以来最激烈的艰苦的国防预算之战”，国会与五角大楼之间的“紧张关系已经升级”[③]。在伊拉克入侵科威特后不久，布什总统就指出，用《华盛顿邮报》的话说，“强调美国国防部队重组需要缓慢进行”[④]。在美国军队被部署到沙特阿

① 《为侯赛因设下美国陷阱》（*Setting the American Trap for Hussein*），载《国际先驱论坛报》（*International Herald Tribune*）1991 年 3 月 11 日。

② 参见《洛杉矶时报》1990 年 11 月 1 日。引自威廉·布卢姆:《扼杀希望：二战以来美国军方和中情局的干预》，第 323 页。

③ 参见《华盛顿邮报》1990 年 1 月 13 日、2 月 12 日和 6 月 16 日报道。引自威廉·布卢姆:《扼杀希望：二战以来美国军方和中情局的干预》第 320 页。

④ 参见《华盛顿邮报》1990 年 8 月 3 日报道。

拉伯之后，美国前助理国防部长劳伦斯·科尔布（Lawrence Korb）表示，这种部署“似乎推动了……即将到来的国会山预算大战”[①]。如果他是对的，这个计划就奏效了。《洛杉矶时报》10月报道称，“沙漠盾牌行动促成谈判的政治气候发生重大变化，迫使主张大幅削减开支的议员处于守势”。因此，10月份达成的预算协议“将节省每年用于准备应对苏联大举进攻西欧的大部分资金”[②]。

第二个可能的动机是，布什的支持率正在下降。尽管在他批准入侵巴拿马之后的1月份支持率为80%，但到7月份已经下降到60%。应该强调的是这一动机非常奏效。轰炸开始后，布什的支持率上升到82%，是有史以来最高的。[③]

虽然前两个动机可以通过美国在其他任何地方的一场战争得到满足，但这里有与伊拉克特别相关的动机。其中之一是，美国正逐渐丧失在海湾地区的主导地位。美国作为武器供应国已跌至第四位，包括沙特阿拉伯在内的许多海湾国家拒绝美国永久驻军。海湾战争解决了这些问题：在接下来的十年里，美国出售了价值约600亿美元的武器，在海湾地区的军事力量也显著增强。[④]

---

① 参见《洛杉矶时报》1990年10月18日报道。

② 参见《洛杉矶时报》1990年10月18日报道。

③ 参见《盖洛普民意调查：1991年》（*The Gallup Poll: Public Opinion 1991*），特拉华州威尔明顿1992年。

④ 纳菲兹·莫萨德克·艾哈迈德：《反恐战争背后：西方秘密战略和伊拉克战争》，第67—68、86页。引自罗伯特·德莱弗斯的《三十年之痒》（*The Thirty Year Itch*），载《琼斯妈妈》（*Mother Jones*）2003年3月/4月。

第四个可能的动机反映了这样一个事实：尽管美国在萨达姆与伊朗的战争中支持萨达姆，甚至在其使用毒气后仍然袒护他不受任何影响，但萨达姆越来越不那么顺从了。萨达姆支持巴勒斯坦人的事业，正在成为阿拉伯民族主义的新发言人。他甚至警告说“阿拉伯海湾地区将有按照美国意志统治”的危险，其结果是石油的分配和价格将只能根据美国的利益来决定。[①]美国对伊拉克的攻击，以及随后的残酷制裁，不仅向萨达姆也向该地区其他国家的领导人表明挑战美国在该地区霸权的下场，即便是口头上的也不允许。

最后，正如萨达姆所表明的，美国在该地区的霸权之所以如此重要，是因为该地区拥有的石油。1992 年五角大楼臭名昭著的国防规划指导文件草案中提到伊拉克入侵科威特的一段话：“我们的总体目标是保持该地区的主导外部势力，并保证美国和西方对该地区石油的开采。”[②]

科威特的行为：布什政府希望伊拉克入侵科威特，从而为美国发动战争提供借口，科威特在被入侵前的行为也表明了这一点。

---

① 拉尔夫·肖恩曼（Ralph Schoenman）：《伊拉克和科威特：被压制的历史》（*Iraq and Kuwait: A History Suppressed*），圣巴巴拉：真理（Veritas）出版社 1992 年，第 11—12 页。

② 这份主要由保罗·沃尔福威茨（Paul Wolfowitz）和刘易斯·利比（Lewis Libby）撰写的文件泄露给了《纽约时报》，帕特里克·泰勒（Patrick Tyler）在 1992 年 3 月 8 日的《纽约时报》上探讨了“美国战略计划要求确保没有竞争对手发展”这个问题。由于该文件公然使用帝国主义的语言而引起愤怒。参见安德鲁·巴塞维奇：《美利坚帝国：美国外交的现实与后果》（*American Empire: The Realities and Consequences of U.S. Diplomacy*），剑桥：哈佛大学出版社 2002 年，第 43—46 页。

首先，科威特采取了几项肯定会激怒萨达姆的行动。如上所述，科威特正利用斜钻技术从伊拉克鲁迈拉油田偷取石油；科威特严重违反了欧佩克的协议，导致原油价格暴跌，从而使伊拉克无力偿还两伊战争期间的债务；科威特要求伊拉克立即偿还 300 亿美元。①

除了以这种不合理的方式行事，科威特领导人还断然拒绝了萨达姆每一次进行谈判的要求——而且是用一位美国高级官员所称的“卑鄙”和“傲慢”的态度拒绝的。②当这些领导人面对萨达姆数十亿美元的融资需求时，提出了“带有侮辱性的 50 万美元”融资。③

正如几位观察者——包括约旦国王侯赛因和科威特大学的一位政治学教授——所暗示的那样，小国科威特的这种行为显然是不合适的，除非它得到了一个非常强大的盟友的鼓励。④

美国的行为：美国可能鼓励科威特在伊拉克入侵之前采取挑衅行为的观点，不仅基于上述美国攻击伊拉克的动机，而且

---

① 纳菲兹·莫萨德克·艾哈迈德：《反恐战争背后：西方秘密战略和伊拉克战争》，第 69—70 页。

② 克努特·罗伊斯（Knut Royce）：《对伊拉克的扭曲之路》（*A Trail of Distortion against Iraq*），《新闻日报》（*Newsday*）1991 年 1 月 21 日。引自纳菲兹·莫萨德克·艾哈迈德：《反恐战争背后：西方秘密战略和伊拉克战争》，第 69 页。

③ 威廉·布鲁姆：《扼杀希望：二战以来美国军方和中情局的干预》，第 323 页。

④ 《旧金山纪事报》（*San Francisco Chronicle*）1991 年 3 月 13 日；弥尔顿·费欧斯特（Milton Viorst）：《详尽报道：解放后》（*A Reporter at Large: After the Liberation*），《纽约客》1991 年 9 月 30 日。摘自纳菲兹·莫萨德克·艾哈迈德：《反恐战争背后：西方秘密战略和伊拉克战争》，第 70、72 页。

还基于在伊拉克入侵科威特前后美国的所作所为。

在入侵伊拉克之前，美国军方已经制定了袭击伊拉克的计划。在五角大楼为 1990 年可能发生的战争制定的计划里，“苏联的威胁”已被“伊拉克的威胁”所取代。为了回应伊拉克入侵科威特，军事演习包括以伊拉克为轰炸目标。[①] 对伊拉克战争的总体计划是在诺曼·施瓦茨科普夫（Norman Schwarzkopf）将军的指导下进行的，他后来被命令指挥这场战争。国际法教授弗朗西斯·博伊尔（Francis Boyle）说：“战后，施瓦茨科普夫提到了 18 个月的竞选计划。”[②]——这就意味着在伊拉克入侵科威特之前一年多就已经着手制定计划了。这一计划涉及秘密扩大在沙特阿拉伯的军事基地情报网。[③] 该计划还包括在 1990 年 1 月向这些基地运送“大量美国武器、设备和用品”——伊拉克入侵科威特的 8 个月前。[④]

伊拉克入侵科威特后，布什政府的行为提供了更多的证据表明它决意要发动战争。首先，布什政府为了证明沙漠盾

---

① 詹姆斯·布莱克威尔少校（Major James Blackwel）：《沙漠雷鸣：波斯湾战争的战略战术》（*Thunder in the Desert: The Strategy and Tactics of the Persian Gulf War*），纽约：班塔姆图书（Bantam Books）1991 年，第 85—86 页；《洛杉矶时报》1990 年 8 月 5 日；《华盛顿邮报》1991 年 6 月 23 日。以上摘自威廉·布鲁姆：《扼杀希望：二战以来美国军方和中情局的干预》，第 324 页。

② 弗朗西斯·博伊尔：《美国在海湾战争中的战争罪行》（*US War Crimes During the Gulf War*），载《新黎明杂志》（*New Dawn Magazine*）1992 年 9 月至 10 月第 15 期。

③ 美国陆军参谋长卡尔·E. 伍诺（Carl E. Vuono）：《90 年代及以后的战略力量》，美国陆军：1990 年 1 月 1 日至 17 日。摘自纳菲兹·莫萨德克·艾哈迈德：《反恐战争背后：西方秘密战略和伊拉克战争》，第 65 页。

④ 参见弗朗西斯·博伊尔：《美国在海湾战争中的战争罪行》。

牌行动的正当性，不实地声称在9月中旬（1990年）拍摄的绝密卫星照片显示，超过25万伊拉克军队和1500辆坦克集结在科威特南部，准备入侵沙特阿拉伯。《圣彼得堡时报》（*St. Petersburg Times*）的让·海勒（Jean Heller）从苏联商业卫星上获得了同一时期的照片，并经专家核查，以《照片不显示集结》为标题揭露了美国编造的这一谎言。[①]虽然这篇报道发表于1991年1月6日，但美国的主流媒体并没在意这一消息，10天后以美国为首的袭击如期进行。《基督教科学箴言报》2002年的一篇报道称："直到今天，五角大楼仍称伊拉克军队集结的照片属于机密。"[②]

除了在伊拉克进入科威特军队部署问题上撒谎，布什政府还与科威特政府串通一气，对自己的行为撒谎。这个谎言——伊拉克军队将科威特市阿尔·阿德南（Al Adnan）医院的早产儿从保温箱中取出，"让他们躺在冰冷的地板上等死"——一名15岁的科威特女孩向美国国会作证说，她当时在医院做志愿者。这家医院的护士后来说，这不仅从未发生过，而且在他们从美国有线电视新闻网络（CNN）上看到这个女孩之前从未见过她。事实证明，她叫纳伊拉·萨巴赫（Nayirah al-Sabah），是科威特驻美国大使的女儿。她和其他六名"证人"是由伟达公关（Hill & Knowlton）公司指导下出来作证的。该公司曾

---

① 让·海勒（Jean-Heller）:《照片显示没有集结》(*Photos Don't Show Buildup*)，载《圣彼得堡时报》(*St. Petersburg Times*) 1991年1月6日。

② 斯科特·皮特森（Scott Peterson）:《战争中的一些事实不那么真实》(*In War, Some Facts Less Factual*)，《基督教科学箴言报》(*Christian Science Monitor*) 2002年9月6日。

获得科威特政府一份 200 万美元的合同，为美国对伊拉克发动战争提供证据。布什总统与萨巴赫家族有着长期的关系，他至少五次拿这个故事为发动战争进行辩护。[①]

总统还就萨达姆入侵问题撒了谎，声称不存在“挑衅”问题。但正如我们所见，伊拉克受到多次挑衅。的确，我们有充分的理由相信，布什政府很清楚想让萨达姆入侵科威特，需要进行严重的挑衅。为此，美国陆军战争学院战略研究所(Strategic Studies Institute of the US Army War College)在 1990 年初发表的一份报告中写道：

> 不应指望巴格达故意挑起与任何人的军事对抗。现在和不久的将来，和平最符合其利益……只有当伊拉克人感到受到严重威胁时，才有可能动用武力。[②]

事实上，科威特的挑衅行为对伊拉克人构成了严重威胁，直到两年之后，他们才采取了行动——而且是在认为得到美国

---

① 参见查尔默斯·约翰逊：《帝国的悲哀：军国主义、秘密和共和国的终结》(*The Sorrows of Empire: Militarism, Secrecy, and the End of the Republic*)，纽约：亨利霍尔特 2004 年，第 230 页；玛吉·奥凯恩(Maggie O' Kane)《卫报》2003 年 2 月 5 日报道；有关布什与萨巴赫家族的长期关系，参见克雷格·昂格尔(Craig Unger)：《布什家族与沙特家族：世界上两个最强大王朝之间的秘密关系》(*House of Bush, House of Saud: The Secret Relationship between the World's Two Most Powerful Dynasties*)，纽约与伦敦：斯克里布纳(Scribner)出版社 2004 年，第 249 页。

② 格伦·弗兰克尔(Glenn Frankel)：《帝国主义遗产：沙漠航线》(*Imperialist Legacy: Lines in the Sand*)，载《华盛顿邮报》1990 年 8 月 31 日。摘自纳菲兹·莫萨德克·艾哈迈德：《反恐战争背后：西方秘密战略和伊拉克战争》，第 70 页。

的支持之后。

布什对战争的投入还体现在他极大地夸大了伊拉克入侵科威特的严重性，将其与希特勒入侵波兰相提并论，并说这可能会引发另一场世界大战。布什甚至说萨达姆“比希特勒还坏”[①]。

此外，事实证明布什政府迫不及待地要开战，不仅撒了谎，还使用了威胁手段，以及威廉·布卢姆所指出的进行了“历史上最壮观的贿赂”——尽管因此违反了联合国安理会的规则，但联合国安理会正是联合国宣称要执行其规则的机构。根据布鲁姆对许多报道做的归纳总结，有关贿赂如下：

> 埃及被免除了数十亿美元的债务，而叙利亚、土耳其、苏联和其他国家得到了军事或经济援助以及世界银行和国际货币基金组织的贷款。不仅美国取消了制裁，而且在华盛顿的压力下，德国、日本和沙特阿拉伯也解除了制裁。作为一种补充，布什政府停止批评其他联合国成员的人权记录。[②]

---

① 参见《洛杉矶时报》1990年11月6日。引自威廉·布卢姆：《扼杀希望：二战以来美国军方和中情局的干预》，第27页。

② 威廉·布卢姆列举了行贿的信息来源：《华尔街日报》1991年1月14日；《财富》1991年2月11日；拉姆齐·克拉克（Ramsey Clark）：《这一刻的火焰》（*The Fire This Time*），第153—156页。威廉·布卢姆援引1991年1月30日《华盛顿邮报》的报道，谈到国际货币基金组织和世界银行的贷款。他还列举了一些特定国家的资料来源：丹尼尔·派普斯（Daniel Pipes）报道，载《外交事务》（*Foreign Affairs*）1991年秋季（叙利亚）；《洛杉矶时报》1992年6月18日（土耳其）；伊莱恩·西奥利诺（Elaine Sciolino）：《无法无天的国家：萨达姆·侯赛因对权力的追求与海湾危机》（*The Outlaw State: Saddam Hussein's Quest for Power and the Gulf Crisis*），纽约：约翰威利出版社1991年，第237—239页。

根据《联合国宪章》，各国除了不贿赂安理会其他成员外，也不应该惩罚或威胁惩罚其他成员。然而，当也门代表投票反对美国支持的授权对伊拉克使用武力的决议时，据报道，美国国务卿詹姆斯·贝克告诉美国代表团："我希望他能享受掌声，因为这将是他投过的最昂贵的一票。"无论贝克是否真的说了这样的话，但也门在几天内确实了解到，美国正在大幅削减对也门的援助。[①] 约翰·皮尔格（John Pilger）报道称，除了损失约 7000 万美元之外，"也门突然与世界银行和国际货币基金组织产生了问题，80 万名也门工人被赶出沙特阿拉伯"。皮尔格还报告说，美国代表团对厄瓜多尔和津巴布韦进行了经济威胁。[②]

布什政府还对萨达姆提出的所有通过谈判撤军的建议不闻不问，这也暴露出美国对战争的渴望。8 月，在入侵科威特后不久，萨达姆就表示要撤出科威特，但条件是换取对鲁迈拉油田的完全控制、科威特同意遵守欧佩克配额、可以进入波斯湾以及解除刚刚实施的制裁。布什政府的一位中东问题专家说，这项提议是"严肃的"和"可以协商的"，但是很快就遭到否

① 伊莱恩·西奥利诺：《无法无天的国家：萨达姆·侯赛因对权力的追求与海湾危机》，第 237—238 页。摘自威廉·布卢姆：《扼杀希望：二战以来美国军方和中情局的干预》，第 327 页。

② 约翰·皮尔格（John Pilger）引自诺曼·所罗门（Norman Solomon）、里斯·埃利希（Reese Erlich）：《以伊拉克为目标：新媒体没有告诉你的》（*Target Iraq: What the New Media Didn't Tell You*），纽约：环境图书（Context Books）2003 年，第 69—70 页。

决。[①] 萨达姆在10月提出的一项提议和1月2日提出的另一项提议得到了同样的答复。在这些提议中，他提的要求更少。[②] 最后，1月11日的消息说萨达姆愿意在更少的条件下撤军，只坚持要保证他的部队在撤出时不会受到攻击，并通过谈判解决伊拉克与科威特之间的争端，以及召开国际会议解决巴勒斯坦人的不满。他说他需要等到1月17日才会撤军，这样可以表明自己是在没有受到恐吓的情况下撤军，以挽回面子。[③] 然而，以美国为首的联军在1月15日午夜的最后期限刚过，就发动了进攻。

勾结的证据：除了所有这些间接证据表明美国和科威特领导人串通一气，诱使萨达姆入侵科威特，以便美国部队前来救援之外，还有关于他们进行勾结的物证。

伊拉克入侵科威特后，伊拉克人在科威特的一份情报文件中发现了一份备忘录，内容涉及1989年11月中央情报局局长威廉·韦伯斯特（William Webster）与科威特国家安全部负责人的会晤内容。这份备忘录说：

> 我们同意美方的意见，即必须利用伊拉克日益恶化

---

① 克努特·罗伊斯（Knut Royce）：《中东危机的秘密提议：伊拉克向我们发出撤军协议》（*Middle East Crisis Secret Offer*: *Iraq Sent Pullout Deal to US*），载《新闻日报》（*Newsday*）1990年8月29日。

② 克努特·罗伊斯：《中东危机的秘密提议：伊拉克向我们发出撤军协议》，载《新闻日报》。

③ 参见《卫报》1991年1月12日。摘自威廉·布鲁姆：《扼杀希望：二战以来美国军方和中情局的干预》，第329页。

> 的经济形势，向该国政府施加压力，以划定我们的共同边界。美国中央情报局对适当的施压手段给出了看法，称我们之间应该展开广泛的合作……

尽管中央情报局宣称这份文件是“完全捏造的”，但正如《洛杉矶时报》所指出的，它看上去不是伪造的。此外，当科威特外交部部长面对这份文件时晕倒了。这一事实表明了该文件的真实性。[①]

亚萨尔·阿拉法特提供了更多的证据，证明“美国方面”不但鼓励科威特对伊拉克施加经济压力，而且拒绝与伊拉克谈判。阿拉法特说，在 1990 年 5 月的一次阿拉伯峰会上，萨达姆曾提出与科威特就一条双方都能接受的边界进行谈判，然而，“美国鼓励科威特不要做出任何妥协”[②]。我们当然可能对阿拉法特发表这样的言论表示怀疑。因为阿拉法特不仅是萨达姆的盟友，而且他本人也受到美国的虐待。

但美国的长期盟友约旦国王侯赛因却提供了类似的证词。他后来说，就在入侵伊拉克之前，科威特外长——后来晕倒的那个人——曾说：“我们不会搭理伊拉克……如果他们不喜欢，就让他们占领我们的领土……我们要把美国人带进来。”国王还报告说，科威特埃米尔（国家元首）——这位外交部部长的

---

① 参见《洛杉矶时报》1990 年 11 月 1 日、《华盛顿邮报》1990 年 8 月 19 日的报道。摘自威廉·布卢姆：《扼杀希望：二战以来美国军方和中情局的干预》，第 323 页。

② 参见《基督教科学箴言报》1991 年 2 月 5 日。摘自威廉·布卢姆：《扼杀希望：二战以来美国军方和中情局的干预》，第 21 页。

兄弟——曾告诉他的军官，如果伊拉克入侵，“美国和外国军队将在科威特登陆并驱逐他们”[①]。

迈克尔·埃默里（Michael Emery）在《布什是如何发动战争的》（*How Mr. Bush Got His War*）一文中，引用了他采访侯赛因国王时国王说的话：

> 有证据表明，布什总统、英国首相撒切尔夫人、埃及总统胡斯尼·穆巴拉克和其他阿拉伯领导人从1988年8月（即两伊战争结束之日）起，多次秘密合作，拒绝萨达姆·侯赛因为重建国家所要求的经济援助……因此，华盛顿和伦敦的这种态度助长了科威特人的顽固立场。[②]

埃默里提到的证据是科威特埃米尔在伊拉克入侵前给科威特总理的一份照会。他指出，不妥协政策得到埃及、华盛顿和伦敦的支持，并敦促：“（与伊拉克人讨论他们的财政需求）时，不要动摇……我们比他们想象的更强大。”

根据这一证据，似乎很难解释阿普里尔·格拉斯皮对萨达姆的陈述——“我们对此没有意见……你们与科威特的边

---

① 1991年2月19日，对侯赛因（Hussein）国王进行了访问的迈克尔·埃默里在《布什是如何发动战争》一文中报道了国王的阐述。在格雷格·鲁吉耶罗（Greg Ruggiero）和斯图尔特·萨胡尔卡（Stuart Sahulka）编辑的《开火》（*Open Fire*，纽约：纽约出版社1993年）中，埃默里的文章与1991年3月5日的《乡村之声》（*Village Voice*）有些不同。

② 参见迈克尔·埃默里：《布什是如何发动战争》。摘自艾哈迈德·纳菲兹·莫萨德克：《反恐战争背后：西方秘密战略和伊拉克战争》（来自乡村声音版），第73页。

界分歧”——不是故意欺骗。据报道，这一结论实际上是由时任美国众议院国际关系委员会成员的李·汉密尔顿（Lee Hamilton）得出的。据前中央情报局特工约翰·斯托克韦尔（John Stockwell）说：“汉密尔顿从听证会上得出结论，（美国）故意为萨达姆·侯赛因开了入侵科威特的绿灯。”[①]

众议院议员亨利·冈萨雷斯（Henry Gonzalez）也得出了同样的结论：

> 中央情报局驻科威特代表……鼓励科威特拒绝按照《联合国宪章》的要求就与伊拉克之间的分歧进行谈判，包括科威特没有遵守石油输出国组织的配额规定，以及科威特从鲁迈拉油田开采伊拉克石油。[②]

一些报纸也得出了类似的结论。《纽约每日新闻》（*New York Daily News*）写道：“国务院官员……导致萨达姆·侯赛因认为他可以通过占领科威特逃脱惩罚。布什和他的同僚们没有给他任何不这么想的理由。”[③] 同样，《国际先驱论坛报》（*The International Herald Tribune*）也发表了一篇题为《为侯赛因设下的美国陷阱》（*Setting the American Trap for Hussein*）一文，指出这事确实发生了，而且后来发生了更加卑鄙的事情。

---

① 约翰·斯托克韦尔 1991 年 2 月 20 日的演讲:《中情局和海湾战争》(*The CIA and the Gulf War*)，http：//www.serendipity.li/cia/stock2.html。

② 众议院 1991 年 2 月 21 日第 86 号决议。摘自纳菲兹·莫萨德克·艾哈迈德:《反恐战争背后：西方秘密战略和伊拉克战争》，第 74 页。

③ 参见《纽约日报》1991 年 9 月 29 日。

2. 严厉的制裁，持续的攻击

正如我们已经看到的，沙漠风暴行动造成大约 10 万伊拉克人死亡。然而，这仅仅是个开始。以美国为首的联合国随后实施了严厉的制裁，使伊拉克无法获得足够的食物，也无法获得疫苗、净水化学剂和污水处理泵的零件等。结果污水流入大多数人获取饮用水的河流。迪利普·希罗所著《伊拉克的生活》(*Life in Iraq*) 一书第一章讲述了可怕的细节。这一章围绕伊拉克人在“制裁前”和“制裁后”的生活差异展开。

这些制裁最初是在乔治·布什政府期间实施的，但克林顿政府没有解除制裁。结果到 1996 年，显然有 50 多万儿童死于伤寒、痢疾和其他容易预防的疾病。希罗指出这是一种“大规模毁灭性制裁”①。

当克林顿的驻联合国大使玛德琳·奥尔布赖特 (Madeleine Albright) 被问及是否认为值得付出这一代价时，就像当初布什对巴拿马问题的回答，她臭名昭著的回答是：“这是一个很难回答的问题。但是，是的，我们认为是值得的。”② 如果这是一场导致 50 万美国人丧生的事件，或许看法就完全不同了。

---

① 约翰·穆勒 (John Mueller)、卡尔·穆勒 (Karl Mueller):《对大规模杀伤性武器的制裁》(*Sanctions of Mass Destruction*)，载《外交事务》1999 年 5 月至 6 月。他们辩称，除了反对他们的其他论点外，“经济制裁很可能是导致伊拉克更多人死亡的必然因素，而不是历史上所有所谓的大规模杀伤性武器所造成的死亡”。

② 迪利普·希罗:《伊拉克：风暴之眼》，第 18 页。关于后来几年的制裁，参见安东尼·阿诺夫 (Anthony Arnove) 编:《被围困的伊拉克：制裁和战争的致命影响》(*The Deadly Impact of Sanctions and War*)，剑桥：南端出版社 2002 年更新版。

总之，克林顿还延续了布什政府的其他政策，其中最引人注目的是在伊拉克北部和南部设立禁飞区。这些区域是美国单方面建立的，没有得到联合国安全理事会的授权——第四权力机构甚至没有向美国公众指出这一事实。[①]

克林顿政府还让美国飞机定期攻击伊拉克目标，加剧了美国飞机的非法飞行。最激烈的攻击是 1998 年 12 月发生的沙漠之狐行动（Operation Desert Fox），当时克林顿正面临弹劾听证会。这次攻击持续了 100 个小时，期间向伊拉克目标发射了 415 枚巡航导弹和 600 枚激光制导炸弹。[②]

对美军来说，不断打击伊拉克已经成为一种生活方式。1999 年 8 月，五角大楼透露，在过去的 8 个月里，英美空军袭击了 359 个伊拉克目标，发射了大约 1100 枚导弹——是沙漠之狐行动导弹发射数量的 3 倍多。[③] 因此“9·11”事件之后，伊拉克外交部长说：“所有穆斯林和阿拉伯人民都认为美国是恐怖主义的主宰，是头号恐怖主义力量。”[④] 这并不令人惊讶。

三、南斯拉夫的毁灭

大约与美国海湾战争同时，乔治·布什政府在欧洲也发动了战争。威廉·恩达尔（William Engdahl）在解释美国的主

---

① 迪利普·希罗：《伊拉克：风暴之眼》，第 147—149 页。

② 迪利普·希罗：《伊拉克：风暴之眼》，第 130 页。

③ 迪利普·希罗：《伊拉克：风暴之眼》，第 47 页。

④ 迪利普·希罗：《伊拉克：风暴之眼》，第 173—174 页。

要动机时说，鉴于苏联的解体：

> 华盛顿面临着一个全新的挑战。突然之间，美国对欧盟国家实行永久军事和政治控制的理由受到了生死攸关的威胁。欧洲开始意识到自己在世界上真正的独立力量，因为领导层正在设想北约解体后的生活——欧洲人将不再仅仅因为苏联的真实或想象的威胁而屈从于美国的无数命令。①

1991 年，欧洲联盟各国元首签署了《马斯特里赫特条约》（*Maastricht Treaty*），正式名称为《欧洲统一条约》（*European Unity*）。该条约为建立一个可能的欧洲合众国奠定了基础。该条约授权成立一个独立的欧洲北约，由欧盟国家而不是美国管理。华盛顿将这一事态发展视为对美国全球实力的威胁。②

恩达尔补充说，布什政府的反应是“暗中触发南斯拉夫事件，让这些事件在欧洲中心地区爆发一场暴力战争”，由此粉碎欧洲战争已成历史、欧洲国家不再需要美国领导的北约的观念。

南斯拉夫成立于 1945 年，是一个社会主义联邦共和国，由六个不同宗教的共和国组成：塞尔维亚、马其顿和黑山主要

---

① 威廉·恩达尔：《天定命运论：认知失调的民主》（*Manifest Destiny: Democracy as Cognitive Dissonance*），威斯巴登：我的图书（mine.Books）出版社 2018 年，第 90 页。

② 威廉·恩达尔：《天定命运论：认知失调的民主》，第 91 页。

是东正教；斯洛文尼亚和克罗地亚主要是罗马天主教徒；波斯尼亚—黑塞哥维那主要是穆斯林。布什政府的计划是发动战争，把南斯拉夫分裂成独立的非社会主义国家。

该计划的执行始于利用由美国控制的国际货币基金组织摧毁南斯拉夫的经济。可以预见，“在日益严重的经济混乱中，每个地区都在与邻国为生存而战”①。

当时，布什政府通过了《对外行动拨款法案》(*Foreign Operations Appropriations Act*，以下简称《拨款法案》)，使战争不可避免。该法案规定，南斯拉夫任何地区如果在 6 个月内未能宣布独立，就将失去美国的所有财政支持。该法案将贝尔格莱德的南斯拉夫联邦政府推入生死存亡的危机之中。它“无法支付外债的巨额利息，甚至无法安排购买工业原料，信贷崩溃，各方相互指责”②。

1. 波斯尼亚和黑塞哥维那

布什政府不仅依靠《拨款法案》，还让五角大楼派遣数千名参加过阿富汗圣战者行动的老兵飞赴欧洲。1992 年，这些圣战人员被空运到波斯尼亚—黑塞哥维那（位于信奉天主教的克罗地亚和信奉东正教的塞尔维亚之间），帮助波斯尼亚的穆斯

① 威廉·恩达尔:《天定命运论：认知失调的民主》，第 93 页。
② 威廉·恩达尔:《天定命运论：认知失调的民主》，第 94 页。

林。[①] 恩达尔指出："是华盛顿促成暴力的政治伊斯兰宗教激进主义突然成为欧洲的核心。"[②]

同年在里斯本起草了一个条约计划，以防止穆斯林、天主教徒和东正教之间在波斯尼亚—黑塞哥维那爆发内战。该条约计划由英国和葡萄牙提出，旨在通过宗教信仰的集中度来分割国家。波斯尼亚—黑塞哥维那的三位领导人签署了该条约。

但国务卿劳伦斯·伊格尔伯格（Lawrence Eagleburger）指示美国驻南斯拉夫大使沃伦·齐默尔曼（Warren Zimmer-mann）说服波斯尼亚穆斯林的领袖阿利雅·伊泽特贝戈维奇（Alija Izetbegović）背弃《里斯本条约》。齐默尔曼向伊泽特贝戈维奇承诺，如果他食言，将向波黑提供政治、外交和军事援助，从而说服了他。《里斯本条约》本可以避免波斯尼亚战争。然而，"避免这样一场战争正是华盛顿想要阻止的。他们想通过波斯尼亚战争增强他们在欧洲和其他地区的地缘政治战略"[③]。

由于塞尔维亚人最反对南斯拉夫联邦解体，因此他们成为美国的主要攻击目标。美国政府通过将塞尔维亚人妖魔化为纳粹、犯下类似大屠杀的"种族清洗"罪，而"将波斯尼亚穆斯

---

① 阿姆斯特丹大学的塞斯·韦布斯（Cees Wiebes）教授后来出版了一本书，名为《情报与波斯尼亚战争：1992—1995 年》（*Intelligence and the War in Bosnia: 1992–1995*），《情报史研究》2003 年。书中记录了五角大楼与中东伊斯兰激进组织——包括奥萨马·本·拉登的阿富汗圣战者组织（AFGH）网络——之间的秘密联盟如何帮助波斯尼亚的穆斯林。

② 威廉·恩达尔：《天定命运论：认知失调的民主》，第 96 页。

③ 威廉·恩达尔：《天定命运论：认知失调的民主》，第 97 页。

林描绘成塞尔维亚暴行的不幸受害者……很显然，波斯尼亚塞族部队犯下了所有可以想象的罪行”[①]。

> 当美国的宣传机构炮制了无数关于塞尔维亚人轰炸平民、村民和医院、袭击联合国所谓的“安全区”以及西方媒体捏造成千上万起强奸穆斯林妇女的报道时，由《纽约时报》牵头的媒体称，塞族人掌管的“强奸营”与穆斯林圣战雇佣军和伊泽特贝戈维奇的军队一起，对波斯尼亚塞族人制造了骇人听闻的暴行，但这些暴行被美国和西方媒体封锁。[②]

在这种情况下，尽管有困难，从布什手中接过总统职位的比尔·克林顿，还是能够说服盟国支持北约的空袭行动，以削弱波斯尼亚塞族军队的军事能力。

对塞族人最重要的妖魔化是有关在联合国安全区对无辜波斯尼亚穆斯林的“斯雷布雷尼察大屠杀”。事情是这样的：屠杀发生前，波斯尼亚穆斯林圣战分子在纳赛尔·奥里奇（Naser Orić）的领导下，违反联合国关于安全避难所的人道主义规则，将斯雷布雷尼察的安全避难所当作袭击塞尔维亚村庄的非法基地。奥里奇的士兵屠杀了超过 3500 东正教徒，包括妇女和儿童。这些杀戮“在波斯尼亚塞族士兵中激起了复仇的愤怒和火焰，他们试图从波斯尼亚人手中夺取斯雷布雷尼察的控制权”。

---

① 威廉·恩达尔：《天定命运论：认知失调的民主》，第 114 页。
② 威廉·恩达尔：《天定命运论：认知失调的民主》，第 105 页。

但是当这些士兵进入斯雷布雷尼察时，他们没有遇到任何反抗。在妇女、儿童和老年人安全的情况下，波黑塞族人开枪打死了波黑穆族人。[①]

曾在斯雷布雷尼察指挥过战斗的加拿大少将刘易斯·麦肯齐（Lewis Mackenzie）后来解释了没有人反抗的原因。他在一篇名为《斯雷布雷尼察背后的真实故事》（*The Real Story behind Srebrenica*）的专栏文章中写道：

> 领导波斯尼亚穆斯林士兵的那个人知道波斯尼亚塞族军队要进攻斯雷布雷尼察，以阻止他们进攻塞族村庄。所以他和……他的士兵溜出了城。斯雷布雷尼察的战略定位显而易见，即让塞尔维亚人袭击一个没有设防的城镇，这会让北约和联合国一致认为北约对塞尔维亚人的空袭是正当的。[②]

恩达尔指出，换句话说："华盛顿希望斯雷布雷尼察大屠杀成为美国可以对塞尔维亚动武的理由。"[③]这个计划成功了。

> 克林顿政府得到了他们想要的——北约继续作为美国控制西欧军事组织的借口。美国还在波斯尼亚—黑塞哥维

---

① 威廉·恩达尔：《天定命运论：认知失调的民主》，第108—109页。

② 刘易斯·麦肯齐：《斯雷布雷尼察背后的真实故事》（*The Real Story behind Srebrenica*），载《环球邮报》（*Globe and Mail*）2005年7月14日。

③ 威廉·恩达尔：《天定命运论：认知失调的民主》，第109页。

那部署了 8 万名北约永久占领军，以执行“和平”任务。[①]

1992 年至 1995 年在波斯尼亚—黑塞哥维那发生的波斯尼亚战争最终成为第二次世界大战以来欧洲最具破坏性的冲突，造成 10 万多人死亡、220 万人流离失所。克林顿达到了的目的，南斯拉夫开始解体。[②]

考虑到华盛顿所希望的南斯拉夫联邦解体将是“点燃新一轮巴尔干战争的导火索”，美国为战争提供了资金：

> 华盛顿的资金支持通常被用于极端民族主义或前法西斯组织，这些组织将保证南斯拉夫被暴力和血腥地肢解。右翼和法西斯组织（曾被中央情报局流放）突然复活，并开始得到秘密支持。[③]

英国首相玛格丽特·撒切尔的顾问阿尔弗雷德·谢尔曼（Alfred Sherman）爵士曾在 1997 年说过：“从任何意义上讲，波斯尼亚战争都是美国的战争。美国政府不但帮助启动了该计划，使其得以继续，还阻止其早日结束。”[④]至于维持现状，恩达尔写道：“波黑战争持续的时间越长，对华盛顿试图恢复美国

---

① 威廉·恩达尔：《天定命运论：认知失调的民主》，第 110 页。

② 玛丽亚·马尔科维奇（Maria Markovic）：《克林顿夫妇是塞尔维亚最讨厌的一对儿吗？》（*Are the Clintons Serbia's Most Hated Couple?*），南方电视台 2016 年 3 月 24 日。

③ 威廉·恩达尔：《天定命运论：认知失调的民主》，第 95 页。

④ 威廉·恩达尔：《天定命运论：认知失调的民主》，第 94 页。

领导的北约在巴尔干半岛和欧洲所扮演的角色就越有利。”[①]

但是在1995年，美国突然结束了这场战争。为什么？因为华盛顿发现，为了能够控制包括中东和高加索地区在内的整个地区，在科索沃建立永久性军事基地更重要。[②]

2. 轰炸科索沃

1999年，克林顿让北约对南斯拉夫发动第二次战争，首先针对的是主要由阿尔巴尼亚族人组成的塞尔维亚科索沃省。克林顿政府发动这场战争的主要原因源自南斯拉夫总统斯洛博丹·米洛舍维奇。恩达尔写道：

> 到1999年，华盛顿很清楚，如果要提出北约对后苏联欧洲军事统治的议程，受欢迎的顽固的米洛舍维奇必须下台。华盛顿决心要在当时还是塞尔维亚不可分割的组成部分的科索沃建设一个庞大的军事空军基地，以确保他们对整个欧洲东南部地区的控制，并让驻扎在克里米亚至关重要的俄罗斯黑海舰队处于美国空袭的打击范围之内。[③]

科索沃的战斗主要发生在塞尔维亚军队与科索沃解放军之间，后者的战士是由美国招募的圣战者雇佣军训练的。尽管科索沃解放军最初由科索沃人组成，但“前美国五角大楼特种部

① 威廉·恩达尔：《天定命运论：认知失调的民主》，第104页。
② 威廉·恩达尔：《天定命运论：认知失调的民主》，第109页。
③ 威廉·恩达尔：《天定命运论：认知失调的民主》，第122页。

队和退役军人”对其进行了扩充。1998 年，科索沃解放军在南斯拉夫首都贝尔格莱德加紧了对政府官员的袭击。当时，科索沃解放军只有 500 名训练有素的战士。但是，通过向科索沃解放军提供武器和训练，西方列强在 1999 年将科索沃解放军打造成一支拥有大约 3 万名成员的主要游击队。[①]

华盛顿对那些可能愿意与塞尔维亚政府通过外交途径解决问题的人毫无兴趣，“华盛顿故意把科索沃温和派排除在外，转而支持科索沃解放军的黑手党，后者曾被保证不会寻求和平”[②]关于“黑手党”这一称呼，前美国国家安全局官员韦恩·马德森（Wayne Madsen）表示：“科索沃解放军实际上是科索沃的一个黑手党组织，他们在为美国工作之前就以贩毒闻名。”1999 年《华盛顿时报》（*Washington Times*）报道称，克林顿政府完全了解科索沃解放军走私海洛因，但主流媒体对这一报道不予理睬。事实上，尽管美国国务院将伊斯兰抵抗运动列为恐怖组织，但克林顿政府和媒体开始将其成员称为“民主自由战士”[③]。

北约通过轰炸塞尔维亚人来支持这些“自由战士”。克林顿总统说，美国参与科索沃战争的原因是“有必要停止种族清洗，为东欧带来稳定”。克林顿对全国人民说，通过干预，“我们维护了我们的价值观，保护了我们的利益，推进了和平事业”。英国首相托尼·布莱尔称这是一种新型的战争，在这场战争中，我们“为价值观”而战，为“一种新的国际主义而战。

① 威廉·恩达尔：《天定命运论：认知失调的民主》，第 113—114 页。

② 威廉·恩达尔：《天定命运论：认知失调的民主》，第 111 页。

③ 威廉·恩达尔：《天定命运论：认知失调的民主》，第 111—112 页。

在这种国际主义情况下，将不再容忍对整个民族的残酷镇压”[①]。

克林顿和布莱尔都表示，北约轰炸塞尔维亚人是为了停止对科索沃阿尔巴尼亚族人的种族清洗。正如乔姆斯基所强调的，他们的说法确实是有事实根据的。尽管塞尔维亚人在科索沃的暴行相当真实，而且常常令人毛骨悚然，但“轰炸并不是像领导人声称的那样，是对种族清洗的‘回击’和‘逆转’”。“相反，克林顿和布莱尔决定支持一场导致种族清洗加速升级的战争。”[②]

轰炸的支持者称这是“人道主义干涉”。他们说，轰炸是合理的，因为发生了大规模犯罪。然而，乔姆斯基指出：

> 大规模的犯罪发生在轰炸开始之后：它们不是原因，而是后果。因此，必须相当大胆地制造这些罪行，并为煽动助长这些罪行的行为提供事后的理由。[③]

此外，“大规模犯罪”——包括美国政府所谓的“种族清洗”——是此次轰炸的预期后果。北约最高指挥官韦斯利·克拉克（Wesley Clark）将军说，“完全可以预见”，这次轰炸将使塞尔维亚的恐怖和暴力加剧，“军事当局完全预料到了米洛舍

---

① 诺姆·乔姆斯基：《新军事人道主义：科索沃的教训》（*The New Military Humanism: Lessons from Kosovo*），共同勇气出版社 1999 年，第 3 页。

② 诺姆·乔姆斯基：《新军事人道主义：科索沃的教训》，第 16 页。

③ 诺姆·乔姆斯基：《回顾北约对科索沃的战争》（*A Review of NATO's War over Kosovo*），载《Z》杂志 2001 年 4 月至 5 月。

维奇将采取的邪恶手段，以及他执行任务的可怕效率”[①]。

3. 轰炸贝尔格莱德

除了轰炸科索沃以支持科索沃解放军，克林顿领导的北约还开始轰炸塞尔维亚和南斯拉夫的首都贝尔格莱德。“克林顿的轰炸行为违反了联合国宪章、联合国安理会决议和北约宪章本身。”[②]这次攻击持续了 78 天，使用了 2300 枚导弹和 1.4 万枚炸弹，摧毁了贝尔格莱德。

> 这次非法轰炸摧毁了 2.5 万座房屋、300 英里的公路和近 400 英里的铁路。许多公共建筑被毁，包括 14 个机场、19 所医院、18 所幼儿园、69 所学校、176 座文化古迹和 44 座桥梁。袭击造成至少 5000 人死亡（一些消息来源称死亡人数接近 1.8 万人），1.25 万人受伤，而且该地区被贫铀污染。[③]

这次对贝尔格莱德的破坏是事先计划好的。在轰炸开始时，克拉克将军说：“我们将有系统地、逐步地攻击、瓦解、削弱、摧毁，最终……摧毁米洛舍维奇的部队及其设施。”哈罗德·品特（Harold Pinter）回应称，米洛舍维奇的部队和设施“如我

① 诺姆·乔姆斯基：《新军事人道主义：科索沃的教训》，第 20—21 页。

② 诺姆·乔姆斯基：《新军事人道主义：科索沃的教训》，第 114 页。

③ 参见玛丽亚·马尔科维奇：《克林顿夫妇是塞尔维亚最讨厌的一对儿吗？》。

们现在所知，包括电视台、学校、医院、剧院和养老院”[①]。

4. 处置米洛舍维奇

总之，当轰炸结束时，米洛舍维奇撤出科索沃，但有一项谅解，即如果他撤走南斯拉夫军队，结束长达 10 年之久的战争，科索沃将由联合国来维持秩序。

然而，2001 年，美国以“在科索沃犯下战争罪和危害人类罪”为由，向南斯拉夫政府施加压力，要求将米洛舍维奇引渡到海牙特别国际刑事法庭（International Criminal Tribunal）。南斯拉夫当局屈从了这一压力。因为美国威胁说，如果引渡请求被拒绝，将切断国际货币基金组织和世界银行对南斯拉夫的财政援助。[②]

在海牙法庭，米洛舍维奇被指控实施了种族清洗、谋杀、灭绝和酷刑。种族灭绝指控的主要依据是斯雷布雷尼察大屠杀。但在 2004 年，由阿姆斯特丹大学教授塞斯·韦布斯（Cees Wiebes）领导的一个专家小组撰写的一份长达 7000 页的报告得出结论，米洛舍维奇在大屠杀和种族灭绝事件中是无辜的。韦布斯的团队向海牙法庭首席检察官提供了他们的证据，但是被驳回了。

2006 年，米洛舍维奇被发现死在牢房里。然而，在 2016

---

① 哈罗德·品特：《前言》。引自菲利普·哈蒙德（Philip Hammond）、爱德华·赫尔曼（Edward S. Herman）编：《削弱的能力：媒体和科索沃危机》（*Degraded Capability: The Media and the Kosovo Crisis*），冥王星（Pluto）出版社 2000 年，第 vii 页。

② 威廉·恩达尔：《天定命运论：认知失调的民主》，第 130 页。

——迟了十年——海牙国际法庭在对波斯尼亚塞族领导人拉多万·卡拉季奇的审判中裁定，没有足够的证据证明米洛舍维奇犯有种族灭绝罪，而种族灭绝罪恰恰曾作为“北约对塞尔维亚人民实施军事侵略”的借口。[①]

人为毁灭南斯拉夫计划的结果是：“一系列令人毛骨悚然的区域性的种族战争持续了十年，导致 13.3 万多人死亡。但据估计死亡人数应超过 20 万。”[②]

5. 西方的反应

尽管毁灭南斯拉夫背后的真实故事极其邪恶，但西方政府和媒体却将其描绘成非常有道德的事件。诺姆·乔姆斯基在 1999 年出版的《新军事人道主义：科索沃的教训》一书中写道：

> 科索沃的危机激发了人们的激情和远见卓识，而这种激情和远见卓识是罕见的。这些事件被描绘成“国际关系中的一个里程碑”，开启了世界历史阶段没有先例的大门、一个道德正直的新时代，“在一个致力于结束无人性的理想主义新世界的指引下……这些新观念将取代那些被证明是失败的灾难性世界秩序的腐朽制度”。为此我们必须摒

---

① 安迪·威尔科森（Andy Wilcoxson）：《海牙法庭再次免除斯洛博丹·米洛舍维奇的责任》（*Hague Tribunal Exonerates Slobodan Milosevic Again*），载《文化战略》（*Strategic Culture*）2017 年 7 月 12 日。

② 威廉·恩达尔：《天定命运论：认知失调的民主》，第 95 页。

弃那些对早期规范“创新但合理”背离的新兴思想观念。①

在这些新的国际关系观念中，国家以所谓“真正人道的原则和价值观”行事。②

那么，什么是“世界秩序的腐朽制度”呢？这主要是指以联合国为基础的国际法，其原则是每个国家都是主权国家，即除非 A 国有证据证明 B 国即将发动攻击，否则 A 国不能向 B 国发动战争——时间紧迫，联合国来不及干预。什么是对早期规范的“创新但合理”的背离？这主要是“人道主义战争”的概念，根据这个概念，美国攻击另一个国家，不需要知道这个国家是否打算攻击美国，只需要声称这个国家正在犯战争罪——或者至少该国正计划这样做。

例如，法学教授米歇尔·格伦农（Michael Glennon）提倡所谓的“新干涉主义”，意即世界事务进入一个新时代，在这个时代，“开明的国家”（主要指美国和英国）为了遵循他们追捧的“现代正义观念”，最终能够在他们“认为公正”的地方使用武力，从而“抛弃”限制性的旧规则。格伦农说：“科索沃的危机表明，美国愿意做自己认为正确的事情——国际法靠不住。”③

另一个例子是克林顿的国家安全顾问安东尼·莱克

---

① 诺姆·乔姆斯基：《新军事人道主义：科索沃的教训》，第 1 页。

② 诺姆·乔姆斯基：《新军事人道主义：科索沃的教训》，第 2 页。

③ 诺姆·乔姆斯基：《新军事人道主义：科索沃的教训》，第 4—5 页。引自迈克尔·格伦农：《新干涉主义》（*The New Interventionism*），载《外交事务》1999 年 5 月/6 月。

(Anthony Lake) 主张“新威尔逊主义观点”，即“美国利用其对权力的垄断来干预其他国家，以促进民主”[①]。克林顿政府的威尔逊主义使一些观察人士认为，美国的外交政策已经进入一个“高尚的阶段”，洋溢着“神圣的光辉”。[②]

然而，正如上面关于摧毁南斯拉夫的讨论所表明的——这是布什和克林顿政府的真正动机而不是宣传——这次行动没有任何高尚或神圣之处。美国并不是突然开始做正确的事情。相反，它一直在做它认为符合自己利益的事情，不管它夺取了多少人的生命和摧毁了多少国家。

结 论

正如前面所指出的，许多美国评论家认为美国政府自 1945 年以来所做的可怕的事情都是对苏联的威胁和行动的反应。但在苏联解体后，美国人可以看到自己国家的行为没有改变，其行动一直是侵略性的而非防御性的，实现了长期的全球主导目标。美国在巴拿马、伊拉克和南斯拉夫的行为也毫无例外。

---

① 诺姆·乔姆斯基:《新军事人道主义：科索沃的教训》，第 14 页。引自《纽约时报》1994 年 9 月 23 日安东尼·莱克的文章。

② 诺姆·乔姆斯基:《新军事人道主义：科索沃的教训》，第 14 页。引自塞巴斯蒂安·马尔拉比 (Sebastian Mallaby):《不安的伙伴》(*Uneasy Partners*)，载《纽约时报书评》(*NYT Book Review*) 1997 年 9 月 21 日。

第 13 章　驱动全球主导

正如我们所看到的，冷战的结束为主张建立一个真正全球性的美利坚帝国提供了机会。现在帝国可以在没有苏联支持的抵抗下，接管不对美国实行经济开放的国家。然而，在这些精英推动者当中，对于美国应如何积极地利用其压倒性的军事力量来促进自身利益的问题，存在着分歧。

一个学派认为，传统上只有在经济和外交努力失败之后，才应将这种军事力量作为最后的手段。即便如此，军事力量也不应该——除了美洲内部——被单方面使用，而只能在联合国决议或者至少在某些多边联盟的掩护下使用。这个学派认为，这种帝国主义最终是更加有效的，因为它的帝国主义图谋可以通过充分的掩饰——部分是通过“全球化”这样的善意语言，诱导合作或者至少避免引起大规模的反抗。

另一学派认为，既然美国最终获得了长期以来一直在争取的压倒性军事优势，就应该加以充分利用，除了因为现在美国的相对军事力量远远大于其相对经济实力外，还因为政府需要保证军事装备供应公司的业务，以及目前可以更快地获得军事胜利。此外，这些胜利将对其他国家产生有益影响，即这些国家可能会考虑美国提出的经济重建的建议。

有人反对说，如此公然地拥护帝国主义的这种做法会适得其反，因为它暴露了美国的真正意图，从而产生阻力。但这一更具军国主义色彩的学派显然认为，美国现在的实力如此强大，无须担心这种阻力。尽管如此，在实施理查德·福尔克（Richard Falk）所说的“全球统治计划”方面，更加军事化的方法无疑已被证明是具有启示意义的。[①] 本章追溯了这种更具军国主义色彩的方法的兴起和由此产生的启示。

一、军国主义学派的早期表现

尽管有人可能认为克林顿政府在伊拉克和以美国为首的北约对塞尔维亚的战争中以足够残酷的方式利用了美国的权力。但也有些美国人，其中有些人曾在里根和布什政府任职，对拥有独一无二的超级大国地位的美国未能更充分地利用自己的权力感到失望。科林·鲍威尔最早表达了这一观点。他在 1992 年初对国会议员表示，美国需要“足够的力量”以“阻止任何梦想在世界舞台上挑战我们的梦想者”。鲍威尔甚至说“我想成为街区里的恃强凌弱者”，这让潜在的反对者认为，“试图挑战美国的军事力量是没有前途的”[②]。

---

① 《抵抗全球统治计划：与理查德·福尔克教授的访谈》（*Resisting the Global Domination Project：An Interview with Professor Richard Falk*），载《前线》（*Frontline*）2003 年 4 月 12 日至 25 日。

② 《科林·鲍威尔对国会的证词》（*Colin Powell, Testimony to Congress*），1992 年。

1992年，五角大楼的《国防规划指导》(*Defense Planning Guidance*，缩写DPG）草案发表了更为系统的声明。这份文件的主要作者是时任国防部负责政策的副部长保罗·沃尔福威茨和刘易斯·“滑板车”·利比（后来成为布什政府副总统切尼的幕僚长)。虽然这是一份机密文件，但还是泄露给了《纽约时报》。[①]公开披露的段落如下：

> 我们的首要目标是防止新对手的再次出现。这就要求我们努力防止任何敌对势力控制一个地区，使其资源在统一控制下足以产生全球力量。这些地区包括西欧、东亚、苏联的领土和西南亚。美国必须……建立和保护一个新的秩序……说服潜在的竞争对手，他们不需要追求更大的角色或采取更积极的姿态来保护他们的合法利益……我们必须保持阻止潜在竞争对手乃至渴望发挥在区域或全球作用的各种机制……我们将继续承担首要责任，有选择地处理那些不仅对我们的利益而且对我们的盟友或朋友利益造成威胁的错误。[②]

---

① 帕特里克·E.泰勒（Patrick E. Tyler)：《摘自五角大楼的计划："防止新对手的再次出现"》(*Excerpts From Pentagon's Plan*：*Prevent the Re- Emergence of a New Rival*)，载《纽约时报》1992年3月8日。

② 这一论断与约瑟夫·熊彼特1919年关于罗马帝国的论断惊人地相似。他说，对于罗马来说，“在已知的世界上，没有哪个角落的某些利益没有受到威胁或受到实际攻击。如果利益不是罗马人的，那就是罗马盟友的；如果罗马没有同盟，同盟就会产生。当完全不可能产生这种兴趣的时候——啊，那就侮辱了国家荣誉。这场斗争总是带有合法性的光环。罗马总是受到心怀不轨的邻居的攻击。全世界到处都是敌人，显然罗马有责任防范他们毫无疑问的侵略计划”。

请注意，根据《国防规划指导》的说法，“建立和保护”新秩序的是美国而不是联合国。

如果有人认为联合国在某种程度上扮演着世界政府的角色，那么华盛顿肯定从未有过这种错觉。美国很清楚只要有一个世界政府，那它一定就是美国。美国军方将世界划分为六个军事“指挥部”（除中央指挥部[涵盖从阿富汗到埃及以及叙利亚等 20 个国家]外，还有非洲指挥部、欧洲指挥部、北部指挥部、太平洋指挥部和南部指挥部）这一事实说明了这一点。[①] 此外，2018 年的一篇文章的标题《美国新国防战略：全世界都是我们的战场》（*The New US Defense Strategy*：*All the World Our Battlefield*）[②] 也是最好的说明。

总之，《国防规划指导》草案提到的“利益”之一是“获得重要的原材料，主要指波斯湾石油”，而保护这些利益的选择之一就是先发制人的军事行动。

安德鲁·巴塞维奇说：“《国防规划指导》草案实际上是美国永久性全球霸权的蓝图。”[③] 巴塞维奇在书中写道，“沃尔福威茨是轻率的”，他公开表示“制定战略的恰当基础是对权力和私利的考量，而不是利他主义和崇高理想”[④]。

鉴于此，五角大楼放弃并撤回了这一草案，以更友好、更

---

① 《联合指挥计划：国防部指挥官的职责范围》（*United Command Plan*：*Commanders' Area of Responsibility, Department of Defense*）。

② 卡尔·科内塔（Carl Conetta）：《美国新国防战略：全世界都是我们的战场》（*The New US Defense Strategy*：*All the World Our Battlefield*），脸书（Facebook）2018 年 1 月 19 日。

③ 安德鲁·巴塞维奇：《美利坚帝国》，第 44 页。

④ 安德鲁·巴塞维奇：《美利坚帝国》，第 45 页。

温和的语气重写了这一规划。但其主导思想并没有改变。他们在后来的一系列公开发表的规划指导中表达了以下三个主旨：(1) 发动先发制人的攻击；(2) 在若干国家实现政权更迭，首先从伊拉克开始；(3) 实现全球霸权。

二、后来的发展

1996 年曾在里根的五角大楼工作、小布什担任总统期间很有影响力的理查德 · 佩尔 (Richard Perle) 在以他为主起草的一份文件中建议以色列应该努力清除萨达姆 · 侯赛因。这是取代该地区其他政府的第一步，其他政府包括叙利亚、黎巴嫩和伊朗。[①]

1997 年，前国家安全助理兹比格涅夫 · 布热津斯基 (Zibgniew Brzezinski) 出版了一本名为《大格局》(*The Grand Chessboard*) 的书。在书中，他把欧亚大陆描绘成世界大国的关键，而控制欧亚大陆的关键是拥有石油储备丰富的中亚。布热津斯基说，美国要保持其全球主导地位，就必须防止任何可能的对手控制该地区。当然，布热津斯基知道在公共场合不应该像沃尔福威茨那样轻率，他说：

① 高级战略与政治研究所理查德 · 佩尔等：《彻底的决裂：保护王国的新战略》(*A Clean Break: A New Strategy for Securing the Realm*)，1996 年 7 月 8 日。

> 美国政策的最终目标应该是良性的和有远见的：建立一个真正合作的全球社会，以符合……人类的根本利益。

布热津斯基在表示了对美国的虔诚之后，立即补充道："但与此同时，当务之急是不能出现任何有能力主宰欧亚大陆进而挑战美国的欧亚挑战者。"①

其实这里言外之意就是美国不仅是西半球的合法统治者，而且是整个世界及其资源的合法统治者。因此，尽管欧亚大陆是中国和俄罗斯的家园，但如果这两个国家试图控制欧亚大陆的资源，都无异于"挑战美国"。

总而言之，布热津斯基接着指出，尽管目前"美国建设性地利用其全球实力的历史机遇可能相对较短"，但美国公众可能不愿将其实力用于帝国主义目的。②这就是问题所在：

> 美国在国内过于民主，不可能在国外独断专行。这使美国的实力受到了限制，尤其是其军事威慑能力方面。除非公众的幸福感突然受到威胁或挑战，对权力的追求并不是一个能激起大众激情的目标。③

---

① 兹比格涅夫 · 布热津斯基：《大格局：美国的首要地位及其地缘战略必要性》(*The Grand Chessboard: American Primacy and Its Geostrategic Imperatives*)，纽约：基础图书出版社 1997 年。

② 兹比格涅夫 · 布热津斯基：《大格局：美国的首要地位及其地缘战略必要性》，第 210 页。

③ 兹比格涅夫 · 布热津斯基：《大格局：美国的首要地位及其地缘战略必要性》，第 35—36 页。

能让美国公众愿意这么做的，只会是“一个真正巨大且被广泛感受到的直接外部威胁”。这本书结尾处的这段话与之前的一段话相似，布热津斯基在这段话中说，美国公众愿意支持“美国参与第二次世界大战，主要是因为日本袭击珍珠港的冲击效应”[①]。如果把这两段话放在一起读，布热津斯基似乎是在说，最好的结果就是建立一个新的珍珠港。他暗示，只有考虑到这样一个“巨大且被广泛感受到的直接外部威胁”，美国纳税人才会愿意为该计划埋单，以维持和增强美国的地缘政治优势。

同年（1997 年），新美国世纪计划委员会（Project for the New American Century，缩写 PNAC）成立，成员包括唐纳德·拉姆斯菲尔德、迪克·切尼、保罗·沃尔福威茨、理查德·佩尔、威廉·克里斯托尔（William Kristol）、理查德·阿米蒂奇（Richard Armitage）、约翰·博尔顿（John Bolton）、罗伯特·卡根和他的父亲唐纳德·卡根。1998 年，所有这些人都在新美国世纪计划委员会一封给克林顿总统的信上签了名，敦促他采取军事行动，以“推翻萨达姆·侯赛因及其政权”。

2000 年，新美国世纪计划委员会发表了《重建美国国防》（*Rebuilding America's Defenses*）的研究报告，这是一个

---

① 兹比格涅夫·布热津斯基：《大格局：美国的首要地位及其地缘战略必要性》，第 24—25、212 页。

维护美国全球主导地位的蓝图，旨在阻止一个大国竞争对手的崛起，并按照美国的利益塑造世界。研究报告中写道，与萨达姆的冲突为在伊拉克采取军事行动提供了“立即的正当理由”，“美国在海湾地区大量驻军的必要性超越了萨达姆政权的问题”。换句话说，即使萨达姆不在那里，美国也需要接管伊拉克。报告还呼吁防止任何其他国家，甚至是亲密盟友获得更多的政治权力。美国不仅在伊拉克，而且在中国、朝鲜、利比亚、叙利亚和伊朗都提倡“政权更迭”。因此很明显，接管伊拉克的计划是出于美国的帝国主义需要，而不是对“9·11”事件的反击，“9·11”事件只是个借口而已。

与布热津斯基的书相比，新美国世纪计划委员会的研究报告更明确地表达了对珍珠港式事件的渴望。该研究报告呼吁实现“军事革命”，称所需的转变可能会缓慢实现，“不会出现一些灾难性和催化性的事件——比如新的珍珠港事件”[①]。珍珠港事件似乎在很多高层人士的脑海中挥之不去。例如据报道，在 9 月 11 日那天晚上，布什总统在日记中写道：“21 世纪的珍珠港事件发生在今天。”[②]

美国在阿富汗和伊拉克的战争被批评人士普遍解读为石油战争。当然，尽管布什政府否认这是一个动机，但在布什总统任期的第一年，有关石油战争的讨论相当多。例如陆军战争学

① 《重建美国防御：新世纪战略、力量和资源》(*Rebuilding America's Defenses: Strategy, Forces and Resources for a New Century*),《新美国世纪计划报告》2000 年 9 月 (*A Report of the Project for the New American Century, September 2000*)，第 51 页。

② 《华盛顿邮报》2002 年 1 月 27 日。

院学报上的一篇文章不仅认为为了降低天然气价格，在波斯湾发动战争是合法的，而且还认为总统在推动冲突时的托词是可以接受的。文章作者公开纵容政府，为了发动公众对战争的支持，隐瞒战争的实际原因。①

2001 年 4 月，外交关系委员会委托曾在 2000 年布什总统大选中发挥了重要作用的前国务卿詹姆斯 · 贝克撰写的一份报告指出，如果美国要真正控制其石油，伊拉克政府必须被推翻。尽管这篇报告被主流报纸引用②，但在其他一些国家，美国媒体后来对战争动机的讨论就好像这个故事从未出现过。

关于阿富汗战争是不是对“9·11”事件的报复，前巴基斯坦外交部长尼亚兹 · 内克（Niaz Naik）报告称，美国高级官员在 2001 年 7 月 21 日的一次会议上告诉他，推翻阿富汗塔利班政权的军事行动是计划“在阿富汗开始下雪之前，最迟在 10 月中旬开始”。他说，军事行动的目标是推翻塔利班政权，并在其地方建立过渡政府。因此，只有在布什政府对 9 月 11 日袭击有先见之明的情况下，对塔利班的战争才能被宣传为对这次袭击的反击。

据报道，国防部长拉姆斯菲尔德在“9·11”事件的当天下午给五角大楼参谋长联席会议代理主席理查德 · 迈尔斯（Richard Myers）将军的一份报告中写道，美国官员此前一直

---

① 《悉尼先驱晨报》(*Reported in the Sydney Morning Herald*) 2002 年 12 月 26 日。

② 《星期日先驱晨报》(*Sunday Morning Herald*)2002 年 10 月 5 日;《悉尼先驱晨报》2002 年 12 月 26 日。哥伦比亚新闻广播公司 2002 年 9 月 4 日报道。

在考虑针对阿富汗和伊拉克的行动，迈尔斯想要“尽快得到最好的信息，同时判断萨达姆·侯赛因是否受到了足够有效的打击，而不仅仅是乌萨马·本·拉登。无论是相关的还是无关紧要的，必须全力以赴，彻底清除干净”[①]。根据鲍勃·伍德沃德(Bob Woodward)的《战争中的布什》(*Bush At War*)一书的描述，在第二天早上的内阁会议上，拉姆斯菲尔德坚持认为萨达姆的伊拉克应该是“第一轮恐怖主义的主要打击目标”[②]。9 月 17 日，布什总统签署了一份“绝密”文件，其中包括一项阿富汗战争计划，该文件还指示五角大楼开始为入侵伊拉克制定军事方案。[③]

无论新美国世纪计划委员会是否知道布什已经签署了这份文件，在 9 月 20 日，委员会发表了一封公开信，敦促布什立即攻打伊拉克。11 月 21 日，布什说：

> 阿富汗只是反恐战争的开始。还有其他恐怖分子威胁美国和我们的朋友，另有其他国家愿意支持他们。除非消除所有这些威胁，否则我们的国家是不会安全的。[④]

---

① 《悉尼先驱晨报》2002 年 12 月 26 日。哥伦比亚新闻广播公司 2002 年 9 月 4 日报道。

② 鲍勃·伍德沃德：《战争中的布什》(*Bush at War*)，西蒙和舒斯特出版社 2002 年，第 49 页；2003 年 3 月 5 日美国广播公司晚间新闻报道 2003 年 3 月 5 日。

③ 《华盛顿邮报》2002 年 12 月 12 日。

④ 白宫，2001 年 11 月 21 日。

不久之后，《卫报》报道称，“美国已经制定了将采取军事行动的目标国家名单，主要针对的是其认为恐怖组织猖獗的全球流氓地区”，包括伊拉克。[①]很少有报道说这份“黑名单”早在“9·11”事件之前就制定好了。

总而言之，布什在2002年1月的国情咨文中把伊拉克、伊朗和朝鲜称为“邪恶轴心”国，并警告说不会坐视事态发展，以防止它们对美国使用大规模杀伤性武器。因此，美国公开宣布了先发制人的战争理论，尽管没有使用这个措辞。

2002年5月，拉姆斯菲尔德的《国防政策指导》（*Defense Policy Guidance*）文件发表。该文件包含了1992年草案的所有关键内容，先发制人的攻击在这里被称为“未经警告的攻击”。它甚至说要用穿透地球的核武器先发制人，攻击“硬化和深埋的目标”。除了强调先发制人的攻击外，这个新版本的《国防规划指导》还保留了1992年草案的全球主导主题。[②]

随后，2002年9月发表的《美利坚合众国国家安全战略》（*The National Security Strategy of the United States of America*，缩写NSS 2002）综合了以上两个报告的主题。即使在总统签署的附函中，先发制人的想法也非常突出。报告称，对于“我们的敌人获取危险技术所做的努力”，美国将在这些新的威胁形成之前采取自卫行动。

---

① 《卫报》2001年12月10日。

② 大卫·阿姆斯特朗（David Armstrong）：《迪克·切尼的美国之歌：起草计划还是称霸全球》（*Dick Cheney's Song of America: Drafting a Plan or Global Dominance*，《哈珀》（*Harper's*）2002年10月。

报告称“我们最好的防御就是好的进攻”[①]，还指出：

> 鉴于流氓国家和恐怖主义分子的目标，美国不能再像过去那样依赖一种被动的反应姿态。由于我们无法阻止潜在的攻击者，而今天的威胁如此紧迫，加上对手选择的武器可能造成的潜在伤害的严重程度，都不允许这样做。我们不能让敌人先下手为强。

为了证明这一理论是正确的，《美利坚合众国国家安全战略》（2002 年）说：

> 几个世纪以来，国际法认识到，各国在能够合法采取行动保护自己抵御迫在眉睫的攻击危险之前，不应遭受攻击……我们必须让迫在眉睫的威胁这个概念适应当今对手的能力和目标……美国长期以来一直坚持采取先发制人的行动来抵御对我们国家安全形成的巨大威胁。威胁越大……即使敌人进攻的时间和地点仍然不确定，采取预先行动自卫的理由也就越有说服力。为了阻止或防止我们的对手采取这种敌对行动，美国将在必要时采取先发制人的行动。[②]

---

① 《美利坚合众国国家安全战略》（*The National Security Strategy of the United States of America*）2002 年 9 月，第 6 页。

② 《美利坚合众国国家安全战略》，第 15 页。

从世界秩序的角度来看，这一报告的一个问题是，美国因此僭取了决定哪些国家面临“迫在眉睫的攻击危险”的权利。鉴于联合国的软弱，没有一个中立的法庭可以提出诉讼和反诉讼。诚然，存在“舆论法庭”，但正如我们所看到的，华盛顿对此并不在乎。事实上，布什总统说，在世界舆论的基础上做决定就像是在一个“焦点小组”（“focus group”）[①]的观点基础上做决定一样（这是当时国家总统的观点，他们在《独立宣言》中谈到要“尊重人类的意愿”）。

总之，考虑到当时的世界秩序，美国觉得自己不仅是检察官而且是法官、陪审团和死刑执行人（刽子手）。鉴于“自卫”目前已明确扩展到包括保护美国的利益，比如美国控制世界上大部分石油，华盛顿可以为几乎任何它想要的先发制人的攻击进行辩护。因为辩护的理由建立在强权即公理基础上的，所以美国需要保持军事优势。

《美利坚合众国国家安全战略》（2002 年）报告的最后一章强调了这种支配地位的必要性，其中说：

> 现在是重申美国军事力量的重要性的时候了。我们必须建立和维持我们的防御体系，使之不受挑战，这样才能阻止未来的军事竞争。（美国军队必须）足够强大，才能

① 指起草《独立宣言》的五人小组，这五人包括马萨诸塞州的约翰·亚当斯、宾夕法尼亚州的本杰明·富兰克林、弗吉尼亚州的托马斯·杰斐逊、纽约州的罗伯特·李文斯顿、康涅狄格州的罗杰·谢尔曼。——译者注

> 阻止潜在的对手为了在军事上超越美国或与美国平起平坐而进行的军事集结。[①]

换言之，美国必须保持比所有潜在对手加起来还要强大的实力。所以，美国为何在军事上的开支几乎与世界其他国家军费开支的总和不相上下，也就不足为奇了。

美国对双重标准的长期承诺体现在该报告里对一个潜在对手中国的讨论上。《美利坚合众国国家安全战略》（2002 年）对中国提出如下傲慢的建议：

> 在追求能够威胁亚太邻国的先进军事能力的过程中，中国走的是一条过时的道路，最终将阻碍其追求民族的伟大。假以时日，中国将发现社会和政治自由是这种伟大的唯一源泉。[②]

也就是说，要想成为伟大的国家，中国应该走与美国追求强大军事力量完全相反的道路。

在《美利坚合众国国家安全战略》（2002 年）中有一项承诺表明，美国政府越来越坚信它应该不受国际法的任何限制：

> 确保我们的努力……不受国际刑事法院潜在的调查、

---

① 《美利坚合众国国家安全战略》，第 29—30 页。

② 《美利坚合众国国家安全战略》，第 27 页。

> 质询或起诉的影响，而国际刑事法院的管辖权并不包括美国人。①

显然，国际刑事法院并不适用于美国人，因为统治者不该受到臣民的评判。

《美利坚合众国国家安全战略》（2002 年）最诚实的阐述是："2001 年 9 月 11 日的事件……带来了巨大的新机遇。"②一些对美帝国主义的批评者认为，华盛顿故意让"9·11"袭击发生，甚至直接策划了这些袭击。尽管如此，布什政府确实利用这次袭击为已经制定的计划进行了辩护，并为这些计划争取国会的资金，这些计划是指在尚未融入美利坚帝国的国家实行政权更迭。

所谓的反恐战争始于 2001 年对阿富汗的袭击。到 2018 年，已有 76 个国家卷入这场冲突。此外，根据《战争计划费用》（Costs of War Project）统计，反恐战争耗费了美国 5.6 万亿美元。据估计，这笔借款的利息还将使美国的国债增加 7.9 万亿美元。③

---

① 《美利坚合众国国家安全战略》，第 31 页。

② 《美利坚合众国国家安全战略》，第 28 页。

③ 汤姆·恩格尔哈特（Tom Engelhardt）：《76 个国家参与了华盛顿的反恐战争》（*Seventy-Six Countries Are Now Involved in Washington's War on Terror*），汤姆速递（Tom Dispatch）2018 年 1 月 4 日报道。

三、全谱优势[①]

正如《美利坚合众国国家安全战略》（2002 年）及其综合文件所表明的，华盛顿的目标是拥有极其强大的军事优势，使美国可以为所欲为，而不必担心任何人的报复。这个目标计划的核心就是太空军事控制。

有人可能会问，随着核武器的发明，在制造出来的“终极武器”结束了军事竞赛之后，我们还能做什么呢？但正如 1991 年和 2003 年对塞尔维亚和伊拉克的袭击所显示的，武器计算机化有待开发和完善。在讨论对伊拉克发动第一次攻击的动机时，动机之一就是必须包括五角大楼希望的能够改进这些“智能”武器，需要在实际战斗条件下进行测试，而这些武器是引起广泛讨论的“军事革命”的核心。

《未来战争》（*The Future of war*）一书的合著者、情报顾问乔治·弗里德曼（George Friedman）认为，在战争史上，事实上那次袭击在某些方面是现代最重要的一场战争。[②] 他指出，“海湾战争是第一次太空战争”，并意味着“500 年的弹道

① 所谓全谱优势是指美军在所有军事行动中都能单独或与盟国部队及跨机构伙伴协同行动，击败任何对手并控制局势。全谱优势包括人才、理论、组织、训练、打击、投送、控制信息、核、太空、陆上、空中、海上、装备等方面的优势。全谱优势思想是美军基本的作战指导思想之一。——译者注

② 参见乔治·弗里德曼、梅雷迪思·弗里德曼（Meredith Friedman）：《未来战争：21 世纪的力量、技术和美国在世界上的主导地位》（*The Future of War: Power, Technology and American World Dominance in the 21st Century*），纽约：圣马丁出版社 1998 年。

战争历史已经结束”[①]。把海湾战争称为“太空战争”只是因为武器计算机化是通过使用太空卫星来制导的，而不是说太空中真的有武器。但这是下一个目标。

事实上，“军事革命”的核心目标就是将太空武器化，从而控制太空。该计划在一份名为《2020 愿景》（*Vision for 2020*）的报告中得到了相当明确的阐述。该报告开头声明要履行以下使命：“美国太空指挥部——将在空间军事行动上占据主导地位，以保护美国的利益和投资。”这份文件并没有感情用事地宣传美国有必要为了促进民主或以其他方式为人类服务而主导太空。相反，它坦率地说：“世界经济的全球化……将继续扩大‘富人’和‘穷人’之间的差距。”

换句话说，随着美国对世界经济的主导地位的增强，穷人会变得更穷，而富人会变得更富。这种日益扩大的差距将使穷人更加憎恨美国，所以在他们伤害美国之前，美国需要能够消灭所有的敌人。这可以通过该计划的倡导者所称的“全球战场主导”（“Global Battlespace Dominance”）来实现。因为有些人觉得这个词太过直白，所以这个词就变成了巴塞维奇引用的那个词：“全谱优势”（Full Spectrum Dominance）——不仅在陆地、海上和空中占主导地位，而且还控制着空间。美国太空指挥部是负责这个项目的新的军事部门。

这个计划中唯一受到公众广泛讨论的是有关防御问题，

---

① 杰克·希特（Jack Hitt）：《空间战场》（*Battlefield Space*），载《纽约时报杂志》（*The New York Times Magazine*）2001 年 8 月 5 日。

在里根政府时期被称为战略防御计划（Strategic Defense Initiative），但后来被称为导弹防御系统（Missile Defense Shield）。这个名字与五角大楼的“国防部”（“Department of Defense”）是一致的，尽管正如巴塞维奇所指出的，国防部实际上是一个权力规划部门——《美利坚合众国国家安全战略》（2002 年）含蓄地承认，“我们最好的防守就是好的进攻”。就像 20 世纪中叶将战争部的名称改为国防部掩盖了其真正的功能一样，美国的目标是建立一个防御屏障的想法也是如此。

这个所谓的屏障只是三部分计划的第一部分。第二部分是将监视技术送入太空，目标是能够精确地瞄准地球上的任何地方，从而能够识别出美军的每一个敌人。该计划的第三部分是将实际武器送入太空，包括具有进攻潜力的激光炮。一作家指出，激光炮具有“让巡航导弹看起来像爆竹”的攻击潜力。[①] 卫星上有了激光武器，美国就能摧毁任何敌对国家发射的卫星。

因此，美国太空指挥部可以保持完全和永久的主导地位。美国太空指挥部计划的侵略性目的是在它的一些部门的标识上公布的。一个部门说是“太空大师”（“Master of Space”）；另一个部门说是“来自外太空的面孔”[②]（“In Your Face from Outer Space”）。罗马人不会羡慕！因为他们做梦也想不到有这么大的威慑力。

毫无疑问，美国想要取得全球主导地位的过程是血腥的。第一步，消灭印第安人，而不是奴役他们，然后从非洲引进替

① 参见杰克·希特：《空间战场》。

② 参见杰克·希特：《空间战场》。

代品。我们看到，大约 2000 万人为此付出了生命。但是，就像布什总统对入侵巴拿马造成的死亡和马德琳·奥尔布赖特对制裁伊拉克造成的死亡的态度一样，我们的祖先认为这种代价是“值得的”，因为他们正在实现美国的天定命运。天定命运的观念并没有消失。新罕布什尔州共和党参议员鲍勃·史密斯(Bob Smith)在 2001 年 8 月还表示：“太空是我们的下一个天命。”①

四、启　示

正如我们所看到的，19 世纪末美国对古巴和菲律宾的无端侵略，使一些美国人认识到国家外交政策的本质。这些美国人如马克·吐温和威廉·詹姆斯，看到美国正在成为一个帝国但非良性的帝国，于是组成了反帝国主义联盟，收到了很好的效果，在美国发动战争占领古巴和菲律宾期间吸引了大批追随者。许多美国人仍然对参加第一次世界大战持否定态度。

但最终，不加批判的爱国主义卷土重来，尤其在第二次世界大战和冷战初期，当时美国把自己描绘成自由世界反对法西斯主义和共产主义极权主义的无私捍卫者。尽管存在一些与外交政策相关的非常严重的国内问题，如 20 世纪 50 年代的麦卡锡主义，但美国的外交政策本身却很少受到批评。

① 参见杰克·希特:《空间战场》。

但是 20 世纪发生了一个重大的启示性事件，即美国在越南的战争。通过这场战争，从 1965 年开始，许多美国人开始意识到政府的政策与关于促进自由、民主和人权的公开声明大相径庭。今天许多批判美帝国主义的主要人物，如诺姆 · 乔姆斯基和理查德 · 福尔克，都是在那个时期觉醒的。1967 年，乔姆斯基说："这场争简直就是一场淫秽表演，是弱者和不幸者的堕落行为。"他补充道："我想，这是历史上第一次一个国家如此公开地展示自己的战争罪行。"①

在 20 世纪 60 年代末和 70 年代，人们对政府的动机产生了普遍怀疑，而迫使尼克松总统辞职的水门事件则加剧了这种怀疑。为此，美国政府采取了许多措施来克服所谓的越南综合征，因为这个症状意味着美国人不愿意支持在国外的军事干预，而且更普遍地怀疑政府的动机。

这些措施包括建立资金充足的保守派智库，以便将公众舆论导向所需的方向；军事政策转变为美国只参与那些能够迅速赢得胜利、牺牲很少美国人生命的军事行动。记者尤其是电视摄像机，被阻止摄制军事行动的血腥结果，特别是针对平民的军事行动。里根总统致力于让美国人对再次成为美国人感到高兴，尤其是卡特政府在伊朗遭受羞辱之后。里根给苏联贴上了"邪恶帝国"的标签，反过来意味着美国是一个善良的帝国。

这一切都很奏效。许多不加批判的爱国主义成为当今的

① 诺姆 · 乔姆斯基：《美国权力与新官吏：历史与政治论文集》（*American Power and the New Mandarins: Historical and Political Essays*，1967），纽约：年份（Vintage）出版社 1969 年，第 9—10 页。

规则。美国的既定敌人如小小的格林纳达和小小的巴拿马的曼努埃尔·诺列加，被普遍认为是真正邪恶的威胁，美国的军事行动是正当的。这些行动为海湾战争铺平了道路，尽管最初遭到大约一半美国人民和一半国会议员的反对，但最终却广受欢迎。美国总统（老）布什宣称："上帝保佑，我们已经彻底克服了越南综合征。"①

公众对米洛舍维奇的态度表明了由此产生的信任官方关于战争动机的声明的倾向。尽管几乎没有任何证据支持米洛舍维奇被指控的罪行——正如前一章所指出的那样，由于证据太少，海牙国际仲裁法庭后来裁定没有足够的证据支持这些指控——当时的美国公众似乎基本上接受了这样的观点，即米洛舍维奇是如此邪恶，既然塞尔维亚人遭受了他的统治，他就罪有应得。②

美国接受米洛舍维奇为种族灭绝怪物这个观点的一个重要因素与美国领导人的个人风格有关。克林顿总统和他的国防部长威廉·科恩（William Cohen）给美国公众的印象是两个人都不是好斗的人，他们只是在尽自己的职责，有点不情愿地反对邪恶。

然而，对于眼光敏锐的政策观察人士来说，发生了一件非

---

① 莫林·多德（Maureen Dowd：《白宫备忘录；战争给国家带来了一个更强硬的布什》（*White House Memo; War Introduces a Tougher Bush to Nation*），载《纽约时报》1991 年 3 月 2 日。

② 安迪·威尔科克森（Andy Wilcoxson）：《海牙仲裁法庭再次赦免斯洛博丹·米洛舍维奇》（*Hague Tribunal Exonerates Slobodan Milošović Again*），载战略文化网（Strategic Culture）2017 年 7 月 12 日。

常重要的事情，即事实上已经结束了一段时间的冷战，随着苏联的解体正式结束了。然而，美国的外交政策或军费开支并没有发生重大变化。迄今为止，对接受国防部官方观点的相对少数人来说——国防部的主要任务实际上是国防——一个启示正在发生。冷战结束后，美国政府的行为与那种认为美国积聚军事力量只是为了保卫美国和“自由世界”其他国家免受共产主义威胁的观点相矛盾。

冷战后对巴拿马、伊拉克和塞尔维亚的攻击，以及对美国外交政策的重新解读，引发了新的启示——但由于发生的范围有限，只能被称为一种原初的启示，与近一个世纪前对古巴和菲律宾发动战争产生的启示相似。

* * * * * * *

类似于越南战争时产生的启示——一种全新全面的启示，几乎在 21 世纪伊始就出现了。2001 年 9 月 11 日之后不久，乔纳森 · 菲德兰德（Jonathan Freedland）就指出，“当时的话语是帝国”，美国因此突然“有了自己的名字”。然而，正如我们所看到的，人们突然指的是美利坚帝国和美帝国主义，从根本上讲这并不意味着一个全新的开始，而是布什—切尼政府的行为——它的傲慢、好战的语言、军国主义以及对其侵略政策的过分合理化——在很大程度上，这仅仅是对美国计划真实情况的一种新的揭示。

资格“在很大程度上”很重要。这种意愿（不仅公开藐视国际法，就像克林顿政府在摧毁南斯拉夫时所做的那样）甚至公开宣布国际法不适用于美国，都是全新的，与在几年内急于接管世界上其余的重要资源并实现完全的地缘政治控制如出一辙。限制美国公民的公民权利和政治权利所做努力的强度和广度也是如此，因为如果有大量的人开始抗议，他们就会受到压制。因此，将布什—切尼政府理解为主要是对一个长期轨迹的揭示，而不是一个方向的改变，并不是要否认这个政府是华盛顿迄今为止最危险的政府。

我在 2017 年出版的《布什和切尼：如何毁灭美国和世界》① 一书中——这可以看作本书的续篇——讨论了布什—切尼政府的破坏性。由布什—切尼政府利用许多谎言策划的伊拉克战争，是自越战以来对美国帝国本质最有力的揭露。但布什—切尼政府在其他许多方面也具有破坏性：对“9·11”袭击事件做虚假陈述；用这种虚假的说法为阿富汗和伊拉克的战争辩护；大幅增加军费开支；发展先发制人的战争理论，以进行政权更迭；利用“9·11”事件加剧伊斯兰恐惧症；开始使用无人机作战；撕裂和破坏美国宪法；让世界更接近核毁灭或生态毁灭。

这本书还描述了奥巴马政府的主要帝国主义举措：大幅增加无人机在战争中的血腥使用；利用北约给利比亚带来政权更迭；继续努力推动布什—切尼政府在叙利亚实行的政策；改变乌克兰政权的工程；进一步破坏宪法……

随着公众越来越意识到这些事件的真相，那些认为美利坚帝国是神圣的、致力于促进民主的想法将变得越发可笑。

---

① 互连图书，2017 年。

第 14 章　结语　美国例外论

我们可以看到本书引言中引用的切尼家族的说法多么荒谬——美国是“世界上最伟大的正义力量”，是“自由的捍卫者”，是“人类历史上最光荣的国家”[①]。

正如本·瓦滕伯格（Ben Wattenberg）所言，如果美利坚帝国是一个“有价值观的帝国”，那么对伊朗、危地马拉、希腊和印度尼西亚等国的干预，就反映了那些一直在主导美国外交政策的国家价值观——是与基督教、犹太教、伊斯兰教、佛教和其他宗教传统所共有的基本价值观完全相反的价值观。

事实是，美国外交政策的代理人采取行动，剥夺其他国家人民的基本权利，如食物、医疗保健和足够的收入；窃取资源，支持酷刑和恐怖制度；支持杀害成千上万的平民；进行大规模的欺骗，声称要保护自由和民主，而实际上却在做相反的事情。总之，他们只是把他人当作达到其目的的手段或障碍，而不是当作目的本身，并以法律和道义的名义充分行使其全部人权。通过这些行为，他们对他人做了他们绝对不想对自己、

① 迪克·切尼、利兹·切尼：《例外：为什么世界需要一个强大的美国》（*Exceptional: Why the World Needs a Powerful America*），2015 年第 1 版，第 1、5、257 页。

亲人和国家做的事。

本书试图表明，一旦人们对美利坚帝国的历史有所了解，就不会同意切尼家族所说的“美国曾如此成功地将自由扩展到其他国家”[①]，以及罗纳德·斯蒂尔的所说（在他改变主意之前）的美国介入的动机是“最高尚的、最慷慨的”[②]、迈克尔·伊格纳蒂夫所言的美国帝国是“有善意的帝国主义”[③]、迪内什·德索萨宣称的美利坚帝国是“有史以来最宽宏大量的帝国”[④]、罗伯特·卡根在《仁慈的帝国》中声称的“将他人的利益与自己的利益联系起来一直是美国外交和国防政策最显著的特点，”[⑤]等等说法。

当然，认为美利坚帝国是仁慈的是认为美利坚帝国是神圣的必要前提，而认为美利坚帝国是邪恶的，与认为这个国家是恶魔是一致的。本书只涉及几个与这个问题密切相关的美国历史事件。尽管如此，每个人都认为美国既做了好事也做了坏事，因此不能理智地将其称为纯粹的神圣或纯粹的邪恶。但问题是，美利坚帝国的发展轨迹是更倾向于神圣，还是更倾向于邪恶?

相信上帝的人可能会同意乔治·布什的观点，即美国人有

---

① 迪克·切尼、利兹·切尼：《例外：为什么世界需要一个强大的美国》，第 259 页。

② 罗纳德·斯蒂尔：《美国强权下的和平》，第 vii 页。

③ 迈克尔·伊格纳蒂夫：《负担》，载《纽约时报杂志》2003 年 1 月 5 日。

④ 迪内什·德索萨：《赞美美利坚帝国》(*In Praise of an American Empire*),《基督教科学箴言报》2002 年 4 月 26 日。

⑤ 罗伯特·卡根：《仁慈的帝国》，载《外交政策》1998 年夏季。

着“因为超越星空的呼唤代表自由的使命”[1]，以及亨利·卡伯特·洛奇认为的美国肩负着“对世界的伟大使命——一个美好的使命，一个自由的使命”[2]。人们甚至可能同意阿尔伯特·贝弗里奇的观点，即美国被神圣地标记为“救赎世界的领导者”[3]。但如果有人接受美国有这样的使命，那么回顾一下美国外交政策的轨迹就会发现，美国甚至连接近实现这一使命都谈不上。

然而在主流政治文化中，沾沾自喜的美国例外论被广泛接受，似乎从未受到挑战。

一、重申美国例外论

唐纳德·特朗普的当选引发了关于美国美德的新一轮讨论。特朗普的批评者表示，特朗普在外交政策领域的一个主要问题是，他是否会继续扮演美国长期以来作为国际准则和规则执行者所扮演的角色。他们声称，美国一直遵守这些国际准则和规则。要说明美国传统上遵守国际规范和规则的说法在多个主流观点中有多普遍，请注意：

---

① 乔治·布什 2004 年 9 月 2 日《在纽约市共和党全国代表大会上接受总统提名的讲话》。

② 洛奇的演讲在茱莉亚·沃德·豪（Julia Ward Howe）编辑的《美国雄辩的杰作》（*Masterpieces of American Eloquence*, 克辛格出版社 2011 年）的一书中被转载。

③ 约翰·B. 朱迪斯（John B. Judis）：《被选中的国家：宗教对美国外交政策的影响》（*The Chosen Nation: The Influence of Religion on U.S. Foreign Policy*），《卡内基国际和平基金会》2005 年 3 月。

- 两名批评者在《外交政策》杂志撰文表示，由于特朗普未能“认同‘美国例外论’和美国领导力交织在一起的长期信念”，从而拒绝了前任总统们培育的“开放的、基于规则的国际经济”理念。
- 《金融时报》(*Financial Times*)上的一篇文章抱怨特朗普无视“把美国作为自由经济秩序支柱的国际准则”。
- 美国有线电视新闻网的一名国家安全记者批评特朗普未能认可“美国作为全球领导者和国际规范塑造者的传统角色”。
- 还有一位批评者说，特朗普拒绝了美国几十年来一直坚持的“法治下的全球社会”的理想。①

二、安德鲁·巴塞维奇谈美国例外论

安德鲁·巴塞维奇写道，将特朗普与以往例子进行比较的唯一问题是，他们忽略了历史，比如：

> 干预外国选举；在伊朗、危地马拉、刚果、古巴、南越、智利、尼加拉瓜等地实施政变和暗杀阴谋；在朝鲜和整个东南亚进行不分青红皂白的空中轰炸；核军备竞赛把

---

① 安德鲁·巴塞维奇在《全球秩序神话：用泪眼婆娑的怀旧之情掩盖美国霸权》(*The 'Global Order' Myth: Teary-eyed Nostalgia as Cover for U.S. Hegemony*)中引用了这四段话。引自《美国保守派》(*American Conservative*)2017年6月15日。

> 世界带到了世界末日的边缘；支持伊朗、土耳其、希腊、韩国、南越、菲律宾、巴西、埃及、尼加拉瓜、萨尔瓦多等国以及其他地区的腐败独裁政权——其中许多国家在被认为不方便时被抛弃了；通过使用安全理事会否决权来掩盖其非法活动；以虚假借口发动的非法战争；“非常规引渡”、酷刑，以及未经任何正当程序的无限期监禁。[①]

巴塞维奇指出，这些行动和事件揭示了这个国家完全无视法治。“它们揭示的是几乎任何时代所有大国的共同行为模式：当符合他们的利益时，遵守规则；当规则成为障碍时，便无视它们。”换句话说，美利坚帝国并不例外。巴塞维奇总结道：“把昨天的霸主重新归类为今天的传播者和尊重规范者，是（外交政策）体制的成员实施的骗局。”[②] 事实上，他们让这个骗局永久化。

鉴于美国帝国的实际历史，从自我赞扬的角度认可美国例外论是一种欺诈。一旦这一点被提出并记录、消化和接受，问题就出现了：如何使这一点有价值？至少有三种方法。

首先，简单地认识真理是有价值的。对美国人来说，意识到把我们的国家说成是自我陶醉意义上的例外——在道德上优于其他国家——是错误的，这本身就有好处。只有像西摩·马

---

① 安德鲁·巴塞维奇：《全球秩序神话：用泪眼婆娑的怀旧之情掩盖美国霸权》。

② 安德鲁·巴塞维奇：《全球秩序神话：用泪眼婆娑的怀旧之情掩盖美国霸权》。

丁·李普塞特所敦促的那样，把我国描述为一把“双刃剑”，才有理由把我国描述为例外：如果说美国在某些方面是最好的，那么在某些方面也是最差的。

其次，如果美国人开始接受这一事实，并将其融入文化之中——从总统和参议员到报纸和电视编辑，从学校教师和大学教授到股票经纪人和商业领袖，等等——那么我们国家目前的傲慢可能会转变为谦逊。美国需要认识到，尽管它现在可能比其他国家更富裕、更强大，但它只是其中的一个国家，事实上，这种卓越的地位甚至可能正在消失。那么，对于那些我们曾经对之如此傲慢的人，我们又该怎么办呢?

第三，出于这种谦逊，无论是被选择还是最终被不断变化的环境强加给我们，美国领导人都必须认识到，他们无权表现得好像美国政府似乎就是一个事实上的全球政府。因此，他们没有权利考虑美国的豁免制度，就好像美国不需要遵守其他国家必须遵守的国际法规则一样。我们必须摒弃布什主义中所反映的傲慢和危险态度，即美国可以对没有迫在眉睫威胁的国家发动先发制人的攻击。

后记　美国世纪

从积极意义上讲，美国例外论与“美国世纪”在概念上是密切相关的，“美国世纪”指的是美国主导全球经济和国际关系的世纪。安德鲁·巴塞维奇用以下话语解释了两者之间的关系。美国世纪的魅力：

> 源于这样一种信念，即美国作为一个大国与历史上任何一个大国都不同。它是独立的、独有的、独特的，是前所未有的。从这个意义上说，美国世纪是美国例外论在全球范围内的体现。①

至于美国世纪是什么时候开始的，戴维·特拉克塞尔(David Traxel)出版了一本书，名为《1898年：美国世纪的诞生》(*1898: The Birth of the American Century*)，似乎告诉了我们答案。然而，没有人会说当时的美国在经济和政治上占主导地位。特拉克塞尔只是声称1898年的战争使美国成为世

① 安德鲁·巴塞维奇：《短暂的美国世纪》(*The Short American Century*)，哈佛大学出版社2012年，第231页。

界强国。[①]

更现实地说，美国世纪可以说是从第一次世界大战结束时开始的。正如第二章中提到的，这场战争除了使美国“富得惊人”（G.J. 迈耶尔）之外，还被称为“开启了美国世纪的战争”（War that the American Century）（《电讯报》）。根据这种观点，美国世纪应该始于 1918 年。然而，那时大英帝国仍然统治着世界，直到第二次世界大战。

最普遍的说法是，美国世纪开始于 1945 年，也就是第二次世界大战结束时，或者说是 1941 年。当时创办了几家杂志的亨利·卢斯（Henry Luce）在他的《生活》（*Life*）杂志上发表了一篇题为《美国世纪》（*The American Century*）的文章。卢斯敦促罗斯福总统参战。他说，作为“世界上最强大和最重要的国家”，现在是时候让美国“承担起世界的领导责任”了。卢斯宣称，“只要美国人能放眼国际，并迅速融入世界……接下来的一百年将属于他们”，美国的领导将能够创造“一个国际道德秩序”。此外，卢斯说，美国“现在必须承担起成为全世界乐善好施者的责任”[②]。

因为卢斯在一件大事上是正确的——战争使美国处于全球领先的地位——他的文章引发了关于美国世纪的大量讨论。在我们这个时代，有关于此的两个核心问题是：（1）假设确实存

---

① 戴维·特拉克塞尔：《1898 年：美国世纪的诞生》（*1898: The Birth of the American Century*），年份出版社 1999 年。

② 亨利·卢斯：《美国世纪》（*The American Century*），《生活》杂志 1941 年 2 月 17 日。

在一个美国世纪，那么这个世纪是什么时候结束的？(2) 美国是否成了一个乐善好施者，并带来了国际道德秩序？

一、美国世纪的结束

下面我们来看看阿尔弗雷德·麦考伊、汤姆·恩格尔哈特、安德鲁·巴塞维奇、沃尔特·拉菲贝尔和约瑟夫·奈的答案。

1. 阿尔弗雷德·麦考伊

历史学家阿尔弗雷德·麦考伊在他 2017 年出版的《美国世纪的阴影》(*In the Shadows of the American Century*) 一书以及后来一些关于特朗普的文章中认为，美国世纪——这个国家拥有经济和军事实力以及公认的道德地位来发号施令的时期——尚未结束，但很快就会终结。

尽管美国领导人和学者已经接受了美国世纪将在 2040 年或 2050 年结束的观点，但麦考伊提出了相信这一终结可能会更早的理由。在提到卢斯以 1941 年发表的著名文章倡导的美国世纪时，麦考伊说这一时期“将在 2041 年之前结束”[①]。

这似乎不可能。因为美国战后全球力量的堡垒似乎根深蒂固，这些堡垒“营造了一种强大的美国力量氛围，以至于华盛顿几乎可以随心所欲地对世界上的重要地区进行重新排序，实

① 阿尔弗雷德·麦考伊：《在美国世纪的阴影下》(*In the Shadows of the American Century*)，干草市场书籍 (Haymarket Books) 2017 年，第 24 页。

现和平，制定国际议程，推翻四大洲的政府”[①]。

然而，麦考伊写道：“他们的权力生态是如此微妙，当事态的发展开始真正出现问题时，帝国就会以不可思议的速度分崩离析。”[②]随着布什—切尼政府2003年入侵伊拉克，“在这场充斥着虚假情报和骇人听闻的酷刑的战争中，华盛顿的领导地位开始衰落”[③]。唐纳德·特朗普当选后，情况开始变得更糟，“这确定了美国全球霸权的加速崩溃”[④]。

但可以肯定的是，在布什—切尼和特朗普政府执政之前，“长期的发展趋势使美国领导人在世界舞台上的影响力已经开始受到限制”。例如，美国在全球经济中的份额从1960年的40%降至2014年的22%，然后降至2017年的15%，中国很可能“在十年内超过美国，成为世界头号经济体”[⑤]。此外，“美国技术领先地位的削弱，使其无法以压倒性的军事力量达到预期的政策目标”[⑥]。

然而，麦考伊补充道：“特朗普破坏了美国全球力量内部

---

① 阿尔弗雷德·麦考伊:《美国全球力量的瓦解：唐纳德·特朗普在大中东的崩溃之路》(*The Demolition of U.S. Global Power*：*Donald Trump's Road to Debacle in the Greater Middle East*)，汤姆速递2017年7月16日。

② 阿尔弗雷德·麦考伊:《在美国世纪的阴影下》，第227页。

③ 阿尔弗雷德·麦考伊:《在美国世纪的阴影下》，第231页。

④ 阿尔弗雷德·麦考伊:《美国全球力量的瓦解：唐纳德·特朗普在大中东的崩溃之路》。

⑤ 阿尔弗雷德·麦考伊;《特朗普眼中的世界：或如何筑起一堵墙并失去一个帝国》(*The World According to Trump*：*Or How to Build a Wall and Lose an Empire*)，信息交换所(Information Clearing House)2018年1月16日。

⑥ 阿尔弗雷德·麦考伊:《美国全球力量的瓦解：唐纳德·特朗普在大中东的崩溃之路》。

结构中几乎所有的关键组成部分，从而加速了这种衰落。”一方面，“伟大的帝国需要成熟的领导”，但在这方面，随着一个又一个国家挣脱华盛顿，“特朗普政府惨败”。例如，韩国新领导人通过一场“学会对美国说不”的运动赢得了总统大选。①

特朗普退出了为减缓全球变暖的全球努力，从而失去了更多的尊重。②特朗普还削减了包括人工智能在内的对太空战和网络战至关重要的科学研究。而与此同时，正在“全面加强科学研究”的中国正在“启动一项与制造‘军用机器人’相关的‘数十亿美元新计划’”③。

事实上，中国有一个挑战华盛顿霸权的宏伟战略：“大规模基础设施投资将把欧洲和亚洲连接为一个‘世界岛’(world island)，一个未来全球经济力量的中心。”④当中国在做这件事的时候，美国在玩战争游戏：

> 在“9·11”后的十年里，当华盛顿将其血液和财富洒向沙漠时，北京正将其数万亿美元的对美贸易顺差投资于欧亚大陆的经济一体化。⑤

此外，尽管美国长期以来一直控制着欧亚大陆的两个“轴

① 阿尔弗雷德·麦考伊：《特朗普眼中的世界：或如何筑起一堵墙并失去一个帝国》。

② 阿尔弗雷德·麦考伊：《在美国世纪的阴影下》，第 250 页。

③ 阿尔弗雷德·麦考伊：《美国全球力量的瓦解：唐纳德·特朗普在大中东的崩溃之路》。

④ 阿尔弗雷德·麦考伊：《在美国世纪的阴影下》，第 23 页。

⑤ 阿尔弗雷德·麦考伊：《在美国世纪的阴影下》，第 207 页。

心”——北约和亚洲盟友——但特朗普在上任的第一年就极大地削弱了美国在这两端的影响力。亚洲开发银行的一名经济学家表示：“美国已经失去了领导作用”，“中国正在迅速取代美国”。[①]

特朗普继续进行破坏性变革的能力不会持续太久，他的一些变革可能会发生逆转。但是，不管白宫和国会发生什么变化，美国都不太可能恢复在特朗普任期内失去的地位。按照麦考伊的说法，“要想恢复失去的世界领导地位绝不会那么容易”[②]。

麦考伊认为美国不会无限期地保持全球霸权地位，并不是简单地表达他的个人观点。2012年美国国家情报委员会的评估支持了他的这一观点：“到2030年，没有一个国家会成为霸权国家。”例如十年内，中国将“准备好挑战美国对太空和网络空间的统治”[③]。

当然，美国的军事力量——帝国的主要基础——不会很快被超越，甚至无法与之匹敌。华盛顿拥有强大的军事力量，麦考伊假定，这将使美国“在2030年之前的一段时间内保持与其他大国‘平起平坐’的地位”[④]。但即使这样，美国的优势也没有人们普遍认为的那么大。2016年，兰德公司（RAND Corporation）发表了一份名为《与中国的战争》（*War with*

① 阿尔弗雷德·麦考伊：《特朗普眼中的世界：或如何筑起一堵墙并失去一个帝国》；《美国全球力量的瓦解：唐纳德·特朗普在大中东的崩溃之路》。

② 阿尔弗雷德·麦考伊：《特朗普眼中的世界：或如何筑起一堵墙并失去一个帝国》。

③ 阿尔弗雷德·麦考伊：《在美国世纪的阴影下》，第23、58页。

④ 阿尔弗雷德·麦考伊：《在美国世纪的阴影下》，第238页。

China）的报告，称美国的胜利无法保证。[①]

> 此外，美国可能很快就没有足够的资金来维持目前的军事水平。各种消极趋势正促使人们对美元作为全球储备货币提出越来越尖锐的批评。拥有全球力量的主要好处之一是可以给世界各国送去一捆捆色彩鲜艳的纸（美元）……这些国家则乐意交出像汽车、矿产或石油这样有实际价值的商品……到2005年，分析人士则辩称，“美国经济的核心优势……是因为美元的特殊作用”，使美国能够“在世界各地驻扎成千上万的军队”。[②]

但由于世界各国央行持有巨额美国国债，俄罗斯、中国和其他国家表示，维持现状不再有意义。

> 外国人看着美国成为世界上最大的债务国，却没有看到美国在类似情况下对其他国家实施的任何紧缩措施。他们开始看到“国际货币基金组织、世界银行、世界贸易组织和其他华盛顿的代理人 ……作为失落的美利坚帝国残余，再也不能依靠经济实力进行统治，只剩下军事统治。

---

① 阿尔弗雷德·麦考伊：《在美国世纪的阴影下》，第220页。引自戴维·格姆波特（David C.Gompert）等编：《与中国的战争：难以想象的思考》（***War with China: Thinking through the Unthinkable***），圣塔莫尼卡：兰德公司2016年，第iii–iv页。在这一点上，参见安德烈·马蒂诺夫（Andrei Martyanov）：《失去军事霸权：短视的美国战略规划》（***Losing Military Supremacy: The Myopia of American Strategic Planning***），亚特兰大：清晰（Clarity）出版社2018年。

② 阿尔弗雷德·麦考伊：《在美国世纪的阴影下》，第238页。

如果中国、俄罗斯及其盟友如愿以偿，美国将不再……有足够的钱用于无限制的军事开支”[①]。

2. 汤姆·恩格尔哈特

在2012年一篇题为《美国帝国：自动驾驶仪上的灾难》（*American Empire：A Disaster on Autopilot*）的文章中，汤姆·恩格尔哈特对美国军事力量的轻蔑态度甚至超过了麦考伊。

> 按照所有通常的衡量标准，美国应该以史无前例的方式成为历史上的霸主。然而，再明显不过的是，尽管有各种基地、精锐部队、私人军队、无人驾驶飞机、航空母舰、战争、冲突、罢工、干预和陆上行动，以及从未停止生长的迷宫般的情报官僚机构，使我们每年至少投入800亿美元，似乎没有什么事情能以一种绝对令人满意的方式得到解决……有一件事是显而易见的：拥有无与伦比的单向破坏能力的超级大国军队，已不再具备将其意志强加于地球上任何地方的更基本的能力。恰恰相反，美国的军事实力在全球范围内被最可怜的军队搞得声名狼藉。

但恩格尔哈特似乎在暗示，美国全球霸主的角色可能永远不会被取代。因为“就算使尽一切所能解释，但这个星球本身或者人类，好像已经丧失抵抗帝国主义强权的能力，无论何时

① 阿尔弗雷德·麦考伊：《在美国世纪的阴影下》，第238页。

何地，都适应了强权”[①]。

3. 安德鲁·巴塞维奇

安德鲁·巴塞维奇在2012年的一篇题为《美国世纪的结束》(*The American Century Is Over*)的文章中写道:“如果说美国世纪真的存在，那么它现在就结束了。”至于美国世纪何时结束的，巴塞维奇承认很难确定结束的历史转折点，但暗示是2008年。巴塞维奇认为,“当布什放弃在伊拉克的胜利……当大衰退让美国经济崩溃”，当“美国世纪剩下的东西耗尽了所有的精力，停滞不前”时，就是美国世纪结束的转折点。[②]

巴塞维奇意识到美国政治家不会接受这一观点。2011年，米特·罗姆尼(Mitt Romney)说，我们不能“向那些声称美国时代已经过去的人屈服”。第二年，奥巴马总统宣布:“美国回来了……如果有人告诉你事实并非如此，如果有人告诉你美国正在衰落，或者我们的影响力已经减弱，那么他们根本不知道自己在说什么。”巴塞维奇说，尽管这些都是“纯粹的胡说八道”，但美国的政客们将继续“兜售这样一种说法，即只要有合适的角色来管理华盛顿，历史就会再次随着美国的节奏前进”。

---

① 汤姆·恩格尔哈特:《美利坚帝国：自动驾驶仪上的灾难》(*American Empire: A Disaster on Autopilot*)，汤姆速递2012年10月9日。

② 安德鲁·巴塞维奇:《美国世纪的结束》(*The American Century Is Over*)，载《高等教育纪事》(*The Chronicle of Higher Education*)2012年2月25日。

4. 沃尔特·拉菲贝尔

一些美国政治家和评论家认为，美国世纪远未结束或接近结束，还将无限期地继续下去。2000 年，新保守主义者成立了一个名为“新美国世纪计划”（*Project for the New American Century*）的组织。伊拉克战争失败后，该组织于 2006 年解散。然而，拉菲贝尔认为该组织留下了一个“值得注意的遗产：它帮助人们摧毁了那些对美国世纪挥之不去的希望”①。

但是在 2010 年，奥巴马总统宣称：“21 世纪没有理由不像 20 世纪那样成为美国的世纪。”② 相比之下，历史学家拉菲贝尔表达了比巴塞维奇更激进的观点。对于那些担心美国世纪不会持续到百年的人，拉菲贝尔写道：

> 真正的问题不是美国世纪过早结束——而是与奥巴马的声明相反，它从未开始，也从未存在过，只是一种幻觉而已。③

5. 约瑟夫·奈

2015 年，以讨论“软实力”而闻名的哈佛大学政治学家约瑟夫·奈出版了一本关于这个问题的书《美国世纪结束了吗？》

---

① 沃尔特·拉菲贝尔：《美国世纪的幻想》（*Illusions of an American Century*）。参见安德鲁·巴塞维奇：《短暂的美国世纪》，第 158—184、186 页。

② 安德鲁·巴塞维奇：《短暂的美国世纪》，第 158 页。

③ 安德鲁·巴塞维奇：《短暂的美国世纪》，第 159 页。

(*Is the American Century Over?*)。[①]尽管他的简短回答是"不",但他对这个问题有很多限定条件，以至于他的立场并没有像他的简短回答所暗示的那样与麦考伊有什么不同。

奈认为，到 2041 年，美国仍将"在权力资源方面占据主导地位，并在各国间的全球权力平衡中发挥核心作用"[②]。换句话说，"美国世纪还没有结束"，但"看起来不会像 20 世纪那样了"[③]。

奈特别强调了绝对实力和相对实力之间的区别，他反对"衰落论者"，因为后者认为美国的绝对实力已经衰落。然而，奈同意美国世纪"可能仅仅因为其他国家的崛起而结束"[④]的观点。很难理解他为什么认为绝对实力与美国衰落有关：由于相对实力对于美国是否拥有全球霸权至关重要，因此对于美国世纪是否还会延续也至关重要。

此外，奈和麦考伊都引用了美国国家情报委员会的断言，即尽管美国可能仍然是最强大的国家，但它将不再是唯一的超级大国或全球霸主。[⑤]但是，如果美国不再拥有霸权，怎么还能说是美国世纪呢?

总之，奈曾说过，如果另一个国家超过美国，美国世纪就会结束。他认为"唯一有能力扮演这一角色的国家是中国"[⑥]。

---

① 约瑟夫·奈:《美国世纪结束了吗？》(*Is The American Century Over?*)，政治（Polity）出版社 2015 年。

② 约瑟夫·奈:《美国世纪结束了吗？》，第 14 页。

③ 约瑟夫·奈:《美国世纪结束了吗？》，第 125 页。

④ 约瑟夫·奈:《美国世纪结束了吗？》，第 23 页。

⑤ 约瑟夫·奈:《美国世纪结束了吗？》，第 97 页。

⑥ 约瑟夫·奈:《美国世纪结束了吗？》，第 44 页。

但是在谈到经济、军事和软实力时，奈说，“中国在所有三个方面的实力仍然远远落后于美国”[①]。有了这样的断言，奈似乎又回到了他原来的立场——美国世纪的末日不会很快到来。[②]

这当然是麦考伊对奈这本书的理解。麦科伊称奈是典型的华盛顿圈内人士，这些人“忽略了欧亚大陆迅速的全球变化的重要性，这些变化正在逐渐削弱华盛顿过去70年来追求全球霸权的宏大战略”。提到奈的世界观“惊人的狭隘性”，麦考伊补充道：

> 奈的《美国世纪结束了吗？》里列举了一系列他认为美国军事、经济和文化力量仍然保持独特优势的简单图表，并认为无论是国内还是全球，未来没有任何力量能够超越美国成为世界头号强国。对于那些指出中国经济高速发展并宣称这是“中国世纪”的人来说，奈提供了一份负面图表：中国的人均收入“将需要几十年才能赶上（如果可能的话）”美国；中国“把政策主要集中在它所在的地区”；中国“没有发展重大的全球军力投射的能力”。奈声称，最重要的是，与美国相比，中国“在亚洲内部力量平衡中处于地缘政治劣势”。或者这样说（在这一点上，奈

---

① 约瑟夫·奈：《美国世纪结束了吗？》，第47页。

② 2018年2月6日，奈发表了一篇文章《唐纳德·特朗普与美国软实力的衰落》（*Donald Trump and the Decline of US Soft Power*），称盖洛普对134个国家的民意调查显示，自奥巴马总统任期结束以来，美国的支持率下降了20个百分点，软实力指数显示美国从第一位下降到第三位。鉴于奈认为软实力有多重要，人们可能会怀疑他会重新考虑自己对美国世纪延续的看法。然而，他只是说：“完全有理由希望美国在特朗普之后恢复软实力。”

是整个华盛顿思想的典型代表）：与其他力量相比，在拥有更多的盟友、船只、战斗机、导弹、金钱、专利和大片方面，华盛顿获胜。简直就是唾手可得。[①]

麦考伊说，这种观点在华盛顿或许是令人欣慰的，但“在全球力量发生结构性转变之际，美国的霸权显然正在瓦解”[②]。

二、美国与国际道德秩序

在卢斯的文章中，他提出美国世纪的价值之一是美国可以利用其领导力来建立一种国际道德秩序。后记的第二个问题是美国是否已经运用其权力来推进这一秩序。本节探讨了三位思想家——理查德·斯坦格尔（Richard Stengel）、约翰·道尔（John Dower）和汤姆·恩格尔哈特——有关这个问题的观点。

1. 理查德·斯坦格尔

2017 年，《时代》杂志前总编辑理查德·斯坦格尔在《大西洋》上发表了一篇题为《美国世纪的终结》（*The End of the American Century*）的文章。他认为特朗普正在终结亨利·卢斯在 1941 年发表的著名文章《美国世纪》中所倡导的美国角

① 阿尔弗雷德·麦考伊：《在美国世纪的阴影下》，第 27 页，参考小约瑟夫·奈：《美国世纪结束了吗？》，第 50、57、114、125—126 页。

② 阿尔弗雷德·麦考伊：《在美国世纪的阴影下》，第 27 页。

色。创建这样一个世纪的关键是“对伟大的美国理想的热情奉献”，包括对自由、正义和慈善的热爱。斯坦格尔认为，特朗普之前的美国总统都有这种热爱之情。但是因为特朗普不喜欢这些理想，因此他的政府敲响了“美国世纪的丧钟”[①]。

斯坦格尔在澄清他如何理解“美国世纪”时说，这并不意味着“美国的权力或霸权”，而是因为“美国是一种全球模式以及自由、法治和公平的保障者”。斯坦格尔解释说，这些品质是美国影响力背后的原因：“我们对朋友和敌人的影响力很大程度上是因为我们不是一个总把自己放在首位的国家。”[②]

斯坦格尔对特朗普的刻画是毋庸置疑的。但他对前几任总统的描述令人怀疑。巴塞维奇肯定会对此提出质疑。斯坦格尔认为美国不是一个总把自己放在第一位的国家，但巴塞维奇则认为美国只是“对自身利益永不动摇”而已。[③]

2. 约翰·道尔

2017 年，约翰·道尔出版了一本名为《暴力的美国世纪》（*The Violent American Century*）的小册子。与斯坦格尔不同，道尔使用了标准意义上的“美国世纪”，指的是美国的军事和霸权。道尔并不赞同一些人的观点，即美国世纪已经结束或者

---

① 理查德·斯坦格尔：《美国世纪的终结》（*The End of the American Century*），载《大西洋》2017 年 1 月 26 日。

② 理查德·斯坦格尔：《美国世纪的终结》。

③ 安德鲁·巴塞维奇：《美国帝国：美国外交的现实和后果》（*American Empire: The Realities and Consequences of U.S. Diplomacy*），剑桥：哈佛大学出版社 2002 年，第 4 页。

即将结束。他说，尽管在越南、韩国、阿富汗和伊拉克的军事行动失败了，但他仍然认为给美国贴的这个标签是有益的：

> 无论是好是坏，美国超越全球，没有真正的竞争对手。它的经济是首屈一指的。它的繁荣和公开宣称的理想仍然是许多人的指路明灯。无论人们如何评价它在战争（或维和）中的成功，它的影响力仍然令人印象深刻。世界上从来没有一个国家在如此遥远的国家拥有如此多的驻军……美国的年度军费开支超过了世界其他大部分国家的总和。在涉及维护和不断更新可以想象到的、最复杂的摧毁性设备方面……美国根本没有对手。[①]

然而，道尔的书与大多数关于美国世纪的书不同的是，他在书名中插入了“暴力”一词。他在介绍中解释道：

> 美国的军事优势及其所有的软肋和失败，是“二战”后出现的美国世纪的一个重要方面。与此同时……在战后漫长的几十年里，暴力就像一首一直演奏的低音变奏曲……美国在海外从事暴力活动的频率远远超过大多数美国人所意识到的抑或比所关心的要高。[②]

---

① 约翰·道尔：《暴力的美国世纪：二战以来的战争和恐怖》（*The Violent American Century: War and Terror since World War II*），干草市场图书（Haymarket Books）2017 年，第 xi 页。

② 约翰·道尔：《暴力的美国世纪：二战以来的战争和恐怖》，第 x–xi 页。

道尔补充道："人们特别关注美国及其盟友所实施的国家恐怖这一普遍禁忌的话题。"[①]

3. 汤姆·恩格尔哈特

汤姆·恩格尔哈特在2016年的一篇文章《美国世纪走向何方？》(*Where Did the American Century Go?*) 中同样批评了"二战"以来的美国暴力。在美国参加第二次世界大战之后的几十年里，全世界似乎都在追随卢斯的脚步（除了一些失败，最显著的是在越南和朝鲜）。这场战争不仅让美国成为世界上最富有、最强大、最有影响力的国家，而且在1991年苏联解体后，美国成为唯一的超级大国，因此它看上去能够创造"一个全球性的美国和平"[②]。

然而，事情并没有像那些鼓吹单极世界的人所期望的那样发展。恩格尔哈特问道，谁能想到一个超级大国会完全失败，"把世界带向几近崩溃的境地"？此外——

> 谁会相信在一部电影或小说中用同样的力量，在发生战争的地区没有重要的国家敌人，年复一年在一个四分五裂的地方，在消灭分散的轻武器叛乱分子（又称"恐怖分子"）的战斗中会失败？谁能想到，华盛顿为表明自己的实力而采取的每一项措施，似乎都只会适得其反（或者至少在某

---

① 约翰·道尔：《暴力的美国世纪：二战以来的战争和恐怖》。

② 汤姆·恩格尔哈特：《美国世纪走向何方？》(*Where Did the American Century Go?*)，汤姆格拉姆（Tomgram）2016年7月7日。

个地方会适得其反)? 谁会相信它对一个弱小的中东国家的全面入侵，在它的“使命完成”的时刻，最终会证明是一次穿越“地狱之门”的旅行? 谁能想到这样的入侵会在该地区的石油中心地带打了一个洞，13 年后，这个洞仍然是一个流血的伤口，现在看起来已经无法修复，甚或会释放出混乱和分裂的规则。这个规则看起来像行星英国退出欧盟一样在蔓延。①

恩格尔哈特继续说道:

如果你对美国在大中东地区多年的世纪主义的结果列张表，就会发现一种典型的混乱……美国释放其军事和空军力量的大多数地方——阿富汗、伊拉克、也门、利比亚、索马里和叙利亚——现在要么是失败的国家，要么是正在失败的国家……此外，在当今华盛顿狭隘的想象中，应对这一切的唯一可想象的政策就是高度军事化，并要求更多的东西: 在遥远的战场上更多的空中力量，更多的地面部队，更多的私人承包商和租用的枪支以及更多的弹药和武器……对于这样一个世界，需要一个新的名称。也许叫失败的地方之类的。这似乎是亨利·卢斯所倡导的美国世纪存在 75 年后的意义所在。

① 汤姆·恩格尔哈特:《美国世纪走向何方? 》。

恩格尔哈特建议："美国世纪可能需要一个更强有力的术语：失败的世界。"①

* * * * * * *

在结语中，我建议美国应该把自己仅仅看作是其他国家中的一个。然而在 21 世纪初，美国政府却反其道而行之，加大了第 13 章讨论的全球主导力度。但如果阿尔弗雷德 · 麦考伊是正确的，那么美国世纪将在不远的将来结束，因此美国将别无选择，只能放弃把自己视为一个独立的阶级。

至于结语的第二个问题，本书从整体上展现的卢斯对一个美国世纪的梦想——这个国家将成为不幸国家的乐善好施者，并将促进一个道德的国际秩序——太天真了。正如道尔所说，美国世纪并没有实现卢斯的梦想，而是充满了可怕的暴力，而且正如恩格尔哈特所补充的，它最终导致了一个失败的世界——很大程度上是因为，美利坚帝国变成了一个"混乱的帝国"，"除了给地球上大片地区造成惊人的破坏和进一步的分裂之外，不能产生任何结果"。②

对于这段历史，许多美国人很可能会像巴塞维奇一样，"不满足于把美国世纪托付给过去"。事实上，在回顾了几位指责特朗普导致美国霸权衰落的思想家的言论后，保罗 · 斯特里特

① 汤姆 · 恩格尔哈特：《美国世纪走向何方？》。

② 马克 · 卡林（Mark Karlin）：《美国是全球混乱的力量》（*The United States Is a Force for Chaos Across the Planet*），采访汤姆 · 恩格尔哈特，特鲁特 2018 年 5 月 27 日。

(Paul Street) 问道："美国时代的结束会有什么可怕的？"回顾本书讨论的一些事件以及其他事件（比如智利政变推翻了萨尔瓦多·阿连德政权，并谋杀了他)，斯特里特问道："为什么世界要哀悼'美国世纪'的'过早'结束？"①

巴塞维奇希望"美国优雅地接受这一结果"，我则将其理解为：美国愿意开始把自己视为其他国家中的一个。巴塞维奇还表示，希望"美国的政策制定者能够应对多极化带来的迫在眉睫的挑战"②。

在赞同这些希望的同时，我还要加上我的希望，即决策者应重新思考联合国，最终接受曾被美国和苏联拒绝的设想。根据这一设想，安理会的任何成员都不能否决多数国家的意愿，安理会将会因此而能够防止战争。安理会还应该有权执行拯救文明所需的其他政策，比如拥有将碳排放量降至几乎为零的权力。

此外，如果（最好是）中国、俄罗斯、美国和其他国家同意将联合国转变成一个全球民主政府，那就再好不过了。约瑟夫·施瓦茨伯格（Joseph Schwartzberg）已经展示了一种可以做到这一点的途径。③

---

① 安德鲁·巴塞维奇：《美国世纪的结束》；保罗·斯特里特：《世界不会哀悼美国霸权的衰落》(*The World Will Not Mourn the Decline of U.S. Hegemony*)，真相挖掘（TruthDig）2018 年 2 月 20 日。

② 安德鲁·巴塞维奇：《美国世纪的结束》。

③ 约瑟夫·施瓦茨伯格：《改变联合国系统：设计一个可行的世界》(*Transforming the United Nations System: Design for a Workable World*)，联合国大学（United Nations University）出版社 2013 年。

致　谢

我非常幸运地得到来自丹尼尔·艾瑟恩、约翰·惠特贝克和伊丽莎白·华兹华斯对本书各章提出的好建议。

这本书参考了很多学者尤其是加尔·阿尔佩罗维茨和安德鲁·巴塞维奇、威廉·布鲁姆、诺姆·乔姆斯基、布鲁斯·卡明斯、威廉·恩达尔、菲利普·福纳、丹尼尔·甘塞尔、皮耶罗·格利耶斯、西尔维斯特·约翰·黑姆莱本、罗伯特·希尔德布兰德、查尔莫斯·约翰逊、乔治·麦克特南·卡林、沃尔特·卡普、史蒂芬·金泽、加布里埃尔·柯尔克、沃尔特·拉菲贝尔、阿尔弗雷德·麦考伊、G.J. 迈耶尔、科尼利厄斯·墨菲、F.S. 诺西、戴安娜·普雷斯顿、戴维·施密茨、迈克尔·谢弗、斯蒂芬·斯尼科斯基、罗伯特·斯廷尼特、保罗·威廉姆斯、玛丽莲·B. 杨以及霍华德·辛恩的研究成果，对此表示深深的感谢。

这本酝酿已久的手稿得以公开出版，我要感谢静度出版社的戴安娜·科利尔始终如一的友善工作作风。

最后，我要衷心地感谢我的妻子安·贾加。